STUDIENREIHE ZUR BIBEL

Herausgegeben von George R. Knight

DAS JOHANNES-EVANGELIUM

JON PAULIEN

ADVENT-VERLAG

Titel der amerikanischen Originalausgabe:
The Abundant Life Bible Amplifier, John
Herausgegeben von George R. Knight

Projektleitung: Elí Diez
Übersetzung: Gustav Schopf
Redaktionelle Bearbeitung: Günther Hampel
Korrektorat: Wolfgang Andersch, Erika Schultz, Reinhard Thäder
Einbandgestaltung: Studio A Design GmbH, Hamburg
Satz: DDP

Die Bibelzitate sind – falls nichts anderes vermerkt – der Bibelübersetzung Martin Luthers (Revision 1984) entnommen. Ansonsten bedeutet

EB	=	Elberfelder Bibel (rev.)
GN	=	Die Gute Nachricht
Hfa	=	Hoffnung für alle

Internet: www.advent-verlag.de E-Mail: info@advent-verlag.de
Gesamtherstellung: Grindeldruck GmbH, D-20144 Hamburg

ISBN 3-8150-1299-6

Inhalt

Vorwort

Seit meiner Kindheit habe ich das Johannesevangelium oft und gern gelesen. Ich bin sozusagen mit ihm groß geworden. Anlässlich eines Seminars mit Abraham Terian im Winter 1982 hat sich allerdings mein Verständnis für diese biblische Schrift grundlegend verändert. Den Einsichten, die ich dort gewann, ist das vorliegende Buch zu verdanken.

Eine weitere bedeutsame Veränderung in meinem Verständnis erfolgte, als ich das Buch von R. Alan Culpepper, „Anatomy of the Fourth Gospel“ (Aufbau des vierten Evangeliums) las. Seine literarische Betrachtungsweise ließ mich erkennen, welch einmaliges Bild Johannes von Christus entworfen hat. Ich begegnete plötzlich einem Jesus, wie ich ihn bisher nicht gekannt hatte: hintergründig humorvoll, geistesstark und mit unwiderstehlicher Ausstrahlung. Auch die „Serendipity Bible“ war mir eine große Hilfe, besonders beim Formulieren entsprechender Fragen für dieses Studienbuch.

Einen besonderen Dank schulde ich meiner Sekretärin Rachel Rosado, Dr. Harold Sheffield und seiner Gattin Mildred. Schließlich möchte ich dem danken, von dem das Johannesevangelium handelt: Jesus Christus, unserem Herrn. Ihm habe ich es zu verdanken, dass der biblische Text vor meinen Augen lebendig wurde und seine umgestaltende Kraft offenbarte. Ich bete darum, dass die Botschaft des Johannesevangeliums meine Leser genauso verändern möge, wie sie mich verändert hat.

Jon Paulien
Berrien Springs, Michigan

Diese Studienreihe über Bücher der Bibel soll helfen, die Heilige Schrift besser zu verstehen. Um das zu erreichen, wurden Autoren ausgewählt, die nicht nur fachlich kompetent, sondern auch in der Lage sind, den mitunter schwierigen Stoff allgemeinverständlich darzustellen.

Obwohl diese Studienreihe vor allem für interessierte Laien gedacht ist, kann sie auch für Pastoren und Lehrer hilfreich sein. Darüber hinaus kann sie in den Gemeinden für Gebets-, Studien- und Hauskreise Verwendung finden.

Die Kommentatoren erschöpfen sich nicht darin, Detailwissen zu jedem Bibelvers anzubieten, sondern versuchen, das Verständnis für die Gesamtthematik und die Strukturen des jeweils behandelten biblischen Buches zu wecken und aufzuzeigen, wie sich die einzelne Bibelstelle in den Textzusammenhang (Kontext) einfügt. Diese Arbeitsmethode hat allerdings den Nachteil, dass nicht alle Probleme eines Bibeltextes behandelt und nicht alle Fragen beantwortet werden können. Die Studienreihe bedient sich sowohl induktiver wie auch erklärender Methoden.

Jeder Band dieser Studienreihe gibt das Verständnis des jeweiligen Verfassers wieder. Es wird also nicht notwendigerweise in allen Einzelheiten die „offizielle" Position der Gemeinschaft der Siebenten-Tags-Adventisten repräsentiert.

Der Autor dieses Bandes, Dr. Jon Paulien, ist Professor für Neues Testament am Theologischen Seminar der Andrews-Universität der Gemeinschaft der Siebenten-Tags-Adventisten in Berrien Springs, Michigan (USA). Er ist Sachkenner der Schriften des Apostels Johannes. Vor seiner Berufung an die Andrews-Universität im Jahre 1984 war er Gemeindepastor. Jon Paulien ist ein gesuchter Redner und ein erfolgreicher Schriftsteller. In deutscher Sprache liegen von ihm folgende Titel vor: „Weltlich von Gott reden?" und „2000 ... und dann?" – beide im Advent-Verlag Lüneburg erschienen.

George R. Knight, Herausgeber
Berrien Springs, Michigan

Hinweise

Wie man dieses Buch benutzen sollte

Diese Studienreihe behandelt jeden größeren Abschnitt eines biblischen Buches aus fünf verschiedenen Blickwinkeln.

(1) *Einstieg.* Hier soll der Leser ermutigt werden, den zu behandelnden Abschnitt in seiner Bibel zu lesen und darüber nachzudenken. Darum wurde der Wortlaut der biblischen Texte ganz bewusst nicht ausgedruckt.

Der Gewinn dieses Bibelstudiums ist dann am größten, wenn man die dem jeweiligen Textabschnitt zugeordneten Aufgaben erfüllt. Das hilft, die Bibel besser kennen zu lernen, fördert die Fähigkeit, vorhandene Hilfsmittel zu nutzen, Fragen an den Text zu stellen und die richtigen Antworten zu suchen.

Wenn man Antworten auf Fragen an den Text gefunden hat, sollte man sie schriftlich fixieren und in einem Merkheft oder Ordner aufbewahren. Das Niederschreiben der Gedanken erweitert und vertieft das Verständnis. Der Nutzen solchen Bibelstudiums hängt allerdings auch davon ab, wie viel wir an Zeit, Kraft und Hörbereitschaft investieren.

Die verschiedenen Abschnitte dieses Teils setzen ein Minimum an Hilfsmitteln voraus: eine Lutherbibel (revidierter Text von 1984) mit Landkarten und Angabe von Paralleltexten, eine (ausführliche) Konkordanz sowie ein Bibellexikon (z. B. F. Rienecker, „Lexikon zur Bibel“, Bd. 1, Wuppertal; „Das große Bibellexikon“, 3 Bände,

Wuppertal, 1987-89). Nur so lassen sich die verschiedenen Aufgaben lösen.

(2) *Erklärung.* Dieser Teil dient dazu, die Hauptthemen eines biblischen Buches herauszuarbeiten und darzulegen. Deshalb erfolgt keine Vers-für-Vers-Auslegung, wie das in der Regel bei Bibelkommentaren der Fall ist (z. B. im „Seventh-day Adventist Bible Commentary"). Kennzeichnend für diese Studienreihe ist vielmehr, dass sich die Kommentare mit ziemlich umfangreichen Abschnitten der Schrift (manchmal mit ganzen Kapiteln) befassen. Tatsächlich werden viele Verse und mitunter ganze Abschnitte nur kurz gestreift oder völlig übergangen.

Auch in diesem Teil können nicht alle Probleme erörtert oder Fragen behandelt werden, die aus einem Bibelabschnitt erwachsen können, vielmehr geht es darum, die wichtigsten Themen herauszuarbeiten. Das geschieht auf der Grundlage neuester Erkenntnisse. Dabei wird versucht, möglichst viele der Fragen, die beim „Einstieg in das Wort" entstanden sind, zu beantworten.

(3) *Anwendung.* Dieser Teil soll Hilfestellung dafür geben, das Gelernte und Erkannte im täglichen Leben anzuwenden. Auch sollte man sich wieder Notizen machen.

(4) *Vertiefung.* Dieser Teil ist besonders für diejenigen gedacht, die tiefer in den Bibelabschnitt eindringen möchten und sich für den geschichtlichen Hintergrund und sonstige Zusammenhänge interessieren. Als Hilfsmittel sind hier empfehlenswert: eine gute Bibelkonkordanz, ein Bibellexikon, ein Bibelatlas, verschiedene Bibelübersetzungen, eventuell der „Seventh-day Adventist Bible Commentary".

Einführung

Das Evangelium des Johannes

🕮 EINSTIEG

Lies das Evangelium des Johannes möglichst hintereinander durch. Schreibe deine Gedanken auf, solange der Eindruck des Gelesenen noch frisch ist. Halte dich dabei an folgende Fragen:

1. *Was habe ich an Neuem über Jesus erfahren? Was ist mir neu bewusst geworden?*
2. *Wie hat sich das zusammenhängende Lesen auf mein Verständnis des Textes ausgewirkt?*
3. *Welche Gesichtspunkte dieses Buches sind mir zum ersten Mal aufgefallen?*
4. *Lies noch einmal Johannes 1,1-18 (den Prolog des Evangeliums). Unterstreiche die Schlüsselbegriffe dieses Abschnitts (z. B. „Leben", „Licht", „aufnehmen", „glauben" usw.). Lies den Rest des Evangeliums und unterstreiche alle Stellen, an denen diese Schlüsselbegriffe wieder erscheinen.*

🕮 ERKLÄRUNG

Auf den ersten Blick scheint das Johannesevangelium einfach zu lesen und leicht zu verstehen zu sein, doch der Eindruck täuscht. Paul Minear sagt: „Wer dieses Evangelium liest, wird bestürzt feststellen, dass es zunehmend schwerer zu verstehen ist, je weiter man in den Text eindringt. Oberflächlich betrachtet mögen die einzelnen

Verse und Abschnitte leicht verständlich erscheinen, aber in ihnen verbirgt sich eine vielschichtige Gedankenstruktur, die oft schwer zu erfassen ist. Und wenn der Leser meint, eine schwierige Stelle enträtselt zu haben, tut sich die Tür zu einem Dutzend neuer Fragen auf."[1]

Das Evangelium des Johannes ist keine gewöhnliche Erzählung, sondern ein tiefgründiges, theologisches Meisterwerk. Wer es studiert, kann nicht nur eine dauerhafte Beziehung zu dieser neutestamentlichen Schrift aufbauen, sondern auch zu lebenslanger Gemeinschaft mit Jesus Christus finden, den sie bezeugt.

Eins von vier Evangelien

Viele von uns sind mit einer Art „Hollywood"-Version des Lebens Jesu vertraut, einem bunten Gemisch von Einzelheiten aus allen vier Evangelien, dem ein wenig Tradition, Kultur und Lokalkolorit beigemengt ist. Es gibt jedoch nicht nur eine, sondern vier inspirierte Interpretationen des Lebens Jesu.

Die Fülle und Bedeutung seines Lebens ist so gewaltig, dass sie von keinem Menschen, auch von keinem inspirierten, in ganzer Tiefe ausgelotet und dargestellt werden könnte. Jeder der vier Evangelisten wählte aus der Fülle an Ereignissen und Lehren das aus, was sowohl seine persönliche wie auch theologische Sicht von Jesus bestätigte. Wenn es auch in Wahrheit nur ein Evangelium gibt, enthält die Bibel doch vier unterschiedliche Ausformungen dieses Evangeliums. Es kann durchaus erbaulich sein, diese vier Berichte miteinander zu vermischen, aber das kann schnell dazu führen, dass man die besondere Sichtweise jedes einzelnen Verfassers übersieht und damit die Gesamtbotschaft verkürzt.

Im Übrigen ist die Tatsache, dass es vier verschiedene Berichte über das Leben und Wirken Jesu in der Bibel gibt, ein Hinweis darauf, dass es nicht nur einen gültigen Weg gibt, sich mit geistlichen Dingen zu befassen – und auch nicht nur ein richtiges Denk-

[1] Minear, „The Audience of the Fourth Evangelist", 247

schema. Dieses Wissen kann uns davor bewahren, einer gewissen „Entweder-oder-Mentalität" zu verfallen, in der sich viele bewegen, sobald sie theologische Fragen diskutieren. Aufgrund unserer begrenzten menschlichen Erkenntnisfähigkeit ist keine theologische Aussage absolut vollkommen. Alle Versuche, Christi Wesen und Werke zu beschreiben und darzustellen, müssen immer ausgewogen und mit gewissen Einschränkungen betrachtet werden.

Wenn man sich in einer Gemeinde bei bestimmten theologischen Themen nicht einig ist, sollte man mit der Entscheidung, wer „Recht" hat und wer „nicht Recht" hat, sehr vorsichtig sein. Was auf den ersten Blick wie Irrlehre oder Abfall aussieht, stellt sich bei genauem Hinsehen oft ganz anders dar. Es kann sich nämlich auch um eine Wahrheit handeln, die wir nur nicht erkennen, weil sie außerhalb unseres bisherigen Denkschemas liegt oder nicht unseren Vorstellungen entspricht. Die Tatsache, dass es vier verschiedene Evangelien gibt, dürfte ein Hinweis darauf sein, dass die „ganze Wahrheit" nicht unbedingt immer auf einer bestimmten Seite zu finden ist. Wenn es also unterschiedliche theologische Auffassungen gibt, dann sollten die Kontrahenten sich darum bemühen, gemeinsam eine ausgewogenere und reichere Sicht der Dinge zu gewinnen, als es jedem für sich allein möglich wäre.[1]

Das Jesus-Bild des Johannes

Im Vergleich mit den Berichten des Matthäus, Markus und Lukas weist das Johannesevangelium eine Reihe bemerkenswerter und einzigartiger Elemente auf.

1. Der Jesus, den Johannes beschreibt, ist nicht der „demütige und sanfte" Jesus der Synoptiker. Er ist direkt (2,4; 4,17.18.48; 5,45-47; 7,6-9) und streitbar (3,10-12; 5,39.40.42.44; 8,44), lässt sich auf Auseinandersetzungen und Streitgespräche ein (3,1-15; 8,31-47) und kann manchmal sogar sarkastisch werden (9,41; 10,12).

---

[1] Vgl. Talbert, „The Gospels and the Gospel", 23.26; Paulien, „What the Bible Says About the End-Time", 80.

Dieses Bild von Jesus war für mich eine unerwartete Entdeckung. Jahrelang fühlte ich mich schuldig, weil ich nicht so sanft und leidenschaftslos bin, wie Jesus es nach landläufiger Meinung war. Die außergewöhnliche Sicht, die das „Donnerskind" Johannes (Markus 3,17) von Jesus hatte, verhalf mir zu einer wichtigen Erkenntnis. Offensichtlich war Jesus eine so vielschichtige und tiefgründige Persönlichkeit, dass Männer, die ihn aus nächster Nähe kannten, Christus in so unterschiedlicher Weise darstellen und dennoch die Tatsachen unverfälscht wiedergeben konnten.

2. Vieles von dem, was Johannes berichtet, findet sich nicht in den drei anderen Evangelien. Besonders bemerkenswert sind die Begegnungen zwischen Jesus und Menschen ganz unterschiedlicher Wesensart und Herkunft – mit Nikodemus (3,1-21), der samaritanischen Frau (4,4-42), dem Lahmen am Teich Betesda (5,1-15), dem Blindgeborenen (9,1-41), mit Pilatus (18,28 bis 19,16) und Petrus (21,15-23).

3. Jesu Gleichnisreden nehmen bei Matthäus, Markus und Lukas breiten Raum ein, im Johannesevangelium sind sie dagegen nur spärlich vertreten. Die von Johannes übermittelten Geschichten vom guten Hirten (10,1-18) und dem wahren Weinstock (15,1-8) entsprechen noch am ehesten einem Gleichnis. Genau genommen sind das aber Allegorien und keine Gleichnisse, die denen der anderen drei Evangelien entsprächen.

4. Im Johannesevangelium fehlt auch sonst vieles, was bei Matthäus, Markus und Lukas fester Bestandteil der Jesusgeschichten ist. Es gibt beispielsweise keine Berichte über Jesu Geburt, seine Taufe, seine Versuchungen, das letzte Abendmahl, das Geschehen in Gethsemane oder über die Himmelfahrt. Johannes berichtet zwar von Krankenheilungen, aber an keiner Stelle ist davon die Rede, dass Jesus auch Dämonen ausgetrieben hat.

5. Diese Auslassungen sind jedoch nicht darauf zurückzuführen, dass Johannes von den Geschehnissen keine Kenntnis gehabt hätte. Vielmehr erklären sie sich aus der Tatsache, dass der Verfasser Raum schaffen wollte für eigene Erkenntnisse und für Berichte, die bei den anderen Evangelisten unerwähnt geblieben sind. Zu dem

besonderen Wissen des Johannes gehört vieles, was nur jemand bemerken konnte, der ganz eng mit Jesus verbunden und möglicherweise einziger Augenzeuge bestimmter Ereignisse war, zumindest aber genauer hingeschaut hatte als die anderen Jünger.

Beispielsweise hat Johannes Kenntnis von Einzelheiten der Begegnung Jesu mit der Samariterin am Jakobsbrunnen (4,4-6). Er erinnert sich an eine Geste des Petrus im oberen Saal (13,24) und an die Anzahl, die Größe und das Fassungsvermögen der Wassergefäße bei der Hochzeit zu Kana (2,6). Er weiß, dass die Brotlaibe, mit denen Jesus die Menge sättigte, aus Gerstenmehl waren (6,9) und dass die römischen Soldaten am Kreuz um die Gewänder Jesu würfelten (12,23.24). Er erinnert sich an den Duft des Salböls der Maria (12,3) und an das Aussehen des Teichs von Betesda (5,2) – der schon seit fünfundzwanzig Jahren nicht mehr existierte, als Johannes sein Evangelium schrieb. Er hatte eine genaue Kenntnis von Jerusalem und seiner Umgebung. Das Evangelium des Johannes ist voll von geographischen Einzelheiten in Bezug auf Jerusalem und seine Umgebung, die nur ein Ortskundiger wissen konnte.

6. Bei Matthäus, Markus und Lukas spielt sich Jesu Wirken hauptsächlich in Galiläa ab. Von einem Aufenthalt in Jerusalem ist nur einmal die Rede. Laut Johannes muss Jesus mehrfach in Jerusalem gewesen sein, und dort hinterließ er den Schilderungen zufolge einen viel stärkeren Eindruck als in Galiläa. Obwohl diese Besuche in Jerusalem in den drei anderen Evangelien nicht besonders erwähnt sind, werden sie in mehreren Aussagen Jesu stillschweigend vorausgesetzt (Matthäus 23,37; Lukas 13,34).

Verfasser und Entstehungszeit

Der Autor des Evangeliums ist bewusst anonym geblieben, wahrscheinlich weil der Heilige Geist als der wahre Verfasser angesehen wurde (Johannes 16,13). Der Titel „Johannes“ wurde später hinzugefügt. Es wird jedoch mehrfach ein „Jünger, den Jesus lieb hatte“, erwähnt (13,23.24; 19,26.35; 20,2; 21,2.7.20) und der dieses Evangelium geschrieben hat (21,24). Die frühe kirchliche Überlieferung identifiziert diesen Lieblingsjünger als Johannes, den Sohn des Zebedäus. Diese Überlieferung wird durch die Tatsache gestützt, dass der nicht namentlich erwähnte Jünger oft als Begleiter des Petrus genannt wird. Und zwar nicht nur im Johannesevangelium (1,35-42; 13,23-25; 20,1-9; 21,7.15-23), sondern auch an anderen Stellen des Neuen Testaments (Markus 5,37; 9,2; 14,33; Lukas 22,8; Apostelgeschichte 3,1.11; 4,13; Galater 2,9).

Als Entstehungszeit des Johannesevangeliums wird in Fachkreisen das Ende des ersten Jahrhunderts (95-100 n. Chr.) genannt. Möglicherweise ist es als letztes Buch des Neuen Testaments geschrieben worden, noch nach der Offenbarung. Anlass dazu mögen das hohe Alter und der über kurz oder lang zu erwartende Tod des Johannes gewesen sein (21,20-24).

Der Aufbau des Evangeliums

Das Evangelium beginnt mit einem Prolog (1,1-18) und schließt mit einem Epilog (Johannes 21). Der Dienst Jesu ist das Hauptthema von Johannes 1,19 bis 12,50, während die Ereignisse um seinen Tod, seine Grablegung und seine Auferstehung von Kapitel 13,1 bis 20,31 im Mittelpunkt stehen.

Eine andere Möglichkeit, die Struktur dieses Evangeliums zu bestimmen, besteht darin, die verschiedenen Tage zu beachten, an denen Jesus seinen Dienst versah. Zum Beispiel fanden die in Kapitel 1,19-28 erwähnten Geschehnisse am selben Tage statt. Der Übergang zu einem anderen Tag wird durch Wendungen wie „am Tag darauf" (1,29.35.43) und „am dritten Tag" (2,1) und „nach zwei Tagen" (4,43) angedeutet. Wenn man diese „Tage" in dem Evangelium zusammenzählt, wird deutlich, dass von den mehr als tausend Tagen des Wirkens Jesu, d. h. von der Taufe bis zur Himmelfahrt, nur neunundzwanzig erwähnt werden.

Es ist daher klar, dass im Johannesevangelium nur in Ausschnitten über Jesu Leben und Wirken berichtet wird. Der Verfasser weist selbst darauf hin, dass seine Schrift nicht als erschöpfender Bericht missverstanden werden darf (21,25). Hier fragt sich der Leser natürlich, warum hat Johannes die Auswahl so knapp bemessen? Warum hat er gerade diese Auswahl getroffen? Hatte das möglicherweise mit dem Ziel zu tun, das er mit dieser Schrift erreichen wollte?

Der Zweck des Evangeliums

In Johannes 20,30.31 spricht Johannes offen aus, was er mit seinem Evangelium erreichen will. Die Stoffauswahl geschah unter dem Gesichtspunkt „damit ihr glaubt, dass Jesus der Messias ist, der Sohn Gottes, und damit ihr durch den Glauben das Leben habt in seinem Namen". Paul Minear vermutet, dass unter der Oberfläche dieser Aussage noch eine tiefer liegende Absicht zu erkennen ist. Er glaubt, dass das vierte Evangelium an der Nahtstelle des Übergangs von der Generation der Augenzeugen zur nächsten Generation, die ihn nur durch das Zeugnis anderer kannte, verfasst wurde.[1]

Im Johannesevangelium selbst finden sich genügend Beweise für eine solche These. In Kapitel 21,20-23 wird auf ein Gerücht hingewiesen, dass der Jünger, „den Jesus lieb hatte", nicht sterben, sondern bis zur Wiederkehr Jesu am Leben bleiben würde. In Vers 23 wird gezeigt, dass diesem Gerücht eine falsche Interpretation der Aussage Jesu zugrunde lag. Das deutet darauf hin, dass das vierte Evangelium im Zusammenhang mit dem bevorstehenden Ableben des Johannes verfasst worden sein könnte. Dieser Jünger war das letzte lebende Bindeglied zu denen, die Jesus im Fleisch, d. h. als Mensch, gekannt hatten. Offenbar machten sich bei dem Gedanken, dass mit Johannes die Generation der Augenzeugen aussterben würde, Unsicherheit und Sorge breit. Was sollte aus der jungen Christenheit werden, wenn es niemanden mehr geben würde, der sagen konnte: „Ich bin dabei gewesen! So hat es der Meister gesagt!"? Für Johannes war es deshalb wichtig, seine Leser davon zu überzeugen, dass das Aussterben der ersten Generation kein Grund sei, sich um den Glauben an Christus und den Fortbestand der Gemeinde zu sorgen. Auch der Tod des Johannes würde den Siegeszug des Evangeliums nicht aufhalten können.

[1] Minear, a. a. O., 251-256

Aus dieser Sicht ist es gewiss kein Zufall, dass die ermutigenden Worte des Johannes (20,30.31) unmittelbar auf die Erzählung von „Thomas, dem Zweifler“ (29,24-29) folgen. In Vers 29 sagt Jesus: „Weil du mich gesehen hast, glaubst du. Selig sind, die nicht sehen und doch glauben.“ Thomas repräsentiert hier all diejenigen, die den Auferstandenen gesehen und berührt hatten, während sich Jesu Wort an die richtet, die dieses Vorrecht nicht hatten. Offensichtlich sind das Sehen und der persönliche Kontakt nicht entscheidend für das Entstehen und die Entwicklung des Glaubens.

In Vers 30 heißt es, dass Jesus noch viele Zeichen „vor den Augen seiner Jünger“ vollbracht hatte, über die aber in diesem Evangelium nicht berichtet wird. In Vers 31 verrät Johannes, dass er die Dinge, die „geschrieben sind“, mit einer ganz bestimmten Absicht ausgewählt hat: sie sollen denselben Glauben wecken, der auch in den Jüngern Fuß gefasst hatte. Der Unterschied zwischen der ersten und zweiten Generation war nicht prinzipieller, sondern gradueller Art. Glaube sei für alle möglich, so lautete die Botschaft, ob er sich nun auf eigenes Erleben stützen konnte oder auf das Zeugnis anderer.

Die Aussagen in den Versen 30 und 31 müssen im Lichte der Thomaserzählung verstanden werden. Thomas sah den auferstandenen Christus und glaubte. Die anderen Jünger, von denen in den Versen 19 bis 25 und in Vers 30 die Rede ist, glaubten bereits an den auferstandenen Christus. Deshalb kann die Seligpreisung in Vers 29 nicht an sie gerichtet gewesen sein. Sie alle glaubten, weil sie „gesehen und gehört“ hatten. Das „Selig sind“ wird vielmehr denen zugesprochen, die den auferstandenen Christus nicht sehen und dennoch an ihn glauben. Für die zweite christliche Generation (V. 31) ist die Antwort des Glaubens eine Reaktion auf das hier niedergeschriebene Evangelium. Dadurch unterscheiden sich die Leser dieses Evangeliums nicht nur von den Jüngern (V. 30), sondern auch von Thomas (V. 29).

Die vorher geschilderten Szenen am Grab (20,1-18) dienen demselben Zweck. Der Jünger, „den Jesus lieb hatte“, wird in Kapitel 20 als der ideale Vertreter der zweiten Generation dargestellt, weil auch er in gewissem Sinne glaubte, ohne zu sehen (V. 8.9).

Die Gläubigen, die nur über das geschriebene Evangelium verfügten, waren also, verglichen mit denen, die einen persönlichen Kontakt zu Jesus oder seinen Jüngern hatten, nicht benachteiligt.

Die Absicht, dies deutlich zu machen, taucht immer wieder im Johannesevangelium auf. In Kapitel 17,2 bezeugt Jesus, dass er die Macht hat, jedem das ewige Leben zu schenken, den ihm sein Vater gegeben hat. Einige Verse später wird klar, dass er zwei unterschiedliche Gruppen von Menschen im Auge hatte. Einmal seine Jünger, die ihm treu geblieben sind (V. 12). Zum andern diejenigen, „die durch *ihr* Wort an mich glauben", das heißt: durch die Botschaft der Jünger (V. 30). Hier wird wieder unterschieden zwischen denen, die auf Grund des direkten Kontakts mit Jesus glauben, und denen, die ihn nicht gesehen haben, aber aufgrund des Zeugnisses der Jünger gläubig werden.

Auf die zweite Generation wird auch im Bild vom Weinstock und den Reben angespielt (15,1-7). Jesus ist der Weinstock, seine Jünger sind die Reben und die Frucht, die sie bringen, ist die zweite Generation, deren Verbindung mit Jesus nur durch die Jünger möglich geworden ist.

Das lässt den Schluss zu, dass auch in dem Bericht von der Erscheinung Jesu bei den sieben Jüngern am See Genezareth (21,1-14) die zweite Generation gemeint ist. Ohne Jesus versuchen die Jünger vergeblich, ein paar Fische zu fangen. Auf Jesu Aufforderung hin ist der Erfolg überwältigend. In diesem Bericht lässt sich dasselbe Muster erkennen wie in dem vom Weinstock und den Reben. Die ursprünglichen Leser pflegten sich mit den Fischen zu identifizieren, die durch die Jünger gefangen wurden. Minear sagt dazu: „Sie waren sich darüber im Klaren, dass es Jesus selbst war, der ihre Bekehrung wünschte, und dass er auch in Zukunft in ihrem Kreis gegenwärtig sein würde."[1]

Weitere Hinweise auf die zweite Generation stellen wahrscheinlich auch die „anderen Schafe" von Johannes 10,16 dar sowie die Tatsache, dass im vierten Evangelium die Jünger Jesu normalerwei-

[1] Minear, a. a. O., 256

se durch Vermittlung anderer und nicht durch Jesus persönlich mit ihm in Verbindung gebracht und dann berufen wurden.[1] Der Täufer macht zwei Jünger auf Jesus aufmerksam (1,35-37), Andreas findet seinen Bruder Petrus (1,40-42), Philippus ruft Nathanael (1,45-47) und die Samariterin bringt die ganze Stadt zusammen (4,28-30). Durch diese wiederholten Beispiele will der Verfasser offenbar zeigen, dass zu einer vollwertigen Jüngerschaft eine persönliche Aufforderung vonseiten Jesu nicht unbedingt erforderlich ist.

Das Johannesevangelium wurde in einer Zeit des Übergangs für eine neue Generation geschrieben. Welche Botschaft wollte Johannes ihr übermitteln? Ich glaube, die Botschaft erkennt man am besten, wenn man die Wunder Jesu im vierten Evangelium mit denen bei Matthäus, Markus und Lukas vergleicht. Die Synoptiker berichten übereinstimmend, dass die Berührung bei Jesu Wundern eine große Rolle gespielt hat (Matthäus 8,3.4.14.15; 9,18-25.29.30; 14,29-31; 20,34; Markus 1,29-31.40-42; 5,21-43; 7,31-35; 8,22-26; 9,25-27; Lukas 4,40; 5,12.13; 7,14.15; 8,40-56; 13,13; 22,51). Im Johannesevangelium aber fällt auf, dass es solche Berührungen nicht gibt.

Auf der Hochzeit zu Kana (2,1-11) wird das Wasser allein durch sein befehlendes Wort zu Wein. Der Sohn des königlichen Beamten wird aus der Distanz geheilt (4,46-54)! Jesus ist in Kana, also ungefähr 25 Kilometer vom Ort des Geschehens entfernt. Jesus berührt auch den Gelähmten am Teich Betesda nicht (5,1-15). In Kapitel 9 streicht er zwar ein wenig von dem mit Speichel angefeuchteten Brei auf die Augen des Blinden, aber das Wunder der Heilung findet erst statt, als der Blinde seine Augen im Teich Siloah wäscht, der mehr als einen Kilometer entfernt ist (V. 6.7). In Kapitel 11 wird Lazarus aus der Grabkammer herausgerufen, als Jesus noch ein Stück entfernt ist. Das gemeinsame Merkmal all dieser „Zeichen" ist das Fehlen jeden physischen Kontakts. Entfernungen sind offensichtlich kein Hindernis, wenn es darum geht, Jesu Segnungen zu empfangen. Deshalb stellt die Tatsache, dass die zweite Generation keinen persönlichen Kontakt mit Jesus haben kann, keinen Nachteil für sie dar.

[1] Vgl. Minear, a. a. O., 256-258

Es ist unbestreitbar, dass alle oben erwähnten Wunder durch Jesu Wort zustande gekommen sind. Den Dienern auf der Hochzeit zu Kana befiehlt er: „Füllt die Krüge mit Wasser" und „schöpft" (2,7.8). Zu dem königlichen Beamten sagt er: „Gehe hin, dein Sohn lebt" (4,50). Dem Gelähmten ruft er zu: „Stehe auf, nimm dein Bett und wandle" (5,8). Zum Blinden sagt er: „Gehe" und „Wasche dich" (9,7). Bei der Auferweckung des Lazarus heißt es: „Komm heraus" (11,43). In jedem Fall sind es die Worte Jesu und nicht physische Berührungen, durch die Christus seine Absicht verwirklicht.

Für die Christen der zweiten Generation – und alle späteren – heißt die hier vermittelte Botschaft: Die in Jesu Worten wirkende Kraft überwindet alle Barrieren von Raum und Zeit, denn diese Worte haben dieselbe Qualität und Kraft wie seine Berührungen. Obwohl sein Wort „nur" in schriftlicher Form vorliegt, kann es doch retten und heilen. Indem der Heilige Geist Christi Wort im Leben der Gläubigen lebendig werden lässt, kann es alle Bedürfnisse der „zweiten Generation" befriedigen (14,26.27). Aufgrund der Ausführungen über den Heiligen Geist in den Kapiteln 14 und 16 kann man zu Recht gewiss sein, dass die Gegenwart des Heiligen Geistes die physische Trennung von Jesus mehr als wettmacht (16,7).

Es ist daher kein Wunder, dass das Johannesevangelium für viele zur Lieblingslektüre geworden ist. Nur das vierte Evangelium wendet sich in besonderer Weise an die zweite Generation, an jene also, denen kein persönlicher Kontakt mehr mit Jesus oder einem Vertreter der ersten Generation vergönnt war. In dieser Situation befinden auch wir uns heute. Wer würde nicht gern dasselbe Vorrecht genießen wie Thomas, dessen Glaube durch das Sehen bestätigt und gefestigt wurde. Wir sind, im geistlichen Sinn, ein Teil jener zweiten Generation. Deshalb ist das Johannesevangelium genauso für uns geschrieben worden wie für sie!

Was hat dieses Evangelium unserer Generation zu sagen? Es gibt vor allem die Gewissheit, dass die scheinbare Abwesenheit Gottes in unserer Zeit kein Hindernis für das mächtige Wirken Jesu durch den Heiligen Geist ist. Jesu Wort ist heute nicht weniger wirksam als damals seine Berührungen. All das, was Jesus für die Menschen von damals tat, kommt uns durch sein Wort auch heute zugute. Das Johannesevangelium zeigt uns auch, wie Jesu Wunder in unser Leben hineinwirken können. Immer mussten die Menschen in irgendeiner Weise mitwirken, damit sich das Wunder an ihnen vollziehen konnte. Die Diener mussten Wasser in die Gefäße gießen, ehe sie den Wein schöpfen konnten, der Lahme musste aufstehen und seine Matte zusammenrollen, der Blinde musste zum Teich Siloah gehen und sich dort waschen.

Die darin enthaltene Botschaft an den Leser lautet: (1) Er muss die Worte Jesu kennen und imstande sein, sie auf seine Situation anzuwenden. Das setzt voraus, dass wir uns so dem Wort Gottes zuwenden, wie es die Jünger taten, als sie in täglicher Gemeinschaft mit Christus lebten. (2) Der Leser muss tun, was Jesus ihm aufträgt. Wo das geschieht, wird Jesu Wort durch den Heiligen Geist zur wunderwirkenden Kraft. Durch das Lesen des Johannesevangeliums und das Anwenden seiner Botschaften, empfangen die Gläubigen jenes Leben, das Jesus all denen schenkte, die zu seiner Zeit an ihn glaubten und ihm gehorchten.

Die wichtigsten Gedanken im Johannesevangelium

Jesus - die letzte und endgültige Offenbarung Gottes

Aus dem Prolog ist deutlich zu erkennen, dass Jesus ewig ist (1,1.2), dass er ein Teil der Gottheit, Gottes Gefährte, ist (V. 1.2.18), dass er qualitativ Gott gleich (V. 1) und sowohl Schöpfer (V. 3) als auch Erhalter der Welt (V. 4) ist. Es ist ebenso unverkennbar, dass er auf diese Welt kam, um Gottes Wesen zu offenbaren (V. 9-11.14-17). Es ist seine Person, in der das Wort Fleisch wurde (V. 1.14). Er ist auf dieser Erde die letzte, abschließende Offenbarung des Lebens (V. 4), der Wahrheit (V. 14.17), der Gnade (V. 14.16.17) und Gottes selbst (V. 18).

Dieses Thema zieht sich durch das gesamte Evangelium hindurch. Alle, die sich Jesus anschließen, werden den Himmel offen sehen (1,50.51). Sie sehen seine Herrlichkeit (2,11), die Herrlichkeit dessen, der vom Vater auf diese Erde herabkam (1,14; 16,27.28; 17,5). Jesus besaß die einzigartige Fähigkeit, der Menschheit himmlische Dinge mitzuteilen, weil er vom Himmel kam (3,11-13; 6,32-35.46-51; 8,23; 13,3) und das bezeugen konnte, was er gesehen und gehört hatte (3,31-34; 17,8). Er ist das einzige menschliche Wesen, das sich in seinem Verhalten völlig am Wesen und Willen Gottes ausrichtete (5,17-21; 8,38; 1,18).

Jesus betont im Johannesevangelium wiederholt, dass seine Lehre unmittelbar von Gott stammt (7,16-18; 8,26.40; 12,49.50). Deshalb ist er das Licht der Welt (8,12; 9,5; 1,4.5.9-11). Er vollbringt auch die Werke, die der Vater vollbracht hätte, wenn er an Jesu Stelle auf dieser Erde gewesen wäre (9,3.4; 10,25.37.38). Jesus zu sehen bedeutet, den Vater handeln zu sehen, aber in menschlicher Gestalt (14,6-11; 17,26). Er tut alles, was der Vater ihm befohlen hat (14,31; 15,10). Er ist Sohn Gottes, aber nicht im hierarchischen Sinn, sondern als das wahre Ebenbild des Vaters (5,19-23; 10,30).

Erlösung ist Leben

G. R. Beasley-Murray weist darauf hin, dass das Wort „Erlösung" selten über die Lippen Jesu kam.[1] Wenn wir Jesu Stellung zu dieser Thematik kennen lernen wollen, müssen wir die Begriffe untersuchen, die er diesbezüglich verwendete. Bei Matthäus, Markus und Lukas sind die Schlüsselbegriffe dafür „Reich Gottes" und „Himmelreich". Erlöst zu werden heißt, die Herrschaft Gottes in unserem Leben zu akzeptieren (Matthäus 12,28; Markus 10,15; Lukas 12,11; 17,20.21).

Im Johannesevangelium kommt das Konzept vom Reiche Gottes so gut wie gar nicht vor. Der bevorzugte Begriff für Erlösung ist hier „Leben". Im Wort war das Leben von Anbeginn an (1,4). Das Wort kam auf diese Erde, um der Menschheit das Leben zu schenken (1,14; 3,11-17). Leben – und zwar: ewiges Leben – ist für jeden, der an Jesus glaubt, jetzt schon eine Realität (5,24-26). Jesus ist das Brot

[1] „Gospel of Life", 1

des Lebens (6,35.51), die Auferstehung und das Leben (11,25), nicht zuletzt der Weg, die Wahrheit und das Leben (14,6). Um den verlorenen Menschen das Leben in ganzer Fülle zu schenken, wurde der Gottessohn Mensch (10,10; 6,63.68). Man könnte dem Johannesevangelium den Untertitel „Jesus schenkt einer neuen Generation das Leben" geben, um das zu verbinden, worauf es ankommt: (1) Dass Jesus die letzte, endgültige Offenbarung Gottes und der Lebensspender ist. (2) Dass Jesus für eine neue Generation zur erfahrbaren Wirklichkeit geworden ist (20,30.31).

Die Herrlichkeit und das Kreuz

Beide genannten Themen vereinen sich im Johannesevangelium im Hinblick auf die Bedeutung des Kreuzes. Die Verherrlichung Jesu verwirklicht sich in vollem Maße durch sein Opfer am Kreuz (12,23.24). Nirgendwo wird Jesus mehr „erhöht" als am Kreuz (3,14.15; 8,28; 12,32). Als Jesus am Kreuz „erhöht" wird, ist das zugleich die Stunde der Verherrlichung Gottes (12,27.28). Das Kreuz Christi ist daher die deutlichste Offenbarung Gottes.

Für Johannes ist es Jesu Tod am Kreuz, der neues Leben für die Welt bringt (3,16). Natürlich klingt es paradox, dass Leben nur durch den Tod entstehen kann, deshalb führt Johannes zur Verdeutlichung an dieser Stelle einen Ausspruch Jesu an, der diesen Gedanken bildhaft aufgreift (12,24.25). Das Kreuzesgeschehen ist das zentrale Ereignis im Johannesevangelium. Es ist der Ort, an dem die Hauptthemen zusammenfließen.

Das Ende ist schon da

Ein sehr bemerkenswertes Thema des vierten Evangeliums ist die Eschatologie.[1] Bei Matthäus, Markus und Lukas liegt der Schwerpunkt auf der Zukunftshoffnung des Gläubigen, die auf der alttestamentlichen Hoffnung aufbaut.[2] Bei Johannes dagegen sind die endzeitlichen Merkmale nicht nur für die Zukunft zu erwarten,

---

[1] Die christliche Lehre von den letzten Dingen (Tod und Auferstehung, Weltende und Jüngstes Gericht).

[2] Vgl. Paulien, „What the Bible Says About the End-Time", 55-64.75-83.

sondern in Christus schon erlebbare Realität. Die Toten erwachen nicht erst beim zweiten Kommen zum Leben (5,28-30), sondern, als geistlicher Widerhall, bei der Verkündigung Christi (V. 24-26). Das Gericht ist nicht nur endzeitliches Geschehen (wie in 12,48), es ereignete sich schon am Kreuz (12,31.32) und vollzieht sich durch die Verkündigung des Evangeliums (3,18-21; 5,24).

Das Gewicht der „präsentischen Eschatologie“[1] im Johannesevangelium wird noch dadurch unterstrichen, dass – im Vergleich mit den anderen neutestamentlichen Schriften – relativ wenig über die Zukunft gesagt wird. Obwohl Johannes wusste, was Jesus über das Ende gelehrt hatte (5,28.29; 14,1-3), macht er die zukünftigen Ereignisse und Jesu zweites Kommen nicht zum Thema seines Evangeliums, wie das bei den Synoptikern der Fall ist (Matthäus 24 und 25, Markus 13 und Lukas 21). Es gibt auch keinen Abriss der zukünftigen Ereignisse, wie er in 2. Thessalonicher 2,1-12 und im Buch der Offenbarung zu finden ist. Der Schwerpunkt im vierten Evangelium liegt auf der Bedeutung des endzeitlichen Lebens, das Jesus schon hier und heute schenkt.

Die Aufgabe des Heiligen Geistes

Im Johannesevangelium ist mehr vom Heiligen Geist die Rede als in den anderen Evangelien. Zunächst wird der Heilige Geist nur beiläufig erwähnt (1,32.33; 3,5-8.34; 4,23.24; 6,63; 7,39), aber in den Abschiedsreden Jesu wird ausführlich über die Aufgaben des Heiligen Geistes im Heilsgeschehen nachgedacht. Zunächst besteht sein Dienst vornehmlich darin, den Platz Jesu auf Erden auszufüllen.

Jesus muss die Seinen verlassen, aber er wird sie nicht als Waisen zurücklassen, sondern durch den Geist zu ihnen kommen (14,16-18). Die Jünger mussten sich von Jesus, der die Wahrheit ist (14,6), trennen, aber sie empfingen den Geist der Wahrheit (14,17; 15,26; 16,13). Sie konnten nicht mehr direkt mit dem Herrn sprechen, aber sie „hörten“ seine Worte hinfort durch den Geist (14,26). So wie Jesus selbst, kommt auch der Geist vom Vater (3,34.35; vgl.

---

[1] Die Lehre, dass die letzten Dinge schon in der Gegenwart anfangen zu geschehen.

15,26), steigt vom Himmel herab (3,13; vgl. 1,32) und verkündet künftige Dinge (4,25.26; vgl. 16,13). Hier wird ganz deutlich, dass der Heilige Geist in der Zeit zwischen Himmelfahrt und Wiederkunft auf Erden den Platz Jesu voll ausfüllt. Im Geist ist der Herr selbst in seiner Kirche gegenwärtig. Diesem Geist ist es zu verdanken, dass Jesu Worte allen späteren Generationen das Leben bringen.

Übersicht über das Johannesevangelium

I. Prolog: Der Auftrag Jesu (1,1.18)

II. Der irdische Dienst Jesu (1,19 bis 12,50)
- A. Jesus beginnt seinen Dienst (1,19-51)
  1. Das Zeugnis des Täufers (1,19-34)
  2. Die Jünger des Täufers kommen zu Jesus (1,35-51)
- B. Von Kana nach Kana (2,1 bis 4,54)
  1. Erstes Wunder in Kana (2,1-11)
  2. Die Ereignisse in Jerusalem (2,12-25)
  3. Das Gespräch mit Nikodemus (3,1-21)
  4. Die Rolle des Täufers (3,22-30)
  5. Die Rolle Jesu (3,31-36)
  6. Das Gespräch mit der Samariterin (4,1-42)
  7. Ereignisse in Jerusalem (4,43-45)
  8. Zweites Wunder in Kana (4,46-54)
- C. Jesus und die jüdischen Feste (5,1 bis 10,42)
  1. Am Teich von Betesda (5,1-47)
  2. Das Brot des Lebens (6,1-71)
  3. Krise beim Laubhüttenfest (7,1 bis 8,59)
  4. Der Blindgeborene (9,1-41)
  5. Der Gute Hirte (10,1-21)
  6. Das Fest der Tempelweihe (10,22-39)
  7. Abschluss des Wirkens in der Öffentlichkeit (10,40-42)
- D. Jesu Gang in den Tod (11,1 bis 12,50)
  1. Die Auferweckung des Lazarus (11,1-44)
  2. Der Beschluss, Jesus zu töten (11,45-47)

    3. Die Salbung in Betanien (12,1-8)
    4. Der Einzug in Jerusalem (12,9-19)
    5. Jesu „Stunde" ist gekommen (12,20-36)
  E. Zusammenfassung des Wirkens Jesu (12,37-50)

III. Jesu Tod und Auferstehung (13,1 bis 14,31)
  A. Der „obere Saal" (13,1 bis 17,26)
    1. Die Fußwaschung (13,1-30)
    2. Weggang und Rückkehr Jesu (13,31 bis 14,31)
    3. Jesus, der wahre Weinstock (15,1-17)
    4. Von der Welt gehasst (15,18 bis 16,4)
    5. Das Werk des Heiligen Geistes (16,5-16)
    6. Traurigkeit verwandelt sich in Freude (16,17-33)
    7. Das hohepriesterliche Gebet (17,1-26)
  B. Tod und Auferstehung (18,1 bis 20,31)
    1. Gefangennahme (18,1-12)
    2. Verhör vor dem Hohenpriester (18,13-27)
    3. Verhör vor Pilatus (18,28 bis 19,16a)
    4. Tod und Grablegung (19,16b-42)
    5. Die Auferstehung (20,1-29)
    6. Der Zweck des Johannesevangeliums (20,30.31)

IV. Epilog: Der Auftrag an die Jünger (21,1-25)

🕮 FÜR DAS WEITERE STUDIUM

1. Zu Fragen der Verfasserschaft, der Entstehung und der Einleitung siehe A. D. Carson, D. J. Moore und L. Morris, „An Introduction to the New Testament", 135-179; G. R. Beasley-Murray; John, D. Guthrie, „New Testament Introduction", 252-283 und F. D. Nichol (Hg.) „SDA Bible Commentary", Bd. 5, 891-894; W. Barclay, „Johannesevangelium", Bd. 1, 22-25; Bibelkommentar Edition C, „Johannesevangelium", Vorwort; W. de Boor, „Das Evangelium des Johannes", 1. Teil, Wuppertaler Studienbibel, 15-18; W. Schütz,

„Das Johannesevangelium", 5-7; Walvoord, „Bibelkommentar", Einführung.

2. *Zur Theologie des vierten Evangeliums siehe G. R. Beasley-Murray, „Gospel of Life"; G. E. Ladd, „A Theology of the New Testament", 213-310; L. Morris, „New Testament Theology", 223-286; W. Barclay, „Johannesevangelium", Bd. 1,7-22.*
3. *Zum Zweck des Johannesevangeliums siehe P. S. Minear, „The Audience of the Fourth Evangelist", 247-264; W. de Boor, „Das Evangelium des Johannes", 1. Teil, Wuppertaler Studienbibel, 15-18; Schütz, „Das Johannesevangelium", 8.*
4. *Zum Verhältnis der vier Evangelien zueinander siehe F. D. Nichols (Hg.), „SDA Bible Commentary", Bd. 5, 190-234; W. de Boor, „Das Evangelium des Johannes", 1. Teil, Wuppertaler Studienbibel, 21-26; W. Schütz, „Das Johannesevangelium", 7-9.*
5. *Eine gründliche Studie über Jesu Gebrauch des „Reichs"-Konzepts findet man bei G. E. Ladd, „A Theology of the New Testament", 45-134.*

Teil 1

Prolog

Johannes 1,1-18

Kapitel 1

Prolog: Jesus Christus kommt auf die Erde

Johannes 1,1-18

Ich werde niemals den Augenblick vergessen, als ich vor Jahren in der Schweiz war und zum erstenmal das Matterhorn sah. Es war elf Uhr nachts. Das Licht des Vollmonds spiegelte sich beinahe dreitausend Meter über mir strahlend auf der eisbedeckten Bergspitze. Wenn ich an die Schweiz denke, bin ich immer noch überwältigt von dieser ersten Begegnung mit der Majestät der Bergwelt.

Der Beginn des Johannesevangeliums wirkt auf mich ähnlich majestätisch. Er gibt den Ton an für alles, was sonst noch in diesem Evangelium geschieht. Alle anderen Themen dieser neutestamentlichen Schrift scheinen mir durchglüht zu sein von der Erhabenheit dessen, was der Prolog zum Ausdruck bringt.

Jesus wird als der Präexistente dargestellt, d. h. als der, der von Ewigkeit her da ist (1,1.2; vgl. 8,58; 17,5). Er ist Gottes einziggeborener Sohn (1,14.18; vgl. 3,16). Er ist das Licht der Welt (1,4.5.9; vgl. 8,12; 9,5). Er ist der Urheber des Lebens (1,4; vgl. 5,26; 6,35.63; 10,10; 11.25; 14,6). Er offenbart seine Herrlichkeit (1,14.16; vgl. 2,11; 12,41; 17,5.22.24) in der Finsternis des Unglaubens (1,10.11; vgl. 12,41-43; 16,8-11). Trotz des allgemeinen Unglaubens kommen Menschen zum Glauben (1,12.13; vgl. 6,67-69; 12,1-32; 17,6-19).

Der Prolog schafft für alles, was im weiteren Verlauf des Johannesevangeliums zur Sprache kommt, von Anfang an die Verbindung zur Welt Gottes. Es stimmt, dass der Mensch gewordene Gottessohn wie einer von uns empfand und mit all den Widerwärtigkeiten zu kämpfen hatte, denen auch wir ausgesetzt sind. Aber ungeachtet dessen wird der Leser schon durch den Prolog darauf vorbereitet, in dem Menschen Jesus das Wort zu sehen, das mit Gott von Ewigkeit her eng verbunden ist (1,1-3.18). Es ist daher ratsam, auf alle Einzelheiten des Prologs zum Johannesevangelium zu achten.

🕮 EINSTIEG

Johannes 1,1-18

Lies Johannes 1,1-18 zweimal hintereinander und beantworte anschließend folgende Fragen:

1. *Wie äußert sich der Prolog zum Johannesevangelium über Jesus? Trage die verschiedenen Eigenschaften und Aktivitäten Jesu zusammen. Welche hältst du für wichtig, welche sind deiner Meinung nach von zentraler Bedeutung?*
2. *Vergleiche Johannes 1,1-18 mit 1. Mose 1,1-3 und Hebräer 1,1-4. Liste die Ähnlichkeiten und Unterschiede auf und halte in wenigen Sätzen fest, was du aus dem Prolog durch diese vergleichende Studie gelernt hast.*
3. *Warum beginnt nach deiner Auffassung der Prolog mit dem Hinweis auf die Ewigkeit, anstatt mit der Geburt Jesu, wie das beispielsweise im Lukasevangelium der Fall ist?*
4. *Trage alles zusammen, was im Prolog auf Jesu Menschwerdung und auf die Rückkehr in Gottes Welt hinweist.*
5. *Führe jene Dinge im Prolog an, die sich auf den menschlichen Anteil im Erlösungsplan beziehen. Welche Bedeutung haben sie?*
6. *Beschreibe, wie unterschiedlich die Menschen auf das Erscheinen des Gottessohnes reagierten (V. 5.10.11.12-14.16).*
7. *Wie werden die Aufgaben Johannes des Täufers und Moses hinsichtlich des Heilsplans Gottes beschrieben?*

8. *Vergleiche die Botschaft in Johannes 1,1-18 mit anderen „frühchristlichen Hymnen“[1] im Neuen Testament: Philipper 2,5-11, Kolosser 1,15-29 und 1. Timotheus 3,16.*

🕮 ERKLÄRUNG

Der Prolog zeigt in dreifacher Weise, dass Gott den Menschen jeweils in ihrer Lebenswelt begegnet und sie dazu bewegt, seine Botschaften in einer Sprache und Form niederzuschreiben, die den Leser vertraut und für sie verstehbar ist. Beispielsweise verwendet (1) Johannes einen frühchristlichen Lobgesang, um das zum Ausdruck zu bringen, was ihm über das Wesen und Wirken Jesu offenbart worden war. (2) Er gliedert den Prolog so, dass er für jüdische Lesers einen Sinn ergibt. (3) Er bezeichnet Jesus mit dem Titel Logos (das Wort), dessen Bedeutung im griechisch-römischen Kulturkreis besser verstanden wurde, als die Bezeichnung Messias oder Menschensohn.

Auf diese Weise schrieb Johannes unter der Leitung des Heiligen Geistes so, dass ihn alle verstehen konnten, ob sie nun Christen, Juden oder Heiden waren. Im Folgenden wollen wir diese Strategie genauer untersuchen.

Die Struktur des Prologs

Er stützt sich auf einen frühchristlichen Hymnus

Es weist vieles darauf hin, dass große Teile des Prologs auf einen frühchristlichen Hymnus zurückgehen. In Johannes 1,1.2 zum Beispiel wird, obwohl in Griechisch geschrieben, deutlich der poetische Parallelismus erkennbar, der so typisch für die Dichtung und die Lieder der Hebräer ist:

[1] „Hymnus“: feierlicher Lob- und Preisgesang vor allem der lateinischen Kirche. Die Ursprünge des Hymnus liegen im religiösen Gesang der Urgemeinde.

Im Anfang war das Wort,
und das Wort war bei Gott,
und Gott war das Wort.
Dasselbe war im Anfang bei Gott.

Den hymnusähnlichen Charakter des Prologs erkennt man außerdem an dem so genannten „Stufenparallelismus“ der Verse 4 und 5:

In ihm war das *Leben,*
und das *Leben* war das *Licht* der Menschen.
Und das *Licht* scheint in der *Finsternis,*
und die *Finsternis*
hat's nicht begriffen.

Die Verse 6 bis 8, die Johannes den Täufer mit Jesus vergleichen, kehren wieder zum Prosastil zurück. Obwohl es nicht möglich ist, die Grenzen des Hymnus, der dem Prolog zugrunde liegt, genau zu bestimmen, sind die Verse 1-5.9-11.16-18 eindeutig in dichterischem Stil abgefasst, wogegen die anderen Verse offenbar dazu bestimmt sind, den Hymnus mit den Hauptthemen des Evangeliums zu verbinden, wie etwa: mit der Aufgabe des Täufers (1,6-8.15; vgl. 1,19-36; 3,22-30; 5,33-35) und mit dem Glauben, der eine zentrale Stellung im Leben des Christen einnimmt (1,12.13; vgl. 2,11; 3,16; 4,48.53). Das ist nicht der einzige Hymnus, der im Neuen Testament aufgegriffen wird. Mindestens drei andere bilden die Basis für den sprachlichen Stil in Philipper 2,6-11, Kolosser 1,15-20 und 1. Timotheus 3,16.

Die Entdeckung der neutestamentlichen Hymnen hat nicht nur theoretische bzw. sprachwissenschaftliche Bedeutung, sondern führt zu einer sehr praktischen Anwendung. Viele Christen von heute empfinden die biblische Zeit als unendlich weit entfernt. Sie glauben, dass die Menschen damals ganz anders waren als wir und auch anders dachten. Deshalb habe Gott auch in einer ganz anderen Weise gewirkt, als das heute der Fall ist. Das stimmt so nicht: Die ersten Christen hatten viel mehr mit uns gemeinsam, als wir vermuten. Sie kamen zum Gottesdienst zusammen und lobten Gott mit Liedern. Sie waren wie wir bemüht, Gottes Willen für ihr Leben zu verstehen.

Eine sorgfältig konstruierte Einheit

Aus welcher Quelle Johannes seine Sprache auch geschöpft haben mag, die Verse 1 bis 18 haben ein einheitliches literarisches Gepräge. Die Struktur des in sich geschlossenen Prologs ist ein zweiter Hinweis darauf, dass Gott den Menschen jeweils in ihrem Lebensrahmen begegnet. Die hier vorliegende literarische Form, die der hebräischen Logik so vertraut war, bezeichnet man als Chiasmus.[1] Ein Chiasmus entsteht dann, wenn man mit seinen Schlussfolgerungen wieder zum Anfangspunkt oder Ausgangsargument zurückkommt. Der erste Punkt ist eine Parallele zum letzten Punkt. Der zweite Punkt ist eine Parallele zum vorletzten Punkt und so weiter.

Der Prolog beginnt und schließt mit dem „Wort" (Jesus Christus), das in enger Beziehung zum Vater steht (V. 1 und 18). Als Nächstes wird das Wirken des „Wortes" bei der Erschaffung der Welt (V. 3) dem gegenübergestellt, was Christus durch die Gnade und Wahrheit bei der Neuschöpfung bewirkt (V. 17). Die Aufgabe des Täufers wird zweimal an den jeweiligen Gegenpositionen erwähnt (V. 6-8.15). Wenn man den gesamten Prolog auf diese Weise untersucht, ergibt sich folgende chiastische Struktur:

A. Das Wort war bei Gott (V. 1.2)
- B. Seine Rolle bei der Schöpfung (V. 3)
  - C. Die Gabe des Lebens und des Lichts (V. 4.5)
    - D. Das Zeugnis des Täufers (V. 6-8)
      - E. Das Wort kommt in die Welt (V. 9-11)
        - **F. Gläubige werden Kinder Gottes (V. 12.13)**
      - E. Das Wort wird Fleisch (V. 14)
    - D. Das Zeugnis des Täufers (V. 15)
  - C. Das Geschenk der Gnade (V. 16)
- B. Seine Rolle bei der Neuschöpfung (V. 17)

A. Das Wort ist beim Vater (V. 18)

---

[1] Abgeleitet vom Buchstaben *X* („chi" ausgesprochen) des griechischen Alphabets.

Die pfeilspitzenartige Form des A-F-A-Umrisses illustriert den X-förmigen Charakter des Chiasmus. Die Gedankenfolge beginnt von außen und bewegt sich zum Zentrum mit dem Höhepunkt und kehrt dann in umgekehrter Reihenfolge wieder an den Anfang zurück. Der Verfasser des Evangeliums benutzt hier unzweifelhaft den Stil der hebräischen Logik, die ihm und einem großen Teil seiner Leser vertraut war.

Da das Kernstück eines Chiasmus üblicherweise im Zentrum, in der Mitte, liegt, scheint es, dass das zentrale Thema des Prologs in den Versen 12 und 13 seinen Ausdruck findet: Alle, die das Wort annehmen und an dieses Wort glauben, werden zu „Kindern Gottes". Daher steht im Brennpunkt des Kommens des „Wortes" in die Welt eine Neuschöpfung, nämlich die „Erschaffung" der Kinder Gottes.

Dieses Thema findet sich in unterschiedlichen Formulierungen immer wieder, wenn es um das Ziel des Johannesevangeliums geht: Wer das Evangelium liest und an Christus glaubt, hat das Leben in seinem Namen (20,30.31).

Der Hintergrund des Begriffs „Wort"

Jesu Titel, mit dem das Evangelium beginnt, ist ein dritter Hinweis darauf, wie Gott die Erfahrung und den Hintergrund des Johannes benutzt, um den Menschen dort zu begegnen, wo sie sich befinden. Wenn Johannes griechischen Lesern geschrieben hätte: „Ich will über Jesus, den Messias, berichten", hätten die meisten vermutlich gefragt: „Über was für einen Jesus?" – und wohl kaum Interesse an dieser Information gehabt.

Wenn er über Jesus, den Menschensohn, geschrieben hätte, wären hauptsächlich Juden daran interessiert gewesen. Statt dessen benutzte er eine Bezeichnung, die nicht nur auf Griechen einen tiefen Eindruck machte, sondern auch auf Juden, die mit dem Gedankengut der griechischen Philosophie einigermaßen vertraut waren – und deren gab es damals viele. Johannes bezeichnete Jesus als „das Wort".

Im griechischen Alten Testament[1] ist das „Wort“ (*logos*) schöpferisch tätig, aber der Begriff „Wort“ wird nicht im Sinne von „Person“ verstanden. „Der Himmel ist durch das Wort des Herrn gemacht ... denn wenn er spricht, so geschieht's.“ (Psalm 33,6.9) „Das Wort des Herrn“ ist an dieser Stelle als der kraftvolle und schöpferische Ausdruck der Rede Gottes buchstäblich, d. h. als gesprochenes Wort, aufzufassen, nicht als eine Person, die bei der Schöpfung mitwirkte.

Andererseits ist in Sprüche 8,22-31 von einer Person die Rede, die Gott von Anfang an zur Seite stand und bei der Schöpfung aktiv mitwirkte. Diese Person wird aber als „Weisheit“ bezeichnet (griech. *sophia*, ein weiblicher Begriff) und nicht als „Wort“. Das Alte Testament enthält also Konzepte, die mit dem Gebrauch des Begriffs „Wort“ bei Johannes verwandt zu sein scheinen, aber doch nicht mit ihm deckungsgleich sind. Wir müssen uns also bezüglich einer echten Parallele für die Verwendung dieses Titels durch Johannes anderswo umschauen.

Im Umkreis der griechischen Philosophie finden wir für die Verwendung des Begriffes „Wort“ durch Johannes eine Erklärung. Der griechische Philosoph Platon (427-347 v. Chr.) hatte eine hohe Meinung von Gott. Die irdisch-materielle Wirklichkeit, so wie wir sie kennen, beurteilte er dagegen negativ. Er argumentierte: Der ewige Gott ist Geist und seinem Wesen nach gut, die Materie dagegen ist durch und durch schlecht. Es sei also ausgeschlossen, dass sich der gute Gott dadurch die „Finger schmutzig gemacht habe“, dass er die Materie erschuf und sich um ihren Erhalt kümmerte. Nun ist aber die stoffliche Welt unzweifelhaft da, also muss sie auch jemand erschaffen haben. Platons Lösung bestand darin, dass er die Existenz einer Persönlichkeit annahm, die er als das „Wort“ bezeichnete. Dieses „Wort“, so lehrte er, war würdig genug, Gott gleich oder mit

[1] Septuaginta, (vom griech. *septuaginta* = „siebzig“, daher die Abkürzung LXX) ursprünglich Bezeichnung für die griechische Übersetzung der fünf Bücher Mose, später für die in griechischer Sprache abgefasste Übersetzung des Alten Testaments einschließlich der Apokryphen.

ihm eins zu sein, und doch niedrig genug, um in die Erschaffung der an sich widergöttlichen, bösen Materie verwickelt zu sein. Der *Logos* war für Platon eine Art Mittlergott zwischen dem erhabenen, großen Gott und der Schöpfung. Später erweiterten griechische Philosophen wie Heraklit und die Stoiker die Gedanken des Platon, indem sie den *Logos* als ewig bezeichneten, als den Schöpfer und Erhalter des Universums und als den Ursprung der menschlichen Vernunft und Intelligenz. Da einige dieser Gedanken der Auffassung des Neuen Testaments von Jesus ähnelt, muss es nicht überraschen, dass Ellen G. White erklärt, dass einige der großen griechischen Denker vom „Geist der Inspiration" angehaucht waren.[1]

Der jüdische Philosoph Philon[2], einer der größten Denker zur Zeit Jesu, versuchte, den Juden die griechische Philosophie und den Griechen das Alte Testament nahe zu bringen. Er verstand sich als Brückenbauer zwischen dem Judentum und der griechischen Philosophie. So war es denn auch Philon, der eine Parallele zwischen dem jüdischen Konzept der *Weisheit* und dem griechischen Konzept des *Logos* zu erkennen glaubte. Das Ergebnis war eine jüdische „Wort-Person", die im wesentlichen den Hintergrund für die Verwendung des Begriffes *Wort* bei Johannes bildete.

Für Philon war „das Wort" ein „zweiter Gott", der Hohepriester im himmlischen Heiligtum, ein Fürsprecher bei Gott, der Gesetzgeber, der Mittler bei der Schöpfung, der Mittler der Offenbarung, der Erhalter des Universums und der Gott des Alten Testaments. Philon bezeichnete das „Wort" auch als Gottes Erstgeborenen, seinen ältesten Sohn, das Ebenbild Gottes und als den zweiten Adam. Jeder, der sich etwas im Neuen Testament auskennt, wird sofort erkennen, dass Gott die Menschheit durch Philon auf eine Persönlichkeit, wie sie gerade Jesus Christus darstellte, vorbereitet hat. Wenn Johannes daher Jesus als „das Wort" bezeichnete, fanden seine Leser, die von der griechischen Philosophie beeinflusst waren, durch diesen Begriff all das ausgedrückt, was sie über Jesus wussten.

---

1 White, „Desire of Ages", 33

2 Philon von Alexandria († um 45 n. Chr.), jüdisch-griechischer Philosoph.

Ich behaupte nicht, dass Johannes von Philon dahingehend beeinflusst worden ist, seinen Bericht über das Leben Jesu im Sinne Platons zu verfassen. Johannes ging vielmehr ähnlich vor wie Paulus auf dem Areopag in Athen. In Apostelgeschichte 17,22-31 versuchte Paulus, die Philosophen in Athen durch seine Ausführungen über den „unbekannten Gott, den ihr unwissend verehrt" (vgl. V. 23), zu erreichen. Johannes sagt es in seinem Prolog auf ähnliche Weise, indem er etwa das Folgende andeutet: „Dieses *Wort*, das ihr verehrt, ist das Thema meines Buches. Wenn ihr es lest, wird es euch helfen, Christus zu verstehen und ihm besser zu dienen." Durch diese Methode wurden griechische Leser angeregt, dem Jesus des Johannesevangeliums Beachtung zu schenken. Gott begegnet den Menschen dort, wo sie sind. Daraus ersehen wir, dass inspirierte Schreiber immer danach strebten, ihre Ausdrucksweise den Bedürfnissen ihrer Leser oder Zuhörer anzupassen. Grundsätzlich gilt: Der Inhalt der Botschaft ist inspiriert, nicht ihre Form.[1]

Was können wir aus der Verwendung des Begriffs „Wort" im Johannesevangelium als Entsprechung für Jesus entnehmen? Zunächst dies: Wir täuschen uns, wenn wir glauben, wir könnten die Menschen mit der Frohen Botschaft erreichen, ohne auf die Art, wie sie denken, und auf die Situation, in der sich befinden, Rücksicht zu nehmen. Häufig wird behauptet, der säkulare Mensch lehne das Evangelium rundweg ab. Ich halte das für ein Märchen. In Wirklichkeit hat er das Evangelium überhaupt noch nicht gehört – jedenfalls nicht so, dass er es verstehen kann –, selbst wenn er inmitten christlicher Kirchen und Fernsehevangelisten lebt oder Aufkleber mit der Aufforderung liest: „Hupe, wenn du Jesus liebst." Ich möchte mal wissen, was ein weltlich orientierter Mensch mit der Behauptung „Jesus ist die Antwort" anfangen soll, wenn er keine Ahnung hat, worin eigentlich die Frage besteht! Die Art, wie Johannes für seine Leser schreibt – ich möchte es einfach die „Wort"-Strategie nennen –, lehrt uns, dass wir die „zweite Meile"[2] gehen müs-

[1] White, „Selected Messages", Bd. 1, 21.22
[2] Matthäus 5,41

sen, wenn wir unseren säkularen Nachbarn und Freunden das Evangelium so bringen wollen, dass sie sich auch tatsächlich angesprochen fühlen. Nach Aussage des Apostels Paulus[1] kann man „möglichst viele“ nur gewinnen, indem man „allen alles wird“.[2]

Untersuchung des Prologs im Einzelnen

In Johannes 1,1-3 wird das Evangelium mit dem Hinweis auf den Schöpfungsbericht eröffnet. Die Wendung „am Anfang“ wiederholt die ersten Worte des griechischen Alten Testaments (1. Mose 1,1). Das Verb „gemacht“ in Vers 3 übersetzt das griechische Wort für Schöpfung, das wiederholt in 1. Mose 1 benutzt wird. Das „Wort“, das Fleisch wurde (1,14), ist der Eine, durch den alle Dinge geschaffen sind. Um sicherzugehen, dass niemand den totalen Anspruch dieser Aussage übersieht, betont Johannes, dass alles in der Welt diesem „Wort“ das Dasein verdankt (V. 3). Christus, das „Wort“ ist der Ursprung alles Erschaffenen.

Johannes 1,1 ist wahrscheinlich die eindeutigste und klarste Aussage über die Gottheit Jesu Christi im Neuen Testament. Dieser Vers enthält drei kurze, aber grundlegende Feststellungen, die einander ergänzen, um Missverständnisse zu beseitigen, die entstehen könnten, wenn irgendeine dieser drei Feststellungen isoliert von den anderen betrachtet wird.[3]

Als die Schöpfung stattfand, existierte das „Wort“ schon von Ewigkeit her. Die ewige Existenz des „Wortes“ ist jedoch *nicht auf den Vater zurückzuführen* – etwa in dem Sinne, dass Gott ewig ist und zu irgendeinem Zeitpunkt Jesus geschaffen hat. Die zweite Aussage („das Wort war bei Gott“) weist darauf hin, dass es von Ewigkeit her vom Vater unterschieden ist. Es war Gottes vertrautester Gefährte (V. 1,1.2.18). Die dritte Aussage („das Wort war Gott“) macht deutlich, dass es sich um ein Miteinander von Gleichen handelt. Chris-

---

[1] 1. Korinther 9,19.22

[2] Vgl. Paulien, „Weltlich von Gott reden“, 15-45

[3] Jameison, Fausset und Brown, „Commentary Practical and Explanatory on the Whole Bible“, 1026).

tus hatte in vollem Maße Anteil an der göttlichen Natur. Was Gott war, war auch das Wort (V. 1). Zwischen Vater und Sohn besteht eine völlige und uneingeschränkte Einheit. Deshalb kann hier nicht von „Göttern" die Rede sein, sondern nur von der Gottheit.

Das „Wort", das bei der Schöpfung Licht und Leben ins Universum gebracht hat, erhält alles Geschaffene auch durch sein Leben und sein Licht, selbst wenn die „Finsternis" diese Tatsache nicht anerkennt (V. 4.5). Ohne Jesus würde es keinen Sonnenschein, keinen Regen, keine Luft und kein Leben geben. Umso erstaunlicher ist die Tatsache, dass der ewige Eine, der göttliche Eine, der Schöpfer aller Dinge, der Erhalter des Universums als ein Niemand in die Welt kam, den sogar die „Seinen" ablehnten, die behaupteten, auf ihn zu warten (V. 9-11). In den Versen 10 und 11 des Prologs wird Jesu Ablehnung durch die damalige Führungsschicht vorausgesagt, was sich dann im gesamten Evangelium bestätigt (5,16-18; 7,32.45. 52; 8,48-59; 9,13-34; 10,30-39; 11,45-57; 12,10.11 usw.).

Obwohl das so ist, malt Johannes dennoch nicht in düsteren Farben. Im Zentrum des Chiasmus des Prologs steht die Verheißung, dass jeder, der Christus „annimmt"[1] und an seinen Namen „glaubt"[2], das Recht erhält, ein Kind Gottes zu sein (V. 12). Diese Verse unterstreichen die Tatsache, dass dieses „Ins-Reine-Kommen" mit Gott unter zwei Gesichtspunkten gesehen werden muss. Es gibt erstens einen Anfangspunkt, an dem man Christus annimmt und dadurch ein Kind Gottes wird. Zweitens bleibt man, wenn man diesen Glauben bewahrt, in Christus und behält ohne Einschränkung seinen Status als Kind Gottes (vgl. 6,35-59; 15,1-7).

Die Auffassung, „einmal erlöst, für immer erlöst", wird durch diese Verse nicht unterstützt. „Rechtfertigung" ist ein fortdauernder Vorgang, der anhält, solange ein Christ in der lebendigen Beziehung mit Christus bleibt.

Es ist daher wichtig zu begreifen, dass diese „Neugeburt" nicht durch menschliches Bemühen irgendwelcher Art zustande kommt

---

1 Das griech. Verb steht in der Zeitform des Aorists, der auf einen bestimmten Punkt in der Vergangenheit hinweist.

2 Hier wird im Griechischen als Zeitform die Gegenwart verwendet.

(1,13). Ein Kind Gottes wird man nicht „durch das Blut“, das heißt durch den Akt der Zeugung, wie es bei der natürlichen Abstammung der Fall ist. Das „Glauben an seinen Namen“ stammt nicht aus dem „Willen des Fleisches“, auch nicht des frommen Fleisches. Das „Fleisch“, also der natürliche Mensch, ist zum Glauben nicht fähig. Ein Kind Gottes zu werden, ist deshalb genauso ein Wunder wie der ursprüngliche Schöpfungsakt (V. 1-3).

Wie die Schöpfung durch das „Wort“ ins Dasein gerufen und seitdem vom „Wort“ getragen und bewahrt wird (V. 4.5), so gehört auch zur Beziehung des Gotteskindes mit Jesus ein fortdauernder Glaube, der auf wunderbare Weise mit lebendigem geistlichen Leben belohnt wird (V. 12). Von Anfang bis Ende ist das christliche Leben ein Geschenk Gottes.

Der Prolog findet in den Versen 14 bis 18 seinen bewegenden Abschluss. Hier wird das vom Himmel herabgekommene göttliche „Wort“ mit Begriffen beschrieben, die seine Stellung hier auf Erden widerspiegeln (vgl. V. 1-5.9-13). Hier steht dieselbe Wendung, die in Vers 3 in Bezug auf die Erschaffung der Welt und in 1. Mose 1,1 benutzt wird. Das „Wort“ verzichtete darauf, „bei Gott zu sein“ und entschloss sich, „unter uns zu sein“ (V. 1.2.14). Das „Wort“, das Gott war, wurde „Fleisch“ (V. 1.14). Mit diesen knappen Worten umreißt Johannes die ganze Spannweite der menschlichen und göttlichen Natur Christi. Die Theologen bezeichnen das als Christologie.

Die Natur des Wortes

Johannes 1,1.2	Johannes 1,14
ewig (göttlich)	**zeitlich** (menschlich)
„war“	„ward“ (wurde)
„bei Gott“	„unter uns“
„war Gott“	„ward Fleisch“

Johannes 1,14-18 bedient sich einer Sprache, die den informierten Leser an das alttestamentliche Heiligtum erinnert. Das Wort wurde Fleisch und „machte“ unter uns „Wohnung“ und „wir[1] sahen seine Herrlichkeit“ (V. 14). Die Wendung „wohnte unter uns“ übersetzt den griechischen Begriff für „sein Zelt aufschlagen“, ein Hinweis auf das Heiligtum in der Wüste (2. Mose 25,8.9). Man kann diesen Ausdruck tatsächlich mit „Heiligtum aufschlagen“ übersetzen.

Die Herrlichkeit Jesu, die die Jünger sahen, bezieht sich auf die Herrlichkeit der *Schekina*[2] in diesem Heiligtum (2. Mose 40,34.35). Noch bemerkenswerter ist die Tatsache, dass das Verb „wohnen“ (*schakan*) im Hebräischen dieselbe Wurzel hat wie das Wort *„schekina“*, das die herrliche Gegenwart Gottes im Heiligtum bezeichnet. So sind also „Herrlichkeit“ und „Zelt“ im hebräischen Denken eins!

Diese Anspielung auf das alttestamentliche Heiligtum erklärt die „Gnade um Gnade“[3] in Vers 16. Das Heiligtum war eine Quelle der Gnade und des Segens. Aber als das Wort (*logos*) im Fleisch auf diese Erde kam, wurde es durch eine noch größere Segensquelle ersetzt. Jesus ist eine intensivere Offenbarung Gottes als das irdische Heiligtum, denn in ihm wohnte Gott direkt in der menschlichen Natur, und „wir“ konnten sehen, was zuvor hinter den trennenden „Vorhängen“ verborgen war.

In Vers 17 wird diese Botschaft in anderer Form wiederholt. Jesus stellt für uns eine noch tiefere Offenbarung Gottes dar als selbst Mose, der Gottesoffenbarer des Alten Testaments, sie bieten konnte. Durch Mose wurde das „Gesetz“ gegeben, aber Gnade und Wahrheit kamen erst („wurden geschaffen“, V. 3.14) durch Jesus Christus. Mose konnte sein Volk nicht ans Ziel bringen. Erst Josua brachte Israel ins verheißene Land. So war auch das Gesetz, das durch Mose vermittelt wurde, nicht dazu imstande, Israel zu erlö-

[1] Gemeint sind Johannes und die anderen Jünger, die direkten Kontakt mit Jesus hatten.

[2] Schekina ist in der rabbinischen Literatur die Bezeichnung des inmitten seines Volkes wohnenden Gottes.

[3] Im Griechischen: *charin anti charitos* = eine Segnung nach der anderen.

sen. Die Gnade und Wahrheit durch Jesus bringt die Erlösung (V. 12.13).

Und noch ein letzter Punkt soll hier erwähnt werden: Die Aussage „in des Vaters Schoß" oder „an der Brust" erscheint im Johannesevangelium nur zwei Mal: in Kapitel 1, Vers 18 (griech. *eis ton kolpon*) und in Kapitel 13, Vers 23 (griech. *en to kolpo*, „an seiner Seite lehnend"). So wie Jesus an der Seite des Vaters ist, so lehnt sich der Jünger, der das Evangelium geschrieben hat, beim letzten Abendmahl bei Jesus an.

Die Verbindung zwischen den griechischen Sätzen ist charakteristisch und gewollt. Auf diese besondere Art und Weise teilt uns Johannes nicht nur mit, dass Jesus die vollkommenere Offenbarung des Vaters ist, sondern auch, dass er, der geliebte Jünger, diese Offenbarung Jesu weitergibt. Johannes war der Jünger, dem Jesus am tiefsten verbunden war[1]. Er war der einzige Jünger, der zugegen war, als Jesus gekreuzigt wurde, und deshalb nahm er Jesu Platz in der Sorge für dessen Mutter Maria ein (19,25-27). So wird dieses Evangelium einzigartig und als Offenbarung Jesu besonders wertvoll.

Zusammenfassung der Hauptthemen

Wer ist Jesus?

Im Prolog wird das irdische Leben Jesu, so wie es im Hauptteil des Evangeliums beschrieben ist, in Bezug zur Ewigkeit gesetzt. Derselbe Jesus, der auf dieser Erde geboren wurde, in einem israelitischen Heim aufwuchs, sich in einem sozialen Umfeld bewegte, anderen half und schließlich auf Betreiben seiner Feinde hingerichtet wurde, zeigt sich als der Eine, der das Universum geschaffen hat. Ja, noch erstaunlicher: Er war schon von Ewigkeit her Gottes Ebenbild und Weggefährte.

Der Prolog zeigt, dass es im Johannesevangelium hauptsächlich darum geht, den Leser davon zu überzeugen, dass ein anscheinend ganz gewöhnlicher Mensch die Persönlichkeit Gottes in sich trug.

[1] Vgl. White, „Das Wirken der Apostel", 537–544

Ohne den Prolog wären viele der Aussagen Jesu im Hauptteil des Evangeliums grotesk und anmaßend – zumindest für Menschen, die noch keine Christen sind. Was sollten sie beispielsweise mit Aussprüchen anfangen wie: „Ich und der Vater sind eins" (10,30), „wer mich sieht, der sieht den Vater" (14,9) und „ehe Abraham wurde, bin ich" (8,58). Der Prolog ermöglicht es dem Leser, das, was Jesus im Evangelium sagt und tut, zu verstehen und richtig einzuschätzen. „Diese [Zeichen] aber sind geschrieben, damit ihr glaubt, dass Jesus der Christus ist, der Sohn Gottes." (20,31)

Eine höhere Offenbarung

Wenn Jesus alles in allem ist, wie es der Prolog des Johannesevangeliums beschreibt, folgt daraus, dass er die vollkommenste Offenbarung des Wesens Gottes ist, die die Welt je erlebt hat (Hebräer 1,1.2). Christus offenbart Gott unvergleichlich klarer als es die Schöpfung, die großen Weltreligionen, Johannes der Täufer, Mose oder das alttestamentliche Heiligtum vermochten. Gläubigen Christen von heute ist das vertraut, aber damals war diese Sicht eine Herausforderung für die Menschen. Das Johannesevangelium vertritt die Meinung, dass Johannes der Täufer, Mose und das alttestamentliche Heiligtum zwar für ihre Zeit wichtig waren, aber verglichen mit Jesus stark an Bedeutung „abnehmen" würden (3,30).

Jesus ist Gottes bedeutendstes Wort an die Menschen. Bis zu dem Tag, an dem das Universum von der Sünde gereinigt wird, mögen auch andere Themen wichtig sein, aber eine klarere Offenbarung des Wesens Gottes als die durch das Leben und den Tod Jesu Christi wird es nicht geben. Gottes Liebe, Barmherzigkeit und Gerechtigkeit sowie sein Verhalten dem Menschen und der Sünde gegenüber können im Wirken und Sterben Jesu am deutlichsten erfahren werden. Für den Autor des vierten Evangeliums gibt es ein Thema, das alle anderen überragt: das Kreuz Christi.

Das alles hat durchaus nicht nur theoretische Bedeutung. Barclay bietet hierzu eine menschliche Analogie an. Wenn wir wissen möchten, wie jemand über eine Sache wirklich denkt und fühlt, das aber nicht selbst herausfinden können, gehen wir nicht normalerweise zu ihm selbst, sondern zu jemandem, der ihn genau kennt. Nur ein enger Vertrauter ist in der Lage, die Taten und Gefühle des anderen zu bewerten. Solch ein „Mittelsmann“ kann genaueren Einblick in das Herz und die Gedanken eines anderen Menschen vermitteln.[1] Johannes sagt, Jesus war Gott im Denken und Fühlen so ähnlich, dass Gottes Wesen in ihm vollkommen zu erkennen ist.

Wir müssen antworten

Wenn Jesus wirklich das „Fleisch gewordene Wort“ ist (V. 14), kann es auf die Botschaft des Johannesevangeliums keine halbherzige Antwort geben. Wenn Jesus das Licht das Wesens Gottes vor den Menschen hell scheinen lässt, ist jeder, der das Evangelium liest, zur Entscheidung aufgerufen (3,18-21). Wird der Leser die Botschaft von Christus glauben und sie in sein Leben einbeziehen?

Das Johannesevangelium macht deutlich, dass es sich bei der Reaktion auf die Botschaft vom Fleisch gewordenen Wort um eine Entscheidung auf Leben oder Tod handelt. Glauben bewirkt den unmittelbaren Übergang vom Tod zum Leben (5,24; 8,51; 11,25.26) und zugleich Leben in Fülle (10,10). Sich abzuwenden bedeutet, blind (12,40; 9,39-41), krank (12,40) und dem Tod ausgeliefert zu sein (6,53).

🕮 ANWENDUNG

Johannes 1,19-51

1. *Ermutigt dich die Beschreibung Jesu im Prolog, ihm dein ewiges Schicksal anzuvertrauen? Schreibe deine Empfindungen beim Lesen des Prologs in Form eines Gebets nieder!*
2. *Fallen dir Ähnlichkeiten zur natürlichen und geistlichen Geburt ein (V. 12.13)? Inwiefern ähnelt das Leben in einer Familie dem in der Gemeinde und umgekehrt?*
3. *Gerechtigkeit und Liebe (V. 17) gehören gleicherweise zum Wesen Gottes. Wie lassen sich diese Eigenschaften Gottes miteinander vereinba-*

[1] Barclay, „Johannesevangelium“, Bd. 1, 45

ren? Welche Folgen hat es, wenn der eine oder der andere Wesenszug überbetont wird?

4. *Der Prolog des Johannesevangeliums macht deutlich, dass Jesus ganz Mensch und ganz Gott ist. Wie kann er beides zugleich sein? Welchen Einfluss hat meine Vorstellung von Christus auf meinen Alltag?*

🕮 VERTIEFUNG

1. *Trage so viele Übersetzungen von Johannes 1,1c („und Gott war das Wort") wie möglich zusammen. Wie erklären Bibelkommentare diesen Satz? Suche anhand einer Konkordanz alle Stellen im Neuen Testament, die das Wort „Gott" verwenden. Wie viele davon beziehen sich in irgendeiner Weise auf Jesus? Wie viele beziehen sich auf einen anderen „Gott"?*
2. *Mache dir Gedanken über die Begriffe: „Leben", „Licht", „Dunkelheit", „Welt" und „Glaube" im Prolog. Dann schlage diese Worte mit Hilfe einer Konkordanz im gesamten übrigen Evangelium des Johannes nach. Welchen Grundgedanken möchte Johannes mit jedem dieser Worte im Prolog vermitteln und wie entwickelt er diesen Gedanken in den weiteren Kapiteln seines Evangeliums? Welches Thema würdest du nach diesem Studium als verbindendes Grundthema des Evangeliums ansehen? Versuche, dieses Thema in einem Satz zusammenzufassen, je kürzer, desto besser.*
3. *Ziehe eine Trennungslinie auf einem Blatt Papier. Schreibe über die linke Spalte „Glaube", über die rechte „Unglaube". Dann überprüfe das Johannesevangelium im Hinblick darauf, wann Menschen Jesus geglaubt und wann sie ihm nicht geglaubt haben. Mache dir für jede Begebenheit eine Notiz in der entsprechenden Spalte. Wenn du damit fertig bist, lies die Geschichten noch einmal und suche nach den Gründen, die manche Menschen veranlasst haben, Jesus zu glauben und andere, ihm nicht zu glauben. Dann übertrage deine Erkenntnisse auf das eigene Leben. Erkennst du auch in deinem Leben Gründe wieder, die Zweifel aufkommen lassen? Was könnte deinen Glauben stärken?*

🕮 FÜR DAS WEITERE STUDIUM

1. *Über Johannes 1,1 und die Göttlichkeit Jesu: F. D. Nichol, (Hg.), „SDA Bible Commentary", Bd. 5, 897. 898. 911-919; R. Jameison, A. R. Fausset und D. Brown, „Commentary Practical and Explanatory on the Whole Bible, 1026; G. R. Beasley-Murray, „John", 10. 11; W. Barclay, „Johannesevangelium", Bd. 1, 43-46; W. Lüthi, „Johannes, das vierte Evangelium", 9-15; Das Neue Testament Deutsch (NTD), „Das Evangelium nach Johannes", 27-31; Wuppertaler Studienbibel, „Das Evangelium des Johannes", 1. Teil, 33-38; W. Schütz, „Das Johannesevangelium", 10-12.*
2. *Über das Konzept vom Ursprung des „Logos": G. R. Beasley-Murray: „John", 6-10; R. Schnackenburg, „The Gospel According to St. John", Bd. 1, 481-493.*
3. *Über die Hauptthemen des Prologs: G. R. Beasley-Murray, „John", 16-17.*
4. *Für eine ausgezeichnete Diskussion über die chiastische Struktur des Prologs: R. A. Culpepper, „The Pivat of John's Prologue", 1-31.*
5. *Für wissenschaftliche Diskussionen über das erste christliche Lied, das Johannes möglicherweise beim Schreiben des Prologs benutzte: R. Bultmann, „Das Evangelium des Johannes", engl. Ausgabe, 14-18; G. R. Beasley-Murray „John", 3. 4; R. Schnackenburg, „The Gospel According to St. John", Bd. 1, 224-229.*

Teil 2

Jesus und die erste Generation

Johannes 1,19-4,54

Kapitel 2

Jesus beruft Jünger

Johannes 1,19-51

Johannes weiß, dass Jesu Biographie nicht erst mit der Menschwerdung beginnt (1,1) und dass es auf der ganzen Welt nicht genügend Platz gäbe für alle die Bücher, die geschrieben werden könnten (21,25). Deshalb beschränkt er sich hinsichtlich der Lebensgeschichte Jesu auf eine bestimmte Auswahl (20,30.31). Nur Begebenheiten, die seiner theologischen Zielsetzung dienen, werden aufgenommen. Das hat allerdings zur Folge, dass manches fehlt, worüber die anderen Evangelisten teilweise ausführlich berichten. Im vierten Evangelium gibt es zum Beispiel keine Beschreibung der Jugend oder Kindheit Jesu, wie das bei Matthäus und Lukas der Fall ist. Johannes beginnt mit seiner Berichterstattung (1,19-51) am Anfang des öffentlichen Wirkens Jesu.

🕮 EINSTIEG

Johannes 1,19-51

Lies Johannes 1,19-51 zweimal hintereinander und beantworte dann folgende Fragen:

1. *Dieser Abschnitt schildert Ereignisse, die sich über vier verschiedene Tage erstreckten. Führe die Verse an, in denen jeweils der Übergang von einem Tag zum andern angekündigt wird. Versuche, diesen Abschnitt entsprechend den jeweiligen Tagen aufzugliedern.*

2. *Vergleiche diesen Abschnitt mit dem, was über den Täufer im Prolog gesagt wird (1,6-8.15). Stelle eine Aufzählung der parallelen Begriffe und Gedanken zusammen.*
3. *Führe die Fragen an, die von den Priestern, Leviten und Pharisäern in 1,19-28 gestellt werden. Was wollten die jüdischen Oberen wissen? Was ergibt sich aus dem Textabschnitt über ihre Beweggründe für diese Befragung?*
4. *Schildere, wie der Auftrag Johannes des Täufers in 1,19-36; 3,22-30; 5,37 beschrieben wird. Vergleiche diese Darstellung mit den Aussagen der anderen Evangelisten: Matthäus 3,1-17; 11,2-19; Markus 1,2-11; 6,14-29; Lukas 1 bis 3; 7,17-35. Liste die Unterschiede auf. Zeige, welche Elemente in allen vier Evangelien vertreten sind und führe dann die besonderen Aspekte der Rolle des Täufers im Johannesevangelium auf.*
5. *Was meint der Täufer mit der Bezeichnung „Lamm Gottes"? Überprüfe anhand einer Konkordanz, wo und wie der Begriff „Lamm" im Alten Testament verwendet wird. Sortiere die gefundenen Hinweise nach Stichworten; z. B. Passah, Heiligtum, Landwirtschaft, Prophetie. Welche dieser Kategorien kommen dem Sprachgebrauch des Täufers in Johannes 1,29 am nächsten?*
6. *Lies Johannes 1,35-51 und nenne die Umstände, die dazu führten, dass fünf Männer Jesus nachfolgen wollten. Beachte, wie Jesus darauf reagierte und was er bereits über sie wusste.*

ERKLÄRUNG

Der Aufbau des Abschnittes

Johannes 1,19-51 ist nach der zeitlichen Abfolge gegliedert (V. 29.35.43 – „am nächsten Tag"). Die in diesem Kapitel geschilderten Ereignisse trugen sich an vier aufeinander folgenden Tagen zu. Die Erzählung beginnt mit dem Tag, an dem Johannes der Täufer von den Abgesandten aus Jerusalem befragt wird (V. 19-28). Dabei liegt der Schwerpunkt weniger auf dem, was der Täufer *ist,* vielmehr geht es darum, was er *nicht* ist. Am zweiten Tag weist Johannes die

Menge auf Jesus hin und beschreibt kurz seinen Auftrag (V. 29-34). Am dritten Tag ermutigt der Täufer zwei seiner Jünger, sich Jesus anzuschließen (V. 35-37). Nachdem Jesus den Nachmittag und den Abend mit diesen beiden Jüngern – vielleicht auch mit Petrus – verbracht hat (V. 38-42), begegnet er am folgenden Tag Philippus und Nathanael (V. 43-51).

Ein anderes strukturelles Merkmal dieses Abschnitts ist die Beziehung zu den Teilen des Prologs, die vom Auftrag Johannes des Täufers berichten. Die Schilderungen in Johannes 1,19-51 sind offenbar ganz bewusst auf den kurzen Bemerkungen des Prologs über Johannes aufgebaut:

Prolog	Abschnitt	Aussage
V. 7a	V. 19-30	Das Zeugnis des Johannes
V. 8a	V. 19-28	Johannes ist nicht das „Licht“
V. 7b.8b	V. 29-34	Johannes legt Zeugnis über das „Licht“ ab
V. 7c	V. 35-50	Einige glauben dem Zeugnis des Johannes
V. 15	V. 30	„Der nach mir kommt ...“

Laut Prolog gibt es zwei wichtige Tatsachen, die der Leser über den Täufer wissen muss. Die eine ist, dass Johannes *nicht* das „Licht“ ist, und die andere, dass er den Auftrag hat, vom Licht Zeugnis abzulegen (1,6-8). Das geschieht hier in dreifacher Weise: (1) Vor den Abgesandten der Pharisäer, (2) vor den versammelten Zuhörern und (3) vor seinen eigenen Jüngern (V. 19-37). Gleich im ersten Kapitel wird klar herausgestellt, dass Jesus und nicht der Täufer „das Licht“ ist, auf das der Prolog hinweist.

Der Hintergrund

Die Rolle des Täufers

Eine der bewegendsten Aussagen im Johannesevangelium ist die Feststellung des Täufers: „Er muss wachsen, ich aber muss abnehmen“ (3,30). Sie zeugt von Demut und Charakterstärke, zumal sich der Vorläufer Jesu nicht nur einmal in dieser Weise geäußert hat

(1,27.30). Bei den Synoptikern finden sich solche Aussagen nicht, denn sie stellen den Täufer als heroische Gestalt dar. Deshalb fragt sich der Leser natürlich, warum das vierte Evangelium gerade die Demut des Johannes hervorhebt? Um das verstehen zu können, soll hier ein kurzer biblisch-geschichtlicher Überblick gegeben werden.

Bei Matthäus, Markus und Lukas wird der Täufer „als eine Stimme, die in der Wüste ruft" beschrieben (Jesaja 40,3; vgl. Matthäus 3,3; Markus 1,3; Lukas 3,4), als der Elia der Endzeit (Maleachi 4,5; vgl. Matthäus 11,14; 17,12; Markus 9,13; Lukas 1,17; 9,19) und als Wegbereiter des Messias (Maleachi 3,1; vgl. Matthäus 11,10; Markus 1,2; Lukas 7,27). Im Johannesevangelium weist der Täufer es entschieden zurück, Elia zu sein – er bezeichnet sich lediglich als „eine Stimme" (1,21-23). Das vierte Evangelium ordnet dem Täufer kaum Ehrenbezeichnungen zu, dafür Jesus umso mehr (V. 1.8.18.29.38.41.49.51 usw.). Und Johannes selbst macht sich „ganz klein", indem er sagt: „Ich bin nicht wert, dass ich seine Schuhriemen löse" (V. 27); „er muss wachsen, ich aber muss abnehmen" (3,30).

Ganz allgemein gesehen könnte man sagen, dass Johannes der Täufer wegen seiner Demut ein nachahmenswertes Beispiel für alle Nachfolger Jesu ist. Wie könnte ein gläubiger Mensch besser auf das antworten, was Christus durch seine Menschwerdung und seinen Sühnetod am Kreuz für ihn getan hat? Doch dieser Gesichtspunkt scheint für den Evangelisten Johannes nicht der eigentliche Grund gewesen zu sein, das Verhalten des Täufers hervorzuheben.

Wer das Johannesevangelium heute liest, könnte den Eindruck gewinnen, der Täufer sei aus dem Nichts aufgetaucht, habe Jesus getauft und sei dann wieder in der „Versenkung" verschwunden. Aber das wäre eine völlig falsche Sicht. Historisch gesehen repräsentierten Johannes der Täufer und seine Jünger eine Bewegung, die relativ unabhängig von Jesus gewesen sein muss. Als sich ein Jüngerkreis um Jesus bildete, waren es zunächst nur wenige Anhänger des Täufers, die zu dem Mann aus Nazareth überwechselten (V. 35-51; Matthäus 11,2.3). Und als Jesus mit seinem öffentlichen Wirken begann, hörte Johannes keineswegs auf, die Menschen durch seine Predigten zur Umkehr zu rufen und zu taufen (3,22-30). Offenbar hat er durch seine Verkündigung nach wie vor viele Menschen an sich gezogen. Der Bericht der Apostelgeschichte über das Leben des Alexandriners Apollos (18,24-26) und der Hinweis auf zwölf Johannesjünger in Ephesus (19,1-7) weisen auf eine unabhängige Entwicklung der damaligen Täuferbewegung hin. Bis heute existiert im südlichen Irak eine kleine religiöse Gruppe, die so genannten Mandäer, die ihren Ursprung mehr auf Johannes den Täufer, als auf Jesus oder Mohammed zurückführen.

Viele von denen, die es zu Johannes in die Wüste zog, haben sich niemals Jesus angeschlossen, sondern blieben Anhänger des Täufers.[1] Von einem gewissen Zeitpunkt an, wahrscheinlich nach dem Erscheinen der Evangelien des Matthäus, Markus und Lukas, aber noch bevor das Johannesevangelium geschrieben wurde, scheint sich die Täuferbewegung mehr und mehr vom Christentum abgewandt zu haben bis hin zur Feindschaft. Nachdem der Täufer aus politischen Gründen umgebracht worden war, hat offenbar der radikale Teil seiner Anhängerschaft mit den Zeloten und anderen Aufständischen gemeinsame Sache gemacht und im jüdischen Krieg (67-70) gegen die Römer gekämpft.[2] Wie es damals bei den meisten Juden Palästinas der Fall war, mögen es auch die Anhänger des Täufers den jüdischen Christen verübelt haben, dass sie es ablehnten, mit ihnen gemeinsam gegen Rom vorzugehen.

Die Art dieses Berichts im Johannesevangelium lässt vermuten, dass viele Anhänger der Täuferbewegung aus Loyalität ihrem „Propheten“ gegenüber bemüht waren, die Überlegenheit Jesu in Frage zu stellen. Darüber hinaus gibt es aber auch historische und theologische Gründe dafür, dass Jesus von vielen nicht gebührend anerkannt wurde.

(1) Damals bestand die Auffassung, die auch heute noch viele teilen, dass hinsichtlich theologischer Fragen das jeweils Ältere auch das Bessere sei. Jesus selbst berief sich beispielsweise einmal in Mat-

[1] Vgl. Brown, „The Gospel According to John“, Bd.1, XVII-XX

[2] Vgl. die Schilderung der Wirren in: White, „Jesus von Nazareth“, 13-19

thäus 19,3-9 auf diesen Grundsatz. Manche meinen, es sei immer besser, sich auf „bekannten Pfaden“ zu bewegen. Die Tatsache, dass Johannes der Täufer vor Jesus als Bote Gottes aufgetreten war, galt damals vielen als Beweis dafür, dass ihm der Vorrang zukomme.

(2) Gemäß der jüdischen Überlieferung glaubte man damals, dass es in den letzten Tagen nicht nur einen, sondern *zwei Messiasse* geben werde: einen aus dem Stamm Juda und einen aus dem Stamm Levi.[1] Der aus dem Stamm Juda sollte ein königlicher, der aus dem Stamme Levi dagegen ein priesterlicher Messias sein. Im Alten Testament wurden sowohl Könige als auch Priester gesalbt (z. B. 3. Mose 8,1-13; 1. Samuel 10,1; 16,1-13; 1. Könige 1,28-40). Irgendwann tauchte in bestimmten Kreisen die Vorstellung auf, dass der Messias (hebr. „der Gesalbte“) nicht nur eine Person sein könne, sondern dass es mindestens zwei sein müssten. Da Johannes der Täufer (aus dem Stamme Levi) und Jesus (aus dem Stamme Juda) gemeinsam auftraten, überrascht es nicht, dass manche annahmen, diese Überlieferung habe sich damit erfüllt.

(3) Heutzutage hat im Allgemeinen die Politik Vorrang vor der Religion. Damals war es genau umgekehrt. Aus den Schriftrollen vom Toten Meer wissen wir, dass dem Priester mehr Bedeutung zuerkannt wurde als dem König, und dass man den religiösen Bereich höher bewertete als den politischen. Das ergab sich einfach aus der Tatsache, dass Aaron zu einer Zeit zum Hohenpriester gesalbt worden war, als an ein jüdisches Königtum noch gar nicht zu denken war. Je älter die Tradition, desto besser! Aber nicht nur das. Es war nicht zu bestreiten, dass Priester die Könige salbten und nicht umgekehrt. Das alte Israel war eine Theokratie, d. h. es wurde von Gott regiert, und Gott wohnte nun einmal im Tempel und nicht im Königspalast.

Welche Argumente konnten die ersten Christen dieser Theologie, die wohl auch von den Anhängern des Täufers vertreten wurde, entgegensetzen? (1) Zum Einen verwiesen sie darauf, dass Jesus sowohl die Rolle des Königs (Matthäus, Markus und Lukas – „das

[1] Vgl. Russell, „The Method and Message of Jewish Apocalyptic“, 304-323

Reich Gottes“) wie auch die des Priesters (Hebräerbrief) in einer Person ausfüllte. Die Vorläufer eines solchen Priesterkönigs im Alten Testament waren Melchisedek und in gewisser Weise auch Mose, der sowohl priesterliche als auch königliche Funktionen ausübte (1. Mose 14,18-20; 2. Mose 24,3-8). (2) Im Übrigen bestritten die Christen, dass die ältere Offenbarung notwendigerweise die bessere sein müsse. Sie betonten vielmehr, dass die gegenwärtige Offenbarung in Christus eindeutig der alten Offenbarung überlegen ist (Johannes 1,17; vgl. Hebräer 1,1-3).

Der Evangelist Johannes geht dieses Problem nicht von der in Johannes 1,19-51 dargestellten Seite an. Er erläutert vielmehr, *warum* der Täufer den Schauplatz der Geschichte vor Jesus betrat. Für ihn spielt die zeitliche Abfolge keine Rolle, wohl aber die Bedeutung dessen, was da geschehen ist. Der Täufer trat nicht deshalb vor Jesus auf, um seinen Anspruch, der Größere und Bedeutendere zu sein, zu wahren, sondern weil er den Auftrag von Gott hatte, das Volk auf das Erscheinen Jesu vorzubereiten. Das machte es unumgänglich, dass er zuerst auf dem Schauplatz erschien. Der Täufer war der Vorläufer, nicht der erwartete Messias. Das Ältere muss durchaus nicht immer das Größere oder Bessere sein. Und im Hinblick auf die Präexistenz Christi erweist sich solches Denken vollends als gegenstandslos. Die Selbsteinschätzung Johannes des Täufers macht ganz deutlich, dass diejenigen, die ihn gern über Jesus stellen möchten, nicht einmal ihn selbst auf ihrer Seite haben.

Das Lamm Gottes

Eine weitere Frage, die sich auf den Hintergrund von Johannes 1,19-51 bezieht, lautet: Was meinte Johannes, als er auf Jesus, als das „Lamm Gottes“ hinwies, das die Sünde der Welt hinwegnimmt (V. 29). Angesichts des jüdischen Hintergrunds dieses Evangeliums sind mehrere Antworten möglich.[1] Der Täufer könnte ein apokalyptisches, siegendes Lamm meinen, so wie es im Testament des Joseph[2]

[1] Vgl. Brown, „The Gospel According to John“, Bd. 1, 58-63
[2] Charlesworth, „The Old Testament Pseudoepigrapha“, Bd. 1, 824

und im Buch der Offenbarung dargestellt wird (Offenbarung 7,17; 17,14). In diesem Falle könnte er Jesus als den siegenden Messias sehen, der die Sünde „hinwegnimmt", indem er sowohl die Sünde als auch die Sünder am Ende der Tage vernichtet. Eine andere Möglichkeit ist die, dass „Lamm Gottes" ein Hinweis auf das Passahlamm des 2. Buches Mose ist. In diesem Fall würde der Täufer in Jesus einen neuen Mose sehen, den Erretter eines neuen Israel aus einem neuen Ägypten. Eine dritte Möglichkeit ist das gehorsame, sich hingebende Lamm aus Jesaja 53, dessen Vorbild das Selbstopfer Isaaks in 2. Mose 22,10-13 ist. Falls der Täufer dies im Sinn hatte, galt sein Augenmerk dem Wesen Jesu und seinem stellvertretenden Tod. Eine vierte Möglichkeit ist das Lamm, das im Heiligtum als Opfer dargebracht wurde (2. Mose 29,38-42; 3. Mose 5,5-7; 4. Mose 28,1-8). In diesem Fall läge der Schwerpunkt auf Jesus, der all das erfüllt, was das Alte Testament den Gläubigen verheißen hat.

Jede dieser Möglichkeiten wird bis zu einem gewissen Grade im Johannesevangelium angedeutet. Es ist daher durchaus möglich, dass der Begriff *Lamm Gottes* bewusst vieldeutig gedacht ist, damit der Leser all diese Gesichtspunkte in Erwägung zieht. Wenn man jedoch einem der angeführten Bilder den Vorrang einräumen wollte, sollte es das Passahlamm sein. Das scheint dem Evangelisten äußerst wichtig gewesen zu sein. Man spürt es beim Lesen förmlich, dass Jesus der neue Mose ist. Er verwandelt genauso Wasser in Wein, wie Mose Wasser in Blut verwandelt hat, und er beschafft genauso das Brot vom Himmel, wie Mose das Manna in der Wüste beschafft hat (2,1-11; 6,14.31; 5. Mose 18,15.18). Johannes 19,31-37 bringt ausdrücklich Jesu Tod am Kreuz mit den Vorschriften für das Schlachten des Passahlamms in Verbindung (vgl. 2. Mose 12,46; 4. Mose 9,12).[1]

Die vierzig Tage in der Wüste

Bei Matthäus, Markus und Lukas zieht sich Jesus unmittelbar nach der Taufe und noch vor der Berufung seiner Jünger in die Wüste

[1] Vgl. Nichol, „Seventh-day Adventist Bible Commentary", Bd. 5, Sp. 908

zurück (Matthäus 3,13-4,22; Markus 2,9-20; Lukas 3,21 bis 5,11). Bei Johannes gibt es nur einen Hinweis auf die Taufe Jesu, der im Laufe der nächsten Woche die Berufung der Jünger und Jesu erstes Wunder auf der Hochzeit zu Kana folgen (2,1). Was ist mit den vierzig Tagen, die Jesus in der Wüste verbrachte? War der Verfasser darüber nicht informiert oder hat er dieses Geschehnis bewusst ignoriert? Wurden Petrus und Andreas am Jordan (1,28.35-42) oder in Galiläa (Matthäus 4,18-22; Markus 1,14-20; Lukas 5,1-11) berufen?

Die einleuchtendste Erklärung dafür, dass der Evangelist auf diese Zeitspanne nicht eingeht, ist die, dass Johannes 1,29-34 nicht das tatsächliche Ereignis der Taufe Jesu schildert. Der Täufer erläutert vielmehr die Bedeutung der bereits zurückliegenden Taufe, weil sich das erforderlich machte, als Jesus nach vierzig Tagen erneut am Jordan erscheint. Nach dieser Auffassung berichten Matthäus, Markus und Lukas die tatsächliche Taufe, der dann Jesu Aufenthalt und die Versuchung in der Wüste folgt. Das vierte Evangelium berichtet darüber nicht, sondern erwähnt nur Jesu Rückkehr aus der Wüste und schildert die darauf folgenden Ereignisse: die Begegnung Jesu mit dem Täufer, die Berufung mehrerer Jünger und die Hochzeit zu Kana. Alles Ereignisse, zu denen sich wiederum die drei anderen Evangelisten nicht äußern.[1]

Die zweimalige Berufung sowohl am Jordan wie auch am See Genezareth kann vielleicht dadurch erklärt werden, dass die Jünger bei der ersten Berufung gewissermaßen nur einen „Teilzeitdienst" für ein oder zwei Jahre antraten, während sie bei der Berufung in Galiläa aufgefordert wurden, ihren Beruf aufzugeben und in einen Vollzeitdienst bei Jesus einzutreten.

Der Abschnitt im Einzelnen

In Johannes 1,19-28 muss sich der Täufer mit zwei Anfragen auseinander setzen. Die eine kommt von den „Priestern und Leviten", die von „den Juden in Jerusalem" gesandt werden (V. 19-23), die andere

[1] Vgl. White, „The Desire of Ages", 246-249

von den „Pharisäern" (V. 24-28), die vermutlich auch von „den Juden" geschickt waren. Im Johannesevangelium wird der Begriff *Juden* oft benutzt, wenn die Jerusalemer Führungsschicht (z. B. Hohepriester, Mitglieder des Hohen Rats) gemeint ist (2,18.20 usw.).

In diesem Fall sollen die Abgesandten herausfinden, ob Johannes der Täufer der Messias ist. Als der erklärt, er sei nicht der *Christus* (V. 20))[1], fragen sie ihn, ob er Elia oder „einer der Propheten" sei – zwei weitere Begriffe, die damals im Umlauf waren, um den Messias zu beschreiben (Maleachi 4,5.6; 5. Mose 18,15-18). Es mag seinen Grund haben, den Täufer als Elia zu bezeichnen (Matthäus 11,11-14), aber in Johannes 1,20.21 wehrt sich Johannes konsequent dagegen, unter welchem Namen auch immer, als Messias bezeichnet zu werden. Er hat dafür auch einen triftigen Grund: Er ist nämlich nicht der Messias! Vielmehr gibt er sich damit zufrieden, nichts weiter zu sein als „eine Stimme ... in der Wüste", die einem anderen den Weg bereitet (V. 23). Wie beim Straßenbau die Trasse geebnet werden muss, so soll dem Messias der Weg bereitet werden, indem der Stolz und die Selbstgerechtigkeit seines Volkes „abgebaut" und die geistliche Bereitschaft, sich ihm zur Verfügung zu stellen, „erhöht" wird.

In Vers 25 sprechen die Pharisäer Johannes das Recht ab, religiöse Reformen – zum Beispiel die Taufe zur Vergebung der Sünden – vorzunehmen, wenn er gar nicht der Messias ist. Zwar war die Taufe in Israel nicht unbekannt, aber eigentlich wurden nur Nichtjuden getauft, wenn sie zum Judentum übertraten. Dass sich gläubige Juden taufen ließen, war höchst ungewöhnlich und den Oberen offensichtlich ein Dorn im Auge.[2] Tatsächlich war die Forderung des Johannes, dass sich auch Juden taufen lassen müssten, um Vergebung ihrer Sünden zu erlangen, etwas radikal Neues. Zumal dadurch die bisherige Frömmigkeit als unzulänglich und mangelhaft

---

[1] Das griechische *Christus* entspricht dem hebräischen *Messias.*

[2] Allerdings belegen die Schriftrollen vom Toten Meer, dass in der dortigen Glaubensgemeinschaft eine Art Taufe an Gläubigen praktiziert wurde (vgl. Freedman, „The Anchor Bible Dictionary", Bd. 1, 583f.).

bloßgestellt wurde. Gewiss, man erwartete vom Messias religiöse Erneuerung und durchgreifende Reformen und billigte sie ihm auch zu, nicht aber einem Eiferer, der selbst zugegeben hatte, nicht der Messias zu sein. Aber Johannes wusste sich zu wehren, indem er ankündigte, dass seine „Taufe mit Wasser“ noch gar nichts sei im Vergleich mit der Taufe dessen, der da kommen werde.

Vermutlich war die Taufe Jesu kein so öffentlichkeitswirksames Ereignis, denn als er nach vierzig Tagen wieder zu Johannes an den Jordan kam, erkannte außer dem Täufer kaum jemand, wer sich da mitten unter ihnen befand (V. 26).[1] Doch das sollte sich bald ändern. Der Eine, der nach Johannes dem Täufer kam, sollte so groß werden, dass Johannes erklärte, er fühle sich nicht würdig, ihm die Schuhriemen zu lösen (V. 27).

Die Zeit Johannes des Täufers war „die gute, alte Zeit“ für Lehrer. Sie waren hoch geschätzte Leute, und ihre Schüler rechneten es sich zur Ehre an, ihnen wie Sklaven dienen zu dürfen. Aber es gab auch Dinge, die sich bei aller Verehrung des Meisters nicht mit der Würde eines Schülers vereinbaren ließen. So war es ihm zum Beispiel untersagt, sich so weit zu erniedrigen, dass er dem Lehrer die Riemen oder Bänder der Sandalen schnürte oder löste.

Die Aussage in Vers 27 lässt die durch nichts zu überbietende Demut des Johannes erkennen. Seine Ehrfurcht ist so groß, dass es für ihn eine Ehre wäre, für Jesus das zu tun, was einem Schüler ansonsten verboten war. Wer den Prolog aufmerksam liest, versteht allerdings, warum eine solche Demut in der Gegenwart Jesu angemessen ist (V. 1-5).

Jesu Größe ist allein schon in der Tatsache begründet, dass er bereits vor dem Täufer existierte. Johannes wusste, dass es nicht seine Aufgabe war, sich ins rechte Licht zu rücken, sondern dass er die Menschen darauf hinzuweisen hatte, wer Jesus ist. Und dass er in Jesus den Gottgesandten sah, war nicht sein Verdienst, sondern wurde ihm durch Gottes Gnade geschenkt. Jeder Teil dieser Erzählung ist dazu bestimmt, die Größe Jesu herauszuarbeiten.

[1] Vgl. White, „Jesus von Nazareth“, 91

Obwohl der Täufer im Johannesevangelium nur einen relativ bescheidenen Platz einnimmt, ist seine Aufgabe bedeutungsvoll. Er war es nämlich, der seine eigenen Jünger zu Jesus schickte (V. 35-37; 3,26.30). Einer von ihnen war Andreas, der Bruder des Petrus, der Name des anderen wird nicht genannt. Das ist merkwürdig, denn auch später werden weitere Jünger durchweg mit Namen genannt. Das legt den Gedanken nahe, dass dieser „namenlose" Mann der bewusste „Jünger, den Jesus lieb hatte" (13,23) gewesen ist – also Johannes, der später das vierte Evangelium geschrieben hat. Wenn die ursprünglichen Leser des Evangeliums in dem namenlosen Jünger der Verse 35 bis 42 tatsächlich den Verfasser dieses Buches sahen, war seine Botschaft eine eindringliche Aufforderung an die Jünger des Johannes: „Der Täufer würde wünschen, dass ihr tut, was ich getan habe: Folgt Jesus nach!"

In den Versen 43 bis 51 ist von zwei neuen Jüngern Jesu die Rede: Philippus und Nathanael. Philippus spielt nur im vierten Evangelium eine herausragende Rolle im Jüngerkreis (V. 43-46; 6,5-7; 12,21-22; 14,8-10). Im vorliegenden Abschnitt wird berichtet, dass er Nathanael zu Jesus bringt. Und das geschieht auf die denkbar einfachste Weise, indem er den Freund einlädt: „Komm und sieh es." Dieses Thema durchzieht das gesamte Evangelium. Nikodemus, die Samariterin, der Blindgeborene und Thomas – sie alle mussten Jesus sehen, um zu glauben. Aber am Schluss des Evangeliums stellt der Leser überrascht fest, dass die letzte Seligpreisung denen gilt, die nicht sehen und doch glauben (20,29).

Zunächst steht Nathanael der Einladung des Philippus skeptisch gegenüber: „Was kann denn aus Nazareth Gutes kommen?" (V. 46) Für diese Bemerkung gibt es einen Hintergrund. Nathanael stammt aus Kana in Galiläa (21,2). Obgleich die genaue Lage des Ortes heute nicht mehr feststellbar ist,[1] waren Kana und Nazareth offenbar Zwillingsstädte, die ungefähr einen Kilometer voneinander entfernt lagen.

---

[1] Anmerkungen zur Lage des biblischen Kana siehe: Freedman, a. a. O., Bd. 1, 827.

Es gab in Galiläa drei Arten von Ansiedlungen: (1) vorwiegend heidnische Städte wie Sepphoris, Jotapata und Tiberias (von keiner wird berichtet, dass Jesus sie je besucht hätte); (2) jüdische Städte, in denen die Gesetze und Vorschriften der Thora genau eingehalten wurden; (3) jüdische Städte, in denen man es mit dem Judentum nicht so genau nahm. Die Bemerkung des Nathanael könnte darauf hinweisen, dass man sich in Kana streng an die religiösen Vorschriften hielt, in Nazareth dagegen nicht.

Im Johannesevangelium wird an mehreren Stellen deutlich, dass Jesus genau wusste, was im Herzen eines Menschen vorging – einige Male sogar, ohne dem Betreffenden zuvor begegnet zu sein. Dieses Wissen veranlasste ihn beispielsweise, dem hitzigen, ungestümen Simon den für ihn charakteristischen Beinamen „Fels" zu geben (griech. „Petrus", V. 42). Zweimal in dieser Erzählung wird erwähnt, dass Jesus auch Nathanael durch und durch kannte. Er bezeichnet ihn als einen „wahren Israeliten ohne Falsch", der wie Jakob, der erste Israelit, die Engel auf- und niedersteigen sehen würde.

Das heißt: Gemeinsam mit den anderen Jüngern sollte er Zeuge der ungehinderten Verbindung und Einheit Jesu mit dem Vater werden. So sollte er seinen Herrn erleben: ständig unter einem geöffneten Himmel lebend, ständig umgeben von den himmlischen Boten. Zwischen Nathanael und Jakob gibt es allerdings zwei wesentliche Unterschiede. Im Leben Jakobs spielten List und Betrug (1. Mose 27,35) eine große Rolle, Nathanael dagegen war ohne Falsch (Johannes 1,47). Jakob sah Jahwe am oberen Ende der Himmelsleiter (1. Mose 28,12.13), Nathanael sollte Jesus am unteren Ende der Himmelsleiter „sehen" (Johannes 1,51). Im Johannesevangelium gilt daher nicht der als wahrer Israelit, der seine natürliche Abstammung bis auf Jakob zurückführen kann, sondern nur der, der Jesus kennt und an ihn glaubt. Der Jahwe an der „Spitze der Himmelsleiter" ist auf die Erde herabgekommen und wird von denen erkannt, die Augen haben, um zu sehen.

Dass Jesus wirklich wusste, was in Nathanael vorging, bewies er dadurch, dass er Nathanael sagen konnte, was er unmittelbar bevor

Philippus ihn ansprach, gedacht und getan hatte. Nathanael begriff jetzt, dass er dem Sohn Gottes begegnet war, und er bekannte sich zu ihm.

Die wesentlichen Gedanken

Das Zeugnis

Das Schlüsselthema der Verse 19 bis 51 ist das Zeugnis. Im ersten Teil dieses Abschnitts legt Johannes Zeugnis von Jesus ab. Am Ende des Abschnitts beginnen die ersten Jünger Jesu – Andreas, Philippus und Nathanael – ebenfalls, ihn zu bezeugen. Hier vollzieht sich der Übergang vom Zeugnis des Täufers zum Zeugnis der Jünger Jesu.

Es ist also auf das Zeugnis der Jünger zurückzuführen, dass die Kraft des Evangeliums bis heute weiterwirkt und Menschenleben verändert. In der Tat, das Einzige, was wirklich zählt, ist das Zeugnis von Jesus. Wenn man andere über den Sabbat, die Prophetie, das Heiligtum und den Zustand der Toten unterwiesen hat, bedeutet dies noch nicht, dass man Zeugnis abgelegt hat. Das trifft erst dann zu, wenn wir anderen helfen konnten, nicht nur Lehren zu verstehen, sondern Christus zu erkennen.

Das Thema Zeugnis wird wieder in Johannes 5,31-47 aufgegriffen. Dort nennt Jesus mehrere Bürgen, die einhellig bezeugen, dass er wirklich der Gottgesandte ist: (1) Johannes der Täufer, (2) Gott selbst, (3) die Heilige Schrift, (4) Mose. Das „Zeugnis Jesu“ ist auch ein Hauptthema im Buch der Offenbarung (1,2.9; 12,17; 19,10 usw.), wo die Gemeinden ebenfalls zum Zeugnis aufgefordert werden (2,13; 6,9-11; 12,11). Im gesamten Johannesevangelium wird deutlich, dass die Identität und die Sendung Jesu vor den Lesern auf den Prüfstand gestellt wird. Ein Zeuge nach dem andern *bestätigt* das Zeugnis des Prologs, wenn auch Einzelne oder bestimmte Gruppierungen, von denen Johannes berichtet, dieses Zeugnis anzweifeln und *ablehnen,* bis sich Jesus schließlich einer letzten Prüfung unterzieht. Wie werden die Menschen in dieser Geschichte und zu guter Letzt die Leser dieses Evangeliums auf dieses Zeugnis reagieren? Wird Jesus angenommen oder abgelehnt werden?

Diese Frage ist durchaus nicht nebensächlich. Johannes 12,47-50 bietet eine ironische Umkehrung des Themas „Gericht und Zeugnis“. Beim Jüngsten Gericht werden genau die Worte des Zeugnisses, mit denen die Leser des Johannesevangeliums zum Glauben an Jesus aufgerufen wurden, als Zeugen gegen diejenigen auftreten, die ihn abgelehnt haben (V. 48). Bei genauem Hinsehen steht im Johannesevangelium letztlich gar nicht Jesus auf dem Prüfstand, sondern die Leser und Hörer stehen vor Gericht. Das Urteil, das sie über Jesus sprechen, fällt schließlich auf sie selbst zurück.

Eine Lehre aus der Täuferbewegung

Das Weiterbestehen der „Täuferbewegung“ im ersten Jahrhundert und darüber hinaus, hat auch uns einiges zu sagen. Zweifellos hatte Gott den Täufer mit einer wichtigen Aufgabe betraut und damit zugleich eine Bewegung ins Leben gerufen. Doch diese Tatsache allein war noch keine Gewähr dafür, dass diese Bewegung sich später nicht gegen ihn und sein Volk wenden würde.

Das sollte uns zu denken geben, denn auch wir bedürfen der Demut und kritischen Selbsteinschätzung, ganz gleich, wie eng unsere Beziehung als Einzelne oder als Gemeinschaft zu Gott auch sein mag. Weil der Mensch schwach und sündig ist, bleibt der Abfall für den Einzelnen oder eine ganze Körperschaft eine ständige Bedrohung. Wenn eine Bewegung nicht im Einflussbereich der göttlichen Offenbarung bleibt, ist die Gefahr groß, vom Glauben abzufallen. Deshalb kann eine Glaubensgemeinschaft ihren Weg durch die Zeit nicht gehen, ohne sich immer wieder selbst zu hinterfragen und Buße zu tun.

Die Bedeutung der Taufe

Im Neuen Testament gibt es viele Texte, die das Taufgeschehen aus verschiedenen Blickwinkeln darstellen und deuten. Johannes 1,29-34 beschränkt sich auf einen einzigen Aspekt. Ihm geht es hier allein um die Taufe Jesu als einen Akt, der dessen Identität als Messias begründet. Bei uns ist es ebenfalls so, dass unsere christliche Identität durch die Taufe gestiftet wird. In der Taufe identifiziert sich der

Christ mit dem Tod, dem Begrabenwerden und der Auferstehung Jesu (Römer 6,34). Mit der Taufe empfängt er eine neue Identität und beginnt ein neues Leben in Christus. Das Alte ist vergangen, alles ist neu geworden (2. Korinther 5,17).

Richtig verstanden besitzt die Taufe eine lebensverändernde Kraft. Das heißt nicht, dass von unserer alten Identität nichts mehr übrig bleibt – Gewohnheiten, Neigungen, Charakterschwächen und manches andere –, aber „in Christus" wird eine neue Identität geschaffen und damit kann eine neue Lebensgeschichte beginnen. Das neue Leben ist nicht frei von Kämpfen und auch Niederlagen, denn unser Körper, wir selbst oder unsere Familien und Freunde widersetzen sich der neuen Identität. Mitunter ist der Weg beschwerlich und wir brauchen Beratung, Unterstützung und die Hilfe anderer, aber durch Christus erhalten wir in der Taufe die Kraft, an der neuen Identität festzuhalten und einen Kurs einzuschlagen, der schließlich alles verändert.

Jesus weiß alles

Jesus weiß alles über Nathanael, auch wenn sie einander nie begegnet sind (V. 47-49). Er weiß auch alles über Simon Petrus (V. 40-42). Es ist bezeichnend für das Johannesevangelium, dass Jesus weiß, was die Menschen im Innersten bewegt, und dementsprechend auf sie eingeht (2,23-25). Er kennt die innere Not des Nikodemus, und spricht ihn ganz offen daraufhin an (3,1-12).[1] Weil Jesus weiß, wie es um die Frau am Jakobsbrunnen bestellt ist (4,10.17.18), kann er mit ihr ein beinahe humorvolles Gespräch beginnen. Dabei berührt er nach und nach auch die sensiblen Punkte ihres Lebens. Ohne dass die Frau es selbst richtig merkt, überzeugt er sie von seiner Sendung und führt sie zum Glauben (4,10-29).[2]

Im Grunde genommen ist die Botschaft des Evangeliums, dass Jesus uns liebt, obwohl er alles von uns weiß, unbegreiflich. Manchmal drängt es uns, mit jemandem über unsere Probleme und

[1] Vgl. White, „Jesus von Nazareth", 115-123
[2] Vgl. White, a. a. O., 128-136

Sünden zu reden, aber meist unterlassen wir es dann doch, weil wir Angst vor seiner Reaktion haben. Im Hinblick auf Jesus sind solche Befürchtungen unnötig, denn er weiß ohnehin alles über uns. Mit ihm können wir offen reden und gewiss sein, auf offene Ohren zu stoßen. Vor Jesus brauchen wir uns nicht mehr zu verteidigen, und unser wahres Selbst kann sich ungefährdet offenbaren. Warum auch nur einen Augenblick länger zögern? Warum wollen wir uns nicht über die Befreiung und die Offenheit freuen, die allein Jesus schenken kann?

Das wahre Israel

Schließlich klärt Johannes 1,19-51 noch über einen Punkt auf, der schon im Prolog erwähnt wurde, und der nun weiter entfaltet wird.

Ein wahrer Israelit ist, wer an Jesus glaubt (V. 47.51). Echte Nachkommenschaft definiert sich nicht durch leibliche Abstammung, sondern geistlich, durch den Glauben (V. 12.13). Nur diejenigen, die durch Wasser und Geist geboren sind, werden in das Reich kommen, das Jesus errichtet (3,5-8; vgl. 8,31-47). Das Einzige, was wirklich zählt, ist die Beziehung zu Jesus. Ohne solch eine Beziehung haben fromme Werke, wie etwa Zehnten zahlen, den Sabbat halten oder auch Zeugnis ablegen, wenig Sinn.

🕮 ANWENDUNG

Johannes 1,19-51

1. *Johannes der Täufer wusste genau, welchen Auftrag er zu erfüllen hatte und worin der Zweck seines Lebens bestand (1,19-34; 3,30). Kennst du Gottes Willen für dich? Für deinen Beruf? Für deine Beziehungen? Für deine Aufgabe in der Gemeinde? Besaß der Täufer dieses Wissen, weil er ein Prophet war oder kann jeder Mensch, der sich Gott übergibt, eine ähnliche Gewissheit erlangen?*
2. *Worum geht es dir, wenn du dich mit theologischen Fragen beschäftigst – um Lehren oder um Christus (V. 19-28)?*

3. *Johannes fühlte sich nicht einmal würdig, Jesu Sklave zu sein (V. 27). Hat das irgendeine Auswirkung auf deine Beziehung zu Christus? Fällt es dir leicht, Christus auf dem Weg zu dienen, den er dir weist? Oder liegt es dir näher, ihm zu sagen, was du willst, und ihn so zu behandeln, als ob er dir zu dienen hätte?*
4. *Schildere die Umstände, unter denen du dich entschlossen hast, Jesus nachzufolgen. Was waren damals die Beweggründe für deine Nachfolge? Haben sie sich seit damals geändert? Hat deine Erkenntnis in Bezug auf Jesus zugenommen? Welchem von den Jüngern Jesu bist du am ähnlichsten: Johannes, Petrus, Andreas, Philippus oder Nathanael? Welche Bedeutung hatte die Taufe bei deiner Übergabe an Jesus?*
5. *Was empfindest du bei dem Gedanken, dass Jesus alles weiß und dich durch und durch kennt (V. 47.48)? Möchtest du vor anderen gern mehr sein, als du in Wirklichkeit bist? Willst du es Jesus wirklich gestatten, dich bis ins Letzte zu durchschauen, damit er dir deine Charaktermängel zeigen und dich heilen kann?*

🕮 VERTIEFUNG

1. *Liste anhand einer Konkordanz alle Stellen des Neuen Testaments auf, in denen von der Taufe die Rede ist. Ordne sie nach gemeinsamen Gesichtspunkten. Überprüfe, ob die Taufe auch in anderen Teilen des Neuen Testaments als identitätsstiftend beschrieben wird. Was trägt dieses Studium zum besseren Verständnis der Bedeutung Johannes des Täufers bei? Wie deuten Matthäus, Markus und Lukas theologisch die Taufe Jesu?*
2. *Lies Johannes 1,19-51 und suche alle Stellen heraus, die vom Zeugnisgeben berichten. Welche Ähnlichkeiten und welche Unterschiede erkennst du zwischen dem Zeugnis Johannes des Täufers und dem der ersten Jünger Jesu? Untersuche nun gründlich die ersten fünfzehn Kapitel der Apostelgeschichte und suche die Stellen heraus, in denen die Jünger oder andere Zeugnis von Jesus ablegten. Wen würdest du dir zum Vorbild nehmen: Johannes den Täufer oder die Jünger? Aus welchen Beweggründen heraus legten Jesu Jünger ihr Zeugnis für Je-*

sus ab? Was bedeutet es für dich, dass im Johannesevangelium und in der Apostelgeschichte unterschiedliche Formen des Glaubenszeugnisses genannt werden?

🕮 FÜR DAS WEITERE STUDIUM

1. *Allgemeine Bemerkungen zu Johannes 1,19-51 siehe F. D. Nichol (Hg.), „SDA Bible Commentary", Bd. 5, 905-911.*
2. *Zu der Rolle Johannes des Täufers siehe R. E. Brown, Bd. 1, XVII-XX; vgl. „Mandaeism" bei D. N. Freedman (Hg.), „Anchor Bible Dictionary", Bd. 4, 500-502.*
3. *Zum Hintergrund des Begriffs „Lamm Gottes" vgl. Brown, „The Gospel According to John", Bd. 1, 58-63; W. Barclay, „Johannesevangelium", Bd. 1, 22-25.*
4. *Zu den Titeln Jesu in Johannes 1 siehe R. Schnackenburg, „The Gospel According to St. John", Bd. 1, 507-514*
5. *Siehe auch E. G. White, „Jesus von Nazareth", 60-80. 87-96.*

Kapitel 3

Die Jünger glauben

Johannes 2,1-11

Hier wird von einem Hochzeitsfest erzählt, bei dem plötzlich der Wein ausgeht. Jesus, der anfangs noch zögert, greift ein, um dem Brautpaar Peinlichkeiten zu ersparen. Wenn man will, kann diese Erzählung als schlichtes, aber zugleich bezauberndes Plädoyer für die Institution der Ehe aufgefasst werden.

Doch wie es häufig im Johannesevangelium der Fall ist, wird hinter dem scheinbar schlichten Bericht ein äußerst komplexes Gedankengebäude sichtbar, das nicht ganz einfach zu erfassen ist. Wer aber hinschaut, wird durch scheinbar nebensächliche Einzelheiten auf die Spur eines theologischen Meisterstücks gebracht. Dabei eröffnen sich Tiefen der Wahrheit, die denen des Prologs in nichts nachstehen.

🕮 EINSTIEG

Johannes 2,1-11

Lies Johannes 2,1-11 zweimal hintereinander und beantworte dann folgende Fragen:

1. *Jesus kam in unsere Welt, um sie vor dem Verderben zu retten. Von dieser Aufgabe ließ er sich durch nichts ablenken. Überlege, was ihn veranlasst haben könnte, an einer Hochzeit teilzunehmen. Welche Be-*

deutung kommt diesem Besuch im Rahmen seines gesamten Auftrags zu?

2. *An welchem Punkt der Erzählung wird deutlich, dass es sich hier nicht nur um eine hübsche Erzählung handelt, sondern dass dem Ganzen eine tiefere, theologische Dynamik zugrunde liegt? Bei den ersten Bemerkungen Marias? Bei der Antwort Jesu? Bei der Erwähnung der Größe und des Zweckes der Wassergefäße? Beim Wunder selbst? Bei der Bemerkung in Vers 11? Begründe deine Antwort.*
3. *Suche in dieser Erzählung nach Elementen, die in Beziehung zu den Themen stehen könnten, die in Kapitel 1 behandelt werden.*
4. *Wie würdest du die Beziehung zwischen Jesus und seiner Mutter beschreiben, wenn dir nur diese Erzählung zur Verfügung stünde? Lies nun Johannes 19,25-27. Inwiefern verändert sich das Bild? Lies Matthäus 13,53-58. Was deuten diese Bemerkungen an? Siehe auch Markus 3,31-35.*
5. *Haben die Größe und der eigentliche Verwendungszweck der Wassergefäße etwas mit der tieferen Bedeutung dieser Erzählung zu tun? Begründe deine Antwort.*
6. *Inwiefern bringen Menge und Qualität des Weins die Herrlichkeit Jesu zum Ausdruck (2,11)?*

🕮 ERKLÄRUNG

Die Struktur

Der Hinweis auf den dritten Tag (2,1) verbindet diesen Abschnitt mit den vorangegangenen Erzählungen und mit den „folgenden Tagen" (1,29.35.43).

Der „dritte Tag" ist wahrscheinlich von dem Tage an gerechnet, an dem Philippus berufen wurde (1,43.44). Die vier Tage aus Johannes 1 und die drei Tage in Johannes 2,1 ergeben zusammen eine Woche. Nach der Mischna[1] sollte die Hochzeit einer Jungfrau

[1] Sammlung von mündlich überlieferten rabbinischen Lehrsätzen, die um 200 n. Chr. aufgezeichnet wurden, Teil des Talmud.

an einem Mittwoch stattfinden (*Ketuboth* 1,1).[1] Falls diese Anweisung bei der Hochzeit zu Kana befolgt wurde, begann Jesus seine Reise nach Galiläa (1,43) an einem Montagmorgen, und die erste Begegnung des Täufers mit Jesus fand an einem Sabbat statt (V. 35-37).[2] Diese Woche begann am Ende der vierzig Tage, die Jesus in der Wüste zugebracht hatte.

Die Geschehnisse bei der Hochzeit zu Kana stärkte den Glauben der Jünger (2,11) und machte sie in ihrer Berufung sicherer. Sie begannen die „größeren Dinge" zu sehen, die Jesus dem Nathanael verheißen hatte (1,50.51). Durch die Erzählung von der Hochzeit zu Kana wird ein neuer Abschnitt im Johannesevangelium eingeleitet, der sich bis zum Kapitel 4 erstreckt.

A. Das erste Wunder zu Kana (2,1-11)
- B. Der Tempel in Jerusalem (2,12-25)
  - C. Das Gespräch mit Nikodemus (3,1-21)
    - D. Der Täufer (3,22-30)
    - D. Jesus (3,31.36)
  - C. Gespräch mit der Samariterin (4,1-42)
- B. Ereignisse in Jerusalem (4,43-45)

A. Das zweite Wunder zu Kana (4,46-54)

Mit dem Hinweis auf ein zweites „Zeichen" (Wunder) in Kana (4,54) wird die Reihe der Erzählungen wie in einem Vollkreis abgeschlossen und dieser Teil zu einer in sich geschlossenen Einheit zusammengefasst. Weil die Erzählung von der Hochzeit zu Kana die Erzählungen aus Kapitel 1 vervollständigt, chronologisch aber zum Stoff der Kapitel 2,12 bis 4,54 gehört, stellt sie einen Hauptübergang und einen wichtigen Wendepunkt dar.

Das Thema der Kapitel 2 bis 4 ist das „Ersetzen". Das Alte ist vergangen, das Neue ist gekommen. Jesus ersetzt das Wasser der jüdischen Religion (2,6) durch den Wein seines Blutes (V. 7-10). Er

---

[1] Vgl. Danby, „The Mishnah", 245.

[2] Vgl. Brown, „The Gospel According to John", Bd. 1, 97f.

ersetzt den jüdischen Tempel durch seinen Leib (V. 19-22). In der Geschichte von Nikodemus setzt Jesus an die Stelle der natürlichen Geburt die geistliche Geburt von oben (3,3-6). In der Erzählung von der Frau am Brunnen nimmt Jesus die Stelle Jakobs ein (4,12), natürliches Wasser wird nun durch geistliches Wasser ersetzt (V. 7-10), an die Stelle des Gottesdienstes und der Anbetung in Jerusalem tritt die geistliche Anbetung (V. 21-24).

In diesem Teil des Evangeliums stellt Johannes – sozusagen als stillschweigende Folgerung aus all diesen Geschehnissen – den Glauben an Jesus über alle anderen Formen von Religion. Alle, die zu Jesus kommen, werden noch „größere Dinge“ sehen als die, die er seinen Jüngern verheißen hat (1,50.51).

Der Stoff in Johannes 2,1-14 kann folgendermaßen gegliedert werden:

Verse 1-3a	die aktuelle Situation
Verse 3b-5	das Gespräch zwischen Jesus und seiner Mutter
Verse 6-8	das Wunder
Verse 9.10	Bestätigung des Wunders
Vers 11	der Kommentar des Verfassers

Der Hintergrund

Eine Anzahl von Bezugnahmen auf das Alte Testament sowie der zeitgenössische Hintergrund helfen, die verschiedenen Aspekte von Johannes 2,1-11 richtig einzuordnen. Beispielsweise ist in alttestamentlichen Texten, die Gottes zukünftige Herrschaft beschreiben, häufig von einem Überfluss an Wein die Rede (Jesaja 25,6; Jeremia 31,12; Amos 9,13.14). Dass Jesus bei diesem Hochzeitsfest für Wein von außergewöhnlicher Qualität sorgt, ist ein Beispiel dafür, wie das Johannesevangelium die Auffassung illustriert, dass sich die Endzeiterwartungen des Alten Testaments in Jesus erfüllt haben.[1]

Die Wasserkrüge – jedes mit einem Fassungsvermögen von 80 bis 120 Litern – waren für die damalige Zeit ungewöhnlich groß.

[1] Siehe Kapitel 6 in diesem Buch.

Johannes könnte ihre Größe erwähnt haben, um die überzogenen rituellen Reinigungsvorschriften der Juden anzugreifen. In den meisten Gebieten Palästinas war frisches Wasser knapp, deshalb sind die Einzelheiten in dieser Erzählung so bemerkenswert.

Der Bericht von der Verwandlung des Wassers in Wein erinnert die Leser an ähnliche Ereignisse in alttestamentlicher Zeit. Mose verwandelte Wasser in Blut und brachte damit eine der zehn Plagen über die Ägypter (2. Mose 7,14-24). Elisa verwandelte in Jericho bitteres in wohlschmeckendes Wasser (2. Könige 2,19-22). Eine besonders interessante Parallele zum Wunder von Kana mag auch die Erfahrung des Elisa gewesen sein, von der in 2. Könige 3,12-15 berichtet wird. Mehrere Könige suchten Elisa auf, um nach einem Wort des Herrn zu fragen. Der Prophet reagierte ähnlich wie Jesus in Kana seiner Mutter gegenüber. Er fuhr den König von Israel an: „Was habe ich mit dir zu schaffen?“. Dennoch sorgte er auf wunderbare Weise dafür, dass genügend Trinkwasser für die Krieger und Tiere des Königs ins Tal floss. Am Ende errang Israel einen großen Sieg über die Moabiter.

Die Geschichte von der Hochzeit zu Kana wirft auch Fragen auf, die uns Christen von heute bewegen. Viele möchten wissen, ob sich aus der Verwandlung des Wassers in Wein durch Jesus Hinweise ergeben, wie Christen es mit dem Genuss von Alkohol halten sollen. Diesbezüglich ist der Textabschnitt in Johannes 2,1-11 und sein historischer Hintergrund wenig ergiebig. Einen Hinweis darauf, dass der Wein vergoren gewesen ist, gibt es nicht. Zum einen ist das in diesem Abschnitt verwendete griechische Wort für Wein (*oinos*) neutral. Es kann sich sowohl auf unvergorenen Traubensaft als auch auf vergorenen Wein beziehen. Der Wortgebrauch im vorliegenden Text hilft also in keiner Weise, diese Frage zu lösen.

Wenn der „Wein“ unvergorener Traubensaft gewesen wäre, hätte das die Erwartungen der Hochzeitsgesellschaft durchaus nicht enttäuscht, wie manche meinen. Falls die Hochzeit im Herbst stattfand, hatte in Palästina die Weinlese begonnen, so dass normalerweise genügend Traubensaft zur Verfügung stand. Dafür spricht die Tatsache, dass Jesus um diese Zeit von Johannes getauft worden war, etwa einen Monat vor dem Hochzeitsfest. Aber selbst wenn zu der Zeit, als das Fest stattfand, kein frisch gepresster Traubensaft zur Verfügung gestanden hätte, musste nicht unbedingt alkoholhaltiger Wein gereicht werden. Damals gab es schon ausgezeichnete Konservierungsverfahren. Traubensaft konnte zum Beispiel durch Kochen zu einer geleeartigen Masse eingedickt werden. Die wurde dann so lange in ein Tongefäß gepresst, bis alle Luft herausgedrückt war. Zuletzt wurde eine dünne Schicht Olivenöl auf die Masse gegossen, um das Traubenkonzentrat für Monate oder gar Jahre zu konservieren. Zum gegebenen Zeitpunkt wurde dann die Masse mit Wasser verdünnt und konnte wieder als unvergorener Traubensaft getrunken werden, auch wenn er geschmacklich nicht die Qualität von frisch gekeltertem Saft hatte.

Welche Art „Wein“ der Hochzeitsgesellschaft zuerst ausgeschenkt wurde, lässt sich aus dem Textabschnitt nicht ermitteln. Sollte es aus Konzentrat hergestellter Traubensaft gewesen sein, dann wäre das Lob des Speisemeisters so zu verstehen, dass er sich wunderte, woher plötzlich Traubensaft in solcher Qualität und Menge kommen konnte (V. 10).[1]

Die Frage, wie sich Christen zum Alkoholgenuss verhalten sollten, kann weder auf die eine noch auf eine andere Weise aufgrund dieses Abschnitts gelöst werden. Es gibt jedoch eine Fülle von wissenschaftlichen, gesellschaftlichen, sozialen und geistlichen Gründen dafür, völlig auf Alkohol zu verzichten.[2]

Der Abschnitt im Einzelnen

Die Tatsache, dass Jesus, seine Mutter und seine Jünger zur Hochzeit eingeladen wurden, legt den Schluss nahe, dass es sich um die Eheschließung eines Verwandten handelte.[3] Eine Überlieferung aus dem dritten Jahrhundert behauptet, dass der Lieblingsjünger Johan-

[1] Vgl. White, „Jesus von Nazareth“, 101

[2] Ellen G. White umreißt einige dieser Gründe in „Testimonies for the Church“, Bd. 5, 354-361.

[3] White, „Jesus von Nazareth“, 97

nes der Sohn der Salome war, einer Schwester Marias. Das würde Johannes und Jesus zu Vettern ersten Grades machen. Diese Überlieferung hat einige Gelehrte zu dem Schluss veranlasst, dass in Kana Johannes selbst Hochzeit feierte, zumindest aber einer seiner Verwandten.[1] Marias Rolle bei dieser Hochzeit scheint die einer verheirateten Brautführerin entsprochen zu haben, die während des Festes bei der Bewirtung der Gäste half. Deshalb fühlte sie sich wohl auch direkt betroffen, als der Wein ausging.

Raymond E. Brown meint, dass bei manchen orientalischen Hochzeiten die Versorgung mit Wein davon abhing, ob die Gäste großzügig waren und genügend Wein als Geschenk an die Brautleute mitbrachten.[2] Ob das hier der Fall war, lässt sich nicht ausmachen, aber das würde erklären, weshalb sich Maria an Jesus wandte, der mit der Sache eigentlich gar nichts zu tun hatte. Irgendwie scheint in Vers 3 ein leiser Vorwurf mitzuschwingen, der verständlich wäre, wenn man von Jesus und seinen Jüngern hätte erwarten können, dass auch sie ihren Beitrag zu der Hochzeit leisteten. Solch eine Situation wäre sowohl für Jesus als auch für seine Mutter äußerst peinlich gewesen. Dass sich Maria in solch einer Lage direkt an ihren Sohn wandte, wäre verständlich.

Das Wort *Frau* (in ält. Übers.: *Weib)*, mit dem Jesus seine Mutter ansprach, war im Altertum keine geringschätzige Bezeichnung. In den Schriften des Josephus[3] wird eine von ihrem Ehemann sehr geliebte Gattin als „Frau“ bezeichnet. Im Johannesevangelium tritt Jesus nur zweimal seiner Mutter entgegen und in beiden Fällen verwendet er dieses Wort (2,4; 19,23-27).

Obwohl der Begriff *Frau* nicht unehrerbietig war, distanziert sich Jesus in diesem Fall entschieden von seiner Mutter. Sie wollte ihn nötigen, etwas zu tun, was *man* von einem Messias einfach erwarten konnte. Jesus dagegen wollte und konnte sich in seinem Handeln nicht davon bestimmen lassen, was *man* von ihm erwartete – auch

---

[1] Vgl. Brown, a. a. O., Bd. 1, 98
[2] Vgl. Brown, a. a. O., Bd. 1, 102
[3] Josephus, „Antiquities“, 17, 74

wenn es sich um seine Mutter handelte. Er wollte in dieser Beziehung nicht auf Menschen hören, sondern allein auf seinen himmlischen Vater. Wäre er dem Verlangen Marias so spontan nachgekommen, wie sie es erwartete, hätte er seiner Sendung geschadet. Die Zeit, in der solches Handeln angemessen war, würde kommen, aber im Augenblick war diese „Stunde" noch nicht da (V. 4). Stattdessen griff er etwas später in einer Weise ein, die seinem Auftrag entsprach und bei denen, die das Wunder miterlebten, Vertrauen weckte (V. 11). Wenn Jesus mit seiner Mutter hier etwas rau umging, dann deshalb, weil er in ihren Worten und in ihrem Verhalten den Versuch Satans spürte, den Zeitplan seines Handelns zu beeinflussen.

Im Text heißt es, dass das Wasser in den Gefäßen, die der rituellen Reinigungsvorschriften wegen im Haus standen, in Wein verwandelt wurde (V. 6). In der Zeit des Auszugs verwandelte Mose das Wasser in den Wassergefäßen der Ägypter in Blut. Die Parallelen zwischen dem, was Mose damals tat, und dem Wunder Jesu bei der Hochzeit zu Kana werden im Johannesevangelium bis ins Detail ausgeführt (siehe den Abschnitt: Die wesentlichen Gedanken).

Es ist interessant, dass der Verantwortliche für die Hochzeitsfeier keine Ahnung hatte, woher der gute Wein gekommen war (V. 9). Er könnte als Repräsentant jener Gruppe gelten, die Gottes gewaltiges Handeln in Jesus, das hier und auch später sichtbar wird, nicht erkennen. Der Gedanke, dass der gute Wein „bis jetzt" vorenthalten wurde (V. 10), entspricht ebenfalls der Botschaft des Johannesevangeliums. Das Wunder Jesu auf der Hochzeit zu Kana kündigt an, dass die große, eschatologische Ausgießung der Segnungen Gottes jetzt in der Person Jesu gekommen ist. Deshalb wird dieses Wunder auch als ein „Zeichen" bewertet (V. 11).

Im Alten Testament waren „Zeichen" mächtige Taten, durch die sich ein Prophet als echter Träger des Wortes Gottes auswies (2. Mose 3,12; 4,1-9; 1. Samuel 10,1-9). In diesem Sinne sind auch Jesu Wundertaten als Beglaubigung seiner Sendung zu verstehen. Im Johannesevangelium wird ihnen aber noch eine tiefergehende, gleichnishafte Bedeutung zugemessen. Der Wein, den Jesus auf der

Hochzeit zu Kana schafft, versinnbildet die großen eschatologischen und geistlichen Segnungen, die der Menschheit in der Person Jesu angeboten werden. Durch das Wunder der Verwandlung des Wassers in Wein werden Jesu Charakter und sein Auftrag für alle sichtbar gemacht. Die Menschen können seine „Herrlichkeit" sehen, und das hat zur Folge, dass die Jünger an ihn glauben (V. 11). Wenn Wunder dazu dienen, dass Menschen die „Herrlichkeit" Jesu sehen lernen, wecken sie Glauben. Sobald Wunder jedoch zum Selbstzweck werden (V. 3-5.23-25; 6,26), ist die Gefahr groß, dass sie zu Steinen des Anstoßes und zu Hindernissen für den echten Glauben an Christus werden.

Die wesentlichen Gedanken

Sie haben keinen Wein

Oberflächlich gesehen könnte man diese Geschichte für eine reizvolle orientalische Erzählung halten. Ein Brautpaar lädt zur Hochzeit ein. Man feiert und ist fröhlich, doch dann gehen zum Entsetzen der Gastgeber die Getränke aus. Wie peinlich! Aber keine Panik, schon ist Hilfe da. Ein edel gesinnter Besucher greift kraft seiner übernatürlichen Fähigkeiten ein und rettet die Feier. Diejenigen, die davon etwas mitbekommen haben, staunen, alle sind zufrieden, die Hochzeit kann weitergehen – Happyend.

Doch so wird die Geschichte von der Hochzeit zu Kana im Johannesevangelium nicht dargestellt. Sie ist kein gefälliges oder gar tragikomisches Zwischenspiel, sondern ein tiefgründiges Geschehen, das einschneidende Auswirkungen auf die Theologie des Evangelisten Johannes hatte.

Das theologische Hauptanliegen dieses Abschnitts besteht darin, zu zeigen, wie dürftig alle Religion ohne Jesus, den Messias, ist. Um das anschaulich zu machen, benutzt der Verfasser als symbolisches Bild den Wein. In den riesigen Tonkrügen, die anlässlich der Hochzeit für die rituelle Reinigung nötig waren (V. 6), sieht Johannes den Eifer versinnbildet, der sich auf religiöse Dinge von geringer Bedeutung konzentriert. Die Anklage lautet: „Sie haben keinen Wein" (V. 3).

Als schließlich neuer, qualitativ besserer Wein gebracht wird, weiß der für das Festmahl Verantwortliche nicht einmal, woher er kommt (V. 9). Er wirft dem Bräutigam sogar vor, dass er sich nicht an den Brauch gehalten hat: zuerst der gute Wein, dann der minderwertige (V. 10).

Der „Speisemeister“ steht im Johannesevangelium für diejenigen, die Jesus als die „Seinen“ bezeichnet (1,11). Er kam zu ihnen, aber sie erkannten ihn nicht (V. 10) und wollten ihn auch nicht (V. 11). Jesus bot den neuen Wein, aber sie beschäftigten sich mit dem Wasser der rituellen Vorschriften. Und als sie den besseren Wein zur Kenntnis nehmen mussten, begriffen sie nicht, dass er von Christus kam (5,11-13; 9,13-17.24).

Für Johannes bedeutete das Ersetzen des Wassers durch Wein, dass Jesus „etwas Besseres“ als die bisherige Religion anzubieten hatte. Christus wollte an die Stelle der Waschungen, des Tempels, der Feste und all der anderen Vorschriften treten. All das, was man in den religiösen Formen und Zeremonien vergeblich gesucht hatte, hätte man in unermesslicher Fülle bei Jesus finden können. Letztlich war der Wein ein unübersehbarer Hinweis auf das Blut Jesu, das der einzige und endgültige Weg zum ewigen Leben ist. In diesem Wein begann sich die alttestamentliche Verheißung vom Gottesreich der Endzeit schon damals in der Person Jesu zu erfüllen. Auf unsere Zeit übertragen heißt die Botschaft dieses Textabschnitts nicht: „Jesus kann sogar aus Wasser Wein machen!“ Sondern: „Weg mit allem religiösen Ersatz! Hin zu Christus, denn nur in ihm findet euer Leben Sinn und Ziel! Gebt euch nicht mit Quantität zufrieden, wenn euch Qualität angeboten wird!“

Die Stunde Jesu

Jesus ging nicht auf die Bitte seiner Mutter ein, weil seine „Stunde“ noch nicht gekommen war (V. 4). Im Johannesevangelium wird die Stunde Jesu vor allem mit der Stunde seiner Gefangennahme, seines Verhörs und seines Todes in Verbindung gebracht. Bevor diese Stunde nicht gekommen ist, hat niemand die Möglichkeit, ihn gefangen zu nehmen (7,30; 8,20; 13,1; 17,1).

In Kapitel 12,23 ist die Stunde Jesu der Augenblick seiner Verherrlichung. Auf den ersten Blick scheint das den anderen Stellen zu widersprechen, aber Vers 24 stellt klar, dass die Stunde der Verherrlichung Jesu zugleich die Stunde seines Leidens und seines Todes ist. Die Verbindung zwischen der *Stunde* und *der Herrlichkeit Jesu* zeigt sich zum ersten Mal in der Erzählung von der Hochzeit zu Kana (V. 4.11). Das deutet darauf hin, dass das erste Wunder in Kana im Denken des Johannes so etwas wie eine symbolische Vorwegnahme des Kreuzgeschehens war.

Die Herrlichkeit Jesu

Inwiefern wurde Christus durch das Kreuz verherrlicht? Diese Frage lässt sich am besten mit Johannes 12,37-41 beantworten. Dort behauptet der Evangelist, dass Jesaja die Herrlichkeit Jesu gesehen hat (V. 41). Er führt dann zwei Aussprüche aus dem Buche Jesaja an, den einen aus dem Abschnitt vom leidenden Gottesknecht (53,1) und den anderen aus dem Bericht von der Berufung des Propheten (6,9.10). Laut Jesaja 6 sah der Prophet Jahwe im Himmel auf seinem Thron. In Kapitel 53,8-12 sah er den leidenden Gottesknecht, der für die „vielen“ starb.

Wenn, wie Johannes glaubt, Jesaja die Herrlichkeit Jesu in Jesaja 6 gesehen hat, dann muss Jesus der Jahwe des Alten Testaments sein, in dessen Person sich die göttliche Herrlichkeit mit seinen Hoheitsrechten vereint. Wenn aber Jesaja die Herrlichkeit Jesu auch in Jesaja 53 gesehen hat, dann wird jene Herrlichkeit nicht nur im himmlischen Glanz und der göttlichen Pracht auf dem Thron sichtbar, sondern auch in dem Wesen Gottes, wie es sich am Kreuz offenbart.

Für Johannes ist das Kreuz eindeutig der zentrale Punkt, um den sich alles dreht. Der Kerngedanke seines Evangeliums ist, wie wir bereits im Prolog gesehen haben, dass Jesus die bedeutendste und klarste Offenbarung Gottes ist, die es je gegeben hat (1,1.14). Während im Prolog das Kreuz nicht direkt genannt wird (eine vage Möglichkeit wäre in Vers 11 die Feststellung, dass „die Seinen“ ihn nicht aufnahmen), wird es im übrigen Teil dieses Evangeliums zur eindeutigen und endgültigen Manifestation des göttlichen Charakters. Obgleich Johannes nicht jedes Detail dieser Offenbarung betrachtet, ist zweifellos das Kreuz die deutlichste Offenbarung der Gerechtigkeit Gottes, die sowohl die Sünde selbst als auch die Folgen der Sünde bei denen hasst, die er liebt. Am Kreuz und in der Auferstehung Jesu offenbart sich die Barmherzigkeit Gottes dem Sünder gegenüber in einer für uns unbegreiflichen Weise.

Dieses tiefere Gespür für die Herrlichkeit Jesu offenbart sich am deutlichsten im Johannesevangelium. Vielleicht erklärt sich das daraus, dass Johannes als einziger aus dem Jüngerkreis bei der Hinrichtung Jesu unter dem Kreuz zu finden war. Von den Zwölfen hatte nur er die letzte nicht zu überbietende Herrlichkeit des Erlösers gesehen. Deshalb genoss sein Evangelium auch so hohes Ansehen.

Die Hochzeit und das Kreuz

Zwischen der Erzählung von der Hochzeit zu Kana und dem Bericht von der Kreuzigung scheint ein innerer Zusammenhang zu bestehen.

Die Hochzeit fand genauso am „dritten Tage“ statt wie die Auferstehung Jesu. In Kana werden die Stunde und die Herrlichkeit Jesu miteinander in Verbindung gebracht, etwas, was anderswo nur im Zusammenhang mit der Kreuzigung selbst der Fall ist (12,23.24; 17,1.5). Nur in Kapitel 2,4 und 19,26 wird die Mutter Jesu erwähnt und beide Male von Jesus mit „Frau“ angesprochen. Der Wein wird beim Herrenmahl ebenfalls mit dem Blut Christi in Verbindung gebracht.

Wir begegnen im Johannesevangelium einer bemerkenswerten Anzahl von Verknüpfungen der Hochzeit zu Kana mit der Kreuzigung. Das Zeichen, das Jesus auf der Hochzeit zu Kana gab, war ein Vorgeschmack des letzten Zeichens, als er das Leiden und den Tod auf sich nahm. In Kapitel 2,11 wird in der Reaktion der Jünger auf die Kreuzigung nicht nur ihr zukünftiges Verhalten gegenüber dem Kreuz vorweggenommen (20,8.24-29), sondern auch das Verhalten derer, die durch ihr Wort zum Glauben an Jesus kommen würden (17,20; 20,30.31).

Die Exodus-Typologie

Wie bereits erwähnt, bietet sich für das Wunder der Verwandlung von Wasser in Wein eine alttestamentliche Parallele an. Auf Befehl Moses verwandelte sich das Wasser in allen Gefäßen und Flüssen Ägyptens in Blut (2. Mose 7,19). Ohne Frage ist der Vergleich zwischen Mose und Jesus eines der Hauptthemen des Johannesevangeliums (1,17; 3,14; 5,45-47; 6,30-33; 9,28.29). Dieser Vergleich ist aber bedeutend umfassender und tiefgreifender, als man beim bloßen Lesen der Stellen, in denen der Name Mose erscheint, erkennen kann.

Es gibt sieben besondere Wunder, die im Hauptteil des Evangeliums erwähnt werden (2,1-11; 4,16-54; 5,2-9; 6,1-15; 6,16-21; 9,1-39; 11,38-44); der Epilog enthält ebenfalls ein Wunder (21,1-11). Das Wunder auf der Hochzeit verweist auf die Tatsache, dass jedes dieser Wunder einer der Plagen über Ägypten entspricht. Jesus verwandelte Wasser in Wein (2,1-11) und Mose verwandelte Wasser in Blut (2. Mose 7,14-24). Jesus schenkte einem Kind das Leben (4,45-54), Mose ließ das Vieh in Ägypten sterben (2. Mose 9,1-7). Jesus brachte dem Gelähmten körperliche Heilung (5,2-9), während Mose die Ägypter mit Geschwüren plagte (2. Mose 9,8-12). Jesus stillte den Sturm (6,16-21), aber Mose ließ ein Unwetter mit Hagelschlag über Ägypten niedergehen (2. Mose 9,13-35). Jesus schuf genauso Brot in der Einöde (6,1-15), wie Mose für die Israeliten Manna vom Himmel fallen ließ (6,30-33; 2. Mose 16,4.15; Nehemia 9,15) und Heuschrecken sandte, die Ägyptens Felder kahl fraßen (2. Mose 10,1-20). Jesus schenkte dem Blinden das Augenlicht (9,1-41), Mose brachte über Ägypten Finsternis (2. Mose 10,21-29). Jesus erweckte Lazarus von den Toten (11,38-44), während Mose alle männliche Erstgeburt in Ägypten sterben ließ (2. Mose 11,1-12,30). Eine weitere, ins Auge fallende Parallele ist der Hinweis auf Jesus als das Passahlamm, das am Kreuz stirbt (19,36; 2. Mose 12,1-11.21-28).Wenn auch nicht alle diese Parallelen gleichermaßen einleuchtend sein mögen, lässt sich dahinter doch die Absicht des Johannes erkennen, auf ein gemeinsames Muster zwischen dem Handeln Jesu und dem des Mose aufmerksam zu machen. Warum gibt es solche auffallenden Parallelen im Johannesevangelium? Sowohl die Wunder wie auch der Tod Jesu berichten von der Geschichte eines neuen Auszugs (Exodus) aus einer neuen Knechtschaft (siehe den griechischen Text von Lukas 9,31). Die Geschichte des Auszugs aus Ägypten sollte dem neuen Israel, das Gott in Christus zusammenfügt, sozusagen als Vorbild dienen.

Allerdings stimmt dieser neue Auszug nicht in jeder Hinsicht mit dem alten überein. Die Rolle Pharaos wird im Johannesevangelium von Mose übernommen, dessen Schriften und Autorität von denen benutzt werden, die Jesus verwerfen. Daher sind die Juden die Ebenbilder der Ägypter! Genauso wie Pharao und die Ägypter, erhalten die Juden Zeichen, die Jesu Autorität bestätigen. Sie lehnen aber seinen Anspruch ab und versuchen, ihn genauso zu vernichten, wie die Ägypter die Israeliten zu vernichten trachteten.

Andererseits, wenn man Mose richtig versteht, führt er die Menschen zu Jesus (5,45-47), und alle, die zu Jesus geführt wurden, bilden das neue Israel. Daher gleichen im Johannesevangelium die Ereignisse im Leben Jesu den Ereignissen eines neuen Auszugs, durch den ein neues Israel entsteht und das alte verworfen wird. Die Zeichen, die Jesus tut, einschließlich der Kreuzigung, scheiden diejenigen, die sich um Jesus als das neue Israel scharen, von denen, die am Alten festhalten, indem sie seine Zeichen ablehnen (12,42.43).

Die Parallelen zwischen Jesus und Mose sind sogar noch erstaunlicher, wenn man das gesamte Zeugnis aller vier Evangelien in Betracht zieht. Sowohl Mose als auch Jesus sollten nach der Geburt auf königlichen Befehl umgebracht werden, wurden aber auf wunderbare Weise gerettet (Matthäus 2,16-18). So wie Mose, sah auch Jesus die Herrlichkeit Gottes (Johannes 1,17.18). Beide fasteten vierzig Tage (Matthäus 4,2; Lukas 4,2). Jesus berief siebzig Jünger (Lukas 10,1, Fußnote) und zwölf Apostel (Matthäus 10,1-4; Markus 3,13-19; Lukas 6,12-16). Er gab das neue Gesetz auf einem hohen Berg (Matthäus 5-7). Er versorgte eine große Menge von Menschen in der Wüste mit Nahrung (Matthäus 14,13-21; Markus 6,30-44; Lukas 9,10-17; Johannes 6,1-15). Er wurde genauso am Kreuz erhöht, wie Mose eine kupferne Schlange in der Wüste hatte aufrichten lassen

(Johannes 3,14), und er kam genauso aus Ägypten (Matthäus 2,13-15.19-23) wie es bei Mose und den Israeliten der Fall war.

Abgesehen von der Tatsache, dass die tiefere Bedeutung der Geschichte Jesu durch diese Parallelen besser erfasst werden kann, ist der Vergleich zwischen Jesus und Mose sowie den anderen Aspekten des alttestamentlichen Glaubens noch aus einem anderen Grund lehrreich. Er dient eigentlich dazu, die Überlegenheit Jesu gegenüber allen anderen Wegen zu Gott herauszustellen. Mose verwandelte Wasser in Blut, um seine Vollmacht vor Pharao und den Ägyptern zu beweisen. Jesus vollbrachte ein ähnliches Wunder, um zu zeigen, dass er über eine weit größere Vollmacht verfügte. Mose befreite sein Volk nur aus einer irdischen Knechtschaft, Jesus dagegen befreit sein Volk von der Herrschaft des Todes und schenkt ihm ein Leben in Fülle (3,16; 5,24; 10,10).

🕮 ANWENDUNG

Johannes 2,1-11

1. *Welche Art Wunder würden deiner Meinung nach den säkularen Menschen von heute beeindrucken? Etwa: Dass Frieden im Mittleren Osten oder im ehemaligen Jugoslawien geschaffen wird? Dass die Staatsverschuldung beseitigt wird? Dass jemand von den Toten auferweckt wird? Dass zukünftige Ereignisse präzise vorausgesagt werden? Führe weitere Entsprechungen zu den Wundern Jesu an. Überlege, welches Wunder dir am wichtigsten wäre.*
2. *Stelle dir vor, welche Freude das Geschenk des guten Weins ausgelöst haben muss. Freust du dich heute genauso über den „guten Wein" des Evangeliums? Hat sich deine Beziehung zu Jesus im Verlauf der letzten Monate oder Jahre verändert? Wenn ja, wie? Durch welche Dinge in deinem Leben wird es dir erschwert, das Gespür für Gottes Segnungen in dir wach zu halten?*
3. *Wenn bei einer orientalischen Hochzeit der Wein knapp wurde, war das nicht nur beschämend, sondern verletzte das heilige Prinzip der Gastfreundschaft. Jesus half also den Gastgebern durch sein Wunder aus einer schweren Notlage heraus. Überlege, unter welchen Nöten und*

Schwierigkeiten deine Familie, die Nachbarn oder Freunde am meisten leiden. Wie könntest du ihnen helfen? Wo soll man beginnen?

4. *Was erscheint dir an Marias Verhalten negativ? Was würdest du positiv beurteilen? War es deiner Meinung nach falsch, dass Maria Jesus um Hilfe bat? Was bedeutet es für dich, dass sich Maria letztlich ihrem Sohn fügte? Gibt es Bereiche in deinem Leben, die Jesu Willen und seiner Herrschaft unterstellt werden müssten?*

🕮 VERTIEFUNG

1. *Suche anhand einer Konkordanz nach Bibelstellen, in denen es um Wasser geht. Finde heraus, in welchen alttestamentlichen Berichten davon die Rede ist, dass Wasser auf die eine oder andere Weise umgewandelt wird. Stelle eine Aufzählung dieser Geschichten zusammen und schreibe auf, welche von ihnen der Verwandlung von Wasser in Wein am ähnlichsten sind.*
2. *In diesem Kapitel haben wir festgestellt, dass es auffallende Parallelen zwischen den Plagen im 2. Buch Mose und den sieben Wundern Jesu im Johannesevangelium gibt. Lies den Bericht über Elisa in 2. Könige 2 bis 9 und Kapitel 19 und behalte dabei immer die sieben Wunder im Blickfeld. Gibt es Ähnlichkeiten zwischen den Wundern des Elisa und den Wundern Jesu im Johannesevangelium? Welche theologischen Schlussfolgerungen könnten aufgrund solcher Parallelen gezogen werden?*

🕮 FÜR DAS WEITERE STUDIUM

1. *Zur Herrlichkeit Jesu siehe R. E. Brown, „The Gospel According to John", Bd. 1, 503.*
2. *Bezüglich der Stunde Jesu siehe ebenda, 517. 518.*
3. *Zu den Schlussfolgerungen, die sich aus dem Wunder Jesu für die Einstellung des Christen zum Alkohol ergeben, siehe S. Bacchiocci, „Wine in the Bible", 137-144; W. de Boor, „Das Evangelium des Johannes", 1. Teil, Wuppertaler Studienbibel, zu Johannes 2,1-12.*
4. *Siehe auch E. G. White, „Jesus von Nazareth", 97-104.*

Kapitel 4

Ein Jünger stellt Fragen

Johannes 2,12-3,21

Vier oder sechs Monate später ging Jesus von Galiläa zum Passahfest nach Jerusalem. Dort erregte er großes Aufsehen, als er die Händler und Geldwechsler aus dem Tempel vertrieb (V. 13-22), um ein Zeichen für die Heiligkeit des Gotteshauses zu setzen.

In diese Zeit fällt auch der nächtliche Besuch des Nikodemus, eines Pharisäers und Mitglieds des jüdischen Hohen Rates, der sich über die Person und die Ziele Jesu ein Bild machen wollte (3,1-21). Aufgrund der Zeitangaben im Text muss dieses Gespräch am späten Abend des Tages stattgefunden haben, an dem Jesus den Tempel reinigte.

🕮 EINSTIEG

Johannes 2,13-22

Lies Johannes 2,13-22 zweimal und gehe dann folgendermaßen vor:

1. *Vergleiche die vier Berichte von Jesu Tempelreinigung (Matthäus 21,12-17; Markus 11,15-19; Lukas 19,45-48; Johannes 2,13-22). Notiere die Ähnlichkeiten und die Unterschiede. Beachte, zu welchem Zeitpunkt des öffentlichen Wirkens Jesu jede dieser Tempelreinigungen stattfand. Hältst du es für möglich, dass Jesus tatsächlich mehr als einmal Händler aus dem Tempel vertrieben hat? Könntest du dir vorstellen, dass die Berichterstatter diese Aktion(en) je nach ihrer theologischen Absicht unterschiedlich platziert haben? Begründe deine Meinung.*

2. *Benutze die Hinweise auf Parallelstellen in deiner Bibel, um den in Kapitel 2,17 zitierten Psalm zu identifizieren. Führe alle Punkte an, in denen Ähnlichkeiten vorhanden sind. Schreibe etwas über die Absicht nieder, die Jesus deiner Meinung nach verfolgte, als er aus diesem Kapitel des Alten Testaments zitierte.*
3. *Vergleiche den Vers 22 mit Vers 11. Unterscheidet sich der Glaube der Jünger in diesen zwei Passagen oder ist er ähnlich? Warum konnten bestimmte Dinge erst nach dem Tode Jesu und seiner Auferstehung verstanden und geglaubt werden?*

🕮 ERKLÄRUNG

Der Aufbau des Abschnittes

In deutlichem Unterschied zu Matthäus, Markus und Lukas verlegt Johannes die Reinigung des Tempels an den Beginn der öffentlichen Wirksamkeit Jesu und nicht in die zeitliche Nähe der Kreuzigung. Das wirft die Frage auf, ob es eine oder zwei solcher Aktionen gegeben hat. Wenn es nur eine gab, ist schwer zu begreifen, warum die zeitliche Einordnung im Johannesevangelium anders ist als in den Berichten der Synoptiker.

Tatsächlich gibt es Hinweise für beide Positionen. Die Reinigung des Tempels steht in deutlichem Zusammenhang mit Jesu Tod und Auferstehung (2,19.21; vgl. Matthäus 26,61; 27,40; Markus 14,58; 15,29). Es scheint so, als habe Jesus hier die offene Auseinandersetzung mit der jüdischen Führungsschicht gesucht. Vermutlich war das der „letzte Tropfen, der das Fass zum Überlaufen brachte“ und zu Jesu Verhaftung, Verurteilung und Hinrichtung führte. Deshalb gehört dieses Ereignis ans Ende seines Wirkens, wie es in den Evangelien von Matthäus, Markus und Lukas ja auch der Fall ist.

Im nächsten Abschnitt werden wir sehen, dass sich die Datierung der Tempelreinigung zu einem wesentlich früheren Zeitpunkt, wie sie in Johannes 2,13-22 vorliegt, ebenfalls gut in den Gesamtrahmen einfügen lässt. Weil beide Berichte von einer Tempelreinigung in den jeweiligen geschichtlichen Rahmen passen, ist es durchaus möglich, dass es zwei solche Aktionen gegeben hat. Dass Johannes die frühere Handlung hervorhebt, ist darauf zurückzuführen, dass hier wieder etwas ersetzt werden soll: Jesus tritt mit seinem Leib an die Stelle des Tempels und seiner Opfer (V. 19-21).

Die später erfolgte Reinigung, wie sie von Matthäus, Markus und Lukas berichtet wird, führte zur Gefangennahme und zum Tod Jesu. Der Aufbau von 2,13-22 ist sehr einfach, es scheint aber eine Parallele zwischen den Versen 14 bis 17 und den Versen 18 bis 22 zu geben. Der erste Teil behandelt das, was Jesus tat, der zweite Teil die Vollmacht, aus der heraus er handelte.[1] Man beachte folgende Darstellung:

V. 14.15	das Handeln Jesu	V. 18	das Handeln Jesu
V. 16	die Worte Jesu	V. 19	die Worte Jesu
		V. 20.21	das Missverständnis
V. 17	die Jünger erinnern sich	V. 22	die Jünger erinnern sich

Der Hintergrund

In Johannes 2,20 machen die Juden geltend, dass bereits seit 46 Jahren am Tempel gebaut werde, und es deshalb völlig absurd sei, was Jesus hier ankündigt.

Aus zeitgenössischen Quellen wissen wir, dass der Herodianische Tempel tatsächlich so etwas wie eine „ewige Baustelle“ war. Er war erst 63 n. Chr. vollendet – mehr als dreißig Jahre nach den hier beschriebenen Ereignissen und gerade mal sieben Jahre vor seiner endgültigen Zerstörung durch die Römer. Im 18. Jahr seiner Regierung (d. h. im Frühjahr des Jahres 19 v. Chr.) begann Herodes der Große mit dem Umbau des Tempels. Wenn man die 46 Jahre der bisherigen Bauzeit hinzuzählt, kommt man in den Frühling des Jahres 28 n. Christus (es gab kein Jahr Null!). Das wären ungefähr

[1] Talbert, „Reading John“, 96-98

sechs Monate nach der Taufe Jesu durch Johannes den Täufer im Herbst 27 (siehe Lukas 3,1: im 15. Jahr des Kaisers Tiberius). Damit zeigt die scheinbar so nebensächliche Bemerkung über die 46-jährige Bauzeit in Johannes 2,20, dass es geschichtlich zutreffend ist, wenn man diese Reinigung in die Anfangsphase des öffentlichen Wirkens Jesu verlegt.

Laut Josephus, dem jüdischen Geschichtsschreiber gegen Ende des ersten Jahrhunderts, begann der Handel im Tempel irgendwann während der Amtszeit des Hohenpriesters Kaiphas (18-36 n. Chr.). Weil die Priesterschaft aus der regen Handelstätigkeit beachtliche Gewinne erzielte, war von vornherein klar, dass sich Jesus ihre Feindschaft zuziehen würde, sobald er diese Privilegien antastete.

Wie in der Apokalypse des ersten Buches Henoch[1] berichtet wird, erwarteten die Juden, dass bei der Ankunft des Messias der alte Tempel durch einen neuen ersetzt würde, der die Pracht des salomonischen Tempels noch übertreffen sollte, wie dies beim Tempel in Hesekiel 40 bis 48 der Fall ist (1. Henoch 89,90). In den jüdisch-apokalyptischen Büchern des 4. Esra und des 2. Baruch[2], wird deshalb die Zerstörung des Herodianischen Tempels im Jahre 70 n. Chr. als ein Teil der notwendigen Vorbereitung auf das Kommen des Messias gedeutet.

Nachdem der alte Tempel zerstört worden war, hoffte man, dass bald der neue errichtet würde. Im Lichte solcher Erwartungen sollte man die Reinigung des Tempels durch Jesus als eine Handlung verstehen, die auf seinen Anspruch, der Messias zu sein, zurückzuführen ist.

Der Abschnitt im Einzelnen

Der Ort, an dem Jesus auf die Rinder, Schafe, Tauben und Geldwechsler stieß (V. 14), war der Vorhof der Heiden. Deshalb wider-

[1] Eine der spätjüdischen Schriften, die Henoch zugeschrieben werden (entstanden zwischen 160 und 64 v. Chr.).

[2] Diese jüdischen, apokryphen Schriften, wurden irgendwann nach der Zerstörung des Tempels im Jahre 70 n. Chr. geschrieben.

sprach dieses Treiben nicht nur der Ehrfurcht vor dem Haus Gottes an sich, sondern machte es auch den Heiden unmöglich, in dem Bereich, der ihnen zugänglich war, etwas von der Heiligkeit des Tempels zu verspüren. Jesus hat zwar niemals offiziell Einspruch dagegen erhoben, dass Nichtjuden von der heiligen Stätte ausgeschlossen wurden, aber andererseits hat er auch darauf hingewiesen: „Mein Haus soll ein Bethaus heißen *für alle Völker.*" (Markus 11,17)

Auch im Johannesevangelium wird nicht der Ausschluss der Heiden kritisiert, sondern Jesu Eifer für die Reinheit des Gotteshauses hervorgehoben (V. 17). Indem Jesus alle hinaustrieb, die den Tempel entehrten (V. 15.16), schuf er die in Sacharja 14,20.21 vorausgesagte eschatologische Ordnung, in der der Tempel und alles, was zu ihm gehört, heilig sein wird. Die Reinigung des Tempels ist ein endzeitlicher Akt des Messias.

In Johannes 2,17 wird Psalm 69 zitiert: „Der Eifer um dein Haus wird mich fressen." Dieses Zitat mag zunächst schwer verständlich sein, aber bei genauerer Betrachtung gewinnt man größere Klarheit. Der Psalmdichter ist für seine eigenen Brüder ein Fremder (Psalm 69,9; vergleiche damit Johannes 2,11). Er wird von denen geschmäht, die seinen Eifer für den Tempel nicht teilen (Psalm 69,10.12.13; vergleiche damit Johannes 2,17.18.20). Psalm 69 und Johannes 2,13-22 weisen an mehreren Stellen Parallelen auf, auch wenn hier nur eine angeführt wird.

Diese Anführung in 2,17 macht deutlich, in welcher Weise die Verfasser des Neuen Testaments gewöhnlich das Alte Testament benutzten. C. H. Dodd, ein bedeutender amerikanischer Neutestamentler, hat als Erster darauf hingewiesen, dass die Verfasser des Neuen Testaments kurze Anführungen aus dem Alten Testament meist nicht direkt als Beweistexte benutzen, sondern als Hinweise auf den größeren Zusammenhang, aus dem sie entnommen sind.[1] Mit anderen Worten, wenn ein Verfasser des Neuen Testaments das Alte Testament zitiert, sollte immer der größere alttestamentliche Zusammenhang mit einbezogen werden, denn oft wird nur so ver-

[1] Vgl. Dodd, „According the Scriptures".

ständlich, welche Bedeutung das Zitat im neutestamentlichen Kontext hat.

Jesu Erfahrung stellt offensichtlich eine Parallele zu der des Psalmensängers David dar. Beide „eifern" trotz des Widerstands von Seiten der eigenen Familie und der Öffentlichkeit für das „Haus des Herrn". Jesu Auftreten als „Sohn Davids" wird bei Johannes in dem Sinne verstanden, dass er dieselben Erfahrungen machen musste wie sein „Vater David", als der sich tausend Jahre zuvor darum bemüht hatte, den Gottesdienst so zu gestalten, dass Gott dadurch auch wirklich geehrt wurde. Dabei scheint er auf erheblichen Widerstand gestoßen zu sein. Genau wie Jesus, dessen Eifern um eine würdige Anbetung Gottes ein Grund dafür war, dass man ihn umbrachte.

Johannes 2,18 ist auch eine Parallele zu Kapitel 6,30. In beiden Fällen fordern die Menschen, unmittelbar nachdem er ihnen ein Zeichen gegeben hat, erneut ein Zeichen! Jesus reagiert darauf mit der Bemerkung: „Brecht diesen Tempel ab, und in drei Tagen will ich ihn wieder aufrichten." (2,19) Weil er hier vom Tempel seines Leibes spricht (V. 21), wird durch diese Bemerkung verdeutlicht, dass er ihnen das größte aller denkbaren Zeichen anbietet, nämlich sein Leiden, sein Sterben und seine Auferstehung (vgl. 8,28). Jesus lehnt es jedoch ab, seine Autorität dadurch zu beweisen, dass er Macht ausübt, wie man es von ihm erwartete. Die einzigen Zeichen seiner Vollmacht würden sein Tod und seine Auferstehung sein (3,13-16).

In Kapitel 2,19 spricht Jesus zu seinen Widersachern in der Befehlsform: „Brecht diesen Tempel ab!". Das deutet darauf hin, dass sie es sind, die den Tempel zerstören, und nicht Jesus.[1] Wie es häufig im Johannesevangelium der Fall ist, hat auch diese Stelle eine doppelte Bedeutung. Zudem weist der Text darauf hin, dass die Bewohner Jerusalems durch ihren Ungehorsam, der nicht zuletzt durch ihr gotteslästerliches Treiben im Tempel sichtbar wurde, mitverantwortlich waren für die Zerstörung des Heiligtums im Jahre 70 nach Christus.

[1] Vgl. White, „Das Leben Jesu", 150

Das alles lag bei Abfassung des Evangeliums schon vier Jahrzehnte zurück. Doch das war erst die eine der beiden Bedeutungsebenen. In einem noch tieferen Sinne war Israel durch die Kreuzigung Jesu auch mitbeteiligt an der Zerstörung des wahren, eschatologischen Tempels Gottes. Jesus setzt hier an die Stelle des Tempels seinen eigenen Leib und sein Leben. Er sagte voraus, dass Gott ihn nach drei Tagen auferwecken werde (V. 21).

Der Schlussvers dieses Abschnitts (V. 22) erinnert an den Schluss des vorangegangenen Teils (V. 11). Allerdings gibt es auch einen deutlichen Unterschied. Nach Vers 11 entsteht der Glaube sofort. Die Jünger sehen Jesu Herrlichkeit offenbart, als er Wasser in Wein verwandelt, und sie glauben an ihn. In Vers 22 gelangen sie auf Grund dieses Vorfalls im Tempel erst zum Glauben, nachdem Jesus von den Toten auferstanden ist und sie sich an das erinnern, was er über den Tempel als seinen Leib gesagt hatte.

Johannes deutet in diesem Vers an, dass es zwei Entwicklungsphasen hinsichtlich des Glaubens der Jünger gegeben hat. Während der ersten Phase führten die Wundertaten Jesu und die enge Gemeinschaft mit Jesus dazu, dass sie an ihn glaubten. Die eigentliche, tragfähige Ausformung sollte ihr Glaube aber erst nach Jesu Tod durch die Ausgießung des Heiligen Geistes erfahren (7,19). Dann würden sie zu dem Glauben hindurchdringen, der sich auf Jesu Worte gründete und auf das, was die heiligen Schriften über seinen Dienst vorausgesagt hatten. Diese Spannung zwischen einem Glauben, der sich vor allem auf Zeichen stützt, und dem Glauben, der sich allein auf das Wort gründet, ist das eigentliche Thema der Verse 23 bis 25.

Die wesentlichen Gedanken

Der Tempel wird ersetzt

Das Thema des „Ersetzens“, von dem bereits bei der Hochzeit zu Kana die Rede war, wird hier fortgesetzt. Jesus treibt die Opfertiere aus dem Tempel hinaus und setzt an ihre Stelle seinen Leib. Er ersetzte das gesamte Heiligtums- und Opfersystem durch seine Person. Alles, was in der Thora verheißen und in den Festen und Opfern symbolisch dargestellt ist, erfüllt sich nun in der Person Christi (Johannes 1,17; 1. Korinther 1,30). Das ist im Grunde genommen dieselbe Botschaft, die auch im Hebräerbrief verkündet wird. Die alten Ordnungen waren von Gott gestiftet worden, und sie waren gut, aber in Jesus ist den Menschen noch etwas viel Besseres geschenkt worden (Hebräer 1,1-4; 3,1-6; 8,6; 9,11).

Jesus ist daher der Tempel des neuen Israel, den er durch sein Leben, seinen Tod und seine Auferstehung errichtet hat. Der neutestamentliche Tempel ist kein heiliges Bauwerk, das man sehen, bewundern und verehren könnte. Er existiert nur durch die Gegenwart Christi, genauer: er ist die Gegenwart Christi. Weil der Tempel im neutestamentlichen Zeitalter dort ist, wo Christus ist, können die Begriffe und Vorstellungen, die mit dem Tempel zusammenhängen, auf drei weitere Realitäten angewandt werden.

(1) Weil Jesus jetzt seinen Platz zur Rechten Gottes im Himmel hat, gibt es dort einen besseren und vollkommeneren Tempel – oder auch Heiligtum[1] –, als das jemals auf Erden der Fall war (Hebräer 8,1.2.5).

(2) Gemäß neutestamentlichem Verständnis befindet sich Jesus aber nicht nur im Himmel, sondern auch in seiner Gemeinde auf Erden. Sie ist sein Leib (1. Korinther 12,27; Epheser 2,14-16; 4,12-16). Die Gläubigen als auf Christus gegründete Körperschaft können daher als lebendige Steine bezeichnet werden, die zu einem geistlichen Tempel zusammengefügt werden, in dem Christus der Schlussstein ist (1. Petrus 2,4-5; Epheser 2,19-22; 1. Korinther 3,17; 2. Korinther 6,16).

(3) Christus wohnt durch den Heiligen Geist auch in den Leibern der Heiligen (Kolosser 1,18). Deshalb kann auch unser natürlicher, physischer Leib zu Recht als Tempel Gottes oder des Heiligen Geistes bezeichnet werden (1. Korinther 6,19.20). Denn wo Christus gegenwärtig ist, da ist der Tempel Gottes.

[1] Wenn es um die Gegebenheiten im Himmel geht, scheint es keinen theologisch bedeutsamen Unterschied zwischen den Begriffen *Heiligtum* und *Tempel* zu geben (vgl. Offenbarung 15,5-8).

Fazit: Christus ist der Tempel des neuen Zeitalters, das mit seinem Leben und Sterben begonnen hat, und infolge seines Dienstes als Fürsprecher ist es möglich, von Tempeln im Himmel, in der Gemeinde und in den Leibern der Gläubigen zu sprechen.

Das Herrenmahl

Eine der auffälligsten Besonderheiten im Johannesevangelium ist das Fehlen eines ausdrücklichen Hinweises auf das Abendmahl, das Jesus mit seinen Jüngern unmittelbar vor der Gefangennahme feierte. An der Stelle, an der vom Abendmahl die Rede sein müsste, erscheint der Bericht von der Fußwaschung (13,1-17), eine Begebenheit, die von den Synoptikern überhaupt nicht erwähnt wird. Die merkwürdige Tatsache, dass Johannes über ein so wichtiges Ereignis wie das Abendmahl schweigt, hat ganze Gelehrtengenerationen beflügelt, im Johannesevangelium nach versteckten Hinweisen auf das Herrenmahl oder nach gewissen Ansätzen einer verborgenen Abendmahlstheologie zu suchen.

Manche von ihnen glauben, dass Johannes 2 solch ein geheimnisvoller Hinweis ist. Wie wir gesehen haben, gibt es im Bericht von der Hochzeit zu Kana (2,1-11) eine Reihe von Verbindungen zur Kreuzigung Jesu. In den Versen 13 bis 22 tritt Jesus mit seinem eigenen Leib an die Stelle des Tempels und der Opfertiere. Das wäre ein weiterer Hinweis auf das Kreuz. Der Wein bei der Hochzeit erinnert an das Blut Jesu, das an die Stelle der Waschungen in der jüdischen Religion tritt.

Im Abschnitt von der Tempelreinigung ist vom Leib Jesu als einem Tempel die Rede, der abgebrochen und in drei Tagen wieder aufgebaut werden soll. Schon am Anfang des Evangeliums gibt Johannes dem kundigen Leser, der über das letzte Abendmahl und die dahinter stehende Theologie Bescheid weiß, zu verstehen, dass er nicht vorhat, nur das zu wiederholen, was andere vor ihm schon geschrieben haben. Seine Methode wird die der Andeutung und des flüchtigen Einwurfs sein, die sorgfältiges Lesen und Nachdenken verlangt, aber dafür auch mit einem reichen Schatz an geistlicher Erkenntnis belohnt.

🕮 EINSTIEG

Johannes 2,23-25

Lies Johannes 2,23-25 zweimal hintereinander und beantworte dann folgende Fragen:

1. *Warum vertraute sich Jesus diesen Gläubigen nicht an? In welcher Beziehung steht dieser Abschnitt mit dem vorangegangenen und dem nachfolgenden?*
2. *Wie denkst du über die Fähigkeit Jesu, in den Herzen und Gedanken der Menschen um ihn herum zu lesen? Schreibe deine Gedanken auf.*

🕮 ERKLÄRUNG

Die Struktur

Johannes 2,23-25 ist ein ausgezeichnetes Beispiel für die so genannte „Doppelgerichtetheit", eine literarische Technik, die von Johannes benutzt wird. Es scheint so, als würden in diesem Abschnitt von Beginn an zwei verschiedene Richtungen eingeschlagen. Wir haben diese Technik bereits in der Hochzeitserzählung von Kapitel 2,1-11 bemerkt. Die Hochzeit zu Kana bringt viele der Themen von Kapitel 1,19-51 zum Abschluss und führt zugleich in das Thema „Ersetzen" der Kapitel 2 bis 4 ein.

Die Szene von Johannes 2,23-25 baut eindeutig auf dem Bericht von der Tempelreinigung in den Versen 13 bis 22 auf. Zugleich sind die Themen des unzureichenden Glaubens (2,23.24) und die Tatsache, dass Jesus sogar das Innerste der Menschen (V. 24.25) kennt, Gegenstand der nachfolgenden Nikodemuserzählung.

Der Hintergrund

Die Rabbiner lehrten, dass es sieben Dinge gibt, die dem Menschen verborgen bleiben, weil nur Gott sie kennt: (1) der Tag des Todes, (2) der Tag der Tröstung, (3) die Tiefen des Gerichts, (4) jemandes

Belohnung, (5) der Zeitpunkt, an dem das Reich Davids wieder aufgerichtet wird, (6) der Zeitpunkt, an dem Rom vernichtet wird und (7) das, was im Innersten des Menschen vor sich geht.[1]

Abgesehen von der wahrscheinlichen Ausnahme der „Tiefen des Gerichts“ betrifft dies durchweg zukünftige Dinge. Es ist klar, dass sie bis zu ihrer Verwirklichung verborgen bleiben, es sei denn, Gott offenbart sie von sich aus vorher. Kennzeichen des göttlichen Wissens in der Gegenwart ist, dass er weiß, was im Innern eines Menschen vor sich geht. In Kapitel 2,23.25 beansprucht Johannes für Jesus eine Sonderstellung, die im jüdischen Denken allein Gott zusteht. Wenn Jesus lesen konnte, was in anderen Menschen vorging, musste er wahrhaftig das Wort sein, das von Anfang an war, das alles geschaffen hat und dann Fleisch wurde und unter uns wohnte (1,1-5.14).

Der Abschnitt im Einzelnen

Zur Zeit des Passahfests, als Jesus die Geldwechsler und Händler aus dem Tempel trieb, glaubten viele Menschen aufgrund der Zeichen (Plural), die er tat, an ihn. Nach allgemeiner Auffassung waren „Zeichen“ machtvolle Taten oder Staunen erregende Ereignisse. Im Johannesevangelium hat der Begriff „Zeichen“ noch eine tiefere Bedeutung. Hier verdeutlichen „Zeichen“ Jesu Natur und sein Wesen. Das heißt, sie sollen von den Menschen als sichtbare Aussage über den wahrgenommen werden, der sie bewirkte, und zugleich auf das Wesen Gottes hinweisen.[2]

Der Glaube, der aufgrund dieser Zeichen entstand, war allerdings nur ein Teilglaube. Jesus „vertraute sich ihnen nicht an“, weil er den Charakter, die Beweggründe und Absichten der Menschen zu lesen vermochte. Er benötigte nicht irgendjemandes Hilfe. Dass er diese Fähigkeit wirklich besaß, zeigte sich bei Petrus (1,40-42; 21,15-19), bei Nathanael (1,47-50), bei seiner Mutter (2,4), bei Niko-

[1] Beasley-Murray, John, 47

[2] Barclay, „Johannesevangelium“, Bd.1, 125f.

demus (3,3.10), bei der Samariterin (4,16-18) und bei Judas (6,70.71; 13,18-30).

Die wesentlichen Gedanken

Oberflächlicher Glaube

Hier wird erneut deutlich, dass es verschiedene Ebenen des Glaubens gibt. Das Weinwunder anlässlich der Hochzeit weckte in den Jüngern den Glauben, dass Jesus wirklich der war, auf den sie warteten (V. 11), aber zu dem tiefen, unerschütterlichen Glauben fanden sie erst nach Jesu Tod und Auferstehung sowie durch die Ausgießung des Heiligen Geistes (V. 22; 7,39; Apostelgeschichte 2).

In diesem Abschnitt wird eine dritte Glaubensebene dargestellt: der oberflächliche Wunderglaube, der den Menschen nicht wirklich in eine rettende Beziehung zu Jesus bringt.

Johannes 2,23-25 zeigt, dass Jesus sehr genau wusste, dass viele seiner Anhänger nur diesen oberflächlichen Glauben hatten. Jetzt jubelten sie ihm zu und „glaubten" an ihn, weil er die Geschäftemacher aus dem Tempel getrieben hatte, doch es sollte nicht lange dauern, dann würden dieselben Leute mit den anderen einstimmen in den Ruf: „Kreuzigt ihn! Kreuzigt ihn!" Wenn alle um einen herum dasselbe glauben, ist es nicht schwer zu glauben. Aber solcher Glaube verfliegt meist so schnell wie er gekommen ist, vor allem dann, wenn es nicht mehr populär ist – oder gefährlich wird –, Christus nachzufolgen.

Viele denken, wenn sie mehr Wunder erlebten, wüchse auch ihr Glaube. Diese Annahme ist in den meisten Fällen falsch, denn Wunder sind nur selten dazu geeignet, aus einem oberflächlichen Glauben einen tragfähigen Heilsglauben zu machen. Wunder sind alles andere als ein Heilmittel für den Glauben, aber sie können natürlich Anlass dafür sein, dass jemand zu echtem Glauben findet. Aber hier beim Passahfest sahen die Menschen in Jesus vor allem den Wundertäter. Dieses Fixiertsein auf Wunder hinderte sie daran, die eigentliche Aufgabe Jesu auf Erden zu erkennen. Möglicherweise erklärt das die Tatsache, dass Wunder in unserer Zeit nicht gerade „dick gesät" sind. Wunder sind nämlich keine Gewähr dafür, dass echter Glaube entsteht, sie schaden in dieser Beziehung oft mehr, als dass sie nützen (vgl. Matthäus 13,58). Die Antwort, die die „zweite Generation" der Christenheit braucht, ergibt sich nicht aus Wundern oder spektakulären Taten, sondern hat damit zu tun, dass jemand Gottes Wort ernst nimmt und bereit ist, sich an die Weisungen der Heiligen Schrift zu halten.

Jesus weiß es

Es ist gut, dass Jesus weiß, wie es um uns bestellt ist. Da er bis auf den Grund unserer Seele schaut, weiß er auch, wie er in uns Glauben wecken kann. Er weiß, auf welche Weise er uns nahe kommen und uns dazu bewegen kann, ihn dort, wo wir leben, zu bezeugen. Deshalb kommen die wirklichen Antworten auf unsere Fragen auch von ihm, selbst wenn sie anders ausfallen, als wir es erwartet und gewünscht hätten.

Noch wichtiger ist allerdings die Zusage, dass Christus zu uns steht, obwohl er alles über uns weiß. Er liebt uns in einer unfasslichen, nie endenden Weise. Wenn wir anderen Menschen unser Innerstes offenbaren, müssen wir Angst vor ihrer Reaktion haben: Was werden sie über mich denken? Werden sich mich weiterhin achten oder lieben? Werden sie sich enttäuscht von mir abwenden?

All das brauchen wir nicht zu befürchten, wenn wir uns mit unserer Schuld und unserem Versagen an Jesus wenden. Wir müssen ihn nicht erst darüber informieren, wie es um uns steht, denn er kennt uns (V. 25). Bekennen heißt in diesem Zusammenhang vor allem, den Mut aufzubringen, der Wahrheit über uns selbst ins Auge zu sehen und mit Christus darüber zu reden. Er ist zwar enttäuscht über unsere Sünden, aber ganz gewiss nicht darüber, dass wir sie ihm bekennen.

🕮 EINSTIEG

Johannes 3,1-21

Lies Johannes 3,1-21 zweimal hintereinander und beantworte dann folgende Fragen:

1. *Was kannst du über Nikodemus und seine Herkunft erfahren? Schreibe das Ergebnis auf. Vergleiche, was du in Johannes 7,45-52 und 19,38-42 findest und füge es deinen Aufzeichnungen hinzu. Welches Bild hast du von Nikodemus gewonnen? Was erscheint dir an ihm positiv, was negativ?*
2. *Findest du in diesem Abschnitt Belege dafür, dass der Begriff „Wasser" (3,5) ein Hinweis auf die Taufe ist? Notiere, was du herausgefunden hast.*
3. *Was sagt Jesus darüber, wie ein Mensch „von neuem geboren" werden kann? Schreibe auf, was dir aufgefallen ist.*

🕮 ERKLÄRUNG

Die Struktur

Der Bericht über die Begegnung Jesu mit Nikodemus setzt den vorangegangenen Abschnitt (2,23-25) fort. Nikodemus beginnt das Gespräch mit den Worten „*Wir* wissen ..." (V. 2). Damit wird er zum Sprecher all derer, die noch nicht zu wirklichem Glauben gelangt sind.

Er leitet sein „Wissen" von den Zeichen und Wundern ab, die Jesus gewirkt hat. Nikodemus ist für Johannes offenbar ein Vertreter der Menschen, bei denen nur ein gewisser Teilglaube vorhanden ist, vor dem Johannes in 2,23-25 gewarnt hat. Jesus weiß, warum Nikodemus gekommen ist, spricht ihn aber nicht gleich daraufhin an. Er versucht vielmehr, ihn im Gespräch so zu führen, dass er von sich aus den Mangel erkennt. Erst wenn das geschehen ist, kann er ihm auch Lösungsmöglichkeiten zeigen.

Der Abschnitt im Einzelnen

Der Name *Nikodemus* bedeutet „Führer des Volkes". Der Mann war zweifellos fromm, ein Beispiel für das Beste, was die jüdische Religion bieten konnte. Als Pharisäer nahm er die Schrift und seinen Glauben ernst. Er gehörte auch zum Sanhedrin, der obersten jüdischen Behörde. Und er war ein gelehrter Mann (Jesus nannte ihn „den" Lehrer Israels – V. 10). Offenbar war er reich (19,39), bedachtsam und vorsichtig, aber auch zupackend, wenn er etwas als richtig erkannt hatte (7,45-52; 19,38-42); jedenfalls ein Mann, der Respekt verdient.

Die Tatsache, dass er Pharisäer war und dass Jesus ihn sofort in ein Gespräch über die Bedeutung des „Wassers" für das geistliche Leben verwickelte (V. 5), könnte einen auf den Gedanken bringen, dass er zu den Abgesandten gehörte, die Johannes den Täufer nach der Legitimation für sein Wirken fragten (1,24-28). Sollte das der Fall gewesen sein, muss Nikodemus mit der Möglichkeit gerechnet haben, dass das Kommen des Messias nahe bevorstand. Nachdem Jesus die Händler aus dem Tempel getrieben hatte, musste herausgefunden werden, wer dieser Mann aus Galiläa wirklich war.[1]

Die Eröffnung des Gesprächs lässt noch nicht erkennen, warum Nikodemus unbedingt mit Jesus sprechen wollte (V. 2). Er kam „bei Nacht". Im Griechischen gibt es drei Möglichkeiten, Zeit auszudrücken. Man kann (1) von Zeit als einem bestimmten Geschehen sprechen, (2) einem Zeitraum oder (3) einem Gebrauch der Zeit in qualitativem Sinn. Beim Gebrauch der Zeit in diesem Sinn ist sie wie ein Zeiger, der hinweist auf eine Bedeutung, etwa auf eine höhere, geistliche oder philosophische Realität. Der Genitiv („des Nachts"), in dem diese Zeitangabe erscheint, weist auf die dritte Art der Verwendung des Begriffs Zeit hin. Dem Verfasser geht es nicht um die Tageszeit, in der Nikodemus zu Jesus gekommen war, auch nicht um die Länge des Gesprächs – also um die ersten beiden Möglichkeiten der Verwendung des Begriffs Zeit. Sondern er wollte

[1] Vgl. White, „Jesus von Nazareth", 116

zum Ausdruck bringen, *wie* Nikodemus gekommen war, das heißt, es geht um die geistliche Verfassung des Ratsherrn. Der Mann kommt „in der Finsternis der Seele", weil er Jesus nicht wirklich kennt und ihn noch nicht angenommen hat. Obwohl er in der Finsternis ist, tut er das einzig Richtige – er wendet sich an Jesus und gelangt dadurch von der Dunkelheit ins Licht (1,4.5; 3,19-21; 9,5). Nikodemus ist das Gegenstück zu Judas, der vom Licht in die Finsternis gerät (13,30).

Ein Hauptproblem in diesem Textabschnitt ist die Bedeutung des Wassers in Vers 5. Spricht Johannes hier vom Taufwasser, wie allgemein angenommen wird, oder meint er etwas anderes? Die Rabbiner lehrten, dass die Säuglinge aus dem Wasser im Uterus der Mutter entstehen. Das bei der Geburt abfließende Fruchtwasser sei der Rest dieses Wassers, aus dem das Kind entsteht. Angenommen, Jesus hätte diese Art Wasser gemeint, dann hätte er damit gesagt: „Um in das Reich Gottes zu kommen, musst du zweimal geboren werden, einmal leiblich, durch deine Mutter und dann das zweite Mal geistlich, durch den Heiligen Geist".

Es gibt noch weitere Argumente zugunsten dieser Interpretation. Bis zur Zeit Johannes des Täufers wurden nur Proselyten getauft, also Heiden, die zum Judentum übertraten. Deshalb ist es die Frage, ob Nikodemus notwendigerweise an die Taufe denken musste, als Jesus vom Geborenwerden aus Wasser sprach. Der Ratsherr war frommer Jude und bedurfte keiner Taufe. Auch in Johannes 2,6 ist das Wasser ein Sinnbild für das Festhalten am Buchstaben der jüdischen Religion sowie ihrem Gebundensein ans Irdische, sinnlich Greifbare. Das sollte durch Jesus ersetzt und damit auch beseitigt werden. Wenn man das Wasser in Kapitel 3,5 im rabbinischen Sinn als „Geburtswasser" versteht, würde damit das in Johannes 2 begonnene Thema des Ersetztwerdens weitergeführt.

Schließlich könnte sich ein entscheidendes Argument aus dem ständigen Gegensatz zwischen dem Physischen oder Fleischlichen und dem Geistlichen in Kapitel 3,3-7 ergeben. Jesus spricht vom „Wiedergeborenwerden" (V. 3.7). Nikodemus spricht vom Mutterleib (V. 4), Jesus sieht das Fleisch als Gegensatz zum Geist (V. 6), ehe er dazu auffordert, „von neuem“ geboren zu werden (V. 7). Wenn das Wasser in Vers 5 mit dem Wasser bei der natürlichen Geburt zu tun hat, entspricht dies ziemlich genau dem Nachdruck, der in Vers 6 auf das „Fleisch“ gelegt wird:

	physisch	*geistlich*
V. 3	–	Wiedergeboren
V. 4	Mutterleib	–
V. 5	Wasser	Geist
V. 6	Fleisch	Geist
V. 7	–	Wiedergeboren

Andererseits gibt es auch starke Argumente dafür, dass Jesus mit dem Begriff „Wasser“ tatsächlich die Taufe gemeint hat. Obwohl die Taufe von Juden neu war, dürfte sie Nikodemus nicht unbekannt gewesen sein. Falls er zu der Abordnung gehört hatte, die von den Pharisäern zu Johannes dem Täufer an den Jordan geschickt worden war, hatte er solche Taufen gewiss selbst gesehen, zumindest hatte er davon gehört.

Darüber hinaus war der Hohe Rat, zu dem auch Nikodemus gehörte, mit Sicherheit genau über das „Treiben des Täufers“ informiert. Es dürfte für ihn also nicht schwer gewesen sein zu begreifen, was Jesus sagen wollte: „Du musst nicht nur im Wasser getauft werden – entweder durch Johannes oder durch einen meiner Jünger (3,22.23; 4,1.2) –, sondern auch im Geist“ (vgl. V. 5).

Wasser und Geist sind bei dem, was Jesus in Johannes 4,10-14.23.24 und 7,37-39 lehrt, eng miteinander verbunden. Die Reinigung durch das Wasser und die Reinigung durch den Geist waren dem Judentum jener Zeit durchaus geläufig (Hesekiel 36,25-27). Dem Kommen des Messias sollte beispielsweise die Reinigung Israels durch Wasser und Geist vorausgehen (Psalmen Salomons 18,5.6). Auch die Vorstellung, dass man „wieder geboren“ oder „von oben geboren“ wird, lässt Anklänge an die Taufe des Johannes vermuten (3,22-36). Der Textzusammenhang lässt es also durchaus zu, in Jesu Aussage einen Hinweis sowohl auf die Taufe mit Wasser als auch auf die Taufe mit dem Geist zu sehen.

Welcher der beiden genannten Auslegungen soll man nun den Vorzug geben? Beide ergeben im ursprünglichen Kontext einen Sinn. Da der Verfasser diesbezüglich keine zweckdienlichen Hinweise gibt, erscheint es geraten, Jesu Hinweis auf das Wasser in einem doppelten Sinn zu deuten. Übrigens kommt es im Johannesevangelium immer wieder vor, dass der Verfasser die Leser absichtlich im Unklaren lässt oder sich doppeldeutig ausdrückt. Offensichtlich ist das ein typischer literarischer Kunstgriff, durch den der Evangelist den Leser zum tieferen Nachdenken zwingt.

Abgesehen davon, was Jesus mit „Wasser“ gemeint haben mag, muss die Botschaft an sich für den Pharisäer erschreckend gewesen sein. Sie lautete nämlich: Niemand kommt allein deshalb ins Reich Gottes, weil er einer bestimmten Rasse oder einem besonderen Volk angehört! Die Zugehörigkeit zu Gottes Reich hängt davon ab, ob sich der Mensch dafür entscheidet und die geistliche Verpflichtung zu einer Neugeburt – und damit zu einem neuen, veränderten Leben – eingeht.[1] Menschliches Bemühen hilft hier nicht weiter, denn es kann weder die Neugeburt bewirken noch das veränderte Leben. Das ist das Werk des Heiligen Geistes, auch wenn wir nicht wissen, wie es im Einzelnen geschieht, sondern letztlich nur die Auswirkungen spüren (V. 8).

Nikodemus fragt, wie denn solch ein Neuwerden möglich sein soll (V. 9). Jesus entgegnet, dass die Antwort auf diese Frage nicht von Menschen gegeben werden kann, sondern nur von dem, der selbst göttlichen Ursprungs ist, aber als Menschensohn vom Himmel herabgekommen ist, um den Menschen die himmlischen Dinge nahe zu bringen (V. 11-13).

In den Versen 14 und 15 beantwortet dieser Eine die Frage des Nikodemus. Der Schlüssel für die Neugeburt ist die Erhöhung des Menschensohns (7,39). Nicht menschliches Bemühen, wie fromm es auch sein mag, ermöglicht die Neugeburt, sondern allein das, was

[1] Vgl. White, „Jesus von Nazareth“, 117f.

Christus am Kreuz bewirkt hat (1,12.13). Es ist interessant, dass die Pharisäer nicht an einen leidenden und sterbenden Messias glaubten. In Johannes 3,14 sagt daher Jesus dem Nikodemus das, was die Pharisäer wissen mussten, wenn sie ins Reich Gottes wollten.

Jesus vergleicht das Kreuz mit der Schlange, die Mose in der Wüste erhöht hatte (V. 14.15; 4. Mose 21,4-9). Das ist ein passender Vergleich. In beiden Fällen stellt Gott das „Heilmittel", und sowohl die Schlange als auch das Kreuz wurden für alle sichtbar aufgerichtet („erhöht"). In beiden Fällen musste man auf das Heilmittel schauen, damit sich der „Heilungsvorgang" vollziehen konnte, und hier wie da war das Heilmittel ein Stein des Anstoßes für den Verstand. In beiden Fällen waren die Folgen des Ungehorsams dieselben. Am Kreuz fällt unsere Entscheidung über Leben und Tod.

Bei den Versen 16 bis 21 ist schwer zu erkennen, wer dort spricht, Jesus oder der Verfasser des Evangeliums. Jesus spricht in der zweiten Person bis 3,12. Ab Vers 13 gibt es einen Wechsel in die dritte Person, und das Thema entfernt sich immer mehr von dem, was Jesus in seinem Gespräch mit Nikodemus behandelt hat. Irgendwo zwischen den Versen 13 bis 17 scheint es einen Übergang vom Gespräch Jesu mit Nikodemus zum Kommentar des Verfassers für die Leser zu geben. Weil sich aber der Stil des Johannes und der Stil Jesu so ähnlich sind, lässt sich dieser Übergang nicht genau angeben. Wahrscheinlich liegt er zwischen den Versen 15 und 16.

Johannes 3,16 enthält ein besonderes griechisches Wort *(monogenes)*, das als „der Eine und Einzige" oder als „der einzig Gezeugte" übersetzt werden kann. Manche deuten das so, als sei Christus irgendwann in der Vergangenheit „gezeugt", geboren oder erschaffen worden. Wenn das stimmte, wäre er nicht von Ewigkeit her der Träger des Lebens, wäre seinem Wesen nach ursprünglich und nicht einer, der von niemand etwas entlehnt hat und von nichts abgeleitet werden kann.[1]

Es ist interessant, dass in der griechischen Bibel (LXX) das Wort *monogenes* nur auf zwei Menschen angewandt wird – auf Isaak und

[1] Vgl. White, „Evangelism", 616

Jesus (1. Mose 22,2.12; Hebräer 11,17-19). Isaak war im leiblichen Sinn nicht der „eine und einzige Sohn“ Abrahams. Abraham hatte noch sieben andere Söhne (1. Mose 16,15.16; 25,1.2). Isaak unterschied sich nicht durch seine leibliche Abstammung von den anderen, sondern weil er Abrahams „einzigartiger“ Sohn war; er war der Sohn der Verheißung (1. Mose 12,7). Durch ihn wollte Gott alle Völker segnen (1. Mose 12,1-3). Deshalb verweist der griechische Begriff *monogenes* (wörtlich „der eine seiner Art“) auf die einzigartige Rolle, die Isaak und Jesus in Gottes Plan, alle Nationen durch sie zu segnen, spielten. Dieser Begriff hat nichts mit der leiblichen Geburt, mit der Zeugung oder Erschaffung durch den Vater zu tun.

Johannes 3,16 ist zu Recht einer der wichtigsten Texte in der Bibel, denn in diesem Vers sind viele der Hauptthemen des Johannesevangeliums enthalten. Er wirft ein Licht auf die Liebe Gottes, die ein Hauptthema in den Abschiedsreden nach der Fußwaschung ist (13,34; 14,21-23; 16,27). Er stellt diese Liebe als universal dar – Gott liebte die *Welt*. Gottes Liebe wird nicht verdient, sondern kam als Geschenk Gottes in der Person seines Sohnes zu uns. Jeder, der an den Sohn glaubt[1], empfängt das Geschenk des ewigen Lebens und kommt nicht ins Gericht (3,17).

Auch wenn Erlösung und ewiges Leben ein Geschenk sind, wird doch erwartet, dass der Mensch auf sie reagiert. Niemand würde denken, dass überhaupt jemand solch ein kostbares Geschenk ablehnt. Tatsächlich tun das aber viele Menschen. Warum? Das Geschenk anzunehmen, bedeutet nämlich auch, sein Leben in Ordnung zu bringen. Viele wollen sich nicht dem göttlichen Licht aussetzen, denn sie fürchten das, was dabei offenbar werden könnte (V. 19.20). Unserer sündigen Natur liegt nämlich nichts daran, sich der Wahrheit zu stellen. Sie geht ihr lieber aus dem Weg. Manche empfinden es schon als Bedrohung, wenn sich andere in ihrer Umgebung dem Licht Gottes zuwenden. Für sie ist das ein ständiger Vorwurf. Das ist der Grund, warum der Impuls zum Unglauben so schnell in Verfolgung umschlagen kann.

[1] Glaube erscheint im Johannesevangelium immer in Form eines Verbs und niemals als Substantiv, wie das in den Briefen des Paulus der Fall ist.

Wie ist es zu verstehen, dass Jesus zwar nicht in die Welt gekommen ist, um sie zu verdammen (V. 17), aber gerade durch sein Kommen Menschen in die Verdammnis geraten können (V. 18)? Grundsätzlich gilt: Jesu Auftrag ist es, die Welt zu retten! Weil aber die Menschen sowohl gerettet als auch vernichtet werden können, und weil der Glaube an Jesus der einzige Weg zur Rettung ist, hat der Ruf zum Glauben immer auch das Gericht zur Folge. Das Geschenk des Lebens abzulehnen heißt, sich das eigene Todesurteil zu sprechen. Das Gericht war zwar nicht der Zweck der Menschwerdung Jesu, aber es ist eine seiner Folgen.

Die wesentlichen Gedanken

Der dreieinige Gott

Es sieht so aus, als mache Johannes in dem Bericht von der Begegnung Jesu mit Nikodemus eine ganz vorsichtige trinitarische[1] Andeutung. Jesus spricht zuerst vom Wirken des Heiligen Geistes (V. 3-8). Dann lenkt er die Aufmerksamkeit auf seinen Anteil am Erlösungsplan – er kam auf die Erde und wird am Kreuz erhöht, damit alle, die an ihn glauben, das ewige Leben haben können (V. 11-15). Dann wird dieser Abschnitt mit einem Blick auf den himmlischen Vater abgerundet, der seinen einzigen Sohn opferte, um die ins Verderben Geratenen zu erretten, und der auf Erden durch die wirkt, die das Licht angenommen haben (V. 16-21).

Wer da glaubt

Es ist eine der faszinierendsten Tatsachen, dass der *Glaube* im Johannesevangelium immer in der Form eines Verbs erscheint (gewöhnlich als „glauben" übersetzt), während man ihm in den Briefen des Paulus immer als Substantiv begegnet (gewöhnlich mit „Glaube" übersetzt).

Im Griechischen unterscheiden sich beide Worte so gut wie gar nicht. Die Wurzel ist in beiden Fällen: *pist*. Ob das Wort substanti-

[1] trinitarisch = die Lehre von der Dreieinigkeit Gottes betreffend.

visch oder im Sinne eines Verbs gebraucht wird, ergibt sich aus den anderen Worten des jeweiligen Satzes. Griechische Verben in der Zeitform der Gegenwart beschreiben meist eine fortdauernde Handlung. So auch hier: Glauben als Verb ist nicht statisch, ist keine einmalige Angelegenheit. Es ist handlungsorientiert und kontinuierlich wirkend.

Der Glaube als Verb hat immer ein Objekt. Er muss auf irgendetwas oder auf irgendjemanden gerichtet sein. Im Johannesevangelium ist Glaube vor allem auf Jesus gerichtet, der vom Himmel herabstieg und dann am Kreuz erhöht wurde (1,12; 3,13-16; 7,39; 9,35-38; 14,1; 20,31). Darüber hinaus werden die Gläubigen aufgefordert, an die Heilige Schrift und an die Worte Jesu zu glauben (2,22; 5,47).

Im Johannesevangelium gibt es eine Reihe von Begriffen, die anstelle von *glauben* verwendet werden, zum Beispiel: *ihn annehmen, zu ihm kommen, ihm nachfolgen* und *in ihm bleiben.* Jede dieser Wendungen hält zumindest eine der Nuancen fest, die im Verb *glauben* enthalten sind.

🕮 ANWENDUNG

Johannes 2,12-3,21

1. *Es gibt einen Unterschied zwischen unbeherrschtem Zorn und einer berechtigten Entrüstung. Wann ist es angebracht, sich über Dinge zu entrüsten, die sich in der Gemeinde, in der Familie, im Freundes- oder Mitarbeiterkreis abspielen? Könnte es sein, dass man sein geistliches Leben gefährdet, wenn man sich über Personen oder Geschehnisse entrüstet? Besteht diese Gefahr auch, wenn man berechtigte Entrüstung nicht artikuliert oder sie völlig unterdrückt? Begründe deine Antwort.*
2. *Berechtigt uns die Vertreibung der Händler aus dem Tempel dazu, in der Gemeinde ähnlich vorzugehen? Wenn ja, warum? Wenn nein, welche Lehre können wir dann aus dieser Geschichte ziehen? Wie würde sich Jesus wohl verhalten, wenn er Zeuge eines Überfalls würde, oder wenn er sähe, wie einer Frau Gewalt angetan wird, oder angesichts eines Rockkonzerts in der Kirche?*

3. *Welches Zimmer würdest du am liebsten von Jesus aufräumen oder sauber machen lassen, wenn du die Zimmer in einem Hause mit deinem geistlichen Leben vergleichst? Dein Lese- oder Studierzimmer? Dein Esszimmer? Dein Erholungs- oder Freizeitzimmer? Dein Schlafzimmer? Deine Werkstatt? Würdest du solch eine Aufräumaktion begrüßen oder dich ihr widersetzen?*
4. *Ursprünglich waren die Händler im Tempel als Dienstleister für die Juden gedacht, die von weither gekommen waren. Wie konnte diese an sich nützliche Praxis den Tempel zu einer Räuberhöhle machen? Gibt es Bereiche in deinem Leben oder in deiner Gemeinde, die sich verschlechtert haben oder die überprüft werden müssten? Trage Aktivitäten in deinem Leben (Gemeinde) zusammen, die überflüssig, sinnentleert, überlebt oder gar für dein geistliches Leben gefährlich geworden sind.*
5. *In welchem Maße ist es heute Christen möglich, so wie Christus die Gedanken, Beweggründe und Empfindungen anderer wahrzunehmen und zu erkennen? Überlege, wie du deine Fähigkeit, Gottes Führungen und Einwirkungen in deinem Leben zu erkennen, entwickeln kannst. Wie können gläubige Menschen einen klareren Einblick in die unauslotbaren Tiefen des eigenen Herzens gewinnen?*
6. *Es scheint so, als sei das Interesse an Jesus durch die Tempelreinigung geweckt worden. Was hat dein Interesse an Jesus geweckt? Worauf bist du aufmerksam geworden? Haben sich deine Interessen im Laufe der Zeit geändert? Wie hat sich das auf deine Beziehung zu Christus ausgewirkt?*
7. *Warum scheuen sich viele Menschen, ihr Leben vor Jesus offen zu legen, obwohl sie dadurch nur gewinnen könnten? Gibt es Bereiche in deinem Leben, von denen du nicht wünschst, dass irgendein anderer über sie etwas erfährt? Was sind das für Bereiche? Hast du schon einmal versucht, diese Mängel auch vor Gott zu verbergen?*
8. *In welcher Umgebung oder an welchem Ort wärst du bereit, deine Sünden einem anderen oder Gott zu bekennen? Wie kann die Gemeinde helfen, einen solchen Ort oder eine solche Umgebung zu schaffen?*

🕮 VERTIEFUNG

1. *Benutze die in Bibellexika vorhandenen Möglichkeiten, um alles über den Tempel, seinen Aufbau, seine Geschichte und seine architektonische Gestaltung zu erfahren. Suche mit Hilfe einer Konkordanz alle Beschreibungen des Tempels, der Stiftshütte, des Heiligtums usw. Schreibe auf, was sich in irgendeiner Weise auf dein Verständnis dieses Abschnitts auswirken kann.*
2. *Suche mit Hilfe einer Konkordanz alle Worte im Neuen Testament, die sich auf* Glaube *oder* glauben *beziehen. Beachte, welche Funktion jedes als Substantiv oder als Verb innerhalb eines Satzes hat. Versuche, diese unterschiedlichen Verwendungsweisen in Kategorien oder Gruppen zusammenzufassen. Schreibe auf, welche zusätzlichen Erkenntnisse du über die Bedeutung des Glaubens im Johannesevangelium gewonnen hast.*

🕮 FÜR DAS WEITERE STUDIUM

1. *Hinsichtlich einer Beschreibung der Lebensverhältnisse in Jerusalem und Umgebung zur Zeit Jesu siehe J. Jeremias, „Jerusalem in the Time of Jesus"; Brockhaus, „Lexikon zur Bibel", unter „Jerusalem"; H. Haag, „Bibel-Lexikon", 820-831; S. H. Horn, „Auf den Spuren alter Völker", 157-168.*
2. *Bezüglich einer Beschreibung des Tempels in Jerusalem und seiner Geschichte siehe S. H. Horn, „SDA Bible Commentary", unter „temple"; Brockhaus, „Lexikon zur Bibel", unter „Tempel"; H. Haag, „Bibel-Lexikon", 1720-1726; „Jerusalemer Bibellexikon", unter „Tempel".*
3. *Weitere Informationen über das Leben des Nikodemus siehe D. N. Freedman (Hg.), „The Anchor Bible Dictionary", Bd. 5, 1104-1106; W. Barclay, „Johannesevangelium", Bd. 1, 127f.*
4. *Zum Konzept der „Zeichen" im Johannesevangelium siehe R. Schnackenburg, „The Gospel According to St. John", Bd. 1, 515-528.*
5. *Siehe auch E. G. White, „Jesus von Nazareth", 115-123.*

Kapitel 5

Außenseiter werden Jünger

Johannes 4

Nach seinem Aufenthalt in Jerusalem verbringt Jesus einige Zeit am Jordan, wo Johannes der Täufer sein prophetisches Werk fortsetzt (3,22-24). Der Verfasser nutzt die Gelegenheit, um noch einmal die Demut des Täufers und die überragende Größe Jesu hervorzuheben (V. 25-30). In den Versen 31 bis 36 erklärt er, dass Gott seinem Sohn ein gewichtigeres Zeugnis ausgestellt hat als der Täufer und deutet damit an, dass die wegbereitende Aufgabe des Johannes beendet ist.

Als die Pharisäer eingehende Nachforschungen über Jesus anstellen, weicht er nach Galiläa aus (4,1-3). Um die Mittagszeit hält er Rast an einem Brunnen nahe der samaritanischen Stadt Sychar (V. 4-6). Die Jünger sind unterwegs, um Nahrung zu beschaffen (V. 27.31). Die Begegnung Jesu mit der Samariterin ist durch die Jahrhunderte hindurch immer wieder erzählt worden (V. 7-30).

Nachdem er einige Tage in Sychar zugebracht hat, setzt Jesus seine Reise nach Galiläa fort. Der Verfasser beschreibt den oberflächlichen Glauben der Galiläer (V. 43-45), indem er ihn dem Glauben eines königlichen Beamten gegenüberstellt, der von weither zu Jesus kommt, um für seinen Sohn Heilung zu erbitten (V. 46-54).

Jesus liest in seinem Inneren, zeigt dem Bittenden, wie wenig Glauben er in Wirklichkeit hat, und entlässt ihn als einen, der wirklich glaubt. Zugleich zeigt diese Geschichte, dass Entfernungen keine Rolle spielen, wenn Jesus heilen und helfen will. Er hatte den Kranken weder gesehen noch berührt, und doch wurde der gesund.

🕮 EINSTIEG

Johannes 4

Lies Johannes 4 zweimal hintereinander und beantworte dann folgende Fragen:

1. *Überlege, inwiefern die Frau am Brunnen durch die Begegnung mit Jesus ihr Verhalten geändert hat. Wie verhielt sie sich am Anfang zu Jesus, wie am Ende der Begegnung? Schildere die unterschiedlichen Phasen dieses Gesprächs. Inwiefern hat das, was die Samariterin und Jesus sagten, Bedeutung für dein eigenes Leben?*
2. *Schreibe auf, was dir aus diesem Abschnitt hilft, die Theologie und Geschichte der Samariter und die Beziehungen zwischen Juden und Samaritern besser zu verstehen. Lies zur Ergänzung 2. Könige 17. Inwiefern hilft dir dieser Abschnitt, die Probleme zu verstehen, die zwischen den Juden und Samaritern bestanden? Die Samariter sahen den Messias hauptsächlich im Lichte von 5. Mose 18,15-18. Wie stellten sich die Samariter den Messias vor? Welche Vorstellung hatte die Samariterin vom Messias? Lies einen Artikel über die Samariter in einem biblischen Nachschlagewerk.*
3. *Vergleiche diese Erzählung mit dem Bericht über Nikodemus. Schreibe auf, was du an Unterschieden und Gemeinsamkeiten entdeckst (z. B. wann die Begegnungen stattfanden usw.). Was könnte Johannes damit beabsichtigt haben, dass er die Gegensätze besonders herausstellt?*
4. *Zwischen Juden und Samaritern bestanden damals gesellschaftliche Barrieren. Wie setzte sich Jesus darüber hinweg? Warum tat er das?*

🕮 ERKLÄRUNG

Der Aufbau des Abschnittes

Diese Erzählung schildert eine Frau, die im Verlauf eines verhältnismäßig kurzen persönlichen Gesprächs vom Misstrauen gegenüber einem fremden Juden zum Glauben an Christus gelangt.

Zuerst sieht sie in Jesus nur einen durstigen Mann und ignoriert ihn (V. 7); dann erkennt sie ihn als Juden und distanziert sich von ihm (V. 8-10). Als sie erkennt, dass er ein Rabbi ist, nimmt sie ihn ins Kreuzverhör (V. 11.12). Jesu Reaktion weckt in ihr die Überzeugung, dass er ein Prophet sein muss, und sie fasst Vertrauen zu ihm (V. 19.20). Schließlich erkennt sie, dass er der Messias ist, und sie glaubt an ihn (V. 25-30.42). Erstaunt können wir feststellen, dass der Weg, auf dem diese Frau zu Jesus fand, typisch ist für den Weg, den der säkulare Mensch von heute geht, wenn er zum Glauben an Christus kommt.

Der Hintergrund

Die Geschichte und Theologie der Samariter

Die Samariter glaubten, dass ihre Religion die ältere und daher dem Judentum überlegen sei. Sie stützten sich dabei auf ihrer Meinung nach handfeste Beweise.

Der Jakobsbrunnen war ungefähr 75 Meter vom alten Sichem entfernt, einer Stadt, die zwischen den Bergen Ebal und Garizim lag. Sichem war das wichtigste Zentrum des Gottesdienstes und der Anbetung im alten Israel. Nach 1. Mose 12,6 war es der erste Ort, an dem Abraham beim Einzug in das „verheißene Land" sein Lager aufschlug. Als Jakob aus Mesopotamien nach Kanaan zurückkehrte, ließ er sich in Sichem nieder. Der erste gemeinsame Gottesdienst Israels nach dem Auszug aus Ägypten fand an den Bergen Ebal und Garizim statt, zwischen denen die Stadt Sichem lag (5. Mose 11,29-32; 27,1-13; Josua 8,30-35). Der Garizim wurde zum „Berg des Segens" (5. Mose 11,29; 27,12), daher lag es für die Samariter nahe, ihn als heiligen Berg zu betrachten. Sichem war auch der

Ort, in dem die Gebeine Josephs nach dem Auszug aus Ägypten bestattet wurden (Josua 24,32).

Als die Israeliten unter der Führung Josuas Kanaan einnahmen, stießen sie merkwürdigerweise in der Mitte des Landes kaum auf Widerstand. Die schwersten Kämpfe wurden im Norden und im Süden ausgetragen (Josua 10 und 11; 13,1-7). Deshalb konnte der erste gemeinsame Gottesdienst in Zentralpalästina bereits zu einer Zeit stattfinden, als Israel im Südosten des Landes erst zwei Städte erobert hatte – Jericho und Ai. Archäologen haben in Sichem einen Altar entdeckt, der aus der Zeit vor dem Auszug Israels aus Ägypten stammt und der dem „Baal des Bundes" geweiht war.[1] Es ist daher sehr wohl möglich, dass es zu der Zeit, als Jakob mit seiner Familie nach Ägypten zog, im mittleren Teil Kanaans Bevölkerungsteile gab, die Jahwe anbeteten (1. Mose 34,24; 46,1-7).

Die Behauptung der Samariter, ihr Glaube sei älter als der des Volkes Israel, war keineswegs aus der Luft gegriffen. Das lässt sich sogar aus jüdischen Quellen nachweisen. Jerusalem wurde erst zur Zeit Davids um 1000 v. Chr. zum Mittelpunkt der israelitischen Religion. Sichem war bereits tausend Jahre früher für Abraham – später auch für seine Nachkommen – das Zentrum der Gottesverehrung.

Im so genannten *samaritanischen Pentateuch*[2] findet sich in diesem Zusammenhang in 1. Mose 12,6 ein interessanter Zusatz. Bei der Erwähnung Sichems heißt es, dass dort „die Stätte Morija ist, wo Abraham Isaak opferte" (vgl. 1. Mose 22,2). Nach Ansicht der Samariter sollte Abraham seinen Sohn Isaak nicht an der Stätte opfern, wo später der Jerusalemer Tempel gebaut wurde, sondern auf dem Berg Garizim. Im samaritanischen Pentateuch wird in 5. Mose

[1] Baal ist im Hebräischen eine andere Bezeichnung für „Herr". Hebräisch und Kanaanäisch sind verwandte semitische Sprachen. Zur Entstehung des Hebräischen vermutet man, dass Abraham es bei seiner Einwanderung in Kanaan bereits als Landessprache angetroffen und übernommen hat, oder dass es aus der Verschmelzung seines aramäischen Dialekts mit dem Kanaanäischen entstanden ist.

[2] Die samaritanische Version der fünf Bücher Mose.

27,4 der Name *Ebal* durch *Garizim* ersetzt, um dadurch die Bedeutung jenes Berges ins Licht zu rücken, auf dem später der Tempel der Samariter stand.

Diese Überlieferung wurde nach der Reichsteilung[1] von Jerobeam, dem König der zehn Nordstämme Israels, dazu benutzt, die Israeliten vom Tempel in Jerusalem fernzuhalten (1. Könige 12,25-30). Zumal es den Jerusalemer Tempel ja erst seit etwa dreißig Jahren gab. Da das uralte Zentrum der Gottesanbetung zweifelsfrei im Norden Palästinas lag, gab es für die Nordstämme angeblich keinen Grund, zur Anbetung Jahwes nach Jerusalem zu ziehen. Hier begegnet uns wieder das Argument: Das Ältere ist das Bessere.

Die auf dieser Tradition beruhende Gottesverehrung im nördlichen Israel hielt sich bis zum babylonischen Exil. Denn selbst nach der Zerstörung des Nordreichs (723/22 v. Chr.), als sich die israelitische Restbevölkerung mit anderen Stämmen vermischte, hielt man auch weiterhin teilweise am alten, hebräischen Glauben fest (2. Könige 17,24-28). So entstand im Laufe der Zeit ein religiöses Gemisch aus Elementen jüdischer und heidnischer Herkunft. Das war aber nicht nur typisch für Samarien, sondern auch für die heidnisch unterwanderte Gottesverehrung im Südreich vor der Zerstörung Jerusalems und dem Babylonischen Exil etwa 135 Jahre später (2. Könige 21,2-15; 23,26.27). Genau genommen gab es bereits in der Richterzeit, also sehr viel früher, fragwürdige Spielarten des Jahweglaubens im Volk Israel (Richter 17-19).

Im babylonischen Exil wurden sich viele Juden bewusst, dass der tiefere Grund für die Zerstörung Jerusalems und ihre Gefangenschaft nicht in der militärischen Überlegenheit der Babylonier zu suchen war, sondern in der Abkehr von Gott und der Verehrung fremder Götter. Männer wie Daniel, Hesekiel und Esra sorgten durch Reformen dafür, dass alle götzendienerischen Elemente aus der jüdischen Religion entfernt wurden. Als die Juden aus dem Exil zurückkehrten, stießen sie auf die in Palästina ansässige Bevölkerung und betrachteten sie als Fremde und Ausländer, weil sich in deren

[1] Die zeitliche Einordnung schwankt zwischen 931 und 926 v. Chr.

Glauben nicht die Reformen widerspiegelten, die in Babylon durchgeführt worden waren. Die Samariter fühlten sich dadurch verunglimpft, denn sie waren davon überzeugt, den wahren „Glauben der Väter" zu besitzen. Nach mehr als hundert Jahren gaben sie es auf, mit den Juden zu einer Übereinkunft zu gelangen. Sie bauten auf dem Berg Garizim ihren eigenen Tempel (um 330 v. Chr.).

Die Rivalität zwischen Juden und Samaritern verschärfte sich noch, als ein jüdischer Feldherr (Johannes Hyrkanus)[1] den Tempel auf dem Garizim etwa zweihundert Jahre, nachdem er erbaut worden war, zerstörte. Das führte zum endgültigen Bruch zwischen Samaritern und Juden, der sich über die Jahrhunderte hinweg darin äußerte, dass keiner mehr mit dem anderen etwas zu tun haben wollte. Der Hass schwoll bis zur Zeit Jesu so stark an, dass die Juden behaupteten, alles, was ein Samariter berührt habe, sei unrein. Es war sogar verpönt, mit einem Samariter zu sprechen. In solch eine von Vorurteilen und Hass gesättigte Atmosphäre trat Jesus, um zu verkündigen, dass Gott „alle" liebt, die glauben (Johannes 3,16).

Die Samariter schätzten Mose nicht weniger als die Juden. Ihre Mosetheologie ist besonders im Lichte des Johannesevangeliums bemerkenswert. Die Samariter bezeichneten Mose als den „großen Propheten", als den, der Gott sehen durfte und ihn daher auch offenbaren konnte. Er war der Gesetzgeber und der „Retter Israels". Er wurde auf dem Berge Sinai verklärt. Bei den Samaritern war der Ausspruch in Umlauf: „Glaubt an Gott und glaubt an Mose". Sie bezeichneten ihn als „das Wort" und als „das Licht". Sie lehrten sogar, dass Mose in irgendeiner Form an der Erschaffung der Welt beteiligt gewesen sei, und sie glaubten auch, dass er am Ende der Zeit als der Messias (*taheb*) zurückkehren werde.

Die zahlreichen Parallelen zwischen dem Glauben der Samariter an Mose und dem Glauben an Jesus im Johannesevangelium machen deutlich, dass dieses Evangelium auch dazu bestimmt war, die Samariter aufzufordern, ihre alten Überlieferungen aufzugeben und

[1] Vgl. Koester, „Introduction to the New Testament", Bd. 1

sich Jesus zuzuwenden, der die wahre und endgültige Offenbarung Gottes ist.[1]

Begegnungen an Brunnen

Ein weiterer Hintergrund zu Johannes 4 findet sich im Alten Testament in den Begegnungen an Brunnen, an denen so bedeutende Persönlichkeiten wie Isaak, Jakob und Mose beteiligt waren.

In all diesen Erzählungen finden die genannten Männer ihre zukünftige Frau an einem Brunnen (für Isaak stellvertretend ein Brautwerber), die Begegnungen finden in einem fremden Land statt, die Mädchen eilen nach Hause, um ihre Familie zu informieren, und die macht sich auf, um den Fremdling zu begrüßen. Alle Mädchen sind bereit, den Mann als Herrn und Gebieter anzuerkennen (das hebräische Wort dafür kann sowohl Ehemann als auch Herr oder Gebieter bedeuten). Die Parallelen zwischen diesen alttestamentlichen Geschichten und Johannes 4 sind unübersehbar.

Der Abschnitt im Einzelnen

In Johannes 4,4 heißt es, Jesus „musste aber durch Samarien reisen“. Das war nicht unbedingt eine geographische Notwendigkeit. Obwohl der kürzeste Weg von Galiläa nach Judäa durch Samarien führte, wählten Juden in der Regel eine andere Reiseroute. In diesem Fall ergab sich die Notwendigkeit aus dem Plan Gottes (vgl. 3,14 – der Menschensohn „muss erhöht werden“). Offenbar wollte Gott, dass Jesus der Frau am Brunnen begegnete.

Es war um die sechste Stunde, also genau zur Mittagszeit. Eben zu dieser Stunde hing er später am Kreuz und bat wieder um Wasser (19,14.28). Normalerweise ging in Palästina niemand in der brütenden Mittagshitze zum Wasserholen. Die Frauen bevorzugten die kühleren Stunden kurz nach Sonnenaufgang oder vor Sonnenuntergang. Dass die Samariterin um diese Zeit am Brunnen Wasser

---

[1] Vgl. O’Brien, „The Progression of the Mosaic Motif to the Johannine Concept of Messiah“, 89-100. 108-116.

schöpfte, könnte darauf hinweisen, dass sie den Kontakt mit anderen Frauen vermeiden wollte. Möglicherweise wurde sie von den Frauen des Ortes ihres anstößigen Lebenswandels wegen geschnitten oder gar beschimpft (V. 17.18). Vielleicht mied sie deshalb den Kontakt mit anderen.

Auch im Hinblick auf das Zusammentreffen mit Jesus gab es triftige Gründe, von vornherein jeden Kontakt zu vermeiden: (1) Sie war eine Frau, für die es sich nicht schickte, in der Öffentlichkeit mit einem Mann zu sprechen, schon gar nicht mit einem fremden; (2) sie gehörte einer verhassten Volksgruppe an; (3) sie lebte in ungeklärten, sündigen Verhältnissen. Jeder Jude, der etwas auf sich hielt, hätte es tunlichst vermieden, im Gespräch mit solch einer Frau gesehen zu werden. Jesus ging dieses Risiko ein und überwand alle Hindernisse, um ihr das lebendige Wasser anzubieten, das er jedem geben will, der bereit ist, an ihn zu glauben.

Eine merkwürdige Szene: Da steht der Messias neben einer Frau, aber sie weiß es nicht.[1] Sie gehört zwar zu denen, die Christus persönlich begegnet sind – sozusagen zur ersten Generation –, aber wenn sie nur dem Juden Jesus und nicht Christus, dem Sohn Gottes begegnet wäre, hätte das für ihr weiteres Leben keine Bedeutung gehabt.

Im Johannesevangelium ist an verschiedenen Stellen davon die Rede, dass Menschen Jesus zwar persönlich begegnet sind, aber eben nur als einem ganz gewöhnlichen Menschen. Die leibhaftige Begegnung mit Jesus macht es also nicht, jedenfalls ist sie keine Gewähr dafür, dass man in ihm den Messias erkennt. Das sollte allen Mut machen, die zur zweiten Generation gehören, das heißt: die „nur" an Jesus glauben können, ohne ihn jemals gesehen zu haben. Die Worte Jesu waren es, die der Samariterin die Augen öffneten und sie erkennen ließen, dass der Messias mit ihr sprach. Das Wort Jesu, mit dem die zweite Generation in Berührung kommt, hat nicht weniger Kraft als die persönliche Begegnung mit Christus.

[1] Vgl. White, „Jesus von Nazareth", 129

Die Begegnung Jesu mit der Samariterin fand an einem Brunnen statt. Wasser wird am ehesten dort geschätzt, wo es knapp ist, und das traf damals auf weite Teile Palästinas zu (V. 7). Es bot sich also wie von selbst an, am Jakobsbrunnen vom „lebendigen Wasser" zu sprechen. Als „lebendiges Wasser" bezeichnete man damals frisches, fließendes Wasser. An zwei Stellen im Alten Testament sind die Begriffe „Wasser" und „Geist" eng miteinander verbunden (Jesaja 44,3; Hesekiel 36,25.26). Auch Rabbiner haben sich mehrfach zu diesem Sachverhalt geäußert, so dass es für die Leser des Johannesevangeliums wohl nahe lag, dass Jesus hier vom Geist Gottes sprach, ohne dabei den Begriff *Geist* zu verwenden.[1]

Dass Menschen, die Jesu lebendiges Wasser annehmen, niemals wieder dürstet, liegt daran, dass sie in sich selbst die Quelle haben, aus der sie schöpfen können, nämlich den Heiligen Geist. Unerschöpfliche Kraft und innerer Friede haben damit zu tun, ob Gottes Geist in uns wohnt oder nicht.[2] Wer diesen Geist empfangen hat, dessen Leben gewinnt geistliche Reife und Weite. Er ist Teilhaber des „Wassers", das aus Gottes Welt in ihn hineinfließt und von Gott her ständig erneuert wird.

Jesus benutzt die Worte der Samariterin, mit denen sie ihr Interesse am lebendigen Wasser ausdrückt (V. 15), um sie daran zu erinnern, wie ihr Leben wirklich aussieht (V. 16-18). Diese Szene ist eine treffende Illustration der Themen, die im vorhergehenden Kapitel dieses Buches behandelt wurden. Jesus weiß alles von dieser Frau und bringt den dunklen Teil ihres Lebens ans Licht (3,20). Sein Mitwissen der verborgensten Dinge im Leben eines Menschen ist ein überzeugender Beweis dafür, dass er wirklich der Gottgesandte ist (1,47-49).[3]

Für die Samariterin war diese Begegnung eine Stunde des Gerichts (vgl. 3,18-21). Wie würde sie reagieren? Würde sie ihre Schuld bekennen und Jesu Angebot der Vergebung annehmen, oder würde

[1] Vgl. Barclay, „Johannesevangelium", Bd. 1, 159f.
[2] Jameison, Fausset und Brown, a. a. O., 1033
[3] Talbert, „Reading John", 114

sie sich verletzt ins Dunkel der Sünde zurückziehen, aus dem sie gekommen war? Zunächst versuchte sie, Zeit zu gewinnen, indem sie das Thema wechselte (4,19.20), aber dann entschied sie sich für den Weg des Vertrauens und glaubte an Jesus (V. 29.42).

Das Gesetz gestattete einem Juden im Laufe seines Lebens drei Eheschließungen. Offenbar hatte die Frau bereits fünf gescheiterte Ehen hinter sich und lebte nun mit einem Mann zusammen, ohne mit ihm verheiratet zu sein. Über diesen sachlichen Tatbestand hinaus könnte diese Erzählung auch noch einen versteckten Hinweis auf die Geschichte und Religion der Samariter enthalten. Nach 2. Könige 17,24-33 stammten die Samariter aus fünf heidnischen Städten, von denen jede ihre eigene Gottheit verehrte. Sie hatten diese Städte und ihre Götter verlassen, um nach Palästina zu kommen und Jahwe anzubeten. Man könnte auch sagen, dass die Samariter fünf „Ehepartner“ (heidnische Götter) hatten, und dass sie mit dem Gott (Jahwe), den sie nun anbeteten, auch nicht wirklich „verheiratet“ waren.

Johannes äußert sich zwar häufig abfällig über „die Juden“, das heißt aber nicht, dass er antisemitisch eingestellt war. Der Einwurf: „... das Heil kommt von den Juden“ (4,22) zeigt, dass er die Tatsache der Erwählung Israels hoch einschätzt, denn aus ihren Reihen war der Messias, Jesus, gekommen. Obgleich sich Gottes Plan nicht nur auf das Volk der Juden beschränkte, war Israel darin eine zentrale Rolle zugedacht. Die Samariter dagegen beteten in ihrem Tempel auf dem Garizim einen Gott an, der nicht wirklich der lebendige Gott war.

Johannes 4,23.24 erinnert an die Episode der Reinigung des Tempels: Jesus ist auf die Erde gekommen, um die wahre Anbetung Gottes wieder herzustellen. Das würde aber nicht auf Israel oder die Samariter beschränkt bleiben, sondern weltumspannend sein. Ein ortsgebundener Tempel hat immer den Nachteil, dass ein Volk begünstigt ist, während sich die anderen benachteiligt fühlen. Anbetung im Geist muss universal sein. Sie darf nicht geographisch festgelegt oder auf ein besonderes Volk beschränkt sein. Der Ort der Anbetung ist bei weitem nicht so wichtig, wie die Einstellung der

Anbeter. Es kommt nicht so sehr darauf an, *wo* wir anbeten, sondern *wie* wir anbeten. Gott ist überall gegenwärtig und kann daher an jedem beliebigen Ort angebetet werden.

Die Offenheit, mit der Jesus sich der samaritanischen Frau als Messias offenbart, ist einmalig in den vier Evangelien (V. 26). Offensichtlich war diese Stadt in Samarien für Jesus der geeignete Ort, sich den Menschen rückhaltlos zu offenbaren. Die Juden erwarteten einen kämpferischen und politischen Messias. Von einem leidenden und sterbenden Erlöser hielten sie nichts. Hätte sich Jesus in Judäa oder Galiläa öffentlich als Messias zu erkennen gegeben, hätte das zu Missverständnissen und schwerwiegenden Verwicklungen geführt. Im samaritanischen Umfeld lagen die Verhältnisse anders. Die Samariter erkannten nur die fünf Bücher Mose als Heilige Schrift an. Deshalb war für sie im Hinblick auf den Messias 5. Mose 18,15-18 der Schlüsseltext. Dort heißt es, dass der Messias ein Prophet wie Mose sein würde. Daraus schlossen sie, dass der Messias ein Reformator sein müsse, der sie eine bessere, vollkommene Anbetung lehren würde. Jesus bekräftigte diese biblische Sicht, indem er sich bei ihnen in einer derartig offenen Weise offenbarte, wie er es unter den Juden niemals getan hätte (4,23-26).

Die Lehre, die wir – ich meine hier speziell die adventistischen Leser – daraus ziehen sollten, ist ziemlich klar: Es mag sein, dass eine Kirche im Hinblick auf göttliche Offenbarungen große Erkenntnis und viel Erfahrung hat (Ellen G. White) und deshalb genau zu wissen meint, was alles noch geschehen wird. Das schützt sie aber nicht davor, neue göttliche Offenbarungen völlig zu übersehen. Wer zu stark am Alten hängt, hat keinen Blick mehr für das neue Werk, das Gott in den sich verändernden Zeiten vollbringt (5,39.40). Wer viel Erkenntnis besitzt und aus einem großen Offenbarungsschatz schöpfen kann, ist ständig in der Gefahr, aus dieser Fülle immer nur das herauszusuchen, was ihm passt oder nützt, ganz gleich, ob er das nun bewusst oder unbewusst tut.

Die samaritanische Frau kehrt in die Stadt zurück, um den Leuten zu erzählen, was sie mit Jesus erlebt und von ihm gehört hatte. Die Jünger wundern sich, wie offen der Meister mit dieser Frau spricht (V. 27-38). Zum ersten Mal macht Jesus ihnen bewusst, dass die Zeit der geistlichen Ernte gekommen ist, und dass sich das Erntefeld nicht auf Israel beschränkt. Im Gegenteil, in Kürze sollte sich zeigen, welche Frucht aus dem Gespräch am Jakobsbrunnen erwuchs. Eine ganze samaritanische Stadt war reif für die Nachfolge Jesu (V. 35-39; vgl. 10,16; 12,20-22). Kein Wunder, dass sich Jesus nicht lange bitten lässt, wenigstens für zwei Tage in Sychar zu Gast zu sein.

Wie mögen sich Jesu Kritiker darüber mokiert haben, dass er die Gastfreundschaft von Samaritanern angenommen hatte, noch dazu in der Stadt der „Trunkenheit".[1] Andererseits: Welch eine Botschaft, dass sich Gott ohne Unterschied auch der Verachteten und Ausgestoßenen annimmt! Diese Samariter hielt es nicht in der Stadt, als sie von Jesus hörten. Wie Nikodemus gingen sie zu Jesus, um sich selbst davon zu überzeugen, wer er ist. Und sie waren auch wieder anders als der vornehme Pharisäer, denn sie glaubten, ohne Zeichen und Wunder zu fordern. Ihnen genügte das Wort. Das Zeugnis der Frau führte sie zu Jesus, und das Zeugnis Jesu führte sie zum Glauben (V. 41.42). Auch hier ist es sicher kein Zufall, dass Johannes wieder hervorhebt, dass Menschen „um seines Wortes willen" glaubten.

Die wesentlichen Gedanken

Drei Schlüsselthemen

Diese Erzählung ist von drei Schlüsselthemen bestimmt, die von Johannes deutlich hervorgehoben werden. Das erste Thema handelt vom lebendigen Wasser, das später in Kapitel 7,37-39 weiter entfaltet werden soll. Das Erfülltwerden mit dem Heiligen Geist hat eine Erfahrung zur Folge, auf die das zweite Thema hinweist, nämlich die wahre Anbetung Gottes. Das dritte Thema behandelt die Mission, von der auch die nicht mehr ausgeschlossen sein sollen, die außerhalb Israels und seiner Religion stehen. Volkszugehörigkeit und Geographie dürfen hinfort keinen Menschen mehr an der Be-

[1] Die Bedeutung von *Sychar* ist *Trunkenheit*.

gegnung mit Gott hindern. Durch die weltumspannende Gegenwart des Heiligen Geistes bekommt auch die Mission universalen Charakter. Und zwar genau so, wie es ursprünglich Abraham verheißen worden war (1. Mose 12,1-3).

Wer will, der soll kommen

Auf dieses universale Thema wird zum ersten Mal durch das Wort „alle“ in Johannes 3,16 hingewiesen. Durch den nicht schwer zu erkennenden Gegensatz zwischen der samaritanischen Frau und Nikodemus wird dieses Thema anschaulich gemacht: Er ist ein Mann, sie ist eine Frau; er ist Jude, sie eine verachtete Samariterin; er ist reich (19,39), sie dagegen arm (sonst würde sie nicht selbst Wasser holen); er ist ein hochgelehrter Mann („der“ Lehrer Israels), sie ist wahrscheinlich eine Analphabetin, wie fast alle Frauen im damaligen Palästina; er ist ein frommer Mann, ein Pharisäer, sie ist eine Götzendienerin; er ist hoch geachtet, sogar Mitglied des Hohen Rats, auf sie zeigt man voller Verachtung mit Fingern; er trägt einen großen Namen, sie bleibt anonym; er wohnt in der heiligen Stadt Jerusalem, sie lebt in der Stadt der „Trunkenheit“.

Das alles spricht nicht für die Frau am Jakobsbrunnen, dennoch fällt auf, dass sie viel schneller erfasst, wer Jesus ist und was er will, als das bei Nikodemus der Fall war. Und was den Glauben betrifft, so läuft sie ihm allemal den Rang ab. Nikodemus kommt mitten in der Nacht zu Jesus, sie kommt mitten am Tag. In Nikodemus und der Samariterin erkennen wir stellvertretend die beiden entgegengesetzten Positionen, die sich hinter dem Worte „alle“ verbergen. Es ist unerheblich, wer du bist, es tut nichts zur Sache, was du getan hast und was du gewesen bist oder wie du behandelt worden bist, Jesu Arme sind immer offen für dich. Wichtig ist nur, dass du kommst!

Unsere heutige Gesellschaft zerfällt zunehmend mehr in unterschiedliche, einander bekämpfende Gruppen. Deshalb ist es geradezu lebenswichtig, auf die Botschaft des Evangeliums zu hören: Es gibt keine Feindschaft mehr zwischen Mann und Frau oder zwischen Sklaven und Freien, auch nicht zwischen Juden und Heiden oder Schwarzen und Weißen (Galater 3,28.29; Epheser 2,11-22). Wie kann jemand behaupten, das Evangelium zu verstehen, wenn er noch nicht einmal begriffen hat, dass sich Vorurteile jeder Art nicht mit der Nachfolge Jesu vertragen?

Wo würden wir Jesus finden, wenn er zu unserer Zeit als Mensch über diese Erde ginge? In unseren Gemeindeschulen und Kirchenräumen, bei Gesundheitsseminaren und in theologischen Arbeitskreisen? Könnten wir uns vorstellen, dass er in Bars, Gefängnissen, Krankenhäusern, unter Brücken oder auf der Straße nach Menschen sucht, denen er „lebendiges Wasser" anbieten möchte? Ich bin mir nicht so sicher, ob ich die Antwort wirklich wissen möchte!

Gleichnishaftes Handeln

Wie bereits erwähnt, gibt es im Johannesevangelium keine Gleichnisse. Stattdessen benutzt der Verfasser Begebenheiten aus dem Leben Jesu gleichnishaft, so dass über das augenfällige Geschehen hinaus tiefer liegende Wahrheiten sichtbar werden. Die Charaktere in diesen Erzählungen werden deshalb oft zu Prototypen größerer gesellschaftlicher Gruppen. Der Täufer steht nicht nur für sich allein, sondern repräsentiert seine gesamte Bewegung, die angesichts des bedeutenderen Auftrags Jesu in den Hintergrund treten muss. Nikodemus verkörpert den Pharisäismus in seiner edelsten Form: ernst, gelehrt, gottergeben – und dennoch unter geistlichen Mangelerscheinungen leidend.

Die Samariterin steht für alle, die nicht gerade einen makellosen Lebenslauf vorweisen können, die aber spontan zugreifen, wenn ihnen das „Wasser des Lebens" angeboten wird. Wie Nathanael und der Blindgeborene (Johannes 9) gehörte auch die Frau am Jakobsbrunnen trotz ihrer samaritanischen Herkunft in Wahrheit zu Israel (1,47).

Querverbindungen

Dieser gesamte Abschnitt des Evangeliums (Kapitel 2-4) weist zahlreiche Parallelen mit Jesu Leiden am Kreuz auf. Zum Beispiel in der

Erzählung von der Hochzeit zu Kana, wo man sie eigentlich gar nicht erwarten würde (2,1-11). Später spricht Jesus von der Zerstörung und dem Aufrichten des Tempels und meint damit seinen Tod und die Auferweckung nach drei Tagen (V. 19-21). In der Erzählung von Nikodemus sagt er seine eigene „Erhöhung" voraus (3,14.15). In der Erzählung von der Frau am Brunnen spricht Jesus hintergründig von seinem Durst am Kreuz (4,6.7; vgl. 19,14.28). Danach bleibt er bei den Samaritanern bis zum dritten Tag. Das ist dieselbe Zeitspanne, die er später im Grabe zubrachte (19,42; 20,1).

Der Verfasser des Evangeliums beschließt seine Erzählung nicht mit dem dunklen Geschehen der Kreuzigung, sondern weist auf das hin, was danach kommt. Aufs Ganze gesehen weckt er im Leser den Durst nach dem „lebendigen Wasser", das nur Jesus Christus schenken kann.

🕮 EINSTIEG

Johannes 4,43-54

Lies Johannes 4,43-54 zweimal hintereinander und beantworte dann folgende Fragen:

1. *Was veranlasste die Leute in Galiläa, Jesus freundlich aufzunehmen? Inwiefern gleicht ihr Verhalten dem der Samariter in diesem Kapitel und dem mancher Juden in Jerusalem (Johannes 2,23-25)?*
2. *Wie sind Jesu Bemerkungen in den Versen 44 und 48 zu verstehen, obwohl er von den Menschen freundlich aufgenommen wurde?*
3. *Was lehrt uns das Wunderzeichen von 4,46-54 über Jesus? Halte deine Antwort schriftlich fest.*

🕮 ERKLÄRUNG

Der Aufbau des Abschnittes

Die Erzählung vom königlichen Beamten und seinem kranken Sohn beschließt den Zyklus, der mit der Hochzeit zu Kana begann. Noch einmal vollbringt Jesus in Kana ein erstaunliches Wunder (V. 46.54).

In den parallelen Berichten dieser Erzählung (Matthäus 8,5-13; Lukas 7,1-10) ist der Mann, der zu Jesus kommt, ein Heide, aber die Unterschiede zwischen den Berichten bei Matthäus und Lukas und dem des Johannes sind so gravierend, dass hier wahrscheinlich von zwei unterschiedlichen Begebenheiten die Rede ist.[1]

Der Beamte in Johannes 4 war vermutlich ein Diener des Herodes. Wenn er ein Heide war, vervollständigt diese Erzählung den Zyklus, in dem „alle“ angesprochen werden. Das zeigt sich ganz deutlich, wenn man das Gespräch mit Nikodemus mit dem der samaritanischen Frau vergleicht, aber auch die Unterschiede in Betracht zieht. Ein Pharisäer (3,1-21), eine Samariterin (4,7-42) und ein Heide (4,46-54) kommen zu Jesus.

Obwohl diese Erzählung eindeutig mit der Hochzeit zu Kana und dem Zyklus von Ereignissen, der mit ihr beginnt, verbunden ist, besteht dennoch eine „in eine zwiefache Richtung weisende“ Verbindung mit dem folgenden Kapitel, das unter der Überschrift steht: „Jesus schenkt denen, die glauben, das Leben“ (Kapitel 5-12). In dieser Erzählung, wie auch in der Erzählung vom Gelähmten am Teich Betesda (5,1-15), schenkt Jesus jemandem das Leben, der so gut wie tot war.

Der Abschnitt im Einzelnen

Johannes 4,43-54 ist ein ziemlich merkwürdiger Abschnitt. Jesus kommt nach Galiläa, obwohl er weiß, dass ein Prophet im eigenen Vaterland nichts gilt (V. 44). Aber es kommt anders, als man es nach solcher Einschätzung erwarten würde, denn er wird in Galiläa freundlich aufgenommen (V. 45). Das hängt mit den Zeichen und Wundern Jesu zusammen, die galiläische Pilger beim Passahfest in Jerusalem miterlebt hatten (V. 45).

Wie viele andere Israeliten, hatten diese Galiläer nur einen oberflächlichen Glauben, der sich von Zeichen und Wundern nährte. Offenbar wollte Jesus mit seiner Bemerkung in Vers 44 sagen, dass

[1] Vgl. White, „Jesus von Nazareth“, 180-184. 305-310

es nichts Besonderes ist, wenn jemand nur aufgrund von Wundern glaubt – oder anders ausgedrückt: mehr an Wunder als an Jesus. Echter Glaube und wahrhaftige Anbetung geschieht im Geist und in der Wahrheit.

Der Beamte des Königs kommt aus Kapernaum, um Jesus in Kana aufzusuchen, ein Weg von etwa 25 Kilometern. Er bittet um Heilung für seinen Sohn.[1] Jesus begegnet ihm nicht gerade zuvorkommend: „Wenn ihr nicht Zeichen und Wunder seht, so glaubt ihr nicht“ (V. 48). Diese Bemerkung bestätigt den Eindruck von Johannes 4,44.45. Jesus hält die Galiläer für Menschen, die sich an Wundern und großen Worten berauschen, aber kaum Anstalten treffen, seinem Wort zu glauben.

Offenbar verfolgt er hier die gleiche Taktik wie im Gespräch mit Nikodemus, um die Menschen aus ihrer abwartenden Haltung herauszureißen. Er sagt ihnen offen und ungeschminkt, wie es um sie steht. Der Beamte fürchtet, dass Jesus ihn abweist und beschwört ihn flehentlich, doch nach Kapernaum zu kommen, bevor sein Sohn stirbt (V. 49). Aber alles, was der Mann von Jesus zu hören bekommt, sind die Worte: „Gehe hin, dein Sohn lebt!“ Ihm wird keine weitere Zusicherung gegeben, es gibt weder eine Medizin noch wird eine magische Handlung vollzogen. Wird der Glaube des Vaters so groß sein, dass er Jesus aufs Wort hin vertraut? Oder wird er einen sichtbaren Beweis verlangen, ehe er glauben kann, was Jesus ihm zugesagt hat?

Dieser Wortwechsel bietet einen Vorgeschmack auf die Begegnung Jesu mit Thomas am Ende des Johannesevangeliums (20,29). Ohne Frage sollen Zeichen und Wunder Glauben wecken, aber Glaube, der nur aus dieser Quelle schöpft, ist nicht tragfähig, und schon gar nicht der Heilsglaube, zu dem Jesus den Menschen führen möchte.

Wunder sind manchmal spektakulär, oft beeindruckend oder staunenerregend, und genau das birgt die Gefahr in sich, dass man

---

[1] Bei Matthäus und Lukas ist der Kranke der Diener eines römischen Hauptmanns und nicht der Sohn.

über diesem Geschehen den aus den Augen verliert, der sich durch sie offenbart: Christus. Wahrer, christlicher Glaube beruht in der Hauptsache auf Jesu *Worten*.

Der Beamte des Königs nimmt Jesus beim Wort. Er hat zum echten Glauben an Jesus gefunden. Sein Vertrauen beweist sich in der Art, wie er seine Heimreise antritt. Die Begegnung mit Jesus fand um die siebente Stunde statt, also um ein Uhr nachmittags (V. 52.53). Wenn er sich beeilt hätte, wäre er am späten Abend wieder in Kapernaum gewesen. Hätte er Jesus nicht vertraut, wäre er sicher sofort aufgebrochen, um seinen Sohn vielleicht noch lebend anzutreffen. Doch er lässt sich Zeit und tritt die Heimreise erst am nächsten Tag an. Unterwegs begegnet er Boten, die ihm mit der frohen Botschaft entgegengeschickt worden sind: „Dein Sohn lebt!" (V. 51).

Bei genauer Nachfrage stellt sich heraus, dass sein Sohn eben zu jener Stunde gesund geworden ist, als Jesus zu ihm gesagt hatte: „Geh hin, dein Sohn lebt!" Hier verbindet sich Jesu Wunder mit seinem Wort. Und die Frucht, die daraus erwächst, zeigt sich in doppelter Hinsicht: Der Notglaube des Vaters war zum festen Vertrauen geworden, und darüber hinaus fand die ganze Familie zum Glauben an Jesus.

Die Hauptthemen dieses Abschnitts

Diese Erzählung unterstreicht erneut die Absicht des Johannesevangeliums, eine zweifache Botschaft an die Christen der zweiten Generation zu richten (siehe Einführung). Die erste Botschaft lautet: Jesus kann trotz zeitlicher und räumlicher Entfernung genauso machtvoll wirken, als wäre er körperlich anwesend. Die zweite Generation der Christen muss sich also nicht benachteiligt fühlen.

Die zweite Botschaft heißt: Das *Wort* Jesu ist die Quelle aller Macht und Kraft. Durch das Studium der Worte des Johannesevangeliums erhalten die Gläubigen all die Segnungen, die Jesus ihnen hätte zuteil werden lassen, wenn er ihnen persönlich begegnet wäre.

Das geschriebene Wort ist nicht weniger wirkungsvoll, als wenn Jesus uns direkt begegnete.

Das Verhalten des Beamten zeigt, wie man mit den Problemen des Alltags umgehen soll:

(1) Man muss sich eingestehen, dass man ein Problem hat. Oft ist das der schwierigste Teil. (2) Man muss das Problem in Jesu Hände legen. (3) Man muss sich von ihm das *Wort* sagen lassen, das die Lösung bringt. Wie kann das aber geschehen, wenn Jesus nicht persönlich anwesend ist? Durch das Studium seines Wortes, der Heiligen Schrift. Wenn du sein Wort kennst, hast du den richtigen Schlüssel zur Lösung deiner Lebensprobleme. (4) Man muss gemäß der Antwort, die man aus dem Wort Gottes erhalten hat, leben und handeln. Es genügt nicht, nur zu glauben, dass Jesus sich um unsere Probleme kümmern kann. Wir müssen so *handeln,* als ob er es kann.

🕮 ANWENDUNG

Johannes 4

1. *Inwiefern fällt es dir schwer, gesellschaftliche, ethnische oder religiöse Barrieren zu überwinden? Frage dich, wie sich Jesus in solchem Fall verhalten würde.*
2. *Jesu Begegnung mit der Frau war kein Zufall, sondern Teil des Plans Gottes. Überlege: War deine erste Begegnung mit Jesus eher zufällig, oder lässt sich dahinter ein planmäßiges Handeln Gottes erkennen?*
3. *Wie verhielt sich Jesus, als die Samariterin versuchte, das Thema zu wechseln? Wie wichtig ist es, dem Gegenüber Zeit zu lassen, sich über notwendige Konsequenzen klar zu werden oder eine neue Erkenntnis zu akzeptieren? Kannst du dich an Augenblicke erinnern, in denen du besonders viel Zeit benötigtest, um Dinge zu überdenken, die zur Entscheidung anstanden? Wie kann man wissen, wann man zur Entscheidung ermutigen soll und wann man Geduld haben muss?*
4. *Neigst du dazu, deine Probleme bei Gott abzuladen, um sie dir anschließend selbst wieder aufzubürden? Kannst du dich an Zeiten erinnern, in denen du Gott vertraut hast und er genau das tat, was er in der Schrift verheißen hat?*

🕮 VERTIEFUNG

1. *Vergleiche Johannes 4,46-54 mit den Parallelstellen in Matthäus 8,5-13 und Lukas 7,1-10. Schreibe auf, in welcher Hinsicht sich die Berichte unterscheiden. Hast du den Eindruck, dass diese drei Erzählungen unterschiedliche Versionen desselben Geschehens sind, oder berichtet Johannes von einem völlig anderen Ereignis? Begründe deine Antwort.*
2. *Suche mithilfe einer Konkordanz alle Stellen im Neuen Testament heraus, in denen das Wort „Wasser" vorkommt. Führe alle Stellen an, in denen Wasser in symbolischem Sinn verwendet wird, einschließlich solcher Berichte, in denen Wasser eine symbolische Bedeutung haben kann. Teile diese Texte in Kategorien entsprechend der Art und Weise auf, in der das Wasser symbolisch verwendet wird. Denke über die geistlichen Lehren nach, die du aus diesem Gebrauch des Wassers ziehen kannst.*

🕮 FÜR DAS WEITERE STUDIUM

1. *Weitere Information über die Samariter siehe S. H. Horn, „SDA Bible Commentary", unter „Samaritans"; D. N. Freedman, „Anchor Bible Dictionary", Bd. 5, 940-947; W. Barclay, „Johannesevangelium", Bd. 1, 154-158; „Brockhaus Lexikon zur Bibel", Stichwort „Samariter"; „Jerusalemer Bibellexikon", Stichwort „Samaritaner"; H. Haag, „Bibellexikon", 1513-1515; Wuppertaler Studienbibel, „Das Evangelium des Johannes", Bd. 1, 132f.*
2. *Zum Hintergrund der jüdischen und samaritanischen Messiaskonzepte siehe O'Brien, „The Progression of the Mosaic Motif to the Johannic Concept of Messiah"; D. N. Freeman, „Anchor Bible Dictionary", Bd. 4, 777f.*
3. *Weitere Hinweise zu Johannes 4 siehe bei E. G. White, „Jesus von Nazareth", 128-140.*

Teil 3

Jesus schenkt den Glaubenden Leben

Johannes 5-12

Kapitel 6

Neues Leben für einen Gelähmten

Johannes 5

Die meisten Christen kennen die biblischen Geschichten von der Hochzeit zu Kana, vom nächtlichen Besuch des Nikodemus, von der Frau am Jakobsbrunnen und von der Auferweckung des Lazarus. Auch die Erzählung von dem Gelähmten am Teich Betesda ist vielen bekannt. Ausgerechnet am Sabbat heilt Jesus einen Mann, der seit achtunddreißig Jahren gelähmt ist, und zieht sich dadurch den Zorn der gesetzesstrengen Juden zu. Als er deswegen zur Rede gestellt wird, hält er eine lange Rede, in der er sein Recht verteidigt, am Sabbat Leben zu schenken.

🕮 EINSTIEG

Johannes 5

Lies Johannes 5 zweimal hintereinander und beantworte dann folgende Fragen:

1. *Überprüfe, ob es in diesem Schriftabschnitt einen Hinweis auf die Ursache der Krankheit des Gelähmten gibt. Vergleiche diese Erzählung mit anderen „Heilungsberichten“ in diesem Evangelium (4,46-54; 9,1-38; 11,1-44). Schreibe auf, was du dabei über die Ursachen von Krankheit und Tod erfahren hast.*

2. *Wie reagierten die Juden auf die Heilung? Was legten sie Jesus zur Last? Hältst du es für möglich, dass Jesus die Juden mit dieser Heilung am Sabbat bewusst provozieren wollte? Wenn ja, warum?*
3. *Beschreibe, in welcher Beziehung Jesus dem Vater gleicht. Führe alle Begriffe an, die benutzt werden, und die Beziehung zwischen Jesus und Gott zu verdeutlichen. Zeige auf, inwiefern beide gemeinsam wirken. Welche von den hier genannten Begriffen werden auch im Prolog des Johannesevangeliums benutzt (1,1-18)?*
4. *Falls dieses Kapitel in einem Studienkreis besprochen wird, lass jemanden die Verse 24-30 lesen – und zwar möglichst selbstbewusst. Überlegt, warum die Juden so heftig reagierten.*
5. *Trage alles zusammen, was in diesem Kapitel für Jesus spricht. Welches positive Zeugnis mag Jesus am wichtigsten gewesen sein? Warum?*

🕮 ERKLÄRUNG

Der Aufbau des Abschnittes

Mit dieser Erzählung beginnt ein neuer Teil des Johannesevangeliums, der sich bis zum Kapitel 12 erstreckt. Im Mittelpunkt dieses Teils steht die Aussage, dass Jesus das Leben spendende Wort Gottes ist. Außerdem geht es darum, dass Jesus an die Stelle der Festgottesdienste im jüdischen Jahreszyklus tritt. An die Stelle des Passahfestes tritt das Brot des Lebens, das vom Himmel kommt (Kapitel 6). Jesus tritt auch an die Stelle des Wassers und des Lichts beim Laubhüttenfest (Kapitel 7-9). Seine Weihe durch den Vater tritt an die Stelle der Tempelweihe (10,22-39). Im Grunde genommen tritt Jesus an die Stelle aller anderen Quellen des Lebens, weil er der Einzige ist, der unsere Bedürfnisse wirklich befriedigen kann (10,10).

Johannes 5 gliedert sich in drei Teile. Der erste Teil (V. 1-18) berichtet die Geschichte von der Heilung am Teich Betesda (V. 1-9), die Reaktion der Juden auf dieses Geschehen (V. 9-19) und Jesu kurze Erwiderung (V. 17). Die letzten beiden Teile des Kapitels (V. 19-30; 31-47) sind ein Monolog Jesu als Reaktion auf die Anschuldigungen von Seiten der Juden. Im zweiten Teil des Kapitels (V. 19-30) nimmt Jesus die Vorrechte der Gottheit für sich in Anspruch. Er ist Gott gleich (V. 23; vgl. V. 17.18). Er kann ewiges Leben schenken (V. 21.24), er ist die Quelle des Lebens (V. 26) und der Richter (V. 22.27.30). Die Juden waren mit den Zeugen, die Jesus für sich anführte, nicht zufrieden, deshalb nennt er im letzten Teil des Kapitels (V. 31-47) eine Reihe anderer Zeugen, die seinen Anspruch bestätigen. Zu ihnen gehören Johannes der Täufer (V. 33-35), seine eigenen Werke (V. 36), Gott (V. 37.38), die Heilige Schrift (V. 39.40) und Mose (V. 45-47).

Der Hintergrund

Das in Johannes 5,1 erwähnte Fest wird nicht näher bezeichnet. Wenn die Begegnung mit der Samariterin zur Zeit der Weizenernte stattfand (Mai/Juni) und Jesus anschließend einige Zeit in Galiläa zubrachte, ist es wahrscheinlich eins der Feste gewesen, die in den Herbst fallen (Sabbat des Posauneblasens, Versöhnungstag oder Laubhüttenfest).

Hier könnte uns eine der Besonderheiten des Johannesevangeliums weiterhelfen. Immer wenn ein Fest erwähnt wird, entsprechen die in der Erzählung geschilderten charakteristischen Verhaltensweisen Jesu den typischen Merkmalen dieses Festes. Wenn zum Beispiel das Passahfest erwähnt wird, geschieht das im Zusammenhang mit dem Kreuz oder dem Herrenmahl, manchmal auch mit beiden (2,13.19-21; 6,4.11.51-58; 13,1-17; 18,1 bis 19,42).

Jesus wendet selbst die charakteristischen Merkmale des Laubhüttenfests, das Wasser und das Licht, auf sich an (7,37-39; 8,12; 9,5). Daraus ergibt sich folgender Schluss: Wenn sich ermitteln lässt, welche wesentlichen Merkmale Jesus in Kapitel 5 für sich beansprucht, kann mit einiger Sicherheit auf das Fest geschlossen werden, das diesen Charakteristika entspricht.

Die Hauptthemen in Kapitel 5 scheinen Jesu Leben spendendes Wirken (V. 17.21.24-26.28.29) und das Gericht zu sein (V. 22.24.27.29.30 – die V. 31-47 beziehen sich auf das „Zeugnis“, sind also juristische Terminologie). Schöpfung und Gericht waren die

Hauptthemen des so genannten Festes des Posauneblasens, das am ersten Tag des siebenten jüdischen Monats stattfand, dem jüdischen Neujahrstag. Daher ist es wahrscheinlich, dass es sich in Johannes 5 um das Fest des Posauneblasens handelte, das eine Zeit der Vorbereitung auf den Versöhnungstag einschloss. Der Versöhnungstag fiel auf den zehnten Tag des siebenten Monats und war seinem Wesen nach ein Gerichtstag.

Der Teich von Betesda ist von Archäologen aus Jerusalem wieder freigelegt worden. Er lag nördlich des Tempelkomplexes und war als ungleichmäßiges Rechteck (Trapezoid) angelegt mit einer Breite von etwa 50 bis 66 Metern und einer Länge von etwa 95 Metern vollständig aus Felsgestein herausgehauen.[1] Der Teich war auf allen vier Seiten von Säulenhallen umgeben und in der Mitte durch eine Säulenhalle in zwei Becken geteilt. Der archäologische Befund entspricht also genau dem biblischen Bericht, der von fünf Hallen spricht (V. 2). Von Zeit zu Zeit floss unterirdisch Wasser in den Teich, was die Bewegung des Wasserspiegels, von der in Vers 7 die Rede ist, erklären würde. Da diesem Wasser Heil- und Wunderkraft zugeschrieben wurde, zog der Teich von Betesda Kranke unterschiedlichster Art an, die alle hofften, von ihren Gebrechen geheilt zu werden.

Der Abschnitt im Einzelnen

Hinsichtlich der Geschichte des Teichs von Betesda gibt es in den älteren Handschriften des Johannesevangeliums einige Unstimmigkeiten.

Zunächst ist fraglich, ob der Teich wirklich Betesda hieß.[2] In den ältesten Handschriften steht zwar meist dieser Name, aber dabei könnte eine Verwechslung mit einer galiläischen Stadt gleichen Namens vorliegen. Die beiden anderen Möglichkeiten sind eindeutig darauf zurückzuführen, dass hebräische oder aramäische Be-

---

[1] Talbert, „Reading John“, 121
[2] Brown, a. a. O., Bd. 1, 206f.; Beasley-Murray, a. a. O., 70

zeichnungen ins Griechische übertragen wurden. Die Gelehrten neigen mehrheitlich zu Betesda („Haus der Barmherzigkeit"), für das sich Johannes aufgrund seiner symbolischen Bedeutung entschieden hat. Hier erweist Jesus einem Menschen jene Barmherzigkeit, nach der er im „Haus der Barmherzigkeit" vergeblich gesucht hat. Dieser Name würde gut zur Thematik des „Ersetzens" passen, die im Johannesevangelium eine so bedeutende Rolle spielt. Jesus ersetzt das jüdische Haus der Barmherzigkeit durch sich selbst. Er erweist dort Barmherzigkeit, wo man sie eigentlich hätte erwarten müssen. Was der Gelähmte im jüdischen Glauben vergeblich suchte, hat er nun in Jesus gefunden.

Ein weiterer Unterschied zwischen den Handschriften hat mit Vers 4 zu tun, der in den ältesten Belegen fehlt. Im Luthertext ist er in Kleinschrift gedruckt und wird folgendermaßen kommentiert: „Die Verse 3b und 4 finden sich erst in der späteren Überlieferung: ‚Sie warteten darauf, dass sich das Wasser bewegte.[4] Denn der Engel des Herrn fuhr von Zeit zu Zeit herab in den Teich und bewegte das Wasser. Wer nun zuerst hinunterstieg, nachdem sich das Wasser bewegt hatte, der wurde gesund, an welcher Krankheit er auch litt'". Wenn dieser Vers auch eine volkstümliche Überlieferung widerspiegeln mag, so ist doch seine Theologie erschreckend. Sie zeichnet einen willkürlich handelnden Gott, der die Starken belohnt und die Schwachen bestraft, der nach Lust und Laune heilt. Ich finde es sehr interessant, dass Ellen White Zweifel hinsichtlich dieses Verses hegt, obwohl der englische Bibeltext, der ihr zur Verfügung stand, seine Echtheit nicht bezweifelt.[1]

Dieser Mann blickte auf eine Krankengeschichte von achtunddreißig Jahren zurück – zu jener Zeit beinahe ein ganzes Menschenleben (V. 5). An einem Ort, wo viele andere geheilt worden waren, hatte er keine Hilfe gefunden. Im Gegenteil: man hatte ihn aufgegeben – und er sich auch (V. 7). Dieses System, in das er wohl oder übel eingebunden war, konnte ihm nichts mehr bieten, trotzdem hing er an ihm, denn eine andere Möglichkeit hatte er nicht. Viel-

[1] White, „The Desire of Ages", 201

leicht hatte ihn Jesus gerade deshalb ausgewählt, denn er war dort einer der hoffnungslosesten Fälle. Diese Begebenheit wird zu einem in eine Handlung gekleideten Gleichnis, das die Wahrheit von Vers 21 illustriert. Sie zeigt, dass Jesus jeden heilen kann, und dass es für ihn keine Beschränkungen gibt, wenn er Leben erneuern oder schenken will.

Dass die Heilung an einem Sabbat stattfand (V. 10), war offensichtlich gewollt. Wer die Parallelberichte der drei anderen Evangelien kennt, den wird das nicht überraschen. Es fällt nämlich auf, dass Jesus häufig Kranke ausgerechnet am Sabbat heilte (Johannes 9,1-7.14; Matthäus 12,9-14; Markus 1,21-28; 3,1-6; Lukas 6,6-11; 13,10-17; 14,1-6). Er nutzte jede sich bietende Gelegenheit, um Gutes zu tun – vor allem am Sabbat.

Bei der anschließenden Auseinandersetzung mit den Juden macht der Geheilte einen etwas begriffsstutzigen Eindruck (V. 10-15). Obwohl aus der Art der Befragung deutlich wurde, dass die Juden Jesus feindlich gesinnt waren, gab ihnen der Mann bereitwillig Auskunft, dabei wusste er nicht einmal, wer ihn geheilt hatte. Solche Begriffsstutzigkeit begegnet einem immer wieder im Johannesevangelium. Der Speisemeister bei der Hochzeit von Kana „wusste nicht", woher der gute Wein gekommen war. Die Juden im Tempel missverstanden die Aussage Jesu, dass er den Tempel zerstören und in drei Tagen wieder aufbauen wollte. Nikodemus wusste nicht, wie jemand noch einmal geboren werden kann. Und hier wusste ein Mann nicht, wer ihn geheilt hatte.

Die Lehre, die wiederholt aus diesen Vorkommnissen gezogen werden muss, ist die, dass Wissen ohne Jesus letztlich Unwissenheit ist. Dagegen zeigt sich auch an dieser Stelle wieder, dass Jesus alles weiß, auch all das, was im Leben des Geheilten vor sich gegangen war. Als er ihm etwas später im Tempel begegnet, warnt er ihn, nicht weiter in der Sünde zu verharren, die wahrscheinlich schuld war an seinem Gebrechen (V. 14).

Jesus reagiert auf die Beschwerden der Juden wegen angeblicher Sabbatschändung, indem er darauf hinweist, dass er einfach so wie sein Vater handelt (V. 17). Wie Gott wirkt, so handelt auch Jesus zum Wohle der Menschheit am Sabbat. Jüdische Schriftsteller in jener Zeit sagten, Gottes Wirken am Sabbat könne man an den Geburten und Todesfällen, an Sonnenschein und Regen und am unaufhörlich fließenden Wasser in den Flüssen erkennen.[1] Jesus nimmt hinsichtlich des Sabbats ganz selbstverständlich dasselbe Recht in Anspruch, das auch Gott hat. Sowohl er als auch sein Vater handeln, indem sie am Sabbat Gutes tun.[2] Seine Feinde deuteten diese Aussagen so, dass er behauptete, Gott gleich zu sein (V. 18). Das Problem des Verhältnisses Jesu zu Gott wird in den Versen 19 bis 47 eingehender behandelt. In Kapitel 7,19-24 nimmt Jesus ausführlich zum Sabbat Stellung und in Kapitel 8,12-30 und 19,25-39 äußert er sich umfassend über sein Verhältnis zu Gott.

Das Geschehen am Teich Betesda führt dazu, dass „die Juden" zum ersten Mal offen und aktiv ihre Feindschaft zeigen. Zunächst offenbart sich das in der Art, wie sie diskutieren, dann darin, dass sie ihn „verfolgten" (V. 16) – wie immer das hier gemeint sein mag. In Johannes 7 wird geschildert, dass sie Jesus festnehmen wollten, und in Johannes 11 heißt es, dass sie beratschlagten, wie sie ihn töten könnten. Johannes 5,16.18 nennt zwei Beweggründe für diese Feindschaft: Man bezichtigte ihn der Sabbatschändung und Gotteslästerung. Angesichts des Anspruchs, den Jesus in den Versen 19 bis 30 erhebt, ist die Entrüstung der Feinde Jesu nicht ganz unverständlich.

Die Verse 19 und 30 sind einander sehr ähnlich und wirken wie eine Klammer, die diesen Teil von dem vorhergehenden und dem nachfolgenden abgrenzt. Jesus erklärt, dass er dasselbe tut wie sein Vater, er schenkt Leben (V. 20.21.26.28.29) und er richtet (V. 22.27.30). Dadurch, dass er das auf Erden tut, was sein Vater sagt, beweist er nicht nur, dass er wie sein Vater ist, sondern belegt auch die Wahrheit seiner Behauptung, Gott selbst zu sein (V. 19-23). Damit nimmt er allen die Möglichkeit, an Gott zu glauben, aber zugleich das zu ignorieren, was er von sich selbst gesagt hat (V. 23).

---

[1] Barclay, „Johannesevangelium", Bd. 1, 183
[2] Talbert, „Reading John", 123f.

Der Vater will sich nicht von denen ehren lassen, die seinem Sohn die Ehre verweigern. Niemand kommt zum Vater außer durch Jesus (14,6-9).

In Vers 24 trifft Jesus einige unglaubliche Feststellungen. Wenn auch das letzte Urteil über die Weltgeschichte erst am „Jüngsten Tag“ (12,47.48) erfolgen mag, so ist doch der Urteilsspruch jenes Gerichts bereits über die ergangen, die Jesu Worte hören und an den glauben, der ihn gesandt hat. Diese Menschen sind bereits vom Tode zum Leben durchgedrungen, denn sie kennen den Urteilsspruch des Endgerichts bereits und haben schon jetzt Anteil an der Wirklichkeit des ewigen Lebens. Sowohl das ewige Leben als auch das Gericht sind in der Verkündigung Jesu schon jetzt gegenwärtig. In Vers 25 geht Jesus sogar so weit, dass er das, was der Glaube an ihn im Leben eines Menschen bewirkt, als eine Auferstehung vom geistlichen Tod beschreibt. Und genau das ist es, was er erreichen möchte: geistlich Toten zu einem neuen Leben zu verhelfen (Johannes 19,10).

In den Versen 28 bis 30, wo von der richterlichen Vollmacht Jesu die Rede ist, wechselt die Zeitform vom Präsens („ist schon da“) zum Futur („die Stunde kommt“). Der Tag wird kommen, an dem alle, die (physisch tot) in ihren Gräbern liegen, seine Stimme hören und herauskommen werden, um das ewige Leben in ganzer Fülle zu empfangen, also einschließlich des leiblichen Lebens. Jesus weckt nicht nur die auf, die in der Armseligkeit des geistlichen Todes leben, sondern er kann auch diejenigen auferwecken, die gar nicht mehr existieren!

Seine Vollmacht, Leben zu schenken und Gericht zu halten, wird jetzt durch die Verkündigung des Evangeliums ausgeübt. Es wird aber der Tag kommen, an dem seine Stimme in die Gräber aller dringt, die jemals gelebt haben – sowohl der Guten als auch der Bösen (V. 29). Das ist wahrhaft Evangelium: Wenn Jesu Ruf zum Leben sogar die leiblich Toten erreicht, wie viel mehr Hoffnung besteht dann für die „geistlich Toten“, auf den Ruf zu neuem Leben zu reagieren. „Wer sein Herz dem Geist Christi öffnet, wird die erneuernde Kraft Gottes zunächst in der geistlichen Wiedergeburt erleben und später noch einmal in der Auferstehung von den Toten."[1]

Die Feststellung, dass es eine Auferstehung aller Toten geben wird, ist beachtenswert. Johannes 5,29 spielt auf die apokalyptische Weissagung von Daniel 12,2 an, wo eine solche allumfassende Auferstehung zum ersten Mal erwähnt wird. Paulus bestätigt vor dem römischen Statthalter Felix (Apostelgeschichte 24,15), dass das Konzept einer universalen Auferstehung ein verbindlicher Bestandteil der jüdischen Religion war. Es ist klar, dass alle, die an Jesus glauben, eines Tages auferweckt werden, um zu erfahren, was ewiges Leben bedeutet, während jene, die ihn ablehnen, auferweckt werden, um Gottes gerechtes Urteil entgegenzunehmen (Philipper 2,9-11).

In dieser Aussage steckt eine ernste Warnung. Viele denken, sie könnten leben wie sie wollen, ohne sich um Gott kümmern zu müssen, um dann am Ende im Nichts zu verschwinden. Jesus zerstört diesen Irrglauben, indem er sagt, dass der Tod nicht das Ende aller Dinge ist. In Wirklichkeit kommt nach dem Tod das Gericht, in dem sich der Mensch am Ende der Zeit für alles verantworten muss, was er in diesem Leben getan hat. Zuletzt wird das Urteil gesprochen und jedem der angemessene „Lohn" zugeteilt (vgl. 2. Korinther 5,10; Offenbarung 11,18; 20,7-15; 22,12). Wer zu Christus gehört, wird „vom Tod zum Leben" auferweckt, wer nicht zu ihm gehört „vom Tod zum Tode".[2]

Das Gericht ist unvermeidlich. Das ist eine gute und zugleich schlechte Nachricht. Sie ist schlecht für alle, die weder nach Gott und Christus fragen und so leben, als gäbe es keine himmlische Instanz, die sie zur Rechenschaft ziehen könnte. Es ist eine gute Botschaft, weil sie zeigt, dass jede Tat im Leben von Bedeutung ist. Nichts wird übersehen, auch nicht die kleinen Freundlichkeiten oder die unscheinbaren Taten der Barmherzigkeit. All das ist wichtig für Gott, nichts geht verloren, alles wird er bei der Bewertung

[1] White, „Jesus von Nazareth", 149
[2] Jameison, Fausset und Brown, a. a. O., 1037

unseres Lebens berücksichtigen. Dafür, dass es sich bei dieser Sicht nicht nur um Wunschdenken handelt, verbürgt sich Jesus selbst: „Und wer einem dieser Geringen auch nur einen Becher kalten Wassers zu trinken gibt, weil es ein Jünger ist, wahrlich, ich sage euch: Es wird ihm nicht unbelohnt bleiben." (Matthäus 10,42) Die Botschaft vom Gericht bedeutet: Du bist Gott nicht gleichgültig und alles, was du tust, ist vor Gott nicht unwichtig, dein Leben hat Sinn und Bedeutung." Diese Botschaft steckt voller Kraft, sie kann säkularen Menschen zu der Erkenntnis verhelfen, dass es sich lohnt, Christ zu werden.

Wenn Jesu Anspruch zu Recht besteht, steckt in dem, was er in diesem Abschnitt sagt, eine ungeheure Kraft. Aber gerade dieses Selbstzeugnis lehnen Jesu Widersacher strikt ab. Jesus gibt auch zu, dass ein unbestätigtes Zeugnis über sich selbst wertlos ist (V. 31). Einer der fundamentalen Grundsätze der jüdischen Religion besagt, dass die Wahrheit nur durch den Mund von mindestens zwei Zeugen gefunden werden kann (5. Mose 19,15; Offenbarung 11,3-13). Deshalb fügt Jesus seinem eigenen Zeugnis das des Täufers, das seiner Werke, die Bestätigung durch Gott und das Zeugnis der Heiligen Schrift hinzu. Er verdoppelt dadurch das Mindestzeugnis, das man benötigte, um im Judentum seine Glaubwürdigkeit zu beweisen (V. 31-40).

Wie konnte Jesus zu Recht sagen, Gott habe den Juden das Zeugnis über Jesus gegeben? (V. 37) Er dachte wahrscheinlich an das Zeugnis Gottes im Herzen des Menschen (vgl. 1. Johannes 5,9.10). Wenn man mit Jesus in Berührung kommt, spürt man im Inneren, dass er mehr ist als ein Mensch wie jeder andere. Das dürfte auch bei den jüdischen Oberen so gewesen sein. Hört man auf diese innere Stimme, dann führt das dazu, dass man sich zu Christus bekennt. Widerstrebt man dieser Stimme, weil man um sein Ansehen fürchtet (Johannes 12,42.43), oder weil man sündige Verhaltensweisen aufgeben müsste (3,18-21), dann führt das zu Ablehnung und Widerstand. Jesus folgert in Johannes 5,37, dass die Führer Israels dem widerstehen, von dem sie im Herzen überzeugt sind, dass es das Zeugnis des Vaters ist (vgl. 7,17).

Als die kalte Ablehnung der Widersacher nicht mehr zu übersehen ist (V. 43.44; vgl. 8,13.14), beruft sich Jesus auf Mose, einen der wichtigsten Zeugen Israels. Mose war vor Gott als Fürsprecher für sein widerspenstiges Volk eingetreten (2. Mose 32,7-14), aber Jesus führt ihn hier nicht als Zeugen *für*, sondern *gegen* Israel an (V. 45-47). Die Worte Moses werden alle anklagen, die Jesus ablehnen, weil Mose von Jesus geschrieben hat und einer seiner Wegbereiter war. Jesus trennt sich von seinen Kritikern mit den Worten: „Wenn ihr aber seinen Schriften nicht glaubt, wie werdet ihr meinen Worten glauben?"

Mit dieser Begegnung hat die Auseinandersetzung zwischen Jesus und „den Juden" begonnen – eine Auseinandersetzung, die andauert, bis Jesus gefangen genommen wird und schließlich am Kreuz stirbt. In dieser Feindschaft der Juden erkennt Johannes die Feindschaft aller, die das Evangelium ablehnen.

Die wesentlichen Gedanken

Das Thema des „Ersetzens"

Wir haben wiederholt festgestellt, dass im Johannesevangelium das „Ersetzen" ein wichtiges Thema ist. Das zeigt sich auch in diesem Kapitel. Die „Ersetzung" für das Fest des Posauneblasens ist Jesus, der Leben spendende Richter. Alle Verheißungen, die denen galten, die an diesem Fest teilnahmen, sind jetzt in Christus verfügbar und durch sein Wort zu empfangen.

Die Heilung am Teiche von Betesda scheint auch ein Teil dieses „Ersetzens" zu sein. Eine der wichtigsten „Gesundheitsinstitutionen" Jerusalems versagt, als sie ihren Zweck, Barmherzigkeit zu erweisen und Heilung zu schenken, nicht erfüllt. Wenn auch die Wasser der jüdischen Religion nicht heilen konnten – sie waren in der Tat nicht imstande, dem Gelähmten zu helfen – Jesus heilt.

Alles, was der Teich von Betesda dem Menschen verhieß, wird in Christus und nur durch ihn verwirklicht. Die Ironie dieser Situation wird noch gesteigert, wenn wir annehmen, dass die ursprünglichen Leser einen Zusammenhang zwischen den 38 Jahren, die der

Mann gelähmt war, und den 38 Jahren der Wanderung Israels in der Wüste gesehen haben könnten (2. Mose 16,35; 4. Mose 14,33-35). Diese achtunddreißig Jahre ergeben sich dadurch, dass von den vierzig Jahren Wüstenwanderung zwei Ruheperioden abgezogen werden müssen. Zum einen der Aufenthalt am Sinai gleich zu Beginn der Wanderung und die Zeit der Vorbereitung auf die Einnahme Kanaans.

Die Eschatologie des Johannes

Das Johannesevangelium scheint wenig Interesse am zukünftigen Ende der Welt zu haben. Stattdessen behauptet es, dass das, was andere als eine zukünftige Realität verstehen, heute schon im Wirken Christi Wirklichkeit geworden ist. Die präsentische oder realisierte Eschatologie[1] wird nur vor dem Hintergrund dieses Evangeliums verständlich, deshalb ist an dieser Stelle eine kurze Darstellung dieses Hintergrunds notwendig.

Der alttestamentliche Bericht vom Sündenfall erzählt, dass die ursprünglich paradiesischen Verhältnisse auf Erden durch die Sünde der ersten Menschen verloren gingen. Zugleich zieht sich aber auch die Hoffnung darauf, dass der Idealzustand wieder hergestellt wird, wie ein Roter Faden durch das Alte Testament. Allerdings wird das durchweg als in der Zukunft liegend dargestellt. Kennzeichen der zukünftigen Wiederherstellung des Reiches Gottes werden sein: ewiges Leben (Daniel 12,2), das Endgericht (Daniel 7,9-14), die Auferstehung der Toten (Jesaja 26,19; Daniel 12,2), die enge, ungebrochene Gemeinschaft mit Gott (Jeremia 31,34) und die Ausgießung des Geistes auf alles Fleisch (Joel 2,28.29). Am Ende der alttestamentlichen Zeit setzte sich die Hoffnung auf eine Wiederherstellung im apokalyptischen Schrifttum des Judentums bis ins christliche Zeitalter hinein fort.

Im Neuen Testament vollzieht sich ein Wandel. Es wird immer wieder zum Ausdruck gebracht, dass die Zukunft in der Person und

---

[1] Die Lehre, dass sich die „letzten Dinge“ auch schon in der Gegenwart erfüllen können.

dem Wirken Christi in gewissem Sinne bereits gegenwärtig ist. Die Dinge, die im Alten Testament – und später in der jüdischen Endzeiterwartung – als zukünftig gesehen wurden, sind in Christus bereits Wirklichkeit geworden. In ihm werden das Leben, das Gericht, die Auferstehung, die Gemeinschaft mit Gott und die Erkenntnis Gottes sowie die Erfahrung des Heiligen Geistes im christlichen Glauben schon jetzt zur erlebbaren Wirklichkeit. Das heißt nicht, dass die präsentische Eschatologie des Neuen Testaments die zukünftigen Dinge verleugnet oder gar verneint. Was davon durch Christus bereits gegenwärtige Wirklichkeit ist, gilt vielmehr als „Anzahlung" auf das, was die Gläubigen am Ende der Zeit erwartet (vgl. Epheser 1,14).

Bei Matthäus, Markus und Lukas stehen sowohl das gegenwärtige als auch das zukünftige Reich Gottes im Mittelpunkt der Lehren Christi. In der Offenbarung des Johannes geht es vorrangig um das zukünftige Gottesreich, das bei Christi Wiederkunft errichtet werden soll. Im Johannesevangelium werden fast ausschließlich die gegenwärtigen Realitäten der christlichen Eschatologie behandelt. Und nirgendwo steht die präsentische Eschatologie so deutlich im Mittelpunkt wie in Johannes 5,24.25. Im vierten Evangelium ist ewiges Leben für alle, die an Jesus glauben, schon heute Wirklichkeit (1,4.5; 5,24.25). Das trifft auch auf das Endgericht zu, das in der Verkündigung Jesu und in der Predigt des Evangeliums Wirklichkeit wird (3,18-21; 5,24.25). Auch die Auferstehung wird in den Worten Jesu schon heute zur Realität (6,24.25), was kraftvoll in der Auferweckung des Lazarus von den Toten illustriert wird (11,1-44).

In Christus wird nicht nur die volle Gemeinschaft mit Gott wieder hergestellt (14,21-23), sondern es kommt auch der Logos, das Wort, herab (1,1-5.14) und schenkt die vollkommene Erkenntnis Gottes, die für das Ende verheißen wurde (1,18; 14,9). Und wenn Jesus „verherrlicht" sein würde, sollte die Fülle des Heiligen Geistes auf alle ausgegossen werden, die an Jesus glauben (7,39).[1]

---

[1] Die Ausgießung des Geistes konnte erst erfolgen, nachdem das ganze Heilshandeln Gottes in Jesus vollendet war. Das heißt: als Jesus zum Kreuz „erhöht", von

Im Johannesevangelium wird daher die eschatologische Sprache wiederholt benutzt, um die Realitäten des Reiches Gottes zu beschreiben, die durch Christus geschaffen wurden. Man kann mit Raymond Brown sagen „Wenn man auf Stellen im Alten Testament verweist, die ein Kommen Gottes in Herrlichkeit anzudeuten scheinen, antwortet der Prolog (1,14): ‚Wir sahen seine Herrlichkeit'. Wenn jemand fragt, wo das Gericht ist, das Gottes letztes Eingreifen darstellt, antwortet Johannes 3,19: ‚Das ist aber das Gericht, dass das Licht in die Welt gekommen ist'."[1] Die Zukunftserwartung des Judentums ist in Christus zur gegenwärtigen Wirklichkeit geworden.

Das bedeutet nicht, wie einige Gelehrte behauptet haben, dass Johannes nichts von einer futurischen Eschatologie[2] gewusst hat. In Johannes 5,28.29 spricht Jesus direkt von einer zukünftigen Auferstehung und einem zukünftigen Gericht. In Johannes 14,1-3 verheißt er den Jüngern seine in der Zukunft liegende Wiederkehr. An mehreren Stellen benutzt er den Ausdruck „Jüngster Tag" als einen deutlichen Hinweis auf Realitäten, die nach christlichem Verständnis noch in der Zukunft liegen (6,39.40.44.54; 12,48).

Wie aus seinen anderen Schriften hervorgeht, wusste Johannes sehr wohl um das „schon" und „noch nicht" der neutestamentlichen Eschatologie. Aber in seinem Evangelium hatte er sich dafür entschieden, der präsentischen oder realisierten Eschatologie in Christus und der Guten Nachricht den Vorrang zu geben.

Das Gericht geschieht schon jetzt

Siebenten-Tags-Adventisten neigen dazu, das Endgericht ausschließlich als endzeitliches Ereignis zu betrachten, aber im Johannesevangelium ist es weit mehr als das, und es besitzt eine viel größere Spannweite. Es vollzieht sich in drei unterschiedlichen Phasen. Das

den Toten auferweckt und zum Thron Gottes hinaufgenommen war. Johannes fasst das alles in dem einen Ausdruck „verherrlicht" zusammen. (Vgl. Wuppertaler Studienbibel, „Das Evangelium des Johannes", Bd. 1, 247f.)

[1] Brown, „The Gospel According to John", Bd. 1, CXVII

[2] Eine auf die Zukunft gerichtete Heilserwartung.

Gericht findet am Kreuz statt (12,31.32), in der Verkündigung des Evangeliums (3,18-21; 5,24.25) und am Ende der Zeit (5,27-30; 12,48). „Jetzt ergeht das Gericht über diese Welt", erklärt Jesus (12,31). Er verweist auf ein Gericht, das im Zusammenhang mit seiner Erhöhung am Kreuz steht (V. 32). Durch dieses Gericht am Kreuz wird zumindest zweierlei vollbracht: Satan, „der Fürst dieser Welt", wird ausgestoßen (V. 31) und „alle Menschen" werden zu Jesus gezogen (V. 32).

Die Lehren des Apostels Paulus geben weitere Auskunft über das Gericht am Kreuz. In Römer 8,3 sagt Paulus, dass Gott am Kreuz die Sünde im Menschen verdammte, indem er seinen eigenen Sohn in Gestalt des sündigen Menschen sandte, um ihn als Sündopfer darzubringen. In Apostelgeschichte 13,32.33 heißt es, dass alle Verheißungen Gottes, die er „unseren Vätern" gemacht hat, für die Menschen erfüllt wurden, als Gott Jesus von den Toten auferweckte. Wenn man die Aussagen dieser Texte zusammenfasst, ergibt sich ein deutliches Bild des Gerichts, das am Kreuz vollzogen wurde.

Dort richtete Gott die gesamte Menschheit in der Person Christi. Er kam „in der Gestalt des sündigen Fleisches" (Römer 8,3). Am Kreuz wurden alle Sünden der Welt im Leib Jesu „gespeichert" (1. Petrus 2,24). Als Christus am Kreuz hing, tagte unsichtbar der himmlische Gerichtshof. Als Gott auf Jesus herabschaute, sah er dort gleichsam das gesamte Menschengeschlecht mit all seinen hassenswerten Charakterzügen in der Person seines Sohnes hängen. Am Kreuz goss Gott den Zorn seines Gerichts über die Sünden der Menschen auf die Person seines Sohnes aus. Alle vergangenen und zukünftigen Sünden wurden in der Person Christi restlos und endgültig verdammt. Die Menschheit wurde schuldig gesprochen, und im Tode Christi wurde das Urteil vollstreckt (Römer 8,3). Damit verlor Satan seinen Herrschaftsanspruch über die Menschen (Johannes 12,31).

Nachdem der erste Teil der Aufgabe erledigt war, vertagte sich das Gericht für ungefähr 36 Stunden bis auf den Morgen des ersten Tags der Woche. Dann schaute Gott erneut auf Jesus und sah in seinem im Grabe ruhenden Sohn die vollkommene Menschheit wie ein Lamm ohne Fehl und Makel. Der, der „von keiner Sünde wusste“ (2. Korinther 5,21), dem man nicht eine einzige Sünde vorwerfen konnte (Johannes 8,46), repräsentierte wiederum in seiner Person die gesamte Menschheit. Als Gott auf die in seinen Augen sündlose Menschheit blickte, urteilte er, dass sie des Lebens in seiner Gegenwart auf ewig würdig sei. Er verfuhr nun gemäß diesem Urteil und erweckte Jesus von den Toten, und was an Christus geschah, hat Gültigkeit für die gesamte Menschheit (Apostelgeschichte 13,32.33). Alle Verheißungen gelten nun für jeden Menschen, der eine Glaubensbeziehung zu Christus hat (2. Korinther 1,20). Während der sündigen Menschheit am Kreuz in Christus das Urteil gesprochen wurde, wird die sündlose Menschheit bei der Auferstehung Jesu erlöst und mit ewigem Leben beschenkt.

Das Gericht am Kreuz betrifft jeden, der jemals gelebt hat (Johannes 12,32). Du und ich wurden am Kreuz in der Person unseres Stellvertreters gerichtet. Unsere Sünde wurde in seiner Person verurteilt. Seine Verurteilung ist auch die unsere. Aber seine Gerechtigkeit wurde uns zugerechnet, als Gott ihn von den Toten auferweckte. Jesus wurde in all seinen Werken als gerecht erklärt. Seine Gerechterklärung oder Rechtfertigung wurde auch die unsere. Am Kreuz Christi und in seiner Auferstehung wurde die gesamte Menschheit ins Gericht gebracht – sowohl im positiven wie im negativen Sinn.

Die zweite Phase des Gerichts besteht laut Johannes in der Verkündigung des Evangeliums. Sie steht in unmittelbarer Beziehung mit der ersten Phase. In der Verkündigung des Evangeliums sollen sich die Menschen entscheiden, wie sie sich zu dem am Kreuz ergangenen Urteil verhalten wollen. Sobald der Mensch mit Christus und seiner Botschaft in Berührung kommt, kommt er ins Gericht (3,14-21). Das Licht der Wahrheit scheint in der Finsternis und jeder ist genötigt, darauf zu reagieren, sei es zustimmend oder ablehnend (V. 19-21). Bei dieser Entscheidung geht es um Leben und Tod (5,24.25). Immer, wenn das Evangelium verkündigt wird, ist das Gericht gegenwärtig – unsichtbar zwar, aber doch real (3,18).

Das Gericht „von der Kanzel"? – eine beunruhigende Vorstellung. Jede Woche, wenn Menschen zum Gottesdienst zusammenkommen, findet das Gericht in der Verkündigung des Evangeliums statt. Jeder Gottesdienstbesucher wird entweder näher zu Christus gebracht oder weiter von ihm weggestoßen. Dazwischen gibt es keinen Weg.

Welch eine Verantwortung für den Verkündiger! Manchmal wäre es für die Gemeinde wahrscheinlich besser, es würde gar nicht gepredigt, statt sich lediglich frommes Gerede anhören zu müssen. Jeder, der sich dem Wort Gottes aussetzt, muss sich darüber im Klaren sein, dass er damit immer vor eine Entscheidung gestellt wird. Entweder er identifiziert sich mit der sündigen Menschheit, die am Kreuz verurteilt und gerichtet wurde, oder aber mit der sündlosen Menschheit, die bei der Auferstehung Jesu erhöht wurde. Wenn ich das Gericht, das über Jesus gehalten wurde, verkündige, verkündige ich zugleich das Gericht über mich selbst. Jeder muss sich entweder für das Leben oder den Tod, für das Licht oder die Finsternis entscheiden.

Aber das Gericht in der Verkündigung des Evangeliums ist für Johannes noch nicht das letzte Wort in dieser Sache. Es gibt noch ein Gericht am Ende (5,27-30; 12,48). Der Spruch dieses Gerichts weicht allerdings nicht von den Urteilen der Gerichte in den vorherigen Phasen ab. Es bestätigt und erklärt die Urteile jener Gerichte als gültig. Deshalb wird am Ende kein anderes Urteil über uns ergehen, als das, was wir über uns selbst auf Grund unseres Verhaltens zur Verkündigung des Evangeliums gesprochen haben (12,48). Die Worte des Lebens, die wir verwarfen, werden uns dann verfolgen (5,45). Die Worte aber, die wir aufgenommen haben, werden zurückkehren, um uns ein erfülltes und ewiges Leben zu bescheren (V. 29).

Wer in Christus ist, braucht das Endgericht nicht zu fürchten. Das Kreuz genügt, um den Sünder zu versöhnen und ihm ewiges Leben zu schenken. Wer jetzt in Christus ist und in ihm bleibt, wird auch am Jüngsten Tag in ihm sein.

🕮 ANWENDUNG

Johannes 5

1. *Jeder Mensch möchte körperlich, seelisch und geistig heil sein. Auf welchen Wegen versuchen Menschen, die nicht an Christus glauben, das zu erreichen? Welche Rolle spielt die Psychologie, beziehungsweise das Gebet bei der Heilung von seelischen und geistigen Verletzungen? Warum erleben deiner Meinung nach heute kaum noch Menschen solch eine dramatische Heilung wie der Gelähmte am Teich Betesda?*
2. *Was würdest du jemandem sagen, der behauptet, alle Krankheiten seien die Folge von Sünden? Welche Rolle spielt die Sünde bei Krankheiten? Warum sollte man sich hüten, zwischen Krankheit und Sünde stets einen ursächlichen Zusammenhang zu suchen? Was heißt das beispielsweise in Bezug auf AIDS oder Lungenkrebs? Begründe deine Ansichten.*
3. *Jesus übertrat eine Reihe von „Sabbatvorschriften", um einen Menschen zu heilen. Woraus lässt sich entnehmen, dass den Widersachern Jesu religiöse Vorschriften wichtiger waren als Menschen? In welchem Maße sind deine persönlichen Lebensregeln von Gott gegeben oder von Menschen gemacht? Helfen sie dir beim Dienst an anderen oder sind sie eher hinderlich?*
4. *Wie kommt ein Christ zu einem ausgewogenen Verhältnis zwischen christlicher Freude und christlichem Ernst? Wie wirkt sich das eschatologische Konzept des Johannes auf diese Ausgewogenheit aus? Wie können wir angesichts von Leid, Zerstörung und Verfall die Gewissheit bewahren, dass ewiges Leben nicht nur eine Zukunftsvision, sondern heute schon eine Realität ist?*
5. *Schildere einige der „Zeugen" in deinem Leben, die dir geholfen haben, Jesus zu erkennen. In welchem Maße ist deine Meinung von Christus durch das Verhalten von Gläubigen geformt worden, die du kennst und schätzt? Hätte sich dein Leben anders gestaltet, wenn du diesen Menschen nicht begegnet wärst?*

🕮 VERTIEFUNG

1. *Suche mit Hilfe einer Konkordanz alle Stellen im Neuen Testament auf, in denen Worte wie „Gericht", „richten" und „Richter" vorkommen. Welche von ihnen beziehen sich auf das Gericht am Ende der Zeit? Welche scheinen eine Bedeutung für die Gegenwart beziehungsweise für jede Zeit zu haben? Welche haben eine Beziehung zum Kreuz? Was hast du aus alledem über das Johannesevangelium erfahren?*
2. *Benutze alle biblischen Nachschlagewerke, Enzyklopädien oder anderen Bücher sowie Zeitschriften, die du auftreiben kannst, um etwas über die archäologischen Entdeckungen am Teich von Betesda zu erfahren.*

🕮 FÜR DAS WEITERE STUDIUM

1. *Zur weiteren Information über die Diskussion unter den Gelehrten über das Verhältnis der Eschatologie des Johannesevangeliums zur Eschatologie der Bibel als Ganzem siehe R. E. Brown, „The Gospel According to John", Bd. 1, CXV-CXXI; R. Schnackenburg, „The Gospel According to St. John", Bd. 2, 426-437.*
2. *Zur Eschatologie des Alten Testaments und wie das Neue Testament auf ihr aufbaut, siehe die Kapitel 3 und 6 bei J. Paulien, „What the Bible Says About the End-Time".*
3. *Weitere Hinweise zu Johannes 5 siehe bei E. G. White, „Jesus von Nazareth", 141-153.*

Kapitel 7

Das Brot des Lebens

Johannes 6

Jesus kehrt nach Galiläa zurück und das, was Johannes 6 berichtet, erlebt er innerhalb von zwei Tagen. Zunächst versorgt er mehr als 5000 Zuhörer mit Nahrung, die darüber so begeistert sind, dass sie ihn zum König machen wollen (V. 1-15). Nachdem er sich in die Stille zurückgezogen hatte, kommt er des Nachts auf ungewöhnliche Weise zu den Jüngern ins Schiff (V. 16-21). Am nächsten Tag verwickelt er die Menge in der Synagoge von Kapernaum in ein Gespräch über die jeweiligen Eigenschaften des Brotes, das er sowie Mose dem Volk gegeben hatten (V. 22-35). Bei dieser Gelegenheit hält er seine berühmte Rede über das „Brot des Lebens", in der er sagt, dass sein Auftrag darin bestehe, den Menschen geistliche Speise zu geben (V. 35-39). Das Kapitel schließt damit, dass er viele Anhänger verliert und nur noch die Zwölf bei ihm bleiben (V. 60-71).

🕮 EINSTIEG

Johannes 6,1-15

Lies Johannes 6,1-15 zweimal hintereinander und beantworte dann folgende Fragen:

1. *Sowohl Andreas als auch Petrus sprechen in diesem Abschnitt mit Jesus. Vergleiche mithilfe einer Konkordanz das, was sie hier sagen, mit dem, was jeder von ihnen bei anderen Gelegenheiten im Johan-*

nesevangelium geäußert hat. Inwiefern trägt das dazu bei, ihr Verhalten bei der Speisung der Fünftausend zu verstehen?

2. *Was schließt du daraus, dass Jesus den Jüngern den Auftrag gab, für die Volksmenge Brot zu kaufen, obwohl er längst wusste, was er tun wollte?*
3. *Welche Ähnlichkeiten siehst du zwischen dieser Geschichte und den Berichten über das Passah (2. Mose 12) und dem Bericht über das Manna (2. Mose 16,1-8)?*

🕮 ERKLÄRUNG

Der Hintergrund

Johannes teilt mit, dass Jesus wieder in Galiläa ist. Das ist insofern bemerkenswert, als das Johannesevangelium in der Schilderung dessen, was Jesus in Galiläa tat, sehr zurückhaltend ist. In der Tat finden nach dem Bericht des Johannes nur die Hochzeit zu Kana (2,1-11), die Heilung des Sohnes des königlichen Beamten (4,46-54), die Episoden in Kapitel 21 und die Geschehnisse von Johannes 6 in Galiläa statt. Das meiste in diesem Evangelium spielt sich – anders als bei Matthäus, Markus und Lukas – in Jerusalem und der näheren Umgebung ab.

Die Ereignisse in Johannes 6 geschehen zu einer Zeit kurz vor dem jüdischen Passahfest (6,4). Deshalb reisten viele Pilger nach Jerusalem. Das erklärt die große Anzahl von Menschen, die Jesus an dieser unwirtlichen Stelle aufsuchen und ihm zuhören.[1] Im Johannesevangelium finden sich immer dann, wenn das Passah erwähnt wird, Anspielungen entweder auf das Herrenmahl oder auf das Kreuz (manchmal auf beides). Auch die frühe Geschichte des Volkes Israel bietet in dieser Hinsicht eine Fülle von Anknüpfungsmöglichkeiten. Die „Speisung der Fünftausend" erinnert an die Wüstenwanderung Israels. In 4. Mose 11 sieht sich Mose einer großen Menge gegenüber, die sich über den Mangel an Nahrung beklagt. Genauso wie die Jünger fragt sich Mose, wie er all diese Men-

[1] White, „Jesus von Nazareth", 268

schen mit Nahrung versorgen soll (V. 13). Das ist nur eine der vielen Anspielungen, durch die Johannes 6 erstaunlich eng mit den Auszugsberichten des Alten Testaments verbunden ist.

Der Abschnitt im Einzelnen

Das Speisungswunder findet am Nordostufer des Galiläischen Meeres statt (V. 1). Jesu Krankenheilungen ziehen immer mehr Menschen an (V. 2). An einem geeigneten Platz der gebirgigen Uferregion lässt sich Jesus mit seinen Jüngern nieder (V. 3). Der Wortlaut des Verses erinnert stark an die Bergpredigt bei Matthäus (5,1).

Das Johannesevangelium beschreibt Philippus und Andreas, die hier mit Jesus sprechen (6,5-9), als äußerst aktive Jünger. Das fällt insofern besonders auf, weil Matthäus und Markus in ihren Berichten gerade Johannes als einen der aktivsten im Jüngerkreis charakterisieren. Aber es ist eigentlich logisch, dass sich Jesus wegen des Verpflegungsproblems an Philippus wendet, denn sowohl er als auch Andreas stammten aus Betsaida (1,44), einer Stadt, die nicht weit vom Ort des Geschehens entfernt lag.

Indem er nach einer natürlichen Lösung des Problems fragt – die es verständlicherweise nicht gibt –, bereitet Jesus die Jünger bereits auf sein übernatürliches Eingreifen vor. Soweit sich erkennen lässt, haben die Zahlenangaben (5000, 200, 5 und 2) in diesem Abschnitt keine symbolische oder geistliche Bedeutung, sondern sind lediglich statistische Angaben.

In dieser Erzählung gibt es starke Anspielungen auf das Abendmahl, von dem merkwürdigerweise im Johannesevangelium nicht direkt die Rede ist. Wie später beim Abendmahl, nimmt Jesus hier am See die Brote, segnet sie – im Griechischen *eucharistesas,* wovon im Deutschen die Bezeichnung *Eucharistie* abgeleitet ist – und verteilt sie unter die Zuhörer (V. 11). Der besondere griechische Wortlaut, den Johannes hier gewählt hat, erinnert direkt an den Wortlaut, der an anderen Stellen des Neuen Testaments für das Herrenmahl benutzt wird (besonders in Lukas 22,19 und 1. Korinther 11,23.24).

Nur im Johannesevangelium schließt die Erzählung von der Speisung der Fünftausend damit, dass Jesus befiehlt, die Reste der Mahlzeit einzusammeln, damit nichts verloren geht (V. 12.13). Das Speisungswunder hat Folgen:

(1) Die Volksmenge kommt zu der Überzeugung, Jesus könne nur der sein, von dem der Herr zu Mose gesagt hatte „Ich will ihnen einen Propheten, wie du bist, erwecken" (5. Mose 18,15). Denn so wie Mose „Brot vom Himmel" hatte fallen lassen, so hatte Jesus ihnen auf wunderbare Weise zu essen gegeben (V. 14). (2) Als logische Folge angesichts solch eines Wunders, beschließen die begeisterten Zuhörer, Jesus zu ihrem König auszurufen. Jesus weiß, was die Menge plant und wohin das führen würde, deshalb zieht er sich unverzüglich auf den Berg zurück (V. 15).

Die wesentlichen Gedanken

Das eucharistische Brot

Der eucharistische Sprachgebrauch wie auch die Sprachbilder des Exodus[1], in dem diese Erzählung abgefasst ist, bereiten den Leser auf das vor, was in Johannes 6 folgt, besonders auf die Verse 30 bis 59. Zwar gibt es im Johannesevangelium keinen Bericht über das Abendmahl, aber dieses Defizit wird in Kapitel 6 durch eine ausgezeichnete Theologie des Herrenmahls ausgeglichen.

Die wahre Bedeutung des Passahfests ist in Jesus zu finden und in dem Abendmahl, das nur er geben kann.[2] Johannes 6 setzt das Thema fort, dass Jesus an die Stelle der jüdischen Religion tritt. Ein Thema, das uns besonders in Kapitel 2 (Ersetzen des Wassers für die Reinigungsriten und Ersetzen des Tempels), Kapitel 4 (Ersetzen des Glaubens der Samariter wie auch Jerusalems) und in Kapitel 5 (Ersetzen des Wassers von Betesda) begegnet ist.

Interessant ist, dass im Johannesevangelium die Anspielungen auf das Abendmahl jeweils bei Mahlzeiten im Freien fallen. Das

[1] Auszug aus Ägypten
[2] Talbert, „Reading John", 132

eine Mal am Hang eines Berges (6,1-15), beim zweiten am Ufer des Sees Genezareth (21,1-14). Es scheint so, als wollte Johannes sagen, dass der Gläubige Jesus überall begegnen kann – beim Abendmahl, am Esstisch zu Hause oder bei einer Mahlzeit im Freien. Seine Gegenwart lässt sich nicht auf kirchliche Räume beschränken, weil angeblich allein dort die Gottesdienste in „richtiger" Form durchgeführt werden können.

Für den, der sein Leben mit Christus führt, gibt es durchaus einen Sinn, wenn ihm jede Mahlzeit zum „Sakrament" wird.

Der Prophet wie Mose

Der Bericht von der Speisung der Fünftausend (V. 14) erwähnt die uralte Weissagung, dass ein Prophet wie Mose kommen würde (5. Mose 18,15-18). Auf ihn sollte Israel hören, denn er würde weitergeben, was Gott ihm in den Mund gelegt hat. Mose machte dem Volk klar, dass das *Wort* jenes Propheten wichtig sei, nicht seine Wunder.

Bei dieser Weissagung gilt es, den Zusammenhang zu beachten. Die Israeliten hatten am Sinai Zeichen und Wunder gesehen und Gott im Feuer und Sturm erlebt. All das hatte ihnen Angst gemacht und sie für ihr Leben fürchten lassen. Deshalb beschworen sie Mose, zwischen ihnen und Gott zu vermitteln (5. Mose 18,16). Sie wollten auf Wunder verzichten und lieber auf die Worte des Propheten hören, den Gott senden würde.

Die Ironie bei dieser ganzen Geschichte ist allerdings: Als Gott den verheißenen Propheten wirklich schickte, da war Israel nicht mit seinem Wort zufrieden, sondern wollte vor allem Wunder sehen! Wegen seiner Wunder wollte man ihn sogar zum König machen, in der Hoffnung, er werde aufgrund seiner Wunderkräfte die Römer aus Palästina vertreiben, Israel zur großen Nation machen und seinem Volk ein Leben in Wohlstand bescheren.

🕮 EINSTIEG

Johannes 6,16-21

Lies Johannes 6,16-21 zweimal durch und beantworte dann folgende Fragen:

1. *Vergleiche Johannes 6,16-21 mit Matthäus 14,22-27 und Markus 6,45-52. Suche nach den Gemeinsamkeiten und halte sie schriftlich fest. Schreibe dann auf, worin sich der Bericht des Johannes von denen der anderen Evangelisten unterscheidet. Überprüfe, was Johannes weggelassen hat. Was ist für dich die wichtigste Aussage in diesem Abschnitt? Warum?*
2. *Versuche anhand einer Konkordanz alle Stellen im Johannesevangelium herauszufinden, in denen Jesus sagt „Ich bin" oder „Ich bin es". Ordne diese Aussagen entsprechend ihrem Gebrauch in unterschiedliche Kategorien ein. Überlege, ob sich einige dieser Aussagen auf 2. Mose 3,14 beziehen könnten? Wenn ja, welche?*

🕮 ERKLÄRUNG

Der Hintergrund

Das Galiläische Meer liegt etwa 205 Meter unter dem Meeresspiegel, ist 45 Meter tief und von Bergen umgeben. Diese geographischen Gegebenheiten können plötzliche Stürme verursachen, durch die trotz der verhältnismäßig kleinen Fläche des Sees sehr hohe Wellen entstehen.

Psalm 77,16-20 beschreibt den Auszug Israels aus Ägypten und benutzt dafür Bilder vom stürmischen Meer. Deshalb ist der Abschnitt, in dem Johannes berichtet, dass Jesus den verzagten Jüngern mitten im Sturm auf dem Wasser begegnet, auch ein Beitrag zu dem gesamten Auszugs- und Passahthema dieses Kapitels.

Jesus vollbringt dieselben Taten, die Gott bei Israels Auszug aus Ägypten vollbracht hat. Der Gott des Alten Testaments wird in Hiob 9,8 als derjenige beschrieben, der „auf den Wogen des Meeres geht" (vgl. Sprüche 10,4). Deshalb war für die Menschen, die mit dem Alten Testament aufgewachsen waren, die Fähigkeit Jesu, auf dem Wasser zu wandeln und über Wind und Wellen zu herrschen, ein machtvoller Beweis für seine Göttlichkeit.

Der Abschnitt im Einzelnen

Die Erzählung ist unkompliziert und bedarf keiner eingehenden Erläuterung. Nur Johannes berichtet davon, dass die Volksmenge, die das Speisungswunder miterlebt hatte, Jesus zum König machen wollte (6,15). Andererseits übergeht er völlig die Tatsache, dass die Jünger auf ausdrücklichen Befehl Jesu in See gestochen sind (Matthäus 14,22; Markus 6,45).

Die beiden Vorkommnisse scheinen sich gegenseitig zu erklären. Höchstwahrscheinlich waren auch Jesu Jünger von der Idee begeistert, dass Jesus zum König ausgerufen werden sollte. Das entsprach ganz ihren Wünschen und Erwartungen. Aber Jesus sah die unvermeidlichen Folgen solch einer Aktion und kam ihr zuvor, indem er sowohl seine Jünger als auch die Volksmenge wegschickte. Beide Berichte zusammengenommen zeigen deutlich, worum es Jesus ging.

Die Jünger geraten mitten auf dem See in einen Sturm und müssen um ihr Leben fürchten, aber obwohl sie gerade erlebt hatten, welche Macht Jesus besitzt, wenden sie sich nicht um Hilfe an ihn. Als er ihnen auf dem Wasser erscheint, sind sie nicht auf sein Eingreifen vorbereitet, sondern zu Tode erschrocken. Echter Glaube zeichnet sich aber gerade dadurch aus, dass man in allen Lebenslagen fest mit Jesus rechnet. Er ist das wirksamste Mittel gegen die Angst.

Die zweite Generation der Christen sah sich durch diese Erzählung ermutigt, mit Jesu Gegenwart und Hilfe zu rechnen, auch wenn sie Christus nicht mehr persönlich begegnen konnte. Die Gläubigen wussten, dass Jesu Wort nicht weniger wirksam ist als seine Berührung.

Die besondere Form, in der Jesus seine Jünger auf dem See anspricht – „Ich bin's" (griech. *ego eimi*) –, markiert einen der bedeutendsten theologischen Wendepunkte im Johannesevangelium. Darauf werden wir im nächsten Teil näher eingehen.

Die wesentlichen Gedanken

Eine Handlung als Gleichnis

In den Mythen des Altertums galt das wogende Meer als Herrschaftsbereich des Bösen, voller Seeschlangen und anderer schrecklicher Kreaturen. Jesus beweist, dass selbst die wilden, chaotischen Elemente dieser Erde unter seiner Herrschaft stehen.

Das kleine Schiff auf stürmischer See symbolisiert die Gemeinde in dieser Welt. Hin und her geworfen, sich verlassen fühlend und oft am Rande des Untergangs, versucht sie, die Dinge selbst in die Hand zu nehmen (6,19). Diese Erzählung soll der Gemeinde die Gewissheit stärken, dass alle Mächte dieser Welt unter Jesu Herrschaft stehen. Mag sein, dass man das in der konkreten Situation nicht immer gleich erkennt, dennoch steht fest: Christus greift zu seiner Zeit ein, wenn sein Volk in Gefahr ist.

Manchmal scheint unser Leben außer Kontrolle zu geraten, wie ein Schiff, das auf dem stürmischen Meer hin und her geworfen wird. Da ist es gut zu wissen, dass Jesus das Steuerruder fest in der Hand hält, auch wenn wir selbst kein Land mehr sehen. Er ist jeder Situation gewachsen, ob wir nun selbst daran schuld sind oder andere. Die Gewissheit, dass letztlich Gott alles in Händen hält, macht Mut, in unserem Leben auf Kurs zu bleiben und das Ziel im Auge zu behalten.

Jesus Christus - der „ICH BIN"

Eine der Besonderheiten des Johannesevangeliums ist es, dass Jesus wiederholt eine Formulierung benutzt, die im Alten Testament für Jahwe angewendet wird: „ICH BIN" (griech. *ego eimi*).

Diese Bezeichnung, die Jesus häufig und in verschiedenem Zusammenhang verwendet, wird im Johannesevangelium auf dreierlei Weise benutzt: (1) Als Mittel, um sich ganz allgemein anderen gegenüber zu identifizieren (6,20; 4,20). Die Jünger sind erschrocken, als sie auf dem Wasser plötzlich eine Gestalt auf sich zukommen sehen. Jesus gibt sich mit den Worten zu erkennen: „Fürchtet euch nicht, *ich* bin's!" (V. 20). Die Betonung liegt dabei auf „ich", sozusagen als Abgrenzung von allen anderen. (2) Sie wird zur Identifizierung auf göttlicher Ebene benutzt. Jesus verwendet das „ICH BIN", wenn er von seinen göttlichen Qualitäten spricht („Ich bin das Brot des Lebens", „Ich bin der gute Hirte"). (3) Sie wird auch im absoluten, eigentlichen Sinn benutzt. Jesus sagt „ICH BIN" und behauptet damit, dem Jahwe des Alten Testaments gleich zu sein. Um diese Formel im Johannesevangelium ganz zu verstehen, ist es notwendig, auf den alttestamentlichen Hintergrund zu achten, wenn Jesus sie benutzt.

Die göttlichen ICH-BIN-Aussagen des Alten Testaments werden ebenfalls in dreifacher Weise benutzt, unterscheiden sich aber etwas von den oben angeführten. (1) Einige von den ICH-BIN-Aussagen im Alten Testament offenbaren Jahwes Wesen (2. Mose 3,14; 6,2.3). Er ist immer gegenwärtig, um seinem Volke zu helfen. (2) ICH-BIN-Aussagen werden auch benutzt, um die Einzigartigkeit Jahwes zu offenbaren. Er ist der einzige Erretter, der einzig wahre Gott (Jesaja 43,10.11). Es gibt keinen anderen Gott, der so wie er ist, der das Ende schon von Anbeginn an kennt. Er ist der Eine, der wahrhaftig die Zukunft voraussagen kann (Jesaja 46,9.10). (3) ICH-BIN-Aussagen werden auch als ein Ausdruck für die machtvollen Werke der zukünftigen Errettung benutzt, die Jahwe im kommenden Zeitalter vollbringen wird (Hesekiel 34,20-31; 36,22-38).

Im Johannesevangelium werden die ICH-BIN-Aussagen verwendet, um Jesu göttliche Qualitäten zu beschreiben (vgl. Punkt 2, oben), sie gründen sich auf die dritte Benutzungsweise im Alten Testament. Bei Johannes werden die ICH-BIN-Aussagen, die die göttliche Qualität beschreiben, benutzt, um auszudrücken, was Jesus zu bieten hat. Die zukünftige Errettung, die Jahwe verheißen hat, ist in der Gegenwart in Christus erfüllt. Er *ist* das Brot des Lebens (6,33-58). Er *ist* das Licht der Welt (8,12; 9,5). Er *ist* die Tür zu den Schafen und der gute Hirte (10,7-18). Er *ist* der Weg, die Wahrheit und das Leben (14,5). Er *ist* der wahre Weinstock (15,1-8). Was im Alten

Testament noch zukünftig war, ist durch Christus Gegenwart geworden. Wir erkennen also in diesen ICH-BIN-Aussagen noch einen anderen Ausdruck des johannäischen Konzepts der präsentischen und realisierten Eschatologie. Eine Beziehung zu Jesus zu haben, bedeutet, *jetzt* schon im Glauben an der Fülle des künftigen Reiches Gottes Anteil zu haben.

Die absoluten ICH-BIN-Aussagen im Johannesevangelium (Punkt 3), fußen auf den alttestamentlichen ICH-BIN-Aussagen, die Jahwes Natur (Punkt 1) und seine Einzigartigkeit (Punkt 2) offenbaren. Wenn Jesu Kenntnis der Zukunft nicht Beweis genug ist, wird sich seine Gottheit dann erweisen, „wenn des Menschen Sohn erhöht wird" (8,28). Das Kreuz und die Auferstehung werden unübersehbar bezeugen, wer Jesus ist.

Jesus benutzt ebenfalls die ICH-BIN-Formel, um aufzuzeigen, was bereits im Prolog des Johannesevangeliums bewiesen wurde – dass er von Ewigkeit her als göttliches Wesen existiert. Er ist der große ICH-BIN, der schon vor Abraham existierte (8,58; vgl. 2. Mose 3,14).

In der ICH-BIN-Formel des vierten Evangeliums offenbart sich Jesus als der Jahwe des Alten Testaments. Er ist voll und ganz und wahrhaftig Gott, auch wenn er auf Erden im menschlichen Fleisch lebt. Er existiert seit Ewigkeiten (8,58). Er kann denen, die heute an ihn glauben, die verheißenen alttestamentlichen Segnungen des zukünftigen Reiches Gottes schon jetzt zuteil werden lassen („göttliche Qualität" der ICH-BIN-Aussagen). Der Glaube an seine Gottheit ist unabdingbar für die Erlösung (8,24). Das wird durch die Erfüllung seiner Voraussagen unterstrichen, insbesondere durch das Kreuz und die Auferstehung (13,19; 8,28).

Im Gespräch mit Zeugen Jehovas hatte ich oft Gelegenheit, mit Menschen zu reden, die die Gottheit Christi in Frage stellen. Sie haben vorformulierte Antworten für alle klassischen Texte, in denen auf die Gottheit Christi hingewiesen wird, wie zum Beispiel Johannes 1,1; 8,58; Römer 9,5 und Titus 2,13. In ihrer eigenen Bibelübersetzung wurden auch solche wesentlichen Texte wie Johannes 1,1 und Kolosser 1,16.17 verändert.

Ein Beweis aber, den sie niemals widerlegen konnten, ist die Tatsache, dass im gesamten Neuen Testament, insbesondere im Johannesevangelium, Jesus wiederholt Eigenschaften und Aktivitäten zugebilligt werden, die im Alten Testament einzig und allein Jahwe zugesprochen wurden.

Solche Darstellungen und Bezeichnungen, die Jesus den höchstmöglichen göttlichen Rang zusprechen, flossen den Verfassern ganz selbstverständlich aus der Feder. Man spürt geradezu, dass sie sich wünschten, jeder möge Christus genauso verehren wie Gott Vater (Johannes 5,23).

🕮 EINSTIEG

Johannes 6,22-59

Lies Johannes 6,22-59 zweimal hintereinander und beantworte dann folgende Fragen:

1. *Führe alle Gründe in Johannes 6 an, die die Menschen veranlassten, Jesus nachzufolgen. Wie reagierten die Zuhörer auf Jesu Worte? (V. 41-43) Vergleiche dieses Verhalten mit dem, was in den Versen 14 und 15 berichtet wird. Worauf führst du die Veränderung zurück?*
2. *Vergleiche diesen Abschnitt mit 2. Mose 16 und 4. Mose 11. Vergleiche das Brot des Lebens, das Jesus anbietet, mit dem Manna in der Wüste. Welche Unterschiede fallen dir auf? Beschreibe kurz den wesentlichen Gedanken, den Jesus in diesem Abschnitt darlegt. Inwiefern ist das „Brot des Lebens" wertvoller als das Manna?*
3. *Was meint Jesus, wenn er sagt, man solle sein Fleisch essen und sein Blut trinken? Überlege, wie Jesus nach deiner Meinung diese Aufforderung heute ausdrücken würde?*
4. *Nimm ein Blatt Papier und teile es in der Mitte durch eine Linie von oben nach unten. Führe links alle Aussagen auf, die andeuten, dass das Kommen zu Jesus Gottes Werk ist. Schreibe in die rechte Spalte alles, was andeutet, dass das Kommen zu Jesus eine persönliche Entscheidung ist. Welches von beidem erscheint dir wichtiger? Warum?*

🕮 ERKLÄRUNG

Der Aufbau des Abschnittes

Da der Kontext für Johannes 6 das Passahfest ist, sollte man annehmen, dass das Abendmahl und das Kreuz gemeinsam mit dem Auszug aus Ägypten hier seinen Widerhall finden. Einige Gelehrte sind tatsächlich der Ansicht, dass Jesus hier die Schriftabschnitte der jüdischen Passahliturgie auslegt.[1] In diesem Abschnitt beschäftigt sich Jesus mit dem Sinn des Speisungswunders in den Versen 1 bis 15. Er geht genauso vom natürlichen Brot zum geistlichen Brot über, wie er in Kapitel 4 vom natürlichen Wasser zum geistlichen Wasser übergegangen ist.

Jesus steigt mitten auf dem See ins Boot der Jünger und fährt mit ihnen ans andere Ufer (V. 16-21). Die Volksmenge folgt ihm in geliehenen Booten und findet Jesus in der Synagoge von Kapernaum. Dort findet alles statt, was in den Versen 22 bis 59 beschrieben wird.

Der Hintergrund

Johannes 6,22-59 muss auf dem Hintergrund der Exodus-Tradition gesehen werden. Das heißt, hier spielt der Evangelist immer wieder darauf an, dass Gott die Kinder Israel in der Wüste mit dem Manna versorgt hatte (2. Mose 16; 4. Mose 11).

Das Manna fiel zum ersten Mal am 15. Tag des zweiten Monats (2. Mose 16,1). Das Passahfest wurde jeweils am 15. Tage des ersten Monats gefeiert. Juden, denen es aus triftigen Gründen nicht möglich war, das Passah zum üblichen Termin zu feiern, wurden ermutigt, es stattdessen am 15. Tag des zweiten Monats nachzuholen. Im Computerzeitalter könnte man von einem „Back-up"-Passah sprechen, einer Art „Sicherheitskopie" des Originals. In diesem Sinne fiel das erste Manna mit dem Passahfest zusammen, obwohl es zum ersten Mal erst einen Monat nach dem Auszug Israels aus Ägypten vom Himmel gefallen war.

---

[1] Brown, a. a. O., Bd. 1, 277-280

Zum letzten Mal ließ Gott das Manna an einem Passahabend unmittelbar vor dem Einzug Israels ins verheißene Land fallen (Josua 5,10-12). Daraus entstand im Judentum die Überlieferung, der Messias werde anlässlich eines Passahfests kommen, und dann würde auch das Manna wieder vom Himmel fallen.[1] Es dürfte also nicht überraschen, dass die Volksmenge, die Jesus unmittelbar vor dem Passahfest auf so wunderbare Weise gespeist hatte, in ihm den Messias sah und nun erwartete, er werde ein noch größeres Wunder vollbringen und alle für immer sättigen, indem er erneut Manna fallen lässt. Da das Passah nahe bevorstand (Johannes 6,4), erwartete man jeden Tag, dass dieses „Himmelsbrot" fallen könnte, und Jesus trauten sie zu, dass er das veranlassen würde (V. 30.31.34).

Der Abschnitt im Einzelnen

Ein Teil der Zuhörer, die Jesus am Tag zuvor gespeist hatte, hatten ihn gesucht und schließlich in der Synagoge von Kapernaum gefunden (V. 22-25.59). Ihre Suche galt aber nicht der geistlichen Nahrung, die Jesus anzubieten hatte, sondern war rein materieller Natur (V. 26). Sie interessierten sich nicht für den eigentlichen Sinn des Wunders, sondern wollten nur noch mehr Wunder sehen (V. 2). Jesus dagegen versuchte, ihre Aufmerksamkeit auf geistliche Dinge zu lenken, vor allem auf das Brot, das bis ins ewige Leben bleibt (V. 27).

Immerhin wollten einige wissen, auf welche Weise man die Werke, die Gott fordert, tun könne (V. 28). Das ging zwar über das rein materiell orientierte Interesse hinaus, war aber noch weit von dem entfernt, was Jesus unter Glauben verstand. Deshalb machte er den Fragestellern klar: Das einzige „Werk", das Gott gefällt und letztlich zählt, ist der Glaube an Jesus (V. 29; 14,6). Er ist die Voraussetzung für den Gehorsam, den Gott bei uns Menschen sucht. Alles andere, und mag es auch noch so fromm erscheinen, stellt Gott nicht zufrieden. Allein durch den Glauben an Christus können wir Gott

[1] Midrash Qoheleth 1,9

„zufrieden stellen“. Das ist die einzige Leistung, die wir erbringen können, um sein Wohlwollen zu erlangen.

Die Reaktion der Menge auf diese offenen Worte ist entmutigend. Sie fordert ein Wunderzeichen, das ausreicht, um an ihn glauben zu können (V. 30). Das ist schwer zu begreifen, da die Leute doch am Tag zuvor gerade solch ein Wunder erlebt hatten. Wahrscheinlich sahen sie darin nur eine Kostprobe, einen Vorgeschmack auf noch Größeres. Sie wollten ein Zeichen der Bestätigung vom Himmel, ein kosmisches Zeichen. Deshalb verweisen sie auf die Schriftstelle, in der gesagt wird, dass Mose den Israeliten Brot vom Himmel zu essen gegeben hat, eine Speise, die auch die Engel essen (V. 31; vgl. Psalm 78,24.25). Der Prophet, der Mose gleicht, wird Israel bei seinem Kommen am Passahtag dieses „Himmelsbrot“ zurückbringen (6,14; 5. Mose 18,15.18).

Aber Jesus enttäuscht sie, indem er unmissverständlich erklärt, dass sie nach dem falschen Himmelsbrot suchen. Das wahre Brot vom Himmel ist nicht eine zweite Ausgabe dessen, was Israel seinerzeit durch Mose verschafft wurde, sondern vielmehr eine Person – eine, die vom Himmel herabgekommen ist und der Welt das Leben bringt (6,32.33). Sie suchen ein kosmisches Zeichen, das ihnen bestätigt: Jesus von Nazareth ist der Messias, der uns das Himmelsbrot bringt. Doch der antwortet ihnen: *„Ich bin“* dieses Zeichen, das beweist, dass ich der Messias bin (vgl. V. 33; Lukas 17,20.21). Wenn sie an ihn glauben würden, bekämen sie alle Beweise, die sie brauchen.

Vers 34 zeigt, dass die Menschen zwar nicht begriffen haben, was Jesus meint, aber sein Angebot annehmen wollen, was immer es auch ist. Dieses Verhalten erinnert an die Samariterin, die ebenfalls bat „Herr gib mir ...“, obwohl ihr nicht wirklich klar war, wovon Jesus überhaupt sprach (Johannes 4,11.15). Deshalb weist Jesus seine Zuhörer in der Synagoge erneut darauf hin, dass er selbst (*„Ich bin“*) das wahre Brot vom Himmel ist. Ein anderes gibt es nicht, und es ist töricht, darauf zu warten.

Von Vers 35 an geschehen alle Aussagen Jesu in der ersten Person Singular. Das unterstreicht seine Absicht, dass der eigentliche

Zweck des Gesprächs darin besteht, die Zuhörer zu einer persönlichen Beziehung zu Christus zu führen. In diesem Zusammenhang ist es interessant, sich die Abfolge der Aussagen über das Brot des Lebens genau anzusehen:

V. 33	Der Eine, der herabkommt..............	gibt der Welt das Leben
V. 35	Ich bin das Brot des Lebens	
V. 41	Ich bin das Brot des Lebens............	das vom Himmel gekommen ist
V. 48	Ich bin das Brot des Lebens	
V. 51	Ich bin das Brot des Lebens............	das vom Himmel herabgekommen ist
V. 58	Das Brot, das herabgekommen ist...	gibt der Welt das Leben

Die Folgerung aus dieser Rede über das Brot des Lebens ist, wer an Jesus glaubt, erhält heute schon wahres Leben im geistlichen Sinne und „am Jüngsten Tage“ Leben in noch weit größerer Fülle (V. 40; 5,21). Wer sein physisches Leben erhalten will, muss täglich die nötige Nahrung zu sich nehmen. Für unser Christsein gilt dasselbe Prinzip. Wenn wir unser geistliches Leben bewahren wollen, müssen wir die Beziehung zu Christus ständig aufrechterhalten. Der biblische Begriff dafür heißt „Glauben“.

Es ist bezeichnend, dass das griechische Verb für „glauben“ im Johannesevangelium (1,12; 6,47) immer in der Verlaufsform vorkommt, das heißt: es geschieht immerwährend. Wir glauben nicht nur einmal oder hin und wieder, sondern unser Glauben muss eine dauernde und tägliche Erfahrung sein.

Johannes 6,37 ist ein bekannter und beliebter Bibeltext. Er hat zwei Teile, zwischen denen eine faszinierende Verbindung besteht. Jesus sagt: „Alles, was mir mein Vater gibt, kommt zu mir.“ Diejenigen, die der Vater gibt, werden als Gruppe gesehen. So jedenfalls ergibt es sich aus dem griechischen Text, der sich an dieser Stelle des Neutrums – des sächlichen Geschlechts – bedient. Es heißt nicht: „Alle, die mir“, sondern: „Alles, was mir“ mein Vater schenkt. Gott bestimmt im Voraus, dass eine Gruppe errettet wird, nicht nur

Einzelne. Im Griechischen befindet sich nun der zweite Teil des Verses, grammatisch gesehen, im Maskulinum – im männlichen Geschlecht: „*Wer* zu mir kommt, *den* werde ich nicht hinausstoßen". Das weist darauf hin, dass Jesus die einzelnen Glieder der Gruppe annimmt, jeden für sich, so, wie sie bereit gemacht worden ist, zu ihm zu kommen. Der erste Teil des Verses (vgl. V. 44) spricht von der göttlichen Seite der Erlösung, der zweite Teil fügt die menschliche Dimension hinzu. Hier begegnen uns also zwei Wahrheiten in einem ausgewogenen Spannungsfeld. Errettung wird niemandem ohne den ausdrücklichen Willen Gottes zuteil, andererseits wird niemand errettet, der sich nicht freiwillig entscheidet, zu Gott zu kommen (vgl. V. 39.40).

Das „Brot", von dem Jesus spricht, ist eigentlich seine Person, dennoch besteht ein Unterschied zwischen dem ersten und dem letzten Teil dieser Rede vom Brot des Lebens. In den Versen 35 bis 50 liegt die Betonung auf der Offenbarung. Es ist wichtig, dass die Menschen erkennen, wer Jesus ist und dass er vom Himmel eine Offenbarung von Gott und über Gott bringt, die über Leben und Tod entscheidet (V. 45-47). In den Versen 51 bis 59 verschiebt sich der Schwerpunkt hin zum Herrenmahl und zum Kreuz. Wer das Fleisch des Menschensohns isst und sein Blut trinkt, erhält ewiges Leben (V. 54-56). Selbstverständlich geht es hier nicht um Kannibalismus, sondern um eine rein symbolische Ausdrucksweise, die nicht wörtlich zu verstehen ist. Gemeint ist vielmehr: „So wie unsere Nahrung mit uns selbst verschmilzt, werden Christus und alle, die ‚sein Fleisch essen' und ‚sein Blut trinken', geistlich zu einem Leibe, obwohl sie persönlich getrennt sind."[1] Das Abendmahl des Herrn wird also zu einer sichtbaren, gegenständlichen Illustration der geistlichen Metaphern „Fleisch" und „Blut".[2]

So wie es auch bei Mose der Fall war, als er Israel in der Wüste mit dem Manna speiste (V. 49.50.58; vgl. 2. Mose 16,2.7.8; 1. Korinther 10,10), besteht die Hauptreaktion der Juden bei dieser Ausei-

---

[1] Jameison, Fausset und Brown, a. a. O., 1041

[2] Vgl. White, „Jesus von Nazareth", 286f.

nandersetzung über das Brot des Lebens im Murren (6,41-43; vgl. das Verhalten der Jünger Jesu in V. 61.66) und in heftigen Streitereien untereinander (V. 52). Jesus zu sehen und seine Wunder zu erfahren, genügt nicht (V. 36). Diejenigen, die gesehen haben, sind selbst dafür verantwortlich, dass sie glauben (V. 47; 20,29).

Die wesentlichen Gedanken

Das wahre Brot vom Himmel

Das Konzept des wahren „Brotes vom Himmel“ zeigt sowohl die göttliche als auch die menschliche Seite Jesu. Dadurch, dass er sich selbst als die Quelle des ewigen Lebens bezeichnet („vom Himmel“), stellt er sich Gott gleich. Andererseits setzt „vom Himmel“ voraus, dass er nicht bei Gott geblieben ist, sondern einer von uns wurde, um das wahre Brot allen Menschen zugänglich zu machen. Indem er die Gläubigen auffordert, ihn in sich aufzunehmen, stellt er sich uns zur Verfügung und ist bereit, all unsere Bedürfnisse zu befriedigen.[1]

Jesus setzt an die Stelle des Mannas das wahre Brot, das vom Himmel kommt. Im ersteren Fall starben die Menschen, obwohl sie das Himmelsbrot aßen. Jesus dagegen bietet ein Brot an, das ins ewige Leben führt (6,58). Eine ganze Reihe von Symbolen im Johannesevangelium sind aus der Alltagserfahrung entlehnt, zum Beispiel: Brot, Wasser, Leben. Bemerkenswert ist, dass es sich dabei durchweg um Symbole handelt, die auf die Realität des ewigen Lebens angewendet werden, in dem zum Beispiel natürlicher Hunger und Durst ihre Bedeutung verlieren.

Wahrscheinlich kennt jeder die Erfahrung unwiderstehlichen Heißhungers oder brennenden Durstes. Welch ein Gefühl, wenn man dann ein Stück Brot oder einen kühlen Trunk gereicht bekommt. Indem Jesus sich solcher Bilder bedient, möchte er geistliche Inhalte vermitteln, für die der Vergleich nur als „Türöffner“ dienen soll. Die Botschaft in dieser Rede über das Brot des Lebens

[1] Gruenler, „The Trinity in the Gospel of John“, 47

heißt: Auch der innere Mensch hungert und dürstet und muss diese Bedürfnisse genauso befriedigen, wie den bohrenden Hunger oder quälenden Durst des Körpers. So wie der Leib Essen, Trinken und das Sonnenlicht benötigt, um am Leben zu bleiben, braucht die Seele die Gegenwart Jesu. Tief in jedem Menschen ist ein von Gott geschaffener „Raum", der durch nichts anderes zu füllen ist als durch Jesus Christus, das „Brot vom Himmel". Was immer wir auch versuchen, um diese Lücke anders zu schließen, es ist zum Scheitern verurteilt.

🕮 EINSTIEG

Johannes 6,60-71

Lies Johannes 6,60-71 zweimal hintereinander und beantworte dann folgende Fragen:

1. *Überprüfe die Verse 22 bis 59. Welche Aussagen klangen den Zuhörern so hart in den Ohren, dass sie die Botschaft nicht annehmen konnten? Welche Tatsache in diesem Abschnitt hilft uns zu erklären, warum so viele seiner Jünger ihn verließen (V. 60-66)?*
2. *Vergleiche die Begründung, die die Zwölf für ihr Bleiben bei Jesus gaben (V. 67-69), mit der Begründung, die all die anderen Jünger für ihr Verlassen anführten. Was hatten die Zwölf verstanden? Was hatten die anderen Nachfolger Jesu nicht begriffen?*
3. *Untersuche anhand einer Konkordanz alle Hinweise der vier Evangelien auf Judas. Warum blieb ausgerechnet er bei Jesus, obwohl so viele andere Jesus den Rücken kehrten? (V. 67)*

🕮 ERKLÄRUNG

Der Aufbau des Abschnittes

In diesem Abschnitt geht es um die Reaktion der Anhänger Jesu auf das vorangegangene Gespräch. Obwohl Johannes bisher nur die Berufung einzelner Jünger erwähnt hat, ist hier nicht nur von der

Gruppe der Zwölf die Rede, sondern von einem sehr viel größeren Jüngerkreis, von „Schülern" also, die Jesus auf seinen Wanderungen begleiteten. Offenbar hatte er gerade in Galiläa viele Anhänger, doch nun kommt es mit ihnen zum Bruch. Fast alle wenden sich von ihm ab. Nur der engste Kreis bleibt, die Zwölf, wobei Jesus weiß, dass einer von ihnen ein Verräter ist.

Der Abschnitt im Einzelnen

Der Abschnitt beginnt mit einer Beschwerde der Jünger Jesu: „Das ist eine harte Rede, wer kann sie hören?" (V. 60). Im Griechischen steht hier für *Rede* der Begriff *logos (*eine Zusammenfassung all dessen in einem Wort, was Jesus in den Versen 35-59 gesagt hat).

Jesu Anhänger beginnen zu begreifen, dass es auf Jesu Worte ankommt, nicht auf die Wundertaten. Es trifft zwar zu, dass sie auf den Messias warten, aber ihre Erwartungen gehen in eine falsche Richtung. Sie sind mit einer Unmenge an materiellem und politischem Ballast befrachtet, und Jesus denkt nicht daran, sich in seinem Handeln an diese messianischen Erwartungen anzupassen. Sein Ziel ist geistlicher, nicht materieller oder politischer Art. Die Menschen sind von Jesus fasziniert, aber zugleich auch enttäuscht. Sie müssen sich entscheiden, ob sie ihm verbindlich nachfolgen oder nach einem anderen Erretter Ausschau halten wollen.

Vers 63 ist eine Zusammenfassung der Lehre Jesu in diesem Kapitel, nur mit anderen Worten. Es ist der Geist, der das Leben bringt. Ohne ihn würden wir nicht einmal erkennen, dass wir Jesus brauchen. Möglicherweise hat Johannes diese Aussage Jesu gerade an diese Stelle gesetzt, um die Gläubigen vor der irrigen Vorstellung zu bewahren, die Teilnahme am Abendmahl oder an den christlichen Gottesdiensten entspreche schon dem, was Jesus unter „glauben" versteht. Nur wenn man Jesu Worte annimmt und in eine lebendige Beziehung zu ihm eintritt, erhält man den Geist, der das Leben bringt.

Aber indem er sagt, dass einige seiner Jünger nicht glauben, heißt das zugleich, dass einige *doch* glauben (V. 64). Wieder zeigt sich, dass Jesus weiß, wie es in den Menschen aussieht, wer es ernst meint und wer nicht. Immer, wenn sich Menschen ihm anvertrauen, ist das ein Zeichen für die Gegenwart des Vaters und für sein Wirken in ihrem Leben (V. 63).

Die Massen kehren Jesus den Rücken, aber die Zwölf bleiben ihm treu. Sie haben erkannt, dass nur er die Worte zu bieten hat, die zum Leben führen (V. 66-69). Wahrscheinlich gibt es kaum einen Christen, der sich nicht irgendwann gefragt hätte, ob es wirklich Sinn hat, Jesus nachzufolgen. Aber dann fragt man sich wie die Zwölf: Wenn nicht an Jesus, an wen soll man sich dann halten? Wenn man genau hinschaut, gibt es keine wirkliche Alternative. Und die Erfahrung zeigt, dass selbst nach den dunkelsten Wegstrecken wieder Licht am Ende des Tunnels zu sehen ist, wenn man die Verbindung zu Jesus nicht aufgibt. Für die zwölf Jünger war das Fehlen einer Alternative ein starker Anreiz, trotz der „harten Rede" bei Christus zu bleiben.

Doch selbst in diesem engsten Kreis von Gläubigen ist einer, der nicht wirklich glaubt: Judas Iskariot. Hinsichtlich der Bezeichnung „Iskariot" gehen die Meinungen auseinander. Wahrscheinlich ist es die griechische Form der hebräischen Bezeichnung *„isch Qeryyoth"* („Mann aus Qeryyoth"). Qeryyoth ist eine Ortschaft in Judäa, und wenn diese Identifikation richtig ist, wäre Judas der einzige Jünger, der aus Judäa stammte.

Johannes ist in seinem Urteil über Judas Iskariot wesentlich härter als die drei anderen Evangelisten. Und noch etwas: Immer, wenn er Judas erwähnt, geschieht das im Zusammenhang mit Jesu Leiden und Sterben. In diesem Fall werden Fleisch und Blut (V. 51-58) sowie der Verrat (V. 71) erwähnt.

Die Reaktionen auf Jesu Botschaft sind unterschiedlich. Viele kehren Jesus den Rücken, einige bleiben aus guten Gründen bei ihm, und einer hält aus sehr zweifelhaften Gründen zu ihm. Auch heute geben viele nur vor, Jesus nachzufolgen. Ihr wirklicher Grund für das Bleiben in der Gemeinde oder Kirche ist der Status, das Ansehen oder der Beifall der Familie und Freunde. Oft ist es auch nur das Bedürfnis nach sozialen Kontakten oder berufliches Interesse. Politiker gehen nicht selten mit der Religion auf Stimmenfang. Aber das alles hat nichts mit wirklichem Glauben zu tun.

🕮 ANWENDUNG

Johannes 6

1. *Kannst du dich an Zeiten in deinem Leben erinnern, in denen du ganz deutlich spürtest, dass Gott aus wenig viel gemacht hat? (6,1-15) In welchem Bereich hättest du heute ein ähnliches Wunder nötig?*
2. *Schildere Erfahrungen aus deinem Leben, in denen du erlebt hast, dass Gott allen „Stürmen" gewachsen ist. Wie hast du dich in schwierigen Situationen verhalten? Haben dich deine Erfahrungen dazu veranlasst, dein Verhalten zu ändern?*
3. *Durch welche Nahrungsmittel würde gerade heute deine geistliche Ernährungsweise am besten versinnbildet werden – etwa durch den Schnellimbiss? Durch ungesunde Nahrungsmittel? Durch Nahrung mit viel Ballaststoffen? Durch Nachtisch oder Süßspeisen? Durch Resteverwertung? Was müsste sich nach deiner Meinung in deiner geistlichen Ernährungsweise ändern?*
4. *Was hat dich veranlasst, zum ersten Mal religiös aktiv zu werden? Haben sich die Beweggründe deines Handelns verändert, seitdem du Jesus näher kennst? Überlege, was Jesus möglicherweise noch ändern möchte.*
5. *Hat es in deinem Leben Zeiten gegeben, in denen es dir schwer fiel, Jesus nachzufolgen? Welche Einsichten haben dir bei der Entscheidung geholfen, trotz allem bei Jesus zu bleiben?*

🕮 VERTIEFUNG

1. *Vergleiche Johannes 6,1-15 mit Kapitel 2,1-11. Meinst du, dass die Erfahrung bei der Hochzeit zu Kana etwas mit Jesu Frage an Philippus in 6,5.6 zu tun hat? Durchsuche das ganze Evangelium und unterstreiche oder markiere alles, was sich auf Jesu Fähigkeit bezieht, die leiblichen und geistlichen Bedürfnisse der Menschen zu befriedigen. Schreibe auf, welche Bedeutung das für uns heute hat. Drücke dich dabei so aus, dass es auch ein säkularer Mensch verstehen kann.*

2. *Spüre anhand einer Konkordanz alle Hinweise auf den Heiligen Geist im Johannesevangelium auf. Falls du genügend Zeit hast, gehe auch allen Hinweisen auf den Heiligen Geist in den Schriften des Paulus sowie im gesamten Neuen Testament nach. Vergleiche das, was du gefunden hast, mit dem, was Jesus über den Geist in Johannes 6,63 sagt. (Beachte dabei die Verse 35-58 – der Kontext seiner Aussage über den Geist ist der Vers 63). Welche zusätzlichen Erkenntnisse über den Heiligen Geist kannst du aus Johannes 6,63 auf Grund deines tieferen Verständnisses gewinnen? Welche Erkenntnis vermitteln dir diese zusätzlichen Nachforschungen über den Grund, warum die meisten Jünger Jesus verließen, die Zwölf aber blieben? Was kannst du aus dieser Studie für dein eigenes geistliches Leben anwenden?*

🕮 FÜR DAS WEITERE STUDIUM

1. *Zur synagogalen Liturgie im ersten Jahrhundert und den Querverbindungen zu Johannes 6 siehe R. E. Brown, „The Gospel According to John", Bd. 1, 277-280. 303. 304.*
2. *Zu den ICH-BIN-Aussagen sowohl im Neuen Testament als auch im Johannesevangelium sowie der Art und Weise, wie Jesus die betreffenden alttestamentlichen Texte benutzt hat, siehe R. Schnackenburg, „The Gospel According to St. John", Bd. 2, 79-89; siehe auch W. Barclay, „Johannesevangelium", Bd. 2, 24ff.; W. Schütz, „Das Johannesevangelium", 56-60; Wuppertaler Studienbibel, „Das Evangelium des Johannes", Bd. 1, 194ff.*
3. *Siehe auch Ellen G. Whites Kommentare zu Johannes 6 in „Jesus von Nazareth", 279-290.*

Kapitel 8

Das Wasser und das Licht des Lebens

Johannes 7 und 8

Johannes 7 und 8 berichten über Jesu Auftreten während des Laubhüttenfests. Laubhütten war das beliebteste und bestbesuchte jüdische Fest. Dies ist das dritte Mal, dass Johannes von einem Besuch Jesu in Jerusalem und Judäa berichtet. Der Herr bleibt volle sechs Monate in dieser Gegend; es sind die letzten seines Wirkens auf Erden.

Die Ereignisse, die in Kapitel 6 beschrieben werden, liegen mindestens ein halbes Jahr zurück, manche glauben sogar, es seien anderthalb Jahre gewesen. Beim Lesen des Abschnitts meint man zu spüren, wie das Mordkomplott, das gleich am Anfang von Kapitel 7 erwähnt wird, alles andere überlagert und die Stimmung drückt.

Der Inhalt von Johannes 7 und 8 kann folgendermaßen gegliedert werden:

7,1-9	Jesu Brüder glauben nicht an ihn
7,10-24	Auseinandersetzung wegen des Sabbats
7,25-36	Jesu Messianität
7,37-39	Das Wasser des Lebens
7,40-52	Meinungsverschiedenheiten wegen Jesu Herkunft
7,53 bis 8,11	Jesus und die Ehebrecherin
8,12-20	Das Licht der Welt
8,31-38	Die Wahrheit macht frei

8,39-47	Der Vater der Juden
8,48-59	Größer als Abraham?

Aus praktischen Gründen wird dieses Kapitel in drei Teile gegliedert. Im ersten Teil geht es um das Gespräch im Tempel (7,1-52), als zweiter Teil folgt die Erzählung von der Ehebrecherin (7,53 bis 8,11), im dritten Teil wird das Gespräch im Tempel fortgesetzt (8,12-59).

Der Stoff in Johannes 7 und 8 erinnert an Jesu Auseinandersetzungen mit den Pharisäern, Sadduzäern und Gesetzeslehrern in Markus 2,1 bis 3,6 und 11,27 bis 12,46.

🕮 EINSTIEG

Johannes 7

Lies Johannes 7,1-52 zweimal hintereinander und beantworte dann folgende Fragen:

1. *Welche Rückschlüsse lassen sich aus Johannes 7,1-12 auf das Verhältnis zwischen Jesus und seinen Brüdern ziehen? Suche anhand einer Konkordanz alle Hinweise auf Jesu Brüder in den Evangelien. Wie haben sich Jesu Beziehungen zu seiner Familie auf seinen Dienst ausgewirkt? Überlege, was positiv und was negativ war.*
2. *Lies Johannes 8. Fertige dir eine Tabelle an, in der du die unterschiedlichen Reaktionen der Menschen, von denen in Johannes 7 und 8 die Rede ist, eintragen kannst. Worin siehst du die Gründe für die Vielfalt an Reaktionen?*
3. *Suche anhand einer Konkordanz alle Stellen in den Evangelien heraus, in denen der Begriff „die Juden“ vorkommt. Teile ein Blatt Papier in drei Spalten auf und ordne die Hinweise nach folgenden drei Gruppen: (1) die religiösen Führer, (2) die Juden im Allgemeinen, (3) eine Gruppe, die den beiden anderen nicht zuzuordnen ist.*

🕮 ERKLÄRUNG

Der Hintergrund

Das Klima in Palästina

Das Klima Palästinas ist durch den Wechsel von zwei scharf getrennten Jahreszeiten gekennzeichnet: der fünf Monate dauernden Trockenheit des Sommers steht die Regenzeit des Winters gegenüber.

DAS KLIMA PALÄSTINAS

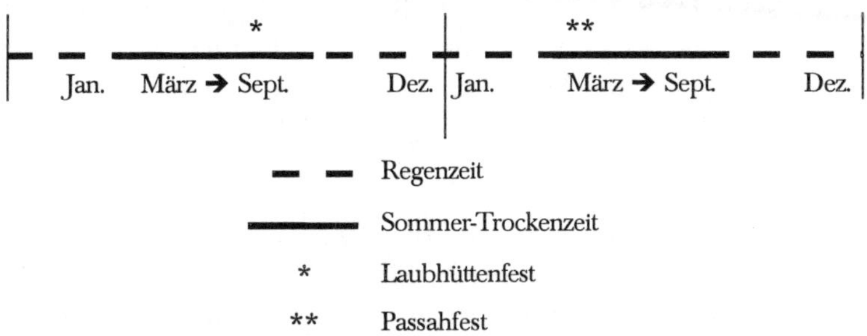

Das Laubhüttenfest fällt in die Jahreszeit, in der die Hitze des Sommers vorüber ist, und in der die Getreideaussaat beginnt. Der Frühregen bewässert das Land und füllt die leeren Zisternen. Die Menschen atmen auf, denn die Zeit des akuten Wassermangels ist vorbei. Zugleich beginnt aber auch die Ernte der Früchte und des Weins, die in der heißen Sommerzeit herangereift sind.

Gegen Ende der Regenperiode wird das Passahfest gefeiert. Der Spätregen hat dafür gesorgt, dass das Getreide zur vollen Reife gelangen konnte, und nun kann die Ernte beginnen. In diese Zeit fällt das Fest der „ungesäuerten Brote“ mit der „Erstlingsgarbe“.[1]

Trotz der Trockenheit im Sommer liefert der Tau normalerweise so viel Feuchtigkeit, dass die Früchte der Bäume und die Trauben

[1] Am zweiten Tag des Festes der ungesäuerten Brote wurde die Erstlingsgarbe als Erstling der neuen Ernte (3. Mose 23,10.11) geschwungen.

der Weinstöcke gute Wachstumsbedingungen haben. Während für den israelitischen Bauern die Trockenheit des Sommers in jedem Fall gewiss ist, bleibt die Regenzeit, die seine Ernte bestimmt, immer und doppelt unsicher. Denn stärker noch als von der Gesamtmenge ist er von der gleichmäßigen Verteilung des Regens auf die Wintermonate abhängig.

Verspätung oder Ausfall von Früh- und Spätregen kann Hungersnot bedeuten; nur reichliche und regelmäßige Regenfälle bringen Fülle und Fruchtbarkeit (Psalm 65,10–14). Darin erkennt der Israelit sehr deutlich seine Abhängigkeit vom Herrn, der allein regnen lassen kann (Psalm 147,8; Jeremia 14,22). Regen ist Segen Gottes (Hesekiel 34,26f.; vgl. Maleachi 3,10) und ebenso Bild für seine geistlichen Gaben (Jesaja 55,10f.; Hosea 6,3; 10,12). Dürre aber bedeutet sein Gericht (5. Mose 11,17; 28,23f.; Haggai 1,10f.).[1]

Das Laubhüttenfest

„Laubhütten" war das letzte der drei Wallfahrtsfeste im liturgischen Kalender des jüdischen Jahres (3. Mose 23,33-43; 4. Mose 29,12-38). Es war meist auch die bestbesuchte Festlichkeit in Jerusalem, denn es zog viele Juden an, die außerhalb Palästinas lebten. Das mag wohl der Grund gewesen sein, dass Jesu Brüder darauf drängten, Jesus solle unbedingt zum Laubhüttenfest nach Jerusalem gehen (Johannes 7,2-5). Es war ein Fest der Freude. Der große Versöhnungstag war vorbei, die Sünden bekannt und vergeben. Israel stand wieder rein vor Gott da. Deshalb waren die Hauptthemen aller religiösen Veranstaltungen: Freude und Lobpreis.

Außerdem erinnerte dieses Fest an den Auszug Israels aus Ägypten und an die Zeit der Wüstenwanderung (3. Mose 23,43), als Gott mitten in der Einöde für Wasser sorgte und sein Volk durch den Schein der Wolkensäule führte (2. Mose 13,21.22; 17,1-7). Deshalb brannten nachts im Tempelbereich riesige Öllampen, die das ganze Gelände in helles Licht tauchten. Außerdem fanden Fackelumzüge statt, die den Glanz des Festes zusätzlich erhöhten. Außer

[1] Vgl. F. Rienecker, „Lexikon zur Bibel", Stichwort „Regen"

der Freude war zur Zeit Jesu Licht das hervorstechendeste Merkmal des Laubhüttenfestes.

Darüber hinaus war das Fest von der Vorstellung geprägt, dass Israel keine dauernde Bleibe auf dieser Erde hat. Symbolisch wurde das dadurch ausgedrückt, dass die Menschen provisorische Hütten aus Palmzweigen errichteten, in denen sie während des Fests wohnten. Selbst diejenigen, die in Jerusalem ein Haus besaßen, bauten auf dem flachen Dach oder im Garten eine solche „Laubhütte“. Die Erfahrung aus der Geschichte Israels, dass Gott sein Volk auch in der Wüste mit Nahrung und Wasser versorgt hatte, war für die Gläubigen ein Zeichen dafür, dass der Herr sich auch ihrer Bedürfnisse annehmen würde. Und wenn während der sieben Festtage Regen fiel, galt das als ein besonders gutes Vorzeichen.

Höhepunkt der Veranstaltungen war der so genannte Regentanz. Priester führten eine Prozession an, die aus dem Tempelgelände kam und den Berg hinunter zur Gihonquelle ging. Dabei wurden die Worte aus Jesaja 12,3 rezitiert: „Ihr werdet mit Freuden Wasser schöpfen aus dem Heilsbrunnen.“ Nachdem sie einen Krug mit Wasser gefüllt hatten, kehrten die Priester auf einer Treppe mit fünfzehn Stufen zum Tempel zurück. Auf jeder dieser Stufen deklamierte einer von ihnen einen der fünfzehn Pilgerpsalmen (Psalm 120 bis 134).

Auf dem Altar im Tempelhof gab es zwei Becken, deren Abflüsse sich vereinigten und unterirdisch bis ins Kidrontal führten. Während das an der Quelle geschöpfte Wasser in das eine Becken gegossen wurde, gossen die Priester in das andere eine Kanne Wein. Wasser und Wein vermischten sich unter dem Altar und flossen gemeinsam zu Tal. Wenn es regnete, floss die Mischung aus Wasser und Wein sogar bis hinunter zum Toten Meer. Das erinnerte symbolisch an die alttestamentlichen Verheißungen vom zukünftigen Gottesreich, die davon sprechen, dass das Wasser aus dem Tempel die Wüste Juda wieder fruchtbar und das Wasser des Toten Meeres frisch und genießbar machen würde (Hesekiel 47; Sacharja 14,8).

Durch seine Anwesenheit beim Laubhüttenfest und das Angebot des lebendigen Wassers (7,37-39) sowie durch seine Aussage, er sei das Licht (8,12; 9,5), bringt Jesus erneut zum Ausdruck, dass er die zeremoniellen Handlungen des Judentums durch sich selbst ersetzt. Die endzeitlichen Ereignisse, die im Alten Testament mit dem Laubhüttenfest verbunden sind, werden in der Person und der Lehre Christi gegenwärtige Realität. Durch Jesu Verhalten während dieses Fests, wird das Thema des „Ersetzens", dem wir im Johannesevangelium immer wieder begegnen, fortgesetzt.

Der Abschnitt im Einzelnen

Der Ausdruck „die Juden" (7,1) bezieht sich hier eindeutig auf die jüdische Führung in Jerusalem und nicht auf das Volk als Ganzes (V. 25.32.45).

Das erklärt auch, warum im Johannesevangelium von Juden die Rede ist, die sich vor „den Juden" fürchten (V. 13). Das ist insofern wichtig, weil es sich aufgrund dieser Differenzierung von selbst verbietet, aus Bemerkungen, die Johannes über die Juden macht, antisemitische Schlussfolgerungen zu ziehen. Die Wendung „die Juden" ist im Johannesevangelium durchweg als Fachausdruck zu verstehen, der in knapper Form die jüdische Führung bezeichnet, die sich zusammensetzte aus Pharisäern, Sadduzäern, Gesetzeslehrern und Mitgliedern des Hohen Rats.

Die Dinge liefen nicht gut in Galiläa (6,60-71). Jesu Brüder waren deshalb der Meinung, es wäre zweckmäßiger, wenn Jesus seine Wunder in Judäa täte (V. 2-4). Der diesbezügliche Rat, den sie Jesus geben, ist sehr zwiespältig. Zum einen hatten sie selbst eine Reihe von Wundern erlebt und glaubten doch nicht so recht an ihn (V. 5). Zum andern hatte Jesus ausgerechnet in Galiläa viele Wunder getan, dennoch hatte sich ein großer Teil seiner Anhängerschaft von ihm abgewandt (6,60-66).

Jesus reagiert auf das Drängen seiner Brüder so, wie wir es von ihm bereits gewöhnt sind. Sinngemäß lässt er sie wissen: Trefft ihr eure Entscheidung und lasst mich meine selbst treffen. Bei euch hängt nichts davon ab, ob und wann ihr nach Jerusalem geht. Euch wird auch niemand nach eurer Meinung in Glaubensdingen fragen, denn euer Glaube und Leben interessiert die Gesellschaft nicht. Eure Zeit ist also immer gekommen, meine jedoch nicht. In dem, was ich sage und tue, spielt der richtige Zeitpunkt eine entscheidende Rolle. Ein falscher Schritt könnte das Scheitern meiner ganzen Mission zur Folge haben. Im Übrigen denke ich nicht daran, mir von euch die Tagesordnung vorschreiben zu lassen, die aufzustellen allein mein Vater im Himmel das Recht hat (V. 6-9; vgl. 2,3-5).

Auch hier wird wieder deutlich, dass sich Jesus völlig dem Zeitplan Gottes unterordnete und von niemandem zu etwas drängen ließ, wozu er nicht das göttliche Ja hatte. Das lässt verstehen, warum Johannes in Vers 10 kommentarlos mitteilt, dass Jesus sich auf den Weg nach Jerusalem machte, obwohl unmittelbar zuvor die Rede davon ist, dass er nicht zum Laubhüttenfest gehen werde. Offenbar hatte er nach der Abreise seiner Brüder von Gott die Weisung erhalten, ebenfalls nach Jerusalem zu gehen.

Das Laubhüttenfest dauerte einschließlich des „Tags der Versammlung" acht Tage. Die Wendung „mitten im Fest" (V. 14) bezieht sich entweder auf den vierten oder fünften Festtag. Vermutlich war dies das erste Mal, dass Jesus öffentlich im Tempel lehrte. Jedenfalls wunderten sich die Zuhörer, wie gut sich Jesus in Glaubens- und Lebensfragen auskannte, obwohl er kein „Studierter" war (V. 15). Besonders mag ihnen dabei aufgefallen sein, dass er nicht endlos rabbinische Zitate aneinander reihte, sondern die Schrift eigenständig auslegte. Daraufhin angesprochen, erklärte Jesus, es gäbe keine bessere Ausbildung als die „Schule Gottes" – und die habe er genossen (V. 16). Deshalb brauche er zur Bestätigung seiner Lehre auch nicht die Aussagen religiöser Autoritäten. Im Übrigen könne jeder selbst nachprüfen, ob er die Wahrheit sagt, er müsse nur bereit sein, das zu verwirklichen, was Jesus im Auftrag Gottes verkündigt.

Der Grund, weshalb „die Juden" Jesu Lehren (V. 21-24) in Frage stellten, war derselbe, wie bereits in Johannes 5 genannt: es ging um Jesu Heilungen am Sabbat. Jesus verteidigte sich, indem er seinen Gegnern vorwarf, ihn der Gesetzesübertretung zu beschuldigen, sich selbst aber nicht an das Gesetz des Mose zu halten (V. 19). Ihm warfen sie vor, das Sabbatgebot gebrochen zu haben, aber sie hatten im Herzen schon das Gebot gebrochen: „Du sollst nicht töten“, denn sie trachteten ihm nach dem Leben. Darüber hinaus wirft er ihnen vor – man beachte die feine Ironie –, dass es auch mit ihrer Treue zum Sabbat nicht weit her sei. Wenn es gelte, ein Kind zu beschneiden, hätten sie keine Skrupel, das auch am Sabbat zu tun[1], wobei die Handlung nur einen einzigen Körperteil betraf. Wenn er dagegen heilte, handelte es sich um das Gesundwerden des ganzen Menschen (V. 22.23).

Ab Vers 25 wechselt die Thematik. Es geht in der Auseinandersetzung nicht mehr um Sabbatheilungen, sondern um den Anspruch Jesu, der Messias zu sein. Das heißt, hier kommt wieder das eigentliche Thema des Johannesevangeliums zur Sprache. In Bezug auf seinen messianischen Anspruch verwickeln sich Jesu Gegner ständig in Widersprüche. Zum einen lehnen sie ihn ab, weil sie wissen, woher er kommt, nämlich aus Galiläa (V. 41.52), obwohl sie doch selbst lehrten, dass niemand wissen könne, woher der Messias kommt. Und dann wissen sie wieder genau, dass der Gottgesandte in Bethlehem geboren werden sollte (V. 42). Zu guter Letzt stellt sich heraus, dass sie doch nicht wissen, woher Jesus gekommen ist (9,29; 8,14.19).

Dass Johannes das Problem der Herkunft Jesu in sein Evangelium aufgenommen hat, scheint darauf hinzudeuten, dass es sich dabei auch um ein Anliegen der zweiten christlichen Generation gehandelt hat.

Matthäus deutete die alttestamentlichen Aussagen so, dass der Messias sowohl mit Bethlehem als auch mit Nazareth in Verbindung gebracht werden kann (Matthäus 2,6.23). Johannes geht einen anderen Weg. Anstatt die Argumente der Widersacher Jesu zu widerlegen, behauptet er, dass die Debatte um den Geburtsort des Messias völlig überflüssig sei, weil der gar nicht von dieser Welt sei, sondern vom Himmel komme (1,11.14; 7,16.28.29.33; 8,16.18.23).

---

[1] Neugeborene Knaben mussten am 8. Tag beschnitten werden, der konnte natürlich auch auf einen Sabbat fallen.

Mitten in der Debatte über ihn – wahrscheinlich in dem Augenblick, als das Wasser in das Becken auf dem Altar gegossen wurde – erscheint Jesus und unterbricht die Zeremonie mit einer Erklärung, die erneut den Gedanken des Ersetzens zum Ausdruck bringt. Die Pilger möchten ihren „geistlichen Durst" beim Laubhüttenfest stillen, doch Jesus macht ihnen ein anderes Angebot, indem er das bei den Zeremonien fließende Wasser durch seine eigene Person ersetzt. Wen nach lebendigem Wasser dürstet, dem kann Jesus besser helfen als die rituellen Handlungen im Tempel. Und nicht nur der eigene Durst wird gelöscht, sondern wer an Christus glaubt, wird selbst zum Quell geistlicher Stärkung für andere (7,37.38).

Das Kapitel schließt mit der ärgerlichen Frage der Oberen, warum die ausgesandten Wachen nicht in der Lage waren, diesen angeblichen Messias festzunehmen (V. 45-52; vgl. V. 26.30.44). Dieser kurze Abschnitt ist voller ironischer Bemerkungen. Kaum hatten die Führer behauptet, dass auch nicht eine einzige der führenden Persönlichkeiten an diesen Jesus glaubt, da setzt sich Nikodemus, einer aus den eigenen Reihen, für den Mann aus Nazareth ein. Sie beschuldigen Jesus der Missachtung des Gesetzes, und plötzlich stellt einer ihrer eigenen Gesetzeslehrer ihre Treue zum Gesetz in Frage (V. 50.51). Und die Behauptung, mit der sie den unbequemen Kritiker mundtot machen wollen, offenbart ihre eigene Unkenntnis. In Wirklichkeit kamen nämlich mehrere jüdische Propheten aus Galiläa: ganz sicher Jona und wahrscheinlich auch Nahum und Elia. Offenbar hatte der Erfolg Jesu beim Volk die religiösen Führer so sehr in Verwirrung gebracht, dass sie nach jedem Mittel griffen, um ihn zu diffamieren – sei es tauglich oder nicht.

An dieser Stelle soll noch einmal betont werden, dass in diesem Kapitel sehr genau zwischen den Führern Israels und dem Volk selbst unterschieden wird. Die führenden Persönlichkeiten wollen Jesus beseitigen (V. 1.25.32), das Volk dagegen ist sich entweder unschlüssig, wie es sich Jesus gegenüber verhalten soll, oder neigt ihm zu (V. 12.13.25-27.31.40.41). Dafür wird es von den Oberen, die sich nun endgültig gegen Jesus entschieden haben, sogar verflucht (V. 48.49).

Die wesentlichen Gedanken

Die Versuchungen Jesu

Wer die vier Evangelien liest, stellt erstaunt fest, dass im Johannesevangelium die Versuchungsgeschichte fehlt, die von den anderen Evangelisten übereinstimmend berichtet wird (Matthäus 4,1-11; Markus 1,12.13; Lukas 4,1-12). Das hängt damit zusammen, dass Johannes zwar theologischen Gebrauch von Geschehnissen im Leben Jesu macht, aber nicht immer auf die ursprünglichen Zusammenhänge hinweist, die dieser Theologie zugrunde liegen (vgl. das Herrenmahl und Jesu Gebetsringen in Gethsemane).

Wenn das Johannesevangelium auch Jesu Versuchung in der Wüste übergeht, so findet sich der Kern dieser drei Versuchungen doch mittelbar in Johannes 6 und 7. Jesus wird versucht, sich zum König ausrufen zu lassen (6,15; vgl. Matthäus 4,8-10; Lukas 4,5-8). Er wird versucht, ein Brotwunder zu vollführen (6,30.31; vgl. Matthäus 4,3.4; Lukas 4,3.34), und er wird von seinen eigenen Brüdern gedrängt, im Tempel ein Schauwunder zu inszenieren, um sich als der Messias darzustellen (7,2.3; vgl. Matthäus 4,5-7; Lukas 4,9-12). Der Unterschied zu den Versuchungsgeschichten in den anderen Evangelien besteht lediglich darin, dass die Versuchungen jeweils von Menschen ausgehen. Aber dass auch dahinter Satan stecken kann, ergibt sich aus Matthäus 16,21-23, wo Petrus zum menschlichen Werkzeug des satanischen Versuchers wird.

Das Wasser des Lebens

Bei der Wasserzeremonie anlässlich des Laubhüttenfests wurden die Gefäße von den Priestern nur für kurze Zeit gefüllt. Wer zu Jesus kommt, dem fließt ständig lebendiges Wasser zu. Während des Laubhüttenfests beteten die Gläubigen um Regen, denn der galt als gutes Vorzeichen für eine reiche Ernte.

Jesus bietet den Pilgern im Tempel an, ihr Verlangen nach Wasser auf ganz neue Weise zu stillen, sie müssten nur zu ihm kommen und das lebendige Wasser in Empfang nehmen. Als er dieses Angebot machte, scheint er mehrere alttestamentliche Aussagen im

Sinn gehabt zu haben (Jesaja 44,3.4; 58,11; Hesekiel 47,1-12; Joel 3,18; Sacharja 14,8).

In Johannes 7,39 ist der Heilige Geist das lebendige Wasser, das Jesus anbietet; den aber kann man nur empfangen, wenn man zu ihm, der Quelle des Geistes Gottes, kommt. Für seine jüdischen Zuhörer war klar ersichtlich, dass er sich damit an die Stelle des Tempels setzte, denn aufgrund alttestamentlicher Texte erwarteten die Juden, dass in der Endzeit im Tempel eine Quelle mit lebendigem Wasser sprudeln würde (vgl. Hesekiel 47,1-12). Neu ist in Kapitel 7,38, dass Jesus *alle* zu sich einlädt, und dass sie selbst für andere zu einem Quell lebendigen Wassers werden können. Den Gläubigen ist es gemäß dieser Aussage also möglich, den Heiligen Geist, den sie selbst empfangen haben, an andere weiterzugeben.

🕮 EINSTIEG

Johannes 8,1-11

Lies Johannes 8,1-11 zweimal hintereinander und beantworte dann folgende Fragen:

1. *Mache dir bewusst, in welch schwierige Lage die Pharisäer Jesus gebracht hatten. Was hätten sie Jesus wohl vorgeworfen, wenn der gesagt hätte, sie sollten die Frau einfach gehen lassen? Wie hätten sie vermutlich reagiert, wenn Jesus die Steinigung der Frau gebilligt hätte?*
2. *Was hättest du in den Sand geschrieben, wenn du an Jesu Stelle gewesen wärst? Schreibe es in wenigen Sätzen auf.*

🕮 ERKLÄRUNG

Aufbau und Hintergrund

In welchem Verhältnis dieser Abschnitt zu den anderen Teilen des Johannesevangeliums steht, ist nicht ganz klar. In der Fassung der Lutherbibel von 1984 heißt es in einer Erklärung: „Der Bericht 7,53-8,11 ist in den ältesten Textzeugen des Johannes-Evangeliums nicht enthalten." Dr. Martin Luther hatte bei der Übersetzung des Neuen Testaments den griechischen Text des Erasmus vorliegen. Erasmus wiederum standen nur Bibelabschriften jüngeren Datums zur Verfügung. Im vergangenen Jahrhundert wurden viele Handschriften entdeckt, die wesentlich älter sind als die, auf die sich beispielsweise Luther stützte. Manche dieser Handschriften stammen sogar aus dem zweiten nachchristlichen Jahrhundert. Aus dem allen ergibt sich folgendes Bild:

Die Erzählung von der auf frischer Tat ertappten Ehebrecherin fehlt in sämtlichen älteren griechischen Handschriften. Auch in den ältesten Übersetzungen ins Syrische, Lateinische und Koptische ist sie nicht enthalten. Kein Kommentar in griechischer Sprache erwähnt diese Erzählung vor dem 12. Jahrhundert, also mehr als tausend Jahre nach dem Entstehen der ältesten uns bekannten Abschriften. Auch die ältesten griechischen Kirchenväter haben sie niemals im Zusammenhang mit dem Johannesevangelium erwähnt.

Darüber hinaus findet sich in älteren Bibelhandschriften, die diese Erzählung enthalten, ein Hinweis, dass es zweifelhaft ist, ob sie tatsächlich in dieses Evangelium gehört. Aber selbst in solchen Handschriften steht sie durchaus nicht immer an derselben Stelle des Textes (z. B. 7,36; 21,25). Am häufigsten wird sie allerdings nach Johannes 7,52 eingefügt, wie das bei den meisten modernen Bibeln der Fall ist. Die Tatsache, dass die Geschichte von der Ehebrecherin offenbar keinen festen Platz im Johannesevangelium hatte, spricht dafür, dass sie nicht Bestandteil der Originalausgabe gewesen ist.

Das heißt allerdings nicht, dass diese Erzählung eine Erfindung aus späterer Zeit ist. Sie war in der Kirche bereits im frühen zweiten Jahrhundert bekannt und bezeugt. Das Problem ist also nicht, ob sie authentisch ist oder nicht, sondern dass sie nicht mit Sicherheit als zum Johannesevangelium gehörig identifiziert werden kann. Wie soll sich angesichts dessen der heutige Leser verhalten? Es ist so gut wie sicher, dass sich diese Erzählung auf ein tatsächliches Ereignis im Leben Jesu bezieht, an das sich viele Leute erinnerten. Woher die Erzählung stammt und wie sie ins Johannesevangelium gekommen ist, wissen wir nicht. Aber ihre innere Echtheit und Überzeugungskraft ist unbezweifelbar. Sie zeigt uns Jesus in unvergesslicher Weise.[1] Obwohl sie in keinem der anderen kanonischen Evangelien enthalten ist, wurde sie als ein einzigartiger und authentischer Zeuge für eine besondere Lehre Jesu anerkannt.

In der Hoffnung, dieses Zeugnis zu bewahren, versuchten einige Schreiber offenbar, diese Begebenheit in eins der Evangelien einzuarbeiten. Es hat sich allgemein eingebürgert, sie nach Johannes 7,52 einzufügen, weil diese Erzählung gut zu den Kapiteln 7 und 8 passt, in denen Kontroversen ausgetragen werden, und wo Jesus es ablehnt, Richter zu sein (8,15).

Der Abschnitt im Einzelnen

Der Gegensatz zwischen denen, die in ihre Heime gingen (7,53) und Jesus, der kein eigenes Heim hatte (8,1), ist für die Evangelien nichts Ungewöhnliches. In Matthäus 8,20 wird Christus als einer beschrieben, der nicht einmal einen Platz hatte, wo er sich ausruhen konnte (vgl. Lukas 9,58).

Der Ausdruck *Ehebruch* (8,3.4) besagt hier, dass die Frau verheiratet war und dabei ertappt wurde, als sie ihren Ehemann betrog. Vom reinen Gesetzesstandpunkt her handelten die Schriftgelehrten und Pharisäer korrekt, denn auf Ehebruch stand die Todesstrafe. Andererseits scheinen sie es mit dem Gesetz aber nicht in jeder Hinsicht genau genommen zu haben, denn in einem Fall von Ehebruch, wie er offensichtlich hier vorlag, verlangte das Gesetz, dass beide Beteiligten sterben sollten (3. Mose 20,10; 5. Mose 22,22). Jesu Gegner zerrten nur die Frau in die Öffentlichkeit, wo aber blieb der Ehebrecher?

Da Jesus saß, als seine Gegner kamen, fiel es ihm nicht schwer, mit dem Finger Zeichen in den Staub zu schreiben (V. 6). Der Text gibt keine Auskunft darüber, was Jesus auf die Erde schrieb, deshalb kann es darüber auch nur Vermutungen geben. Sehr naheliegend wäre es, dass es die geheimen Sünden der Ankläger waren.

[1] Wuppertaler Studienbibel, „Das Evangelium des Johannes“, Bd. 1, 253

Wodurch hätten sie sich sonst davon abhalten lassen, Jesus in ihre Gewalt zu bekommen? Aber anstatt ihren so geschickt eingefädelten Plan zu Ende zu führen, verschwand einer nach dem anderen ohne ein Wort zu sagen.[1]

Dabei war der Plan perfekt und die Falle so geschickt aufgestellt, dass sie zuschnappen musste, wie immer sich Jesus auch verhalten würde. Ließe er die Frau laufen, würde man ihn beschuldigen, zum Ungehorsam gegenüber dem Gesetz des Mose aufzurufen. Würde er sich für die Steinigung aussprechen, konnte man ihn bei den Römern anzeigen, denn es war keinem Juden gestattet, ein Todesurteil zu verhängen. Aber wie immer, wenn seine Gegner meinten, ihm endlich den Strick um den Hals gelegt zu haben, kam es ganz anders.

Durch seine Aufforderung, wer ohne Sünde sei, solle den ersten Stein werfen, und durch ein paar Schriftzeichen, wortlos in den Staub geschrieben, brachte er sie zum Schweigen. Jesus wischte die Schuld der Ehebrecherin nicht vom Tisch, sondern zeigte anschaulich, dass Mitleid und Vergebung wichtiger sind als Strafe. Wer schnell dabei ist, andere zu richten, handelt so, als sei er selbst nie schuldig geworden.

An dieser Geschichte fällt auf, dass Jesus die Frau weder freigesprochen noch verurteilt hat, wie das an anderen Stellen durchaus geschehen ist (vgl. Lukas 7,36-50; Johannes 3,17; 8,15). Er wollte es der Frau wohl selber überlassen, inwieweit sie durch die Begegnung mit ihm imstande sein würde, selbst über ihre Sünde zu urteilen und einen neuen Weg einzuschlagen.

Die wesentlichen Gedanken

Das Thema dieses Abschnitts fügt sich insofern gut in das Johannesevangelium ein, als Jesus sowohl über die Frau als auch über die Ankläger alles weiß. Trotzdem fällt er kein Urteil, obwohl die Ehebrecherin es zweifellos verdient hatte. Seit zwei Jahrtausenden ist

[1] Vgl. Barclay, „Johannesevangelium", Bd. 2, 69; White, „Jesus von Nazareth", 342f.

diese Erzählung eine Warnung für alle, die schnell bei der Hand sind, andere zu verurteilen – selbst wenn die es wirklich verdient haben. Andererseits gibt Jesus hier ein Beispiel dafür, wie man mit denen, die in Sünde geraten sind, umgehen soll: freundlich und barmherzig.

Wer erlebt hat, dass mit ihm nicht so umgegangen worden ist, wie er es eigentlich verdient hätte, und wer Gottes Barmherzigkeit im eigenen Leben erfahren hat, sollte auch selbst mitfühlend, geduldig und barmherzig sein (vgl. 2. Timotheus 2,24-26).[1] Der Vollzug des Gesetzes bleibt notwendig in dieser Welt. Aber das richtende Auge Christi schaut tiefer als das Auge des Gesetzes. Und sein gnädiges Handeln ist auf Größeres gerichtet als das Gesetz: nicht nur darauf, dass das Böse bestraft und eingedämmt wird, sondern darauf, dass der Mensch neu wird in einem neuen Wollen und Leben.[2]

🕮 EINSTIEG

Johannes 8,12-59

Lies Johannes 8,12-59 zweimal hintereinander und beantworte dann folgende Fragen:

1. *Stelle Jesu Aussagen über sich selbst und über sein Verhältnis zum Vater zusammen. Überlege, warum sich in diesem Abschnitt alles darum dreht, wer Jesus ist und wer ihn gesandt hat.*
2. *Führe alle Streitpunkte zwischen Jesus und seinen Gegnern an. Gibt es in dieser Diskussion eine Entwicklung oder werden nur mit anderen Worten immer dieselben Anschuldigungen vorgebracht?*
3. *Kopiere den Bibelabschnitt und markiere dann alle Stellen, in denen die Begriffe „Vater“ und „Wahrheit“ vorkommen. Worauf weist die Häufung dieser Begriffe in diesem Abschnitt hin?*

---

[1] Vgl. White, „Testimonies for the Church“, Bd. 6, 120f.

[2] Schütz, „Das Johannesevangelium“, 69

🕮 ERKLÄRUNG

Aufbau und Hintergrund

Der Rest des Kapitels ist noch ein Teil der Laubhüttenfestepisode, die in Kapitel 7,1 begann. Der Abschnitt beginnt und schließt mit ICH-BIN-Aussagen (V. 12.38). Da viele Festpilger im Tempel sind, nutzt Jesus die Gelegenheit, um mit denen, die ihm zuhören wollen, über seine Sendung zu sprechen. Die geistlichen Führer wollen das verhindern und greifen ihn direkt an (V. 13.22.48.52.57).

Wie bereits erwähnt, sollte das Laubhüttenfest an den Auszug Israels aus Ägypten und Gottes gnädige Führung während der Wüstenwanderung erinnern. Vor allem an solch markante Erlebnisse wie die Gegenwart Gottes in Gestalt der Wolken- und Feuersäule sowie daran, dass Gott Israel selbst in der Wüste reichlich Wasser schenkte. Zum wiederholten Mal benutzt Jesus die religiösen Zeremonien um klarzustellen, dass er das Licht der Welt ist (V. 12).

Der Abschnitt im Einzelnen

Der Hauptgedanke des Abschnitts 8,12-20 ist der des Zeugnisses, der an Johannes 5,31-47 erinnert. Die Themen *Licht* (V. 12) und *Gericht* (V. 15.16) treten in den Hintergrund. Das Zeugnis Jesu über sich wird von Gott bestätigt. Damit ist die Mindestanforderung des Gesetzes in Bezug auf ein Zeugnis erfüllt (Johannes 8,13-18; vgl. 5. Mose 19,15). Wenn die Gegner wirklich an der Wahrheit interessiert gewesen wären, hätten sie erkennen müssen, dass Gott wirklich der Vater Jesu war (V. 19).

In den Versen 21-30 wird die Auseinandersetzung über Jesu Identität und sein Verhältnis zu Gott fortgesetzt, indem Jesus eine Reihe von ICH-BIN-Aussagen macht (V. 24.28). Die Verse 33-39 erinnern an die Vorwürfe, die Jesus den Pharisäern und Schriftgelehrten in Matthäus 23 gemacht hat. Der ganze Abschnitt wird durch das Abrahamthema zusammengehalten (V. 33.37.39-41.52.56. 58). Sowohl Jesus als auch seine Ankläger berufen sich darauf, Nachkommen und Erben Abrahams zu sein.

Die Verse 32 und 33 zeigen, dass die Gelehrten Jesus völlig missverstanden hatten, und zwar in doppelter Weise. Weder hatten sie begriffen, was Jesus unter Freiheit versteht, noch was es heißt, Abrahams Nachkommen zu sein.

Die einzige Freiheit, die für Jesus Bedeutung hat, ist die Freiheit von der Sünde. Solange die Wahrheit, die Jesus verkündigt, das Leben des Menschen nicht durchdringt, ist die Versklavung durch die Sünde nicht aufgehoben. Der Mensch ohne Jesus ist nicht wirklich frei und bleibt deshalb weit unter den Möglichkeiten, die ihm Gott zugedacht hat. Konkret heißt das hier: Wer unter der Herrschaft der Sünde steht, der ist nicht besser dran als die Heiden, ganz gleich, ob er ein Nachkomme Abrahams ist oder nicht (V. 34-36). Er braucht die Erlösung, die Jesus anbietet, nicht weniger dringend als ein Ungläubiger.

Jesus bestreitet nicht, dass seine Gegner von der Abstammung her Abrahams Kinder sind, aber er macht zugleich klar, dass sie es von ihrer Gesinnung her eben nicht sind (V. 37-40). Von dem Sohn eines Juden erwartete man, dass er sich auch wie ein Jude verhielt. Und von denen, die sich etwas auf ihre Herkunft von Abraham zugute hielten, musste man erwarten können, dass sie sich auch wie ihr Stammvater verhielten (V. 39).

Als sich die Pharisäer und Schriftgelehrten in das Argument flüchten, dass sie ja auf jeden Fall Gottes Kinder seien (V. 41), holt Jesus zum vernichtenden theologischen Schlag aus. Wenn sie tatsächlich Kinder Gottes wären, hätten sie Jesus als ihren geistlichen Bruder erkennen müssen, denn er war von Gott gekommen (V. 42). In Wirklichkeit sei ihnen aber nichts wichtiger, als den zu töten, der ihnen die Wahrheit gebracht hatte (V. 40). Dadurch bewiesen sie, dass nicht Gott ihr Vater ist, sondern der Teufel, der von Anfang an ein Lügner und Mörder ist (V. 44). Wenn sie denn schon nicht auf Jesu Wort hin glauben wollten, dass er der Sohn Gottes ist, dann hätte sie sein Leben und sein Wirken davon überzeugen müssen (V. 45-47).

An dieser Stelle gerät die Auseinandersetzung außer Kontrolle. Jesu Gegner reagieren auf seine Argumentation damit, dass sie nun ihn beschuldigen: „Da sieht man ja, dass wir Recht haben, du bist ein gottloser, von Dämonen besessener Samariter!“ (V.48). Dagegen, dass man ihn als Samariter (d. h. als gottlosen Menschen) bezeichnet, wehrt sich Jesus nicht, wohl aber gegen den Vorwurf, besessen zu sein (V. 49).

Die Gegner beschuldigen ihn außerdem, Abraham zu verunglimpfen, indem er sich für bedeutender halte als den Stammvater Israels (V. 52.53). Jesus weist diese Anschuldigung nicht zurück, sondern behauptet, er sei der Hauptinhalt der prophetischen Visionen Abrahams gewesen (V. 56). Damit bekräftigt er nicht nur seinen Anspruch, größer als der Glaubensvater zu sein, sondern stellt sich erneut als der ICH BIN dar (V. 54-58).[1] Diese „Gotteslästerung“ lässt die „Nachkommen Abrahams“ und „Kinder Gottes“ sogar an heiliger Stätte zu Steinen greifen, um Jesus zu töten. Der aber entzieht sich ihnen und verlässt den Tempel unbeschadet.

Die wesentlichen Gedanken

Das Kreuz als Erhöhung

Das Johannesevangelium bezieht sich immer wieder auf das Kreuz als Bild für die „Erhöhung“ Jesu (3,14.15; 8,28). Dabei kann „Erhöhung“ sowohl den tatsächlichen Akt der Kreuzigung bedeuten als auch im übertragenen Sinne gemeint sein. Jemanden zu erhöhen heißt auch, ihn ermutigen, in seiner Aufgabe bestärken, ihn verherrlichen und dadurch auf eine höhere Ebene stellen. Andererseits bedeutet sich selbst zu erhöhen aber auch, sich zu rühmen und herauszustellen, sich über die anderen zu erheben.

Der Begriff „Erhöhung“ wird im Johannesevangelium unterschiedlich verwendet. Er wird auf Jesu Kreuzigung und Himmelfahrt angewandt, aber auch auf den Status, den er durch sein stellvertretendes Opfer am Kreuz erlangte, und auf die Ehre, die Gott ihm deshalb erwies. Jesu Leiden und Sterben, seine Auferstehung

[1] Vgl. Johannes 7 bezüglich weiterer Informationen über die ICH-BIN-Stellen im Johannesevangelium.

und Himmelfahrt haben mehr als alles andere dazu beigetragen, dass klar wurde, wer er wirklich ist (V. 28).

Die Wahrheit wird euch frei machen

Wie der Begriff „Erhöhung“, so wird auch der Ausdruck „Wahrheit“ im Johannesevangelium unterschiedlich verwendet.[1] Wahrheit ist vor allem etwas, was untrennbar mit der Person Jesu verbunden ist (1,17; 14,6). Er redet nicht nur von der Wahrheit, sondern er *ist* die Wahrheit. Durch seine Menschwerdung, sein Leben und Sterben brachte er die Wahrheit in die Welt. Mit Wahrheit kann aber auch gemeint sein, dass Jesus durch sein Leben und seine Lehre deutlich machte, wer Gott ist und was er will (V. 33.34).

Jesus nimmt für sich in Anspruch, die einzige Quelle der Wahrheit zu sein (8,32.36; 14,6). Im erweiterten Sinn ist auch das durch den Heiligen Geist vermittelte Zeugnis der Heiligen Schrift über Jesu Leben und seinen Tod zur Quelle der Wahrheit geworden (16,13). Für uns, die wir einer der Generationen nach Christus angehören, ist das Neue Testament die bedeutendste und wichtigste Offenbarungsquelle Gottes.

In Vers 32 sagt Jesus, dass die Wahrheit frei macht, aber wie geschieht das praktisch? William Barclay weist in diesem Zusammenhang auf vier Gesichtspunkte hin:[2]

(1) Wer zu Jesus gehört, wird frei von der Angst und Furcht, die heute viele Menschen bedrängt. Er ist nicht allein, sondern weiß, dass er Christus an seiner Seite hat.

(2) Wer Christus nachfolgt, wird frei von sich selbst. Die meisten Menschen stehen sich durch ihr eigenes Ich selbst im Wege, sie sind sich sozusagen selbst der ärgste Feind. Wenn Jesus durch seinen Geist in das Leben eines Menschen einzieht, kann etwas völlig Neues entstehen.

(3) Die Wahrheit macht frei und unabhängig von anderen Menschen. Viele Menschen leben ständig in der Furcht vor dem,

---

[1] Vgl. Brown, a. a. O., Bd. 1, 499

[2] Barclay, „Johannesevangelium“, Bd. 2, 87

was andere über sie denken und reden könnten. Wer zu Jesus gehört, ist nicht mehr abhängig vom Urteil der Leute, sondern er hört auf das Urteil Gottes. Er weiß, was Gott von ihm hält.

(4) Die Wahrheit macht frei von Sünde. Jeder weiß aus eigener Erfahrung, dass Sünde unfrei macht. Viele Menschen sündigen nicht, weil sie es wollen, sondern weil sie nicht anders können. Der sündige Mensch tut letztlich nicht das, was er gern möchte, sondern das, was ihm die Sünde gebietet. Jesus zerbricht die Ketten der Sünde, und der Mensch wird zu dem, was er nach Gottes Willen sein soll.

ANWENDUNG

Johannes 7 und 8

1. *Inwiefern erfährst du um deines Glaubens willen Widerstand in der eigenen Familie oder in der Umwelt? Was bedeutet dir die Tatsache, dass sich auch Jesus damit auseinander setzen musste? Sprichst du im Familien- oder Freundeskreis offen über deinen Glauben oder hältst du dich lieber zurück?*
2. *Was liegt dir näher, die Fehler anderer zu verurteilen oder hast du eher Mitleid mit ihnen? Welche Auswirkungen sollte deiner Meinung nach Jesu Verhalten gegenüber der Ehebrecherin auf die Handlungsweise der Gemeinde hinsichtlich Scheidung und Wiederverheiratung haben?*
3. *Überlege, wer Jesus heute mehr missversteht: fromme oder weltlich eingestellte Menschen? Erläutere deine Antwort. Wann und wie hast du Aussagen der Bibel oder Glaubenslehren missverstanden? Woran lag das?*
4. *Worauf bist du in deinem Glaubensleben stolz? Was bringt dich diesbezüglich in Verlegenheit? Meinst du, dass dir dein „Glaubenserbe“ in der Beziehung zu Christus hilft oder eher hinderlich ist? Begründe deine Antwort.*

🕮 VERTIEFUNG

1. *Erweitere dein Wissen über die Jahreszeiten in Palästina und den jüdischen Festkalender anhand von Bibellexika oder anderen geeigneten Quellen.*
2. *Vergleiche Jesu Streitgespräche mit den Juden in Johannes 7 und 8 mit ähnlichen Debatten in Markus 2,1 bis 3,6 und 11,27 bis 12,40. Liste sowohl die Ähnlichkeiten als auch die Unterschiede auf. Stelle fest, ob es in den beiden Berichten mehr Ähnlichkeiten oder mehr Unterschiede gibt. Was kannst du aus der Art und Weise, wie Jesus mit seinen Gegnern umgeht, für deinen Umgang mit anderen Menschen lernen?*

🕮 FÜR DAS WEITERE STUDIUM

1. *Zur Geschichte und Bedeutung des Laubhüttenfests siehe: Brockhaus, „Lexikon zur Bibel", Stichwort „Laubhüttenfest"; H. Haag, „Bibellexikon", 1017-1020; J. A. Thompson, „Hirten, Händler und Propheten", 342; E. G. White, „Jesus von Nazareth", 331-336; „Patriarchen und Propheten", 518-523.*
2. *Hinsichtlich des Kreuzes als „Erhöhung" Jesu siehe R. Schnackenburg, „The Gospel According to St. John", Bd. 2, 398-410.*
3. *Weitere Hinweise zu Johannes 7 und 8 siehe bei E. G. White, „Jesus von Nazareth", 331-350.*

Kapitel 9

Das Licht des Lebens und der Gute Hirte

Johannes 9,1 bis 10,21

Nachdem Jesus den Tempel verlassen hatte, heilte er einen Mann, der von Geburt an blind war (V. 1-7). Natürlich blieb das den religiösen Führern nicht verborgen. Sie horchten den ehemals Blinden aus, um eine Handhabe gegen Jesus zu finden. Der Geheilte setzte sich mit einem Gemisch aus feiner Ironie und beißendem Spott zur Wehr und verteidigte dabei mutig den, der ihn geheilt hatte (V. 8-33). Zur Strafe wurde er wohl aus der religiösen Gemeinschaft ausgestoßen (V. 34).

Als Jesus das hörte, suchte er den Geheilten auf, um dessen Glauben zu stärken und sich ihm als der Messias zu offenbaren (V. 35-41). Er benutzte diese Heilung, um anhand verschiedener Vergleiche noch einmal seinen Auftrag deutlich werden zu lassen. Zum Beispiel zeigte er am Bild des Hirten, dass es seine Aufgabe sei, sich der Ausgestoßenen und an den Rand der Gesellschaft Gedrängten anzunehmen (10,1-18).

Der Abschnitt von Johannes 9,1 bis 10,21 stellt eine in sich abgeschlossene Einheit dar, die sich nahtlos in den Gesamtzusammenhang des Johannesevangeliums einfügt.

🕮 EINSTIEG

Johannes 9,1-41

Lies Johannes 9,1-41 zweimal hintereinander und beantworte dann folgende Fragen:

1. *Überprüfe, welche Berührungspunkte es zwischen Johannes 9 und den Kapiteln 7 und 8 gibt. Wann spielte sich die geschilderte Szene ab?*
2. *In Johannes 9 werden vier verschiedene Menschengruppen und ihr Verhalten Jesus gegenüber erwähnt: Nachbarn, Pharisäer, die Eltern des Geheilten und der Geheilte selbst. Nimm für jede dieser Gruppen ein Blatt Papier, beschrifte es mit deren Namen und teile es durch einen senkrechten Strich in zwei Spalten. Schreibe über die linke Spalte „gewiss" und in die rechte „ungewiss". Führe dann anhand von Kapitel 9 in der jeweiligen Spalte alles an, dessen sich die Gruppen oder Einzelnen „gewiss" oder „nicht gewiss" waren.*
3. *Beschreibe in wenigen Sätzen, welche Bedeutung diese Erzählung für die zweite Generation der Christenheit, für die Johannes sein Evangelium geschrieben hat, haben könnte.*
4. *Überlege, vor welche Schwierigkeiten sich die religiösen Führer hinsichtlich der Aussagen Jesu über sich selbst gestellt sahen. Inwiefern können die Kapitel fünf, sieben und acht des Johannesevangeliums helfen, die Ursache dieser Schwierigkeiten zu verdeutlichen?*
5. *Worin siehst du das theologische Hauptanliegen von Johannes 9,39-41? Vergleiche diesen Textabschnitt mit Johannes 6,36-47 und 12,37-43. Beachte, wie Johannes versucht, das Konzept der absoluten Handlungsfreiheit Gottes mit dem der Verantwortlichkeit des Menschen in ein ausgewogenes Verhältnis zu bringen. Schreibe deine Erkenntnis nieder.*
6. *Schildere, wie sich der Glaube des Geheilten Schritt für Schritt entwickelt hat.*

🕮 ERKLÄRUNG

Der Aufbau des Abschnittes

Johannes 9 zeigt, was der Anspruch Jesu „Ich bin das Licht der Welt“ (8,12) in der Praxis bedeuten kann. Als er den Blindgeborenen heilte, schenkte er ihm zuerst das Augenlicht, indem er ihn sehend machte (V. 7.11.15). Doch er beließ es nicht dabei, sondern vermittelte ihm darüber hinaus auch noch das geistliche Sehvermögen (V. 35-39).

Diese Erzählung setzt die Thematik des Laubhüttenfests aus den Kapiteln 7 und 8 fort. Das Thema des Wassers, das für die Wasserzeremonie anlässlich des Fests aus dem Teich Siloah geschöpft wurde, findet sich hier wieder, indem Jesus den Blinden zu eben diesem Teich schickt (V. 7; vgl. 7,37-39). Das Thema des Lichts wird in der Heilung des Blinden aufgegriffen und von Jesus direkt zur Sprache gebracht (V. 5; vgl. 8,12). Die geistlichen Führer waren zwar der Meinung, als Nachkommen Abrahams nicht auf Jesus angewiesen zu sein (8,33), aber am Beispiel des Blinden, auch eines Sohnes Abrahams, zeigte sich, dass die Menschen Jesus sehr wohl nötig hatten, um sehend zu werden. In den Versen 39 bis 41 zieht Jesus die Schlussfolgerungen aus dem vorangegangenen Abschnitt. Weitere Lehren aus dieser Erzählung werden in der ersten Hälfte von Kapitel 10 gezogen.

Die Ereignisse in Johannes 9 zeigen, wie sehr sich der Geheilte von den geistlichen Führern Israels unterschied. Mehrmals gibt er zu, dass er nicht weiß, wer derjenige ist, der ihn geheilt hat (V. 12.25.36), während sich die Pharisäer einbildeten, genau zu wissen, was hier geschehen war (V. 24.29).

Der Glaube des Geheilten wächst stetig. Anfangs spricht er von dem „Menschen, der Jesus heißt“ (V. 11), dann gelangt er zu der Überzeugung, dass Jesus ein Prophet sein müsse (V. 17). Schließlich scheint es so, als trage er sich mit dem Gedanken, ein Anhänger Jesu zu werden (V. 27; vgl. das „ihr auch?“). Im weiteren Verlauf der Debatte mit den Pharisäern besteht er darauf, dass Jesus von Gott beauftragt sein müsse (V. 33). Als Jesus sich ihm als Messias offenbart, betet er ihn an (V. 38). Andererseits nimmt die geistliche Blindheit der Pharisäer stetig zu. Zuerst erkennen sie die Tatsache der Heilung an (V. 15), doch dann stellen sie alles wieder in Frage (V. 18). Im weiteren Verlauf wird die Debatte von Seiten der Geistlichkeit immer unsachlicher geführt, bis hin zu dem Versuch, den Geheilten in Widersprüche zu verwickeln, um das Heilungswunder abtun zu können. Vers 29 zeigt deutlich, dass sie Jesus prinzipiell ablehnen. In dem ehemals Blinden sehen Jesu Gegner nicht den auf wunderbare Weise Geheilten, sondern nur ein Objekt, aus dem sie Informationen herauszupressen versuchen, die sie gegen Jesus verwenden können. Als ihnen das nicht gelingt, beschimpfen sie den Mann und stoßen ihn hinaus.

An dem Geheilten und den Pharisäern wird deutlich, wie sich durch Jesus Christus, dem in die Welt gekommenen Licht, das *Gericht* über die Menschen vollzieht (vgl. 3,19). Der Blinde ist nicht nur leiblich sehend geworden, sondern auch in dem Sinne, dass er glaubend den Sohn Gottes erkannt hat. Die Pharisäer, die in der Lehre von Gott und Gottes Willen Erfahrenen, die den Anspruch erheben, erleuchtet zu sein, verschließen in ihrer Verblendung die Augen vor Christus und werden zu Blinden (V. 39). Sie erkennen, dass die Bemerkung Jesu auf sie zielt. Aber ihre Frage, ob sie auch blind seien, zeigt, dass sie den Ernst des Gerichts, das gerade jetzt in dieser Situation über sie ergeht, nicht verstanden haben.[1]

Der Hintergrund

Dass Johannes gerade diese Erzählung in sein Evangelium aufgenommen hat, könnte ein Hinweis darauf sein, dass die Debatte des Geheilten mit den Pharisäern charakteristisch war für die Auseinandersetzung zwischen Christen und Juden zu der Zeit, als das vierte Evangelium verfasst wurde. Nach der Zerstörung Jerusalems waren die Juden zunehmend mehr darauf aus, Judenchristen den Zugang zu den Synagogen zu verwehren. Am Anfang der christli-

[1] Schütz, „Das Johannesevangelium“, 80f.

chen Bewegung war das nicht der Fall. Die Apostelgeschichte berichtet beispielsweise davon, dass die Christen durchweg ungehindert an den Gottesdiensten im Tempel und in den Synagogen teilnehmen konnten (13,5; 15,21).

Die Erzählung von der Heilung des Blindgeborenen war offensichtlich ein Trost für die Christen der zweiten Generation, vor allem für die Judenchristen, die ihren Platz in der Synagoge verloren hatten und nun wissen wollten, ob sie richtig gehandelt hatten, als sie Jesus nachfolgten. Möglicherweise sollten damit auch Christen gegen Ende des ersten Jahrhunderts angesprochen werden, die das erleben mussten, was in Johannes 12,42 und 16,2 angedeutet wird.

Damals glaubte man, dass gute oder schlechte Taten bis in die dritte und vierte Generation hinein belohnt oder bestraft würden. War jemand krank, so wurde zuerst gefragt: Was haben er oder seine Vorfahren Böses getan? Wurde jemand, wie in diesem Fall, blind geboren, so stand fest, dass entweder seine Eltern oder andere Ahnen Schuld auf sich geladen haben mussten. Für ein Kind jüdischer Eltern konnten sich allerdings nicht nur die „Sünden der Vorfahren" auswirken, sondern auch die „Verdienste der Väter". Beispielsweise glaubte man, dass Abraham und Mose durch ihren Gehorsam einen reichen Schatz an Verdiensten gesammelt hatten, der auch noch ihren Nachkommen zugute komme. Das erklärt vielleicht den Stolz, der sich in der Behauptung widerspiegelt: „Wir sind Abrahams Kinder!" (8,33.39)

Der Abschnitt im Einzelnen

Die Jünger teilten den jüdischen Vergeltungsglauben, der aus der Tatsache, dass Gott die Sünde mit Strafe bis ins dritte und vierte Glied bedroht (vgl. 2. Mose 20,5), die Schlussfolgerung zieht, jedes Unglück und jede Krankheit lasse auf eine vorangegangene Schuld schließen.[1] Jesus verwirft diese Theologie und damit das gesamte jüdische System von Lohn und Strafe. Damit leugnet er nicht, dass

[1] Schütz, a. a. O., 77f.

viele Krankheiten die direkte Folge von Sünde oder gesundheitsschädigenden Verhaltensweisen sind, aber es gibt eben auch andere Ursachen dafür, dass jemand krank wird oder behindert ist. Darüber hinaus zeigt dieser Abschnitt, dass Krankheit und Gebrechen manchmal auch den Rahmen dafür bilden, dass Gottes Macht auf ungewöhnliche Weise sichtbar werden kann.

Nachdem Jesus dem Blinden den Brei aus Speichel und Erde auf die Augen gestrichen hatte, schickte er ihn zum Teich Siloah, um die „Heilsalbe" dort abzuwachen. Die Heilung vollzieht sich nicht in unmittelbarer Nähe Jesu auf sein Machtwort hin, sondern etwa einen Kilometer entfernt an einem Teich, zu dem der Blinde auf Jesu Geheiß im Gehorsam gegangen war. Für Johannes ist das offenbar wieder ein Signal an die zweite Generation, dass Jesu Wort dieselbe Wirkung hat, als würde er den Menschen berühren.

Auf die Heilung folgt zunächst ein beinahe belustigendes Gespräch mit den Nachbarn des ehemals Blinden (V. 8-12). Die bringen ihn zu den Pharisäern, damit diese den Fall untersuchen können (V. 13). Für Jesu Gegner war das Geschehen problematisch. Gegen die Heilung an sich war nichts einzuwenden, aber dass sie am Sabbat geschah (V. 14), enthielt eine Menge Zündstoff. Da der Geheilte blind geboren worden war, hätte Jesus den Mann auch an jedem anderen Tag heilen können, aber er vollzog die Heilung ausgerechnet am Sabbat. Das Dilemma für die Pharisäer bestand darin, dass dieses Heilungswunder einerseits für die Beglaubigung Jesu durch Gott sprach, andererseits aber den Eindruck erweckte, als sei er nicht von Gott gesandt.

Ein Prophet, der sich nicht an das Gesetz des Mose hielt, musste ein falscher Prophet sein, wie beeindruckend seine Taten auch sein mochten (5. Mose 13,1-5). Die Pharisäer sahen sich genötigt, über Dinge nachzudenken, die sich außerhalb ihres gewohnten religiösen Schemas bewegten. Und noch eins: Der Geheilte wies darauf hin, dass Jesus ein Prophet sein müsse, wenn er solche Taten vollbringen könne. Und da es sich hier um ein Wunder handelte, das seinesgleichen sucht, musste man sich fragen, ob das nicht ein Zeichen für die Ankunft des Messias war (V. 32.33).

In der Hoffnung, das ganze Geschehen als Betrug darstellen zu können, verhören die Pharisäer nun die Eltern. Die bestätigen zwar, dass der Geheilte ihr Sohn ist und tatsächlich von Geburt an blind war, aber ansonsten halten sie sich aus der Kontroverse heraus, weil sie die Folgen erkennen und fürchten (V. 18-22). Die Antworten des Geheilten selber bewegen sich zwischen Unverständnis über die Haltung der Geistlichkeit und beißendem Spott (V. 24-33).

Im Verlauf dieses Abschnitts wird deutlich, dass sich die Gegnerschaft der jüdischen Führer nicht auf logische Argumente stützt, sondern blindem Hass entspringt. Und weil Jesus für sie nicht greifbar ist, lassen sie ihren Zorn an dem Geheilten aus. Auch hier lässt sich wieder eine Botschaft an die zweite Generation entdecken. Die Christen in späterer Zeit sollten wissen, dass diejenigen, die sie wegen ihres Glaubens und christlichen Lebenswandels angreifen, zugleich auch Jesus verfolgen. Was seine Nachfolger betrifft, berührt zugleich auch ihn.

Die Verse 35 bis 41 bereiten das Gespräch über den guten Hirten in Johannes 10 vor. Wenn geistliche Führer andere wegen ihres Glaubens an Christus ausstoßen, zeigen sie damit nur, wie blind sie sind, und geben zugleich Jesus die Gelegenheit, die Ausgestoßenen um sich zu scharen (V. 35-38).

Die wesentlichen Gedanken

Prädestination[1] und persönliche Verantwortung

Eines der Hauptthemen des Johannesevangeliums wird in den Schlussversen des 9. Kapitels genannt. In Vers 39 macht Jesus klar, dass Gott die Geschicke dieser Welt in der Hand hat, und dass er ihn gesandt hat, mit dem Gericht zu beginnen, „damit die, die nicht sehen, sehend werden, und die sehen, blind werden“. In diesem Vers gibt es keinen Anhaltspunkt dafür, dass der Mensch wählen oder eigenverantwortlich handeln könnte. In seiner Antwort an die

[1] Prädestination: die Vorherbestimmung des Menschen zur ewigen Seligkeit oder zur Verdammnis.

Pharisäer sagt Jesus dann aber, dass sie für ihre Blindheit selbst verantwortlich sind (V. 41). Niemand hat sie blind gemacht.

In den Versen 39 bis 41 zeigt sich eine dynamische Spannung zwischen der Aussage, dass Gott alles in seiner Hand hält und festlegt, und der Tatsache, dass der Mensch für sein Schicksal auch selbst verantwortlich zeichnet.[1] Auf eben diese Spannung stößt man im gesamten Johannesevangelium. Johannes 12,37-43 bietet dafür ein anschauliches Beispiel. Diese Textstelle versucht eine Antwort zu geben auf die Frage: Wie kommt es, dass Jesus so viele Wunder getan hat, aber trotzdem viele nicht an ihn glaubten (V. 37)?

Darauf gibt der Text zwei Antworten. Die eine stützt sich auf den Propheten Jesaja und lautet: Sie konnten nicht glauben[2], denn Gott „hat ihre Augen verblendet und ihr Herz verstockt, damit sie nicht etwa mit den Augen sehen und mit dem Herzen verstehen und sich bekehren und ich ihnen helfe" (V. 40). Die andere besagt, dass viele, die glauben, ihren Glauben nicht bekennen, „denn sie hatten lieber Ehre bei den Menschen als Ehre bei Gott" (V. 43). Unglaube hat nach diesen Aussagen also eine zweifache Ursache: Einerseits ist er im Handeln Gottes begründet, andererseits aber auch im Handeln des Menschen.

Das Johannesevangelium stellt eindeutig heraus, dass der Glaube eine Grundbedingung für das Annehmen des Evangeliums ist. Er ist eine innere Einstellung und Haltung, die sich der Mensch selbst zu eigen machen muss (3,18.36). Für den Unglauben gibt es keine Entschuldigung (12,47), denn letztlich ist er auf das mangelnde Wollen des Menschen zurückzuführen (5,40; 7,17). Wenn Menschen nicht zu Jesus kommen, dann geschieht das nicht, weil sie es nicht könnten, sondern weil sie es – aus welchen Gründen auch immer – nicht wollen.

Das Johannesevangelium versteht den Unglauben als ethisches Problem, sozusagen als den Versuch, etwas vor Christus zu verbergen (3,19-21; 5,44; 8,37-47). Wenn der Mensch mit sich ins Reine

[1] Was der Autor unter „dynamischer Spannung" versteht, wird ausführlich in „What the Bible Says About the End-Time", 80 dargestellt.

[2] Im Grundtext heißt es, dass sie „*nicht imstande* waren, zu glauben".

kommen möchte, hat er die Wahl zwischen zwei Möglichkeiten: (1) Er kann seine Schuld Gott und dem, an dem er schuldig geworden ist, bekennen, um dadurch zum Frieden mit sich und der Welt zu kommen. (2) Wenn er dazu nicht bereit ist, muss er seine Theologie der Realität seines unerlösten Wesens anpassen. Im ersten Fall wird das Problem Sünde gelöst, im zweiten nicht, auch wenn es eine gewisse Zeit lang so scheint.

Hinter Irrglauben und Abfall steckt meist ein ethisch-moralisches Problem. Die Menschen passen ihre Theologie ihrem Lebensstil an. Aus der psychologischen Forschung wissen wir, dass das, was die Menschen glauben, oft nur wenig Einfluss auf ihr tägliches Leben hat. Deshalb gibt es sexuelle Entgleisungen, schädigende Verhaltensweisen, Alkohol- und Drogensucht nicht nur im säkularen Bereich, sondern auch in der christlichen Gemeinde. Umgekehrt verhält es sich jedoch anders. Die Art, wie ein Mensch lebt, hat direkte Auswirkungen auf das, was er glaubt. Wer Sünde erkennt und trotzdem an ihr festhält, wird bald erleben, dass sich das ändert, was er glaubt oder geglaubt hat.

Diese Wahrheit sollte aber nicht dazu veranlassen, die entgegengesetzte Realität im Johannesevangelium zu übersehen. In Johannes 6,36-47 sagt Jesus, dass niemand zu Gott kommt, wenn ihm dies nicht von Gott gegeben wird (V. 37). Mit anderen Worten: Niemand kommt zu Gott, wenn er nicht von ihm bewegt oder „gezogen" wird (V. 44). Doch selbst bei dieser Aussage hat man noch das Empfinden, dass der Mensch sich entscheiden kann, ob er sich ziehen lassen will oder nicht (V. 37.40). In der Übertragung „Hoffnung für alle" heißt es: „Wer also auf den Vater hört und von ihm lernt, der kommt zu mir." (V. 45)

In den Worten Jesu, die Johannes in seinem Evangelium übermittelt, ist der Jesusjünger auf eine Spannung zwischen Vorherbestimmung und Eigenverantwortlichkeit gestoßen, die der Christenheit seit jeher große Schwierigkeiten bereitet hat. Niemand sollte sich einbilden, *er selbst* sei zu Gott gekommen. Niemand kommt zu Gott, es sei denn, Gott entschließt sich, den Menschen zu sich zu ziehen. Letztlich ist es der Liebe und dem Willen Gottes zuzuschreiben, wenn jemand zum Glauben an Christus findet. In diesem Sinne zitiert Jesus ein Wort des Propheten Jesaja (54,13): „Sie werden alle von Gott gelehrt sein." Und er kommentiert diesen Ausspruch mit den Worten: „Wer es vom Vater hört und lernt, der kommt zu mir." (V. 44.46)

Die Gefahr der Prädestinationslehre liegt nicht in dem, was sie behauptet, sondern in dem, was sie in Abrede stellt. Sie behauptet zu Recht: Gott ist die Ursache dafür, dass jemand zum Glauben kommt. Niemand sollte sich also seines Christseins rühmen, denn keiner von uns hätte sich je für Christus entschieden, wenn Gott nicht dafür gesorgt hätte. Aber die Prädestinationslehre verlässt den Boden der Heiligen Schrift, wenn sie behauptet, dass der Mensch keinen Einfluss darauf habe, ob er errettet wird oder nicht.

Das Johannesevangelium erklärt mehrfach, dass der Mensch sehr wohl eine Wahlmöglichkeit hat, und dass er für seine Entscheidung auch verantwortlich gemacht werden kann. Deshalb heißt im Johannesevangelium die schwerwiegendste Sünde: Unglaube (16,9; 9,41). Wobei Unglaube zu verstehen ist als ein „Sichverweigern" angesichts des Erlösungshandelns und Ziehens Gottes. Allerdings kann der Mensch diesen Unglauben wiederum nicht von sich aus erkennen, sondern muss sich dafür vom Heiligen Geist die Augen öffnen lassen (Johannes 16,8).

Möglicherweise lässt sich die dynamische Spannung am besten so lösen: Wenn ich zurückschaue, wird mit klar, dass ich allen geistlichen Fortschritt dem Wirken Gottes verdanke; wenn ich dagegen in die Zukunft schaue, begreife ich, dass es auf meine Entscheidung ankommt, ob der geistliche Fortschritt gewährleistet ist.

🕮 EINSTIEG

Johannes 10,1-21

Lies Johannes 10,1-21 zweimal hintereinander und beantworte dann folgende Fragen:

1. *Suche anhand einer Konkordanz (zur Lutherübersetzung, rev. Ausgabe 1984) alle Verse im Johannesevangelium heraus, in denen die Wendung „wahrlich, wahrlich" vorkommt. Mache eine Aufstellung aller Verse und schreibe neben jeden eine kurze Bemerkung, wie er sich in den Zusammenhang einfügt. Zum Beispiel: Leitet er einen neuen Gedanken ein oder betont er einen vorangegangenen? Steht er am Anfang, in der Mitte oder am Ende eines Gesprächs oder einer Diskussion?*
2. *Vergleiche Johannes 10,1-21 mit Lukas 15 und Matthäus 18. Schreibe auf drei verschiedene Blätter die Übereinstimmungen und Unterschiede des Motivs vom verlorenen Schaf in den drei Evangelien.*
3. *Wofür stehen die Schafe, der Fremde und die Räuber? In welcher Beziehung steht dieser Abschnitt zu Johannes 9?*

🕮 ERKLÄRUNG

Der Aufbau des Abschnittes

Johannes 10,1-21 ist eng mit den Geschehnissen von Johannes 9 verbunden. Das Kapitel beginnt nicht mit Aussagen, die auf einen neuen Gedanken oder ein neues Thema hindeuten, sondern mit den Worten „Wahrlich, wahrlich, ich sage euch" (griech. *amen, amen*). Nirgendwo sonst im Johannesevangelium wird diese Wendung am Anfang eines Gesprächs benutzt. Meistens dient sie dazu, um in der Mitte eines Gesprächs etwas mit besonderem Nachdruck hervorzuheben (vgl. 6,26.32.47.53; 8,34.51.58).

Für Jesus ist die Heilung des Blindgeborenen die Voraussetzung für Johannes 10,1-21. Das Verhalten des Blinden Jesus gegenüber spiegelt sich in Kapitel 10,4 wider. Der Geheilte war so ein Schaf, das die Stimme des Hirten erkennt und dem Ruf freudig folgt. In Johannes 10 ist Jesus der gute Hirte, der sich um alle Schafe kümmert – auch um solche, die aus anderen Ställen ausgestoßen wurden. Johannes 9,39-41 zielt in zwei Richtungen. Der Abschnitt ist sozusagen die Zusammenfassung und die Schlussfolgerung aus der geistlichen Lehre von Johannes 9. Zugleich ist er aber auch der Ausgangspunkt für das Gespräch über den guten Hirten in Johannes 10. In dieser Erzählung offenbart Jesus das wahre Wesen derjenigen, die sich als Hirten verstehen, aber in Wirklichkeit „Mietlinge“[1] sind.

Johannes 10,1-21 teilt sich logischerweise in zwei Teile auf. Die Verse 1 bis 5 sind eine Analogie zu den damaligen Gegebenheiten, denen in Vers 6 eine zusammenfassende Aussage folgt. Ab Vers 7 gibt Jesus allegorische Erläuterungen zu den vorhergehenden Versen. Er bezeichnet sich als die Tür (V. 7-10) und als guten Hirten (V. 11-18), der seine Schafe nie aus den Augen lässt (vgl. V. 26-30). Die Verse 19 bis 21 zeigen die zwiespältigen Reaktionen der Adressaten dieser Erzählung.

Der Hintergrund

Der Schriftabschnitt in Johannes 10,1-5 ähnelt am ehesten einer Gleichniserzählung, wie wir sie aus den anderen Evangelien kennen. Es gibt noch einige andere Stellen im Johannesevangelium, die vage an ein Gleichnis erinnern, aber die passendere Bezeichnung dafür wäre wohl der Begriff Analogie[2]. Jesus spricht beispielsweise vom Wind (3,8), dem Bräutigam (3,29), von der Ernte (4,35-38), von Sklaven und Freien (8,34.35), von dem, der bei Nacht unterwegs ist (11,9.10), vom Weizenkorn (12,24) und vom Weinstock (15,1-7). Und jedes Mal knüpft er an diese Begriffe bestimmte Vergleiche, um eine geistliche Wahrheit zum Ausdruck zu bringen.

Schafhürden waren im damaligen Palästina normalerweise Höhlen, in die abends die Schafe hineingetrieben wurden, während der Hirte seinen Platz am Eingang der Höhle hatte und dort auch schlief. Wollten wilde Tiere oder gar Diebe in die Hürden eindringen, mussten sie immer am Hirten vorbei. Umgekehrt war es natürlich genauso. Wollte ein Schaf die Hürde verlassen, musste es eben-

[1] Mietling: Das in Johannes 10,12f. zugrunde liegende griech. Wort bezeichnet einfach den Tagelöhner. Das Lutherwort „Mietling“ hat eine abschätzige Bedeutung. Es meint einen Knecht, der seine Arbeit ohne innere Beziehung und Verantwortung tut.

[2] Analogie = Entsprechung, Ähnlichkeit, Übereinstimmung der Verhältnisse.

falls am Hirten vorbei. Wo es keine Höhlen gab, wurde eine Umzäunung aus Feldsteinen errichtet, die auf einer Seite eine Öffnung besaß, die gerade so groß war, dass der Körper des schlafenden Hirten den Eingang ausfüllte. Wenn Jesus sich also einerseits als der gute Hirte und andererseits als die Tür bezeichnete, wussten die Zuhörer sofort, dass er hier in zwei verschiedenen Bildern von ein und derselben Sache sprach.

Zu der Erzählung vom guten Hirten gibt es mehrere alttestamentliche Parallelen. Als Mose den Tod nahen fühlte, war ihm daran gelegen, einen würdigen Nachfolger zu finden, der Israel ins verheißene Land führen würde (4. Mose 27,12-23). Er betete zu Gott, dass er einen Mann bestimmen möge, der Israel ein- und ausführen würde wie ein Hirte seine Schafe (V. 16.17). Diese Aufgabe wurde schließlich Josua übertragen. Beachtenswert ist dabei, dass Josua und Jesus dieselbe Bedeutung haben: Jahwe rettet![1]

In Micha 2,12.13 bezeichnet sich Gott selbst als Hirte Israels. In Hesekiel 34 werden die Könige Israels und Judas als Hirten bezeichnet, allerdings nicht als gute Hirten, sondern als solche, die ihrer Aufgabe nicht gerecht geworden sind (V. 2-6). Deshalb kündigte Gott an, sich von nun an selbst um seine Herde kümmern zu wollen, um sie wieder auf den rechten Weg zu bringen (V. 17-22). Darüber hinaus wollte er einen Hirten einsetzen, der sich wie David der Herde annehmen würde (V. 23.24).

Im Alten Testament wird das Konzept des guten Hirten entweder mit Jahwe selbst oder mit Nachfahren Moses oder Davids verknüpft. Und all das wird letztlich auf Jesus angewendet, der der wahre Mose (Johannes 1,17) und ein König aus der Linie Davids (Johannes 1,49; 12,131.15; 18,33-39; 7,42) ist und Gott gleicht (Johannes 1,1; 10,10).

Ein weiteres Detail ist höchst bemerkenswert. In der alten jüdischen Synagogenliturgie wurde Hesekiel 34 am Sabbat nach dem Laubhüttenfest gelesen, unmittelbar vor dem Fest der Tempelweihe. Im Johannesevangelium steht die Erzählung vom guten Hirten di-

[1] Jesus ist die griech. Form des hebr. Namens Josua („Jahwe rettet").

rekt nach dem Bericht vom Laubhüttenfest (7,1-11.14.17) und unmittelbar vor dem Abschnitt, in dem der Besuch Jesu beim Fest der Tempelweihe geschildert wird (10,22). Hier zeigt sich also, dass die Erzählung vom guten Hirten genau an der Stelle eingefügt ist, die hinsichtlich des geschichtlichen Kontextes als einzige dafür in Frage kommt.

Der Abschnitt im Einzelnen

Die rätselartige Erzählung in Johannes 10,1-5 legt großen Wert auf die Beziehung zwischen dem Hirten und seinen Schafen. Der Hirte betritt die Hürde immer durch den Eingang und nicht so, wie das nur Diebe tun, die auf andere Weise zu den Schafen gelangen müssen, weil sie am Hirten nicht vorbeikommen, der die Tür bewacht (V. 1.2). Die Schafe folgen dem Hirten, weil sie seine Stimme kennen, und weil er sie beim Namen ruft (V. 3.4). Einem Fremden folgen sie nicht, weil sie weder ihn noch seine Stimme kennen (V. 5).

Nachdem Jesus die Geschichte erzählt hat, geht er auf die Entsprechungen ein, um die es ihm eigentlich geht (V. 6). Er ist der gute Hirte, und alle, die vorher diesen Anspruch erhoben haben, bezeichnet er als Diebe und Räuber (V. 7-10). Die Tür ist das Tor zur Erlösung (V. 9). Mit den „Dieben und Räubern" mögen die Sadduzäer[1] und Hohenpriester gemeint sein, die seit der Makkabäerzeit (152 v. Chr.) die Verantwortung für den Tempeldienst trugen. In diesem Zusammenhang wird das Wort „schlachten" (V. 10) benutzt, das häufig für das rituelle Schlachten im Tempel verwendet wurde. Obwohl die Hohenpriester und Sadduzäer einflussreiche Persönlichkeiten waren, besaßen sie nicht das Vertrauen des einfachen Volks.

Im Gegensatz zu den „Dieben und Räubern", die stehlen, töten und zerstören, schenkt Jesus ein Leben, das unendlich reicher und erfüllter ist, als religiöse Systeme es jemals sein können. Es hat die

[1] Jüdische Partei der Vornehmen und Reichen, die in persischer oder hellenistischer Zeit entstanden war. Zur Zeit Jesu bildeten die sadduzäischen Priester eine dem Hohenpriester ergebene Fraktion des Hohen Rats. Sie waren die politischen Führer Israels.

Qualität des ewigen Lebens, wird aber schon hier und heute bei denen sichtbar, die an Jesus glauben (5,24.25).

Als Nächstes wird der gute Hirte dem Mietling gegenübergestellt, dem die Schafe nicht gehören (V. 11.12). Der Mietling ist nicht wirklich an den Schafen interessiert, denn er hütete sie nur, um damit seinen Lebensunterhalt zu verdienen. Wenn wilde Tiere die Herde bedrohen, läuft er davon, um das zu schützen, was ihm am wichtigsten ist – sein eigenes Leben (V. 12.13). Der gute Hirte dagegen setzt für die Schafe sogar sein Leben ein (V. 14.15).

Die „anderen Schafe, die nicht aus diesem Stalle sind“ (V. 16), bezeichnen die Heiden, die für die Jesusbotschaft aufgeschlossen sind, deren Erstlingsfrucht aus Johannes 12,20-22 bekannt ist. Tatsächlich scheint es für Jesus ein Zeichen seines nahe bevorstehenden Todes gewesen zu sein, als eine Gruppe von Griechen darum bat, mit ihm in Kontakt treten zu dürfen (12,23.24). Jesus beschließt sein Gespräch mit einem Hinweis auf sein freiwilliges Sühneopfer und auf die Auferstehung von den Toten (V. 17.18). Darüber werden wir ausführlich im Kapitel über die Kreuzigung (Johannes 19) nachdenken. Wiederum scheinen sich die religiösen Führer nicht darüber im Klaren zu sein, ob Jesus von Dämonen besessen ist oder tatsächlich im Namen Gottes spricht und handelt (V. 19-21).

Die wesentlichen Gedanken

Jesus ist die Tür

Jesus bezeichnet sich als den guten Hirte, zu dem sich die Schafe halten müssen, um errettet zu werden. Die Apostelgeschichte verkündigt dieselbe Botschaft (4,12; vgl. Johannes 14,6). Jesus tritt an die Stelle aller anderen Heilswege. Sein Anspruch lautet: Wenn ihr in die Sicherheit der Gemeinschaft mit Gott gelangen wollt, dann geht das nur über mich, denn ich bin die Tür.

Jesus ist der gute Hirte

Als die Tür zum Heil ist Jesus derjenige, der die Menschen zum Vater bringt. Als der gute Hirte kümmert er sich um alle, die in den

„Schafstall" der Gemeinde gekommen sind. Dafür ist er wie kein anderer geeignet, denn er ist (1) bereit, für die Schafe zu sterben (V. 11-13.17-18) und (2) er kennt seine Schafe genau (3.14-16). Durch diese beiden Eigenschaften unterscheidet er sich grundlegend von den geistlichen Führern Israels, die hier durch die Mietlinge versinnbildet werden.

Die Handlung der Geschichte vom guten Hirten und den verlorenen Schafen in Johannes 10 spielt sich auf zwei Ebenen ab. Zunächst erzählte Jesus sie für die Menschen seiner Zeit. Er tadelte damit die geistlichen Führer in Jerusalem, die sich durch ihr rücksichtsloses Verhalten dem Blindgeborenen gegenüber selbst als Mietlinge offenbarten. Sie sollte aber auch den Christen der zweiten Generation Mut machen, die sich bald in einer ähnlichen Situation sehen würden, wie der Blindgeborene.

Das Gleichnis vom verlorenen Schaf im Matthäusevangelium dient einem anderen Zweck. Dort geht es um Gemeindezucht (Matthäus 18,15-17; vgl. V. 10-14). Der wahre Hirte wird dem Beispiel Jesu folgen und alles tun, um ein Schaf, das sich von der Gemeinde entfernt hat, wieder zurückzubringen (V. 12.13). Leider ist das nicht immer der Fall, denn es gibt in der Gemeinde auch „hohe Tiere", die sich den Kleinen und Geringen gegenüber nicht so verhalten wie Christus es tut und von den Seinen erwartet (V. 5-7). Matthäus 18 will alle, die andere verachten und über sie zu Gericht sitzen daran erinnern, dass auch sie sich eines Tages vor einem höheren Gerichtshof verantworten müssen (V. 7-9).

In dem Bericht im Lukasevangelium (15,1-7) wird das Schaf nicht ausgestoßen, sondern verlässt von sich aus die Herde. Das hindert den Hirten nicht daran, trotzdem hinauszugehen, um es zu suchen. Die Botschaft in Johannes 10 lautet: „Sie werden niemals umkommen", auch wenn man sie verstößt oder angreift (V. 28.29). Die Botschaft in Lukas 15 heißt: „Auch wenn sie sich selbst von der Herde trennen, gebe ich sie nicht auf; ich tue alles, um sie zur Herde zurückzubringen." Welch ein Segen, dass uns in all diesen Berichten zugesichert wird: Niemand, der durch Jesus zum Vater kommt, wird jemals hinausgestoßen oder von Gott aufgegeben (6,37).

Wir mögen schwach im Glauben sein und viele Fehler machen, dennoch sind wir in Gott geborgen, werden in der Gnade wachsen und erleben, wie sich unser Wesen verändert. Einzige Voraussetzung: Wir müssen in Jesus bleiben wie die Rebe am Weinstock (15,1-7). Unsere Sache ist es, zu glauben und uns immer wieder neu für Christus zu entscheiden, seine Sache ist es, uns an seiner Hand zu halten und zu bewahren (10,28.29).

🕮 ANWENDUNG

Johannes 9,1 bis 10,21

1. *Überlege, welche Schwierigkeiten, Rückschläge, Beziehungsprobleme, Krankheiten oder Sorgen sich für dich in geistlicher oder anderer Hinsicht als Segen erwiesen haben. Wie kam es, dass du darin die Hand Gottes erkennen konntest?*
2. *Gab es Zeiten in deinem Leben, in denen du wegen deines Glaubens ausgegrenzt wurdest? Wie stark hat dich das in deinem Empfinden und Verhalten beeinflusst? Was würdest du heute tun, um einer solchen Ausgrenzung vorzubeugen?*
3. *Wie unterscheidest du die „Stimme Gottes" von den vielen „anderen Stimmen" um dich herum? Was macht es dir schwer, die Stimme des guten Hirten zu vernehmen? Was hat dir geholfen, für Gottes Handeln in deinem Leben aufgeschlossen zu werden? Überlege, wann du ganz deutlich spürtest, dass Gott dich in eine ganz bestimmte Richtung geführt hat.*

🕮 VERTIEFUNG

1. *Suche mithilfe einer Konkordanz alle Stellen des Alten Testaments heraus, in denen von Hirten die Rede ist. Teile ein Blatt Papier in zwei Spalten. Schreibe in die eine alle Eigenschaften eines guten Hirten, die in den Texten aufgezählt sind, und notiere in die andere Spalte die Verhaltensweisen eines schlechten Hirten. Vergleiche beides mit den Aussagen der Erzählung vom guten Hirten. Welche zusätzlichen Erkenntnisse hast du dadurch gewonnen?*

2. *Lies noch einmal die ersten zehn Kapitel des Johannesevangeliums und notiere alle Aussagen zum Thema Handlungsfreiheit Gottes. Suche auch nach Hinweisen auf die Entscheidungsfreiheit des Menschen. Achte besonders auf gegensätzliche Aussagen innerhalb desselben Verses oder eines kurzen Textabschnitts. Erläutere die Beziehung zwischen Gottes Willen und der menschlichen Handlungsfreiheit, wie sie in diesen Versen zum Ausdruck kommt.*

🕮 FÜR DAS WEITERE STUDIUM

1. *Zum Problem der Prädestination und der Eigenverantwortung des Menschen siehe R. Schnackenburg, „The Gospel According to St. John", Bd. 2,259-274; S. H. Horn, „SDA Bible Commentary", 837-875; „Schlüsselbegriffe adventistischer Glaubenslehre", Stichwort „Prädestination".*
2. *Zum Text von Johannes 9 und 10 vgl. auch E. G. White, „Jesus von Nazareth", 351-361.*

Kapitel 10

Jesus schafft Leben aus dem Tod

Johannes 10,22 bis 11,57

Der Stoff dieses Kapitels gliedert sich vom Inhalt her in drei Teile. Zuerst wird Jesu Aufenthalt in Jerusalem während des Festes der Tempelweihe geschildert (19,22-42). Jesus nutzt die Gelegenheit, davon zu sprechen, dass er von Gott in die Welt gesandt worden ist (V. 36).

Der nächste Abschnitt befasst sich mit dem Tod und der Auferstehung des Lazarus. Dieses Ereignis ist in gewissem Sinne Hinweis auf Jesu Tod und Auferstehung. Indem er Lazarus von den Toten auferweckt, beweist Jesus, dass sein Anspruch, „*ich bin* die Auferstehung und das Leben" zu Recht besteht (V. 25.26). Durch dieses Wunder sehen sich die religiösen Führer genötigt, Jesu Einfluss auf das Volk zu unterbinden. Um Schaden von Israel abzuwenden, sind sie entschlossen, den Mann aus Nazareth zu beseitigen (V. 45-57).

🕮 EINSTIEG

Johannes 10,22-42

Lies Johannes 10,22-41 zweimal hintereinander und beantworte dann folgende Fragen:

1. *Vergleiche diesen Abschnitt mit dem Bericht über Jesu Besuch im Tempel in Johannes 7 und 8. Notiere dir die Gemeinsamkeiten.*

2. *Beschreibe die Hauptprobleme zwischen Jesus und der jüdischen Führung in diesem Abschnitt. Versuche, in wenigen Sätzen Jesu Verhalten bei jeder dieser Streitfragen zu skizzieren.*
3. *Lies Johannes 5,16-47 und 6,35-58. Vergleiche die Vorwürfe und Jesu Reaktion darauf mit dem Bericht in Johannes 10,22-42. Welche Ähnlichkeiten und welche Unterschiede sind dir aufgefallen?*

🕮 ERKLÄRUNG

Die Struktur des Abschnitts

Dieser Abschnitt enthält eine Reihe von Reaktionen auf Jesu Besuch im Tempel während des Festes der Tempelweihe. Die Ereignisse finden alle im Tempelbereich statt (vgl. 7,14.28). Mehrfach versuchen die religiösen Führer Jesus in verfängliche Debatten zu verwickeln, um einen Grund zu finden, hart gegen ihn vorgehen zu können (vgl. 8,25.53). Der wichtigste Streitpunkt ist die Frage nach Jesu Messianität (vgl. 7,26-31.41-42; 9,22). Man versucht noch einmal, ihn festzunehmen und zu steinigen (vgl. 7,30.32.44-46; 8,59). Jesus verteidigt wiederum sein besonderes Verhältnis zum Vater (vgl. 7,16.17. 28.29.33; 8,16-19.26-29.38,42.49.50.54.55).

In diesem Abschnitt geht es um zweierlei: (1) Jesus soll gezwungen werden, definitiv zu erklären, ob er der Messias ist oder nicht (V. 24). (2) Man benutzt Jesu Aussagen über sein Verhältnis zu Gott, um ihm Gotteslästerung nachzuweisen (V. 33). In den Versen 25-30 äußert sich Jesus zur Frage der Messianität. Die Juden reagieren darauf mit Gewalt, indem sie Steine aufheben, um ihn zu töten (V. 31). Der Hauptanklagepunkt heißt: Gotteslästerung (V. 34-38). Darauf stand die Todesstrafe. Aber die Hinrichtung misslingt, denn Jesus entzieht sich dem Zugriff seiner Gegner und geht an die Stelle des Jordans, wo Johannes der Täufer gepredigt und getauft hatte. Dort wird er freundlich aufgenommen, und viele glauben an ihn.

Mit diesem Abschnitt wird der Teil des Johannesevangeliums abgeschlossen, in dem Jesu Auftreten bei den jüdischen Festen im Mittelpunkt steht (V. 5-10).

Der Hintergrund des Abschnitts

Das Fest der Tempelweihe (heute: Chanukka) gehört nicht zum alttestamentlichen Festzyklus. Es sollte an die Wiedereinweihung des Jerusalemer Tempels im Jahre 165 v. Chr. erinnern.

Wenige Jahre zuvor war der Tempel durch den judenfeindlichen Syrerkönig Antiochus Epiphanes entweiht worden. Er hatte ein Schwein auf dem Altar des Tempels geopfert und viele Juden gezwungen, Schweinefleisch zu essen. Außerdem hatte er verboten, den Sabbat zu heiligen. Daraufhin erhoben sich die so genannten Makkabäer, eine Gruppe von jüdischen Freiheitskämpfern unter der Führung von Judas Makkabäus, und übernahmen die Macht in Jerusalem. Sie ließen den Tempel reinigen und noch einmal weihen. Diese Tempelweihe wurde zu einem der jährlich stattfindenden Feste im jüdischen Festkalender. Dass Jesus an diesem Fest teilnahm, zeigt, dass er es akzeptierte, obwohl es nicht biblischen Ursprungs war.

Das Konzept der Tempelweihe bewegte sich allerdings durchaus auf biblischem Boden. Während der Wüstenwanderung erschien Gott selbst bei der Weihe der Stiftshütte (2. Mose 40,34.35; 4. Mose 7,1-11). Anlässlich dieses Festes wurden immer wieder bestimmte Abschnitte aus den Büchern Mose gelesen. Im Mittelpunkt stand dabei die Lesung aus 4. Mose 7. Nach der Fertigstellung des Salomonischen Tempels hatte eine ähnliche Weihezeremonie stattgefunden, die dadurch gekrönt wurde, dass Gottes Gegenwart im Tempel sichtbar wurde (1. Könige 8,1-11.62-65; 2. Chronik 7,1-9).

Nach dem babylonischen Exil baute Serubabel den zerstörten Tempel (2. Chronik 36,18.19) wieder auf, allerdings war er bei weitem nicht mehr so prachtvoll wie zuvor (Haggai 1,12-29). Auch dieser Tempel wurde wieder feierlich eingeweiht (Esra 6,13-18). Eine ähnliche Feier fand etwa hundert Jahre später statt, als unter Nehemias Leitung die Jerusalemer Stadtmauer fertiggestellt war (Nehemia 12,27-47). Die Zeremonie der Tempelweihe unter den Makkabäern, aus der später das Chanukkafest entstand, hat also durchaus biblische Vorbilder.

Im Neuen Testament werden sowohl das Konzept der Weihe als auch die damit verbundenen sprachlichen Ausdrucksformen häufig erwähnt. Zum Beispiel bei der Darbringung Jesu als Säugling im Tempel (Lukas 2,22.23), der Taufe Jesu (Matthäus 3,13-17; Lukas 3,21.22), der Szene in Johannes 10, die wir hier behandeln, bei der Weihe des himmlischen Heiligtums nach der Himmelfahrt Christi (Hebräer 10,19.20; Offenbarung 4,5), beim Abschluss des Dienstes im himmlischen Heiligtum vor der Ausgießung der Zornesschalen (15,5-8; 16) und bei der Einsetzung des Neuen Jerusalems als ewiger Gottesstadt auf Erden (Offenbarung 21,2-8.22).

Der Abschnitt im Einzelnen

Das Fest der Tempelweihe fällt gewöhnlich in den Monat Dezember, an den Anfang des Winters (10,22). Die Witterung in Jerusalem entspricht dann in etwa dem Novemberwetter in Mitteleuropa und der nördlichen Hälfte der USA. Scharfe östliche Winde fegen über Jerusalem hinweg, es ist regnerisch und kalt.

Jesus geht mit seinen Jüngern in den Teil des Tempels, der als Halle Salomos bezeichnet wird (V. 23). Das entspricht der Jahreszeit, weil die Halle Salomos ein von Säulen getragener überdachter Wandelgang entlang der östlichen Tempelmauer war. Die Kolonnade bot Schutz vor dem scharfen Wind, und bei klarem Himmel wurde sie im Laufe des Tages durch die Sonne erwärmt.

Die religiösen Führer umringten Jesus und forderten eine klare Antwort auf die Frage: „Bist du der Christus [Messias], so sage es frei heraus." (V. 24) „Wie lange hältst du uns im Ungewissen?" Es ist möglich, dass es sich hierbei um eine ebenso tückische Fangfrage handelte, wie in der Erzählung von der Ehebrecherin, die man auf frischer Tat ertappt und zu Jesus geschleppt hatte (8,3-6).

Im Fest der Tempelweihe feierten die Juden die zweihundert Jahre zurückliegende Befreiung von der syrischen Fremdherrschaft. Zur Zeit Jesu hegten viele die Hoffnung, dass die Befreiung von den Römern wieder während dieses Festes geschehen könnte. In solch gespannter Atmosphäre reagierten die Römer auf messianische Ansprüche besonders empfindlich. Es ist also leicht möglich, dass die Juden Jesus gerade jetzt diese Frage stellten, um die Römer gegen ihn aufzubringen.

Jesus entgegnete, dass er die Frage bereits durch seine Taten beantwortet habe, als er zum Beispiel den Blindgeborenen heilte (10,21), aber sie könnten das nicht verstehen, weil sie nicht seine Schafe sind und nicht seine Stimme kennen (V. 25-27). In den Versen 26 und 27 verweist Jesus auf die Diskussion in der Erzählung vom Guten Hirten am Anfang des Kapitels (V. 3-5.14-16). Vers 28 greift ein bekanntes Thema im Johannesevangelium auf – das ewige Leben ist durch die Beziehung zu Jesus schon heute Wirklichkeit. Das ist deshalb möglich, weil er und der Vater völlig übereinstimmen (V. 28-30).

In Vers 32 findet sich eine der humorvollsten Bemerkungen Jesu im Johannesevangelium. Die religiösen Führer hatten Steine in den Händen und bebten vor Zorn und Erregung (V. 31). Jesus sagte ihnen etwa Folgendes: „Wartet einen Augenblick! Bevor ihr mich steinigt erklärt mir bitte, für welches meiner guten Werke ihr mich umbringen wollt!" Sie erwiderten, dass es nicht um seine guten Werke gehe, sondern um seine Behauptung, Gott gleich zu sein (V. 33; vgl. 5,18).

Jesus erwidert, dass es durchaus nicht immer Gotteslästerung sein müsse, wenn der Begriff Gott oder Götter auf Menschen bezogen wird (V. 34.35). Psalm 82 verweist beispielsweise darauf, dass irdische Richter im alten Israel als „Götter" bezeichnet wurden, weil Gott sie eingesetzt hatte, in seinem Namen Recht zu sprechen. Wenn diese Bezeichnung also für gewöhnliche Sterbliche benutzt werden konnte, die Gott zu einer besonderen Aufgabe berufen hatte, wie viel mehr steht diese Bezeichnung Gottes eigenem Sohn zu, der mit Gott von Ewigkeit her existiert, in dessen Person sich die ganze Fülle der Gottheit vereint und der von Gott dazu ausersehen ist, in die Welt zu gehen und ihr zu offenbaren, wer Gott ist (V. 35.36; vgl. 1,1)!

Für unsere Art zu denken ist dieses Argument nicht so recht schlüssig, aber eins wird jedenfalls deutlich: Jesu Ansprüche gehen nicht über das hinaus, was die Schrift gestattet.[1] Als der „Geweihte" ist Jesus vom Vater gesandt worden, um Werke zu tun, die das Gegenstück zu den Werken im Tempel sind, nämlich von der Sünde zu erlösen (V. 37.38). Seine Wunder, wie zum Beispiel die bevorstehende Auferweckung des Lazarus, bezeugen denen, die auf ihn hören, dass Jesus wirklich der ist, der er zu sein behauptet (20, 30.31). Aber Jesu Widersacher zeigen wieder einmal, dass sie nicht ernsthaft zuhören (10,30).

Weil Jesus von den eigenen Landsleuten abgelehnt wird (1,11), verlässt er Judäa, um jenseits des Jordans Glauben zu finden (V. 40-42). Dort wird noch das Werk des Täufers geschätzt, und auch Jesus findet eine aufgeschlossenere Zuhörerschaft als in Jerusalem und Judäa. In Vers 41 wird Johannes der Täufer zum vierten und letzten Mal im Johannesevangelium erwähnt. Jeder dieser Hinweise auf ihn ist kürzer als der vorhergehende (1,19-36; 3,23-36; 5,33-36). Es scheint beinahe so, als wollte der Verfasser damit illustrieren, dass Jesus an Bedeutung zunimmt, während der Einfluss des Täufers abnimmt (3,30).

Die wesentlichen Gedanken

Die Weihe Jesu

Der Hauptgedanke dieses Abschnitts ist die Botschaft, dass Gott in der Person Jesu wieder zum Tempel gekommen ist, wie er es bei den verschiedenen Tempelweihen vor alters getan hat (2. Mose 40; 1. Könige 8). Er kommt auch zu dem dafür offiziell vorgesehenen Termin im Festkalender (V. 36). Noch einmal erscheint hier Jesus als derjenige, der tatsächlich an die Stelle der jüdischen Feste tritt. Er bietet allen, die an ihn glauben, das wahre Leben an und verheißt es denen, die noch im Tempel zu Jerusalem anbeten werden (1,14; 2,21). Die an Jesus glauben, haben einen besseren Zugang zu Gott als diejenigen, die am alten Opfersystem im Tempel festhalten (V. 27-29; vgl. 1,12-18; Römer 5,1.2; Hebräer 9,6-10; 10,19-22).

---

[1] Talbert, „Reading John", 170

Die Gottheit Christi

Das, was Jesus in Johannes 10,30 meint, ist am besten an der Reaktion der Juden in den Versen 31 und 33 abzulesen. Sie hatten seinen Anspruch, Gott gleich zu sein, sehr wohl verstanden. In diese Richtung formulierten sie deshalb auch ihre Frage. Jesus antwortet ihnen, aber eigentlich nicht auf die Frage, sondern in Bezug auf die Absicht, die dahinter steckte.

Wenn er sich vor seinen Feinden hätte schützen wollen, hätte er antworten können: „Natürlich bin ich nicht Gott gleich, wieso kommt ihr auf einen solch törichten Gedanken?“ Stattdessen gibt er eine für unsere Ohren schwer verständliche Erklärung ab (V. 34-36), die im Kern bedeutet: „Von der Schrift her gesehen ist nichts an dem, was ich gesagt habe oder wie ihr es verstanden habt, zu beanstanden. Wenn ihr wirklich auf das geachtet hättet, was ich bisher getan habe, würdet ihr meinen Anspruch nicht in Frage stellen.“ (V. 37.38)

Die Auseinandersetzung zwischen Jesus und den Juden begann mit der Heilung am Sabbat, und sie nahm an Heftigkeit zu, als er behauptete, Gott gleich zu sein (5,16.18). Für die jüdische Geistlichkeit war es undenkbar, dass der Messias eine göttliche Person sein sollte, und dass er sich einfach über die Sabbatvorschriften hinwegsetzen würde. Sie fühlten sich also absolut im Recht, wenn sie Jesus ablehnten.

🕮 EINSTIEG

Johannes 11,1-44

Lies Johannes 11,1-44 zweimal hintereinander und beantworte dann folgende Fragen:

1. *Schildere kurz die Auswirkungen des vorigen Abschnitts (10,22-42) auf Jesu Handeln in diesem Abschnitt.*
2. *Welcher Vers oder welche Verse liefern den Schlüssel zum Verständnis der theologischen Absicht, die Jesus mit der Auferweckung des Lazarus verfolgte? Beschreibe die theologische Absicht mit ein paar Worten.*

3. *Skizziere in wenigen Sätzen die Charaktere von Maria und Martha. Was für Menschen waren sie? Wie verhält sich jede von ihnen in diesem Kapitel Jesus gegenüber? Was empfinden sie, als Jesus die Erfüllung ihrer Bitte hinauszögert? Wie steht es um ihren Glauben kurz vor der Auferweckung des Lazarus? Vergleiche anhand von Parallelstellen in deiner Bibel oder mithilfe einer Konkordanz die Aussagen über Maria und Martha bei Johannes mit den Angaben, die du in den anderen Evangelien über sie findest. Liste sie auf und stelle sie einander gegenüber.*
4. *Warum ist Jesus erregt und besorgt (V. 33-38), obwohl er weiß, dass er Lazarus von den Toten auferwecken wird? (V. 11)*

🕮 ERKLÄRUNG

Der Aufbau des Abschnitts

Den Rahmen für diese Erzählung bildet der vorangegangene Teil. Jesus hat sich durch seine Behauptung, er sei Gott, die unversöhnliche Feindschaft der religiösen Führer in Jerusalem zugezogen (10,33). Er weicht in die nähere Umgebung von Jerusalem aus, um die gespannte Lage etwas zu entschärfen (V. 40). Doch das Verhältnis des Hohen Rates zu Jesus ist derart gespannt, dass ein einziger Tropfen genügen würde, um das Fass zum Überlaufen zu bringen. Der Schauplatz dafür ist schon gewählt.

Die entscheidende Aussage in Kapitel 11 scheint Vers 4 zu sein. Lazarus ist offenbar nicht zufällig gestorben, sondern seine Krankheit und sein Tod haben einen verborgenen Zweck: die Verherrlichung Gottes und Christi. Das hat bewusst eine doppelte Bedeutung. Sowohl Jesus als auch der Vater werden dadurch verherrlicht, dass das Wunder ihre Macht bezeugt, Leben zu schenken, und zugleich ihre Barmherzigkeit. Jesus wird aber auch in dem Sinne verherrlicht, dass durch das Wunder der Auferweckung des Lazarus sein Leiden und Sterben beschleunigt wird (V. 53). Der Zweck der Verherrlichung besteht darin, dass sowohl die Jünger als auch andere zum Glauben kommen (V. 15.30).

Der Hintergrund

In der Gegend von Betanien haben Archäologen eine Grabstätte gefunden, auf der die Namen *Lazarus, Maria* und *Martha* stehen. Zwar lässt sich nicht zweifelsfrei beweisen, dass dies tatsächlich die Grabstätte der biblischen Personen ist, aber es wäre schon merkwürdig, wenn es sich hier um einen bloßen Zufall handelte. Zumindest ist dieser denkwürdige Fund ein weiterer Beweis dafür, wie genau der Evangelist über das historische Umfeld der Ereignisse informiert war, und wie zuverlässig er darüber berichtet.

Zu jener Zeit glaubten viele Juden, die Seele eines Verstorbenen schwebe drei Tage lang über dem toten Körper, weil sie hoffe, dass er wiederbelebt werde. Erst nach drei Tagen gab es für einen Verstorbenen keine Hoffnung mehr.[1] In Vers 6 heißt es, dass Jesus zwei volle Tage wartete, ehe er nach Betanien aufbrach. Als er schließlich ankam und Lazarus auferweckte, hatte der schon vier Tage im Grab gelegen (V. 17.39).

Offenbar wollte Jesus auch hier wieder ein deutliches Zeichen setzen. Wäre er eher gekommen, hätte die Auferweckung des Lazarus wahrscheinlich bei weitem nicht die Wirkung gehabt, wie es nun der Fall war. Jedenfalls war für alle klar, dass die „Seele" des Lazarus nicht innerhalb der drei Tage nach dem Tod auf „natürliche" Weise in den Körper des Verstorbenen zurückgekehrt sein konnte, sondern dass Jesus den Toten auferweckt hatte. Damit war sein Anspruch, die Auferstehung und das Leben zu sein, einmal mehr unwiderlegbar bestätigt worden (V. 25.26).

Der Abschnitt im Einzelnen

Dass in Vers 2 die Salbung Jesu durch Maria Erwähnung findet, erscheint insofern merkwürdig, als die Begebenheit erst im nächsten Kapitel des Evangeliums berichtet wird (12,1-8). Offensichtlich setzte Johannes voraus, dass diese Erzählung auch in der zweiten christlichen Generation allgemein bekannt war.

[1] Talbot, „Reading John", 172

Warum zögerte Jesus seine Reise nach Betanien zwei Tage hinaus? Der wichtigste Grund ist natürlich, dass er laut des Berichtes des Johannesevangeliums nichts ohne die Anweisung Gottes tut. Wenn der Zeitpunkt gekommen ist hinzugehen, wird ihm der Vater die entsprechende Weisung geben (4,34; 7,1-9). Ein Beispiel für solch einen Hinweis finden wir in Kapitel 12,20-24. Irgendwie erkennt Jesus in dem Verlangen der Griechen, ihn zu sehen, einen Hinweis darauf, dass die Stunde seines Leidens und Sterbens gekommen ist. Wahrscheinlich deshalb, weil durch den Tod alle Menschen zu ihm gezogen werden (V. 32).

Als Jesus andeutet, dass er bereit ist, zu Lazarus zu gehen, protestieren die Jünger und erinnern ihn an die jüngsten Versuche seiner Feinde, ihn zu steinigen (10,31.33). Irgendwie scheinen auch sie zu spüren, dass Jesu Schicksal in Jerusalem besiegelt werden könnte. Deshalb wollen sie ihn zurückhalten. Jesus freilich erinnert sie daran, dass er das Licht der Welt ist (V. 9.10; vgl. 9,4.5; 1,4; 3,16-21). So wie er nicht fehlgehen kann, wenn er sich an die Weisungen des Vaters hält, so können auch die Jünger nicht fehlgehen, wenn sie sich im Lichte Jesu bewegen.

Der folgende Abschnitt (V. 11-16) ist eine Illustration für die hebräische Analogie von Tod und Schlaf. Das hier verwendete griechische Wort für Schlaf *hypnou* ist die Wurzel, aus der das Wort *Hypnose* („jemanden zum Schlafen bringen“) abgeleitet ist. Thomas tritt in diesem Abschnitt keineswegs als Zweifler auf, sondern eher als bedingungslos Glaubender. Wenn es denn unvermeidlich ist, dass Jesus sterben soll, dann ist Thomas bereit, mit ihm zu sterben!

Als Martha hört, dass Jesus gekommen ist, geht sie ihm zur Begrüßung entgegen. Maria dagegen bleibt zu Hause (V. 20). Die Gründe dafür kennen wir nicht. Vielleicht war Maria eine sehr empfindsame Frau, die sich dadurch verletzt fühlte, dass Jesus so lange hatte auf sich warten lassen, obwohl Lazarus sein Freund war (V. 3).

Martha hatte solche Bedenken nicht. Sie drückt Jesus gegenüber zwar auch ihre Enttäuschung aus, fügt aber sofort hinzu, dass sie auch weiterhin an ihn glaubt und ihm vertraut (V. 21.22.24). Das veranlasst Jesus zu einer der mitreißendsten Aussagen über sich selbst (V. 25.26), und Martha macht eine der tiefgründigsten und inhaltsschwersten Glaubensaussagen im gesamten Evangelium (V. 27), die bei weitem die des Petrus übertrifft (6,68.69). Und eben diese Glaubensüberzeugung ist es, die sich der Evangelist Johannes für seine Leser wünscht (20,30.31). Martha, die in Lukas 10,38-42 scheinbar für immer in die Küche verbannt ist, wird im Johannesevangelium als eines der leuchtendsten Beispiele für einen reifen Glauben und echte Jüngerschaft herausgestellt.

So verhält es sich nicht bei Maria. Als sie schließlich auf Jesu ausdrückliches Verlangen zu ihm hinausgeht (V. 28), macht sie ihm dieselben Vorwürfe wie ihre Schwester, allerdings ohne hinzuzufügen, dass sie auch weiterhin an ihn glaubt (V. 32). Das hat zur Folge, dass sich Jesus ihr auch nicht so offenbart wie Martha (vgl. V. 25.26). Er ist tief bekümmert über ihren Mangel an Glauben und den all der anderen, die noch im Hause sind (V. 33-37). Dass die Reaktion Marias tatsächlich auf einen schwachen Glauben hindeutet, zeigt sich, wenn man eine Verbindungslinie zieht zwischen den Reaktionen Jesu (V. 33-38) und den Aussagen, die sie verursacht haben (V. 32.37).

Jesus war gekommen, um alle einzuladen, Augenzeugen der Auferstehung und des Lebens zu werden. Aber anstatt im Voraus mitzuerleben, was er anzubieten hat, fordern sie ihn auf, zur Grabstätte des Lazarus zu gehen und den Tod in Augenschein zu nehmen (V. 34).

Johannes 11,26 hat schon vielen Bibellesern Schwierigkeiten bereitet. Was meint Jesus, wenn er sagt, dass alle, die an ihn glauben, niemals sterben werden? Das entspricht nicht unserer Erfahrung, denn wir wissen, dass jeden Tag auch Gläubige sterben. Heißt es vielleicht, dass der Leib stirbt, aber die Seele in Christus weiterlebt? An dieser Stelle ist das Gespräch Jesu mit seinen Jüngern in den Versen 11 bis 16 aufschlussreich. Für Jesus ist der Tod, den die Gläubigen sterben, kein wirklicher, endgültiger Tod. Er ist nur etwas Zeitweiliges oder Vorübergehendes, etwa wie der Schlaf (V. 11-14). Wenn auch die Gläubigen wie Lazarus schlafen, werden sie doch im eigentlichen und letzten Sinn niemals sterben.

Gott ist imstande, jedem das Leben zu schenken (5,21-29), und dieses Geschenk ist allen, die an Christus glauben, zugänglich (11,26). Sie brauchen den Tod nicht mehr zu fürchten. Gläubige mögen schlafen, sie werden aber niemals wirklich sterben. Wer geistliches Leben von Jesus empfangen hat, dem wird auch das leibliche Leben bei der Auferstehung fest zugesichert.

Obgleich Marthas Glaube in den Versen 21 bis 27 hell aufleuchtet, vermag sie doch nicht die Auswirkungen der ICH-BIN-Aussagen Jesu (V. 25.26), bezogen auf ihre Situation (V. 29), voll einzuschätzen. Jesus tadelt sie freundlich, weil sie nicht erkennt, dass er gekommen ist, um etwas zu vollbringen, das weit über das hinausgeht, was Menschen sich vorstellen können – das heißt: ein Wunder, das schon jetzt vorwegnimmt, was in Vollendung für die Zeit seiner Wiederkunft zugesagt ist (V. 40). Jesus betet mit geöffneten Augen und erhobenem Haupt (V. 41.42), das heißt, die Bibel verpflichtet den Beter nicht zu einer bestimmten Körperhaltung, die allen anderen vorzuziehen wäre. Weder berührt Jesus Lazarus noch nähert er sich dem Grab (V. 43: „er ruft mit lauter Stimme"). Sein Wort ist genauso wirksam wie seine Berührung. Und auf dieses befehlende Wort hin geschieht ein Wunder, das nicht einmal seine Feinde bestreiten können, so gern sie es auch getan hätten (V. 44.47). Durch den Bericht dieses Wunders zeigt Johannes, dass Jesus seine in Kapitel 5,28.29 gegebene Verheißung erfüllt.

Der tote Mensch liegt im Grabe (11,17; vgl. 5,28), er hört die Stimme Jesu (11,43; 5,28) und kommt heraus (11,43; vgl. 5,29). Genau dasselbe wird am Ende der Zeit geschehen, wenn die Auferstehung und das Leben mit dem Tode in Berührung kommen (11,25.26; vgl. 5,21-30) wird.

Die wesentlichen Gedanken

Herrlichkeit

In dem Kapitel von der Hochzeit zu Kana sind wir zum ersten Mal auf das Thema Herrlichkeit gestoßen. Sie ist auch in diesem Kapitel einer der großen Höhepunkte. Der letzte Höhepunkt der Herrlichkeit für Jesus in diesem Evangelium ist seine Erhöhung am Kreuz. Dort hat sich das Wesen Gottes ganz unmissverständlich im menschlichen Fleisch offenbart.

Zweifellos geschah die Auferweckung des Lazarus zum Lobe Gottes (12,12-18) und sollte zum Glauben ermutigen (11,40), dennoch erwuchs die größte Herrlichkeit aus der Tatsache, dass dieses Wunder die Gefangennahme, das Leiden und den Tod Jesu zur Folge hatte. Aus diesem Grunde erscheint der Bericht gerade an der Stelle des Johannesevangeliums, an der die Erzählungen vom irdischen Dienst Jesu in den Bericht über sein Leiden und Sterben einmünden. Hier wendet sich Johannes einem neuen Brennpunkt zu, nämlich dem letzten Passahmahl (12,1; 13,1) und der darauf folgenden Passion.

Maria, Martha und die zweite Generation

Maria wird in diesem Abschnitt getadelt, aber auch ermutigt. Zunächst sieht es so aus, als wäre sie geistlich gesehen weit hinter dem, was Jesus von ihr erwarten konnte, zurückgeblieben. Doch dann zeigt sich, dass sie zu einem leuchtenden Beispiel von Jüngerschaft im Johannesevangelium wird (12,1-8). Welch eine Ermutigung zum Glauben ist das für die Christen der zweiten Generation, unter denen Jesus nicht mehr leiblich anwesend ist, und die nicht mehr Augenzeugen seiner Taten sind. Wie ermutigend ist das auch für uns, die wir in einer säkularen Welt leben, in der Gott ebenfalls abwesend und machtlos zu sein scheint! Maria ist ein Beispiel für Gottes unermessliche Macht, auch die zu erretten, deren Glaube schwach geworden und deren Hoffnung geschwunden ist.

Für die zweite Generation, zu der auch wir gehören, mag aber Martha das eindrucksvollere Beispiel sein. Maria gleicht Thomas, der sehen musste, um glauben zu können (20,24-28). Martha repräsentiert insofern die zweite Generation, dass sie die Auferstehung noch nicht erlebt hat, aber dennoch aufgrund dessen, was sie bereits von Jesus weiß, glaubt. Im Johannesevangelium gibt es zwei Arten von errettendem Glauben: (1) der Glaube derer, die sehen und glauben, (2) der Glaube derer, die glauben, ohne zu sehen (V.

20). Der zweiten Generation, zu der auch wir gehören, ist nur die zweite Art von Glaube zugänglich. Aber obwohl Christus von ihr nicht mehr leiblich wahrgenommen werden kann, glaubt sie an ihn auf sein Wort und das seiner Jünger hin.

Die Bedeutung von „Leben"

Der Begriff *Leben* wird im Johannesevangelium in ganz unterschiedlicher Weise benutzt. Wer verstehen will, was im konkreten Fall gemeint ist, muss die jeweilige Bedeutung des Begriffs *Leben* herauszufinden versuchen. Bei Matthäus, Markus und Lukas ist ewiges Leben etwas, das für die Zukunft zu erwarten ist, wenn Jesus in Macht und Herrlichkeit wiederkommt und alle, die an ihn glauben, zu einem neuen leiblichen Leben auferwecken wird, das kein Ende hat (Matthäus 19,29; 24,30.31; 25,46; Markus 10,30; 13,26.27; Lukas 18,29.30). Im Johannesevangelium aber steht das im Mittelpunkt, was Jesus für die, die an ihn glauben, schon hier und heute tut (3,15.16.36).[1]

Immer wieder wird betont, dass Jesus der wahre Geber des Lebens ist (5,21.26; 6,33; 11,25.26; 14,6 usw.) und dass durch seine Worte Leben vermittelt wird (4,50; 5,8.24; 6,63; 11,43), sodass die zweite Generation nicht benachteiligt ist. Sie hat durch das Evangelium Zugang zu Jesu Worten (17,20). *Leben* wird hier nicht so sehr als physische Existenz verstanden, sondern als Antwort auf die Suche des Menschen nach Lebenssinn und -inhalt. Jesus ermöglicht es, Leben im vollen Sinn des Wortes und in höchstmöglichem Maß zu erhalten (8,32.36; 10,10). Vor allem ist ewiges Leben durch eine jetzt schon vorhandene, lebendige Beziehung zu Gott durch Jesus Christus gekennzeichnet (17,3).

Die leibliche Auferstehung des Lazarus bedeutet zweierlei – Jesus hat die Macht, heute ewiges Leben zu schenken, das heißt, dem Leben Sinn und Inhalt zu geben und die Toten am Jüngsten Tage zu einer niemals endenden physischen Existenz aufzuerwecken (5,28.29).

[1] Der Fachausdruck dafür heißt: präsentische Realität.

Es gibt zwei Wege, zu diesem Leben zu gelangen: (1) Zu begreifen, dass allein Christus die Quelle unvergänglichen Lebens ist (14,6; 6,33-58; 1. Johannes 5,11.12). Wo Jesus ist – ob als sichtbare Person oder in Gestalt des Wortes –, da ist Leben (Johannes 11,25.26). (2) Dieses Leben durch den Glauben zu erlangen (1,4.12). Nur durch eine ungebrochene Beziehung zu Christus eignet sich der Einzelne jenes Leben an, das in Jesus ständig vorhanden ist und uns zur Verfügung steht (3,16.36).

🕮 EINSTIEG

Johannes 11,45-57

Lies Johannes 11,45-57 zweimal hintereinander und beantworte dann folgende Fragen:

1. *Untersuche andere Vorkommnisse im Johannesevangelium, die eine Reaktion vonseiten der religiösen Autoritäten provozierten (vgl. 2,13-22; 5,1-18; 7,37.44; 8,12.58; 9,1-16 und 10,10). Wie reagierte die geistliche Führungsschicht auf die Auferweckung des Lazarus? Inwiefern könnten frühere Äußerungen Jesu zu dieser Reaktion beigetragen haben?*
2. *Stelle die Begründungen zusammen, mit denen Jesu Gegner ihr Vorgehen gegen ihn zu rechtfertigen suchten. Wären diese Gründe stichhaltig gewesen, wenn Jesus nicht der Messias gewesen wäre? Begründe deine Antwort.*

🕮 ERKLÄRUNG

Der Aufbau des Abschnitts

Die Zusammenkunft des Hohen Rats hat nur einen Tagesordnungspunkt: Die Auferweckung des Lazarus von den Toten und ihre Konsequenzen. An dieser Stelle wird erneut deutlich, was auch sonst im Johannesevangelium auffällt: Jesu Wunder führen durchweg zu zwei gegensätzlichen Reaktionen. Diejenigen, die die wahre

Bedeutung dieses Zeichens erkennen, gelangen zum Glauben (vgl. 2,11 und 11,45). Bei denen, die sich Jesus von Anfang an widersetzten – wie das leider durchweg bei den religiösen Autoritäten Israels der Fall war –, bewirkte dasselbe Wunder nur noch mehr Ablehnung bis hin zum Hass (5,16-18; 9,14-34; 11,45-53).

Dieses Verhältnis einer sich ständig steigernden Herausforderung stellt sich so dar:

Reinigung des Tempels (2,13-22)
Heilung am Sabbat (5,1-18)
Störung des Gottesdienstes (7,37-39; 8,12)
„Gotteslästerung“ (8,58.59)
Heilung am Sabbat (9,1-16)
„Gotteslästerung“ (10,30-33)

Insgesamt sind es sieben „provokatorische“ Aktionen, wobei die Auferweckung des Lazarus nur der „letzte Tropfen“ ist, der das Fass zum Überlaufen bringt. Darauf hatten Jesu Gegner schon lange gewartet. Im Johannesevangelium ist es die Auferweckung des Lazarus, die jene Maßnahmen heraufbeschwört, durch welche die „Stunde“ der endgültigen „Verherrlichung“ und „Erhöhung“ Jesu am Kreuz herbeigeführt wird.

Der Abschnitt im Einzelnen

Die Trauergäste in Betanien beurteilten die Auferweckung des Lazarus unterschiedlich. Während die einen durch das Wunder zum Glauben an Jesus fanden, hielten die anderen Jesu Vorgehen für eine Provokation, die man der Behörde zur Kenntnis bringen musste (V. 45.46). Daraufhin trat das Synedrium zu einer Krisensitzung zusammen, um zu analysieren, welche Folgen dieses spektakulärste Wunder des Nazareners für den Hohen Rat und das Volk haben könnte, und welche Gegenmaßnahmen getroffen werden müssten (V. 47).

Man befürchtete zweierlei: Zum einen ging es um den politischen und religiösen Einfluss der jüdischen Führung. Nach dieser Wundertat musste damit gerechnet werden, dass die Menschen nicht mehr den Hohen Rat als oberste Autorität anerkennen würden, sondern Jesus von Nazareth. Zum anderen bestand die Gefahr, dass die Römer sich genötigt fühlten einzugreifen. Und das konnte bedeuten, dass die jüdische Führung abgesetzt und der ohnehin geringe politische Spielraum völlig verloren gehen würde (V. 48).

Offenbar verlief die Zusammenkunft so tumultartig, dass der Hohepriester Kaiphas ein Machtwort sprechen musste (V. 49.50). Er schätzte die Lage als so gefährlich ein, dass nur der Tod Jesu die Nation vor dem drohenden Untergang bewahren konnte. Von diesem Augenblick an war der Hohe Rat fest entschlossen, Jesus zu beseitigen (V. 53).

Jesus wusste, was der Rat beschlossen hatte, und verzichtete zunächst darauf, die Aufmerksamkeit seiner Gegner auf sich zu lenken. Er zog sich mit seinen Jüngern in eine abgelegene Gegend Judäas zurück (V. 54). Als das Passahfest näher kam, begann die Menge darüber zu spekulieren, ob es Jesus wagen würde, zu diesem Fest zu erscheinen (V. 55.56). Der Hohe Rat rechnete damit, dass Jesus kommen würde, und hoffte auf eine Gelegenheit, ihn festnehmen zu können (V. 57). Die letzten vier Verse von Johannes 11 deuten das Ende des öffentlichen Wirkens Jesu an und bilden die literarische Brücke zum Passionsbericht.

Die wesentlichen Gedanken

Ironie im Johannesevangelium

Es wurde bereits erwähnt, dass es im Johannesevangelium viele Beispiele für eine absichtliche Doppeldeutigkeit gibt, die nicht selten ironisch gemeint ist. Deutlich wird das an Stellen, wo Jesu Worte genau das Gegenteil von dem sagen, was er meint, die Zuhörer aber genau spüren, worum es ihm wirklich geht. Oder wenn Jesus die „Fußangeln“ sofort sieht, die gewisse Fragesteller ausgelegt hatten, und ihnen die gebührende Abfuhr erteilt (vgl. Matthäus 22,15-22).

In Johannes 11,48-52 zeigt sich die „Ironie des Schicksals" darin, dass der Hohe Rat Maßnahmen beschließt, die Israel vor der Katastrophe bewahren sollten, die aber letztlich die eigentliche Katastrophe erst heraufbeschworen. Der Rat, durch die Auferweckung des Lazarus in Panik versetzt (V. 45-48), befürchtete das Eingreifen der Römer, falls dem Wirken Jesu nicht augenblicklich ein Ende gemacht würde (V. 48). Kaiphas, ein demagogischer Schwätzer (V. 49: „Ihr wisst überhaupt nichts"), nimmt das Heft in die Hand und behauptet, Israel könne nur überleben, wenn Jesus aus dem Weg geräumt würde (V. 50).

In den Versen 48 bis 52 erreicht die ironische Doppeldeutigkeit ihren Höhepunkt: Kaiphas wird beglückwünscht, weil er voraussagt, dass Jesu Tod Israel erretten wird. Johannes betont ausdrücklich, dass diese Prophezeiung wirklich zutraf – allerdings in einem völlig anderen Sinn als Kaiphas es gemeint hatte (V. 51.52). Ohne es zu wissen und zu wollen, fasste der Hohepriester die Bedeutung des Todes Jesu in einem einzigen prophetischen Satz zusammen.

Durch Jesu Kreuzigung wurde gerade das ausgelöst, was vermieden werden sollte. Das Volk sollte geschützt und der Tempel bewahrt werden, aber letztlich wurde die Nation vernichtet und der Tempel endgültig zerstört. Man wollte verhindern, dass die Menschen an Jesus glaubten, aber ausgerechnet seine Kreuzigung führte dazu, dass der Glaube an Christus in alle Welt getragen wurde.

Lehren für unsere Zeit

Der unbekehrte Mensch entwickelt nahezu unbegrenzte Fähigkeiten, Unrecht zu rechtfertigen. Dieser Abschnitt macht deutlich, wie schnell Menschen, die es mit ihrer Religion wirklich ernst nahmen, scheinbar stichhaltige Gründe zur Hand hatten, als es darum ging, einen hochgeachteten Lehrer zu beseitigen, dessen Vergehen nur darin bestand, dass er ihnen und anderen die Wahrheit gesagt hatte. Während der Holocaust[1] im Zweiten Weltkrieg auf Hochtou-

[1] Holocaust = Tötung einer großen Zahl von Menschen, besonders der Juden in der Zeit des Nationalsozialismus.

ren lief, brüsteten sich Nazigrößen damit, dass man ihnen eines Tages dafür dankbar sein würde, dass sie die Welt von den Juden befreit hätten. Man brachte jüdische Menschen zu Hunderttausenden um und fühlte sich in ideologischer Verblendung noch als Wohltäter der Menschheit. Unbegreiflich? Die Offenbarung des Johannes kündigt an, dass sich solch eine unglaubliche Selbsttäuschung am Ende der Weltgeschichte in noch größerem Umfang wiederholen wird – nur unter anderen Vorzeichen und mit anderen Menschen (Offenbarung 13,16.17). Auch Jesus hat von einer Zeit gesprochen, in der „jeder, der euch tötet, meinen wird, er tue Gott einen Dienst damit" (Johannes 16,2).

Die religiösen Führer in Jesu Tagen sind einer schrecklichen Selbsttäuschung erlegen, aber sie sind aufs Ganze gesehen auch nicht schuldiger als all die anderen, die es ihnen gleich taten. Auch heute handelt jeder, der Jesus ablehnt – sowohl innerhalb oder außerhalb der Kirche –, nicht viel anders als die religiösen Führer Israels damals.

🕮 ANWENDUNG

Johannes 10,22 bis 11,57

1. *Macht es wirklich einen Unterschied, ob ein Mensch glaubt, dass Jesus wahrhaftiger Gott ist oder nicht? Inwiefern würde das Johannesevangelium an Bedeutung für dein Leben verlieren, wenn du zu der Überzeugung kämest, Jesus sei nur ein guter Mensch gewesen? Oder ein Engel? Oder das höchstrangigste Geschöpf?*
2. *Kannst du dich an Zeiten erinnern, in denen du lange auf die Erhörung deiner Gebete warten musstest? Wie hast du dich damals gefühlt? Hast du an Gottes Fürsorge und an seinem Interesse an dir gezweifelt? Wie hast du das Vertrauen zu Gott und seinen Verheißungen zurückgewonnen? Durch welche Erfahrungen ist damals dein Glaube gestärkt worden?*
3. *Mit welcher Person in dieser Geschichte würdest du dich vergleichen? Mit Maria? Martha? Lazarus? Den Trauergästen der Maria? Den Führern Israels? Überlege, ob Jesus sich gerade jetzt über dich freuen*

könnte oder weinen müsste? Was würde er in deinem Leben wohl ändern wollen, wenn er dich jetzt anspräche?

4. *Hast du jemals irgendetwas bekämpft, obwohl du tief in deinem Innern wusstest, dass es richtig ist? Warum hast du das getan? Wodurch wurde es dir möglich, diesen Selbstbetrug aufzugeben? Kannst du dir Strategien vorstellen, durch die man es vermeiden kann, immer wieder neu Selbsttäuschungen zu erliegen?*

🕮 VERTIEFUNG

1. *Suche in einem Bibelatlas eine Karte, die den Jerusalemer Tempelbezirk darstellt. Finde heraus, wo die Halle Salomos lag. Meinst du, dass sich Jesus und seine Jünger in Hörweite der inneren Höfe des Tempels befanden? Wie weit waren sie von der römischen Festung Antonia entfernt?*
2. *Suche anhand einer Konkordanz oder eines Bibellexikons alle Hinweise auf die Auferweckung von Toten heraus. Wie viele Zeitalter der biblischen Geschichte werden durch sie repräsentiert? Inwiefern stellt die Auferweckung des Lazarus in dieser Sammlung etwas Besonderes dar? Wo siehst du Ähnlichkeiten?*

🕮 FÜR DAS WEITERE STUDIUM

1. *Hinsichtlich des geschichtlichen Umfeldes der Tempelweihe im Jahre 165 v. Chr. lies das erste Buch der Makkabäer in den Apokryphen; siehe auch D. D. Nichols, (Hg.), „SDA Bible Commentary“, Bd. 5, 28-31 und S. H. Horn, „SDA Bible Commentary“, 1076.*
2. *Bezüglich der Selbsttäuschung und ihrer Heilung siehe die Ausführungen von J. Paulien über Glaubwürdigkeit und Ehrlichkeit in „Weltlich von Gott reden?“, 193-206.*
3. *Wegen der Ironie im Johannesevangelium siehe R. A. Culpepper, „Anatomy of the Fourth Gospel“, 169-180 und P. Dulce, „Irony in the Fourth Gospel“.*
4. *Zur weiteren Vertiefung von Johannes 11 siehe E. G. White, „Jesus von Nazareth“, 386-399.*

Kapitel 11

Die „Stunde“, in der Leben geschenkt wird

Johannes 12

Johannes 12 enthält zwei Hauptberichte, ein Gespräch Jesu und ein kurzes Nachwort zu seinem öffentlichen Wirken. Dieses Kapitel stellt den Übergang von Jesu Lehr- und Heilungstätigkeit zur „Stunde“ des Leidens und Sterbens dar.

Die erste Erzählung berichtet von der Salbung Jesu „für den Tag seines Begräbnisses“ durch Maria beim Festmahl in Betanien (V. 1-8). Nachdem kurz an das Komplott der Hohenpriester erinnert wird (V. 9-11), beschreibt der zweite Bericht den triumphalen Einzug in Jerusalem (V. 12-19), wiederum mit einem Hinweis auf Jesu Tod (V. 16). Irgendwo in der Nähe Jerusalems, wahrscheinlich im Tempelbezirk, erkennt Jesus in dem Verlangen der Griechen, ihn zu sehen, dass die „Stunde“ seines Todes gekommen ist (V. 20-36). Johannes 12,1-36 ist als Ganzes erfüllt von dem paradox erscheinenden Thema, dass das Leben, das Jesus anbietet, nur durch seinen Tod ermöglicht wird.

Der Rest von Johannes 12 ist eine zusammenfassende Betrachtung einiger wesentlicher Momente, denen in diesem Evangelium besondere Bedeutung zukommt. Nachdem begründet worden ist, warum die meisten religiösen Führer trotz der Zeichen, die er getan hat, nicht an Jesus glauben (V. 37-43), schließt das Nachwort mit einer kurzen Zusammenfassung der Botschaft Jesu: Er ist gekommen, um den Vater zu offenbaren (V. 44-46), und alle, die ihn hören, werden durch seine Worte gerichtet werden (V. 47-50).

🕮 EINSTIEG

Johannes 12

Lies Johannes 12 zweimal hintereinander (möglichst mehrere Übersetzungen benutzen) und beantworte dann folgende Fragen:

1. *Das Verhalten Marias wie auch das des Judas könnte je nach Standpunkt positiv oder negativ beurteilt werden. Warum wird in dieser Erzählung Maria gelobt und Judas getadelt? Erläutere deine Antwort.*
2. *Vergleiche Johannes 12,12-16 mit Sacharja 9. Hat das Auftreten der Griechen in Vers 20 etwas mit dem Kontext von Sacharja 9,9 zu tun? Welche Aussage macht Johannes über die Art des Königtums Jesu und über den Unterschied zwischen seiner Sichtweise und der Vorstellung der Volksmenge (V. 9-19)? Erkläre das in ein paar Sätzen.*
3. *Wozu fordert Jesus seine Jünger in den Versen 25 und 26 auf? Wo ist Jesus im Alltag zu finden? Wie folgen die Menschen Jesus im praktischen Leben nach?*
4. *Warum ist Jesus betrübt (V. 27)? Was haben die Griechen mit dem Kreuz zu tun?*
5. *Suche anhand einer Konkordanz alle Stellen im Johannesevangelium heraus, in denen die Worte „Gericht", „richten" und die damit zusammenhängenden Begriffe vorkommen. Welche Rollen spielen im Johannesevangelium Gott, Jesus, der Heilige Geist und der einzelne Mensch im Gericht? Welches Licht werfen diese Texte auf Johannes 12,11 und 12,47.48? Fasse deine Schlussfolgerungen in ein paar Sätzen schriftlich zusammen.*

🕮 ERKLÄRUNG

Der Aufbau des Abschnittes

Ein Vergleich von Johannes 12,1 mit 13,1 zeigt eine „Woche" voller Ereignisse, die vielleicht mit Absicht eine Parallele zu der Woche am Anfang dieses Evangeliums darstellen soll (1,29.35.43; 2,13). Es gibt auch Parallelen zum ersten Buch Mose und den sieben Tagen, in denen Gott Himmel und Erde schuf. Genauso wie Gott bei der Schöpfung sechs Tage lang wirkte (1. Mose 1), sein Werk als abgeschlossen erklärte (1. Mose 2,1.2) und am siebenten Tage ruhte (V. 2,2.3), dauerte auch Jesu abschließende Lehrtätigkeit sechs Tage (12,1), erklärte er sein Werk als vollendet (19,30) und ruhte am Sabbat im Grab (V. 31.40; 20,1).

Der Abschnitt im Einzelnen

Auf dem Weg nach Jerusalem kehrte Jesus in Betanien bei seinen Freunden (11,17.18) ein. Der kleine Ort lag etwa vier Kilometer von Jerusalem entfernt und bot Pilgern, die zu den großen Festen nach Jerusalem kamen, willkommene Unterkunft.

Bis zum Passahfest waren es noch sechs Tage. Gemäß dieser Zeitangabe dürfte das Festmahl am Abend des letzten Sabbats vor dem Passahfest stattgefunden haben.[1] Martha bedient die Gäste, während Maria, wie gewohnt, andächtig zu Jesu Füßen sitzt (V. 2.3; vgl. Lukas 10,38-42). Echte Narde war ein stark duftendes Parfüm, das aus dem Osten eingeführt wurde und sehr teuer war. Deshalb konnte die Salbung Jesu den Anwesenden nicht verborgen bleiben (Johannes 12,1).

Der Bericht von der Salbung passt sehr gut an diese Stelle, denn er stellt den Glauben der Maria und ihre Liebe zu Jesus den Mordplänen des Kaiphas (11,49.50) und der verräterischen Heuchelei des Judas (12,4-6) gegenüber. Die beiläufige Erwähnung des Judas in dieser Erzählung ist eins der Beispiele ironischer Berichterstattung im Johannesevangelium. Für ihn ist die Salbung pure Geldverschwendung und angesichts der vielen Armen durch nichts zu rechtfertigen (V. 5).

Dass sein Eintreten für Hilfsbedürftige nichts weiter als Heuchelei ist und nur die wahren Gedanken verdecken soll, erfahren wir nur bei Johannes (V. 6). Auf die Jünger muss diese scheinbare Für-

---

[1] Nach Aussage des Johannesevangeliums (13,1; 19,31.35-37) begann das Passahfest in jenem Jahr an einem Freitag bei Sonnenuntergang.

sorge überzeugend gewirkt haben, denn als Judas ein paar Tage später nach dem Abendmahl den oberen Saal verlässt, glauben einige, er sei gegangen, um den Armen etwas zu geben (13,29).

Das Verhalten von Maria und Judas unterscheidet sich vor allem durch die Beweggründe, aus denen heraus es geschieht. Bei Maria sind es Liebe und Selbstlosigkeit, bei Judas Selbstsucht, Habgier und Falschheit.

Jesus beweist wieder einmal, dass er weiß, was im Herzen der Menschen vorgeht, doch obwohl er Judas durchschaut, stellt er ihn nicht vor den anderen bloß. Dafür tritt er nachdrücklich für Maria ein, indem er darauf hinweist, dass soziales Handeln, d. h. den Armen zu helfen, so wichtig es auch sein mag, letztlich ohne das Kreuz seinen Sinn verliert (V. 7.8; vgl. V. 23-26; Matthäus 25,34-46). Doch Judas erkennt das nicht, für ihn ist Geld wichtiger als die Ehre Jesu. Das wird sich bald darauf zeigen, als er Jesu Leben für dreißig Silberlinge verkauft.

Diese beiden Übergangsstellen (Johannes 12,9-11 und 12,17-19) dienen dazu, das Lazarusmotiv im Bewusstsein des Lesers zu bewahren. Warum soll Lazarus getötet werden (V. 10)? Weil er ein mächtiger Zeuge für Jesus ist (V. 11.17.18). Der Verfasser macht hier deutlich, dass Jesu Feinde nicht mehr vernunftgemäß handeln. Sie sind ihren religiösen Ideen und ihrem Standesdünkel so verfallen, dass sie sogar einen Mord in Kauf nehmen, um Lazarus aus dem Weg zu räumen. Und das Schlimmste daran: Einige von ihnen wissen genau, dass sie falsch handeln, aber Ansehen und Einfluss sind ihnen wichtiger als alles andere (V. 42.43).

Lazarus hatte weder Gott gelästert noch ein jüdisches Gesetz übertreten. Er war nur ein lebendiger Zeuge der Macht Jesu und bekräftigte dadurch Jesu Anspruch, der Messias zu sein. Seine Erfahrung ist eine Bestätigung dessen, was Jesus vorausgesagt hatte: „Aber vor diesem allen werden sie Hand an euch legen und euch verfolgen und werden euch überantworten den Synagogen ... um meines Namens willen“ (Lukas 21,12). Wenn die Menschen Jesus einmal verworfen haben, kennt ihre Feindschaft keine Grenzen mehr!

Der triumphale Einzug Jesu in Jerusalem (12,12-16) ist für Johannes so eng mit dem Geschehen um Lazarus verbunden, dass er diese Verbindung zweimal erwähnt (V. 17.18). Der Wortlaut in Vers 13 – „sie nahmen Palmzweige und gingen hinaus ihm entgegen" – ist der technische Begriff im Griechischen für einen Triumphzug, den man einem König gewährt, der in einer Schlacht oder einem Krieg gesiegt hat. Aus jüdischer Sicht entsprachen die Worte der Volksmenge dem alttestamentlichen Vorbild einer Siegesprozession, die sich zum Tempel hin in Marsch setzt (Psalm 118,26.27). Jesus wählt einen Zeitpunkt und einen Ort, an dem gewöhnlich viele Menschen zusammenkamen, und er benutzt eine bildhafte Handlung als Gleichnis für seinen Anspruch, der erwartete Messias zu sein.

Die Menschen begreifen das aber nur unzureichend, deshalb begrüßen sie Jesus als König. Die Verbindung des *Königs* mit dem, *der da kommen soll* (Johannes 12,13), wird im Johannesevangelium bereits vorher erwähnt (6,14.15). Dort hat Jesu Königtum eindeutig geistlichen Charakter (6,35.63). In Kapitel 12 modifiziert Johannes die jüdischen Erwartungen. Ja, Jesus ist ein König, er ist gesalbt worden (V. 7) und wird die Krone empfangen (19,2). Er ist aber nicht der König, der den nationalen Erwartungen entspricht. Sein Königtum ist universal und nicht territorial begrenzt (11,52; 12,19.20.32). Diesen universalen Charakter beschreibt schon der Prophet Sacharja (9,9.10). Laut Sacharja 9 hat der messianische König nicht nur einen geistlichen Auftrag zu erfüllen (V. 9: „ein Gerechter", „ein Helfer", „demütig"), sondern er verkündet auch den Völkern den Frieden (vgl. Johannes 12,20), und seine Herrschaft erstreckt sich über die Enden der Erde (V. 10).

Die Grundlage für sein geistliches Regiment ist „das Blut seines Bundes" (V. 11; vgl. Zefanja 3,9.10.16.19). Diese Zusammenhänge werden die Jünger aber erst erkennen, wenn Jesus verherrlicht sein wird (Johannes 12,16). Wiederum steht hier die zweite Generation der Christenheit im Blickfeld. Die Gegenwart Jesu durch den Heiligen Geist ermöglicht ihnen ein tieferes Verständnis, als es die Jünger zu Lebzeiten Jesu besaßen (Johannes 14-16).

Mit dem triumphalen Einzug sind uns drei Reaktionen auf die Auferweckung des Lazarus begegnet. Die religiösen Führer Israels sehen sich durch das Wunder genötigt, Jesus zu töten, denn sie fürchten sich vor dem, was geschehen könnte, wenn sie ihn am Leben lassen (11,45-53). Maria erfüllt dieses Wunder mit Dankbarkeit und selbstloser Liebe (12,1-8). Zur selben Zeit spornt die Kunde von der Auferstehung des Lazarus das Volk zu dem Versuch an, Jesus zum Erfüllungsgehilfen seiner nationalen Erwartungen zu benutzen (V. 9-19; vgl. 6,2; 14,15).

Zwei der Reaktionen auf die Auferweckung des Lazarus sind negativ, nur eine entspricht dem, was Jesus erwartete. Das Verhalten der Maria ist eindeutig das, was sich der Verfasser des Johannesevangeliums als Reaktion der Gläubigen auf die Taten Christi wünscht. Im Vergleich dazu erweist sich das Volk als unbeständig und wankelmütig. Ab Johannes 12,34 entwickelt es ganz andere Vorstellungen von Jesus und wird kurze Zeit später lautstark Jesu Kreuzigung fordern.

Das Auftreten der Griechen auf dem Schauplatz des Geschehens (V. 20) bestätigt das Urteil von Vers 19, dass „alle Welt ihm nachläuft". Hier zeigt sich eine weitere Frucht, die denen verheißen ist, „die an ihn glauben" (3,16; vgl. 20,30.31). Die Heidenwelt öffnet sich dem Evangelium (4,42; 7,35; 10,16; 11,52; 13,32). Die Auferweckung des Lazarus hat sogar Heiden aufhorchen lassen.

Dieses Erlebnis besitzt für Jesus persönlich eine Art Signalwirkung, denn er erkennt in dem Auftreten der Griechen, dass seine „Stunde" nun gekommen ist (V. 21). Die Stunde der Verherrlichung Jesu wird im vierten Evangelium nicht nur in seiner Auferstehung und Himmelfahrt gesehen, sondern auch in seinem Leiden und Sterben (V. 24; 13,32; 17,1.5).

Für alle, die an ihn glauben, ist nur noch eins möglich – ihm in seinem Leiden nachzufolgen (12,25.26). Jesu Nachfolger sind bereit, ihr Eigenleben gegen das wahre, ewige Leben in der Gemeinschaft mit Christus einzutauschen (V. 25). Jesus nachzufolgen heißt, darauf zu verzichten, das eigene Ich in den Mittelpunkt zu stellen. Solange unser Leben vorwiegend vom Streben nach Erfolg, Sicherheit und

Annehmlichkeit bestimmt ist, werden wir die Fülle des Lebens, das Jesus anbietet, nicht erfahren. Die Herrschaft über unser Leben Jesus zu übergeben, das ist der Weg zu wahrer Erfüllung. Wer sich von seiner Ichbezogenheit frei macht und sein Leben unter Jesu Herrschaft stellt, wird immer dort sein wollen, wo Jesus ist (V. 26).

Wo ist nun Jesus, damit wir ihm folgen können und dort sind, wo er ist? Der Kontext dieses Abschnitts zeigt eindeutig, dass man Jesus auf dem Wege zum Kreuz findet (V. 23.24.27-33). Wir sind dann dort, wo er ist, wenn wir ihm auf dem Wege zum Kreuz folgen. Er ist dort zu finden, wo seine Schafe sind, in Sonderheit die Leidenden, die Unterdrückten, die Schwachen, die Sünder und Ausgestoßenen (4,7-42; 5,1-15; 9,34-38; Matthäus 25,34-46).

Unsere Stunde der Herrlichkeit ist dann gekommen, wenn wir uns um der anderen willen aufopfern. In Kapitel 13,1-7 illustriert das Johannesevangelium den Kreuzesweg des Gläubigen. Wenn wir den anderen dienen, indem wir ihnen „die Füße waschen", folgen wir Jesus auf dem Wege zum Kreuze hin, denn er begegnet uns in der Person des anderen.

Johannes 12,27 führt zu dem so genannten „johanneischen Gethsemane". Jesus ist betrübt und ihn quält die Frage, ob er den Vater bitten sollte, ihn vor „seiner Stunde" zu bewahren. In diesem Falle verhält sich das Johannesevangelium so ähnlich wie das hinsichtlich der Hauptereignisse bei den Synoptikern der Fall ist. Johannes erwähnt nichts von den Versuchungen Jesu in der Wüste, aber ihren Inhalt entdeckt man an ganz unerwarteten Stellen (6,15.31; 7,3).

Er berichtet von keiner Weltendrede Jesu, aber den Inhalt dieser Predigt findet man im Buch der Offenbarung! Es wird nichts von der Angst Jesu in Gethsemane unmittelbar vor dem Verrat durch Judas und der Gefangennahme berichtet (vgl. 18,1-11), aber alle Elemente der Gethsemane-Erfahrung sind in Johannes 12,20-36 enthalten. Die Stunde ist gekommen (V. 23; vgl. Markus 14,41). Jesu Seele ist tief betrübt (12,27; vgl. Markus 14,34). Er sucht nach einem Weg, wie er die Stunde des Leidens und Sterbens umgehen könnte (12,27; vgl. Markus 14,35.36).

Wie ist dieser bis an die Grenzen der Belastbarkeit gehende Kampf zu verstehen? Es ist das Auftreten der Griechen. In diesem Abschnitt scheint sich noch einmal eine der Versuchungen Satans in der Wüste zu wiederholen – die Versuchung, seine universale Herrschaft nicht durch Leiden und Tod zu errichten, sondern auf dem von Satan vorgeschlagenen Weg (Matthäus 4,8-10; Lukas 4,5-8). In den Griechen sieht Jesus Satans Versuch, ihn von seinem Leidensweg abzubringen: „Du kannst alle Reiche dieser Welt haben, ohne sterben zu müssen. Geh nur unter die Menschen, heile ihre Kranken, wecke ihre Toten auf, predige ihnen und alles wird dir gehören." Jesu Antwort auf das Angebot des Fürsten dieser Welt lautet: Nein! Sein Weg wird am Kreuz gerichtet und beurteilt werden (Johannes 21,31). Die Erhöhung Jesu wird der Sturz Satans sein! Das Kreuz, nicht Zeichen und Wunder, wird sich letztlich als das erweisen, was alle und alles zu Jesus zieht (V. 32.33).

Der Himmel sichert Jesus auf sein angstvolles Gebet hin eine zweifache Herrlichkeit zu (V. 28). Der Vater hat das gesamte Wirken des Sohnes in der Vergangenheit verherrlicht (17,4), und nun will er Jesus wiederum am Kreuz verherrlichen (12,23.24.32.33). Diese Bekräftigung erfolgt nicht zuletzt auch um der Jünger willen. Sie sollen erkennen, dass der Weg zu wirklicher Herrlichkeit nicht der Weg der Wunder ist, sondern der des Leidens und Sterbens. Und sie müssen erkennen, dass dieser Weg kein „Unfall" und auch keine „Verkettung widriger Umstände" ist, sondern dass Gott es so wollte. Eines Tages werden nämlich auch sie den Weg des Leidens und Sterbens gehen müssen.

Welches Gericht sollte am Kreuz stattfinden (V. 31.32)? Dass dies als eine entscheidende und wichtige Aussage gewertet werden muss, wird zweimal durch das „Jetzt" und „Nun" in Vers 31 bekräftigt. Das Gericht sollte ein kosmisches, allumfassendes Gericht sein. Als Folge des Geschehens am Kreuz sollte Satan entthront und Christus auf den Thron gesetzt werden (vgl. Offenbarung 5,5-12). Am Kreuz wurde alle Sünde der Welt verdammt und in der Person Jesu bestraft (Römer 8,3; 1. Petrus 2,24). Wer die Bedeutung des Kreuzes erfasst hat, für den verliert aller satanische Betrug seine Anziehungskraft. An ihrer Stelle wird Gottes sich selbst aufopfernde Liebe für immer „erhöht".

Die Menge ist verblüfft. Was für ein Messias ist das? (V. 34) Aufgrund von Aussagen in den heiligen Schriften war man damals der Meinung, der kommende Befreier werde niemals sterben (Psalm 110,4; Jesaja 9,7). Was sollte man also mit einem leidenden und sterbenden Messias anfangen? Die Vorstellung von einem unsterblichen Messias überging aber solche Schriftstellen wie Jesaja 53,5-9. Hier zeigt sich, wie gefährlich es ist, die Heilige Schrift selektiv[1] zu lesen. Dabei spielt es keine Rolle, wie ernsthaft man sich bemüht oder wie ehrwürdig die Lehre ist, die man auf diese Weise abzusichern versucht.

Jesu Antwort (V. 35) hebt noch einmal die zentrale Bedeutung des „Lichts" in der Botschaft des Johannesevangeliums hervor (vgl. 1,4.5.9). Alle Vorstellungen müssen dem Licht, das in der Person Jesu vom Himmel gekommen ist, unterworfen werden. Dieses Licht wird aber bald weggenommen werden, und die Menschen werden in der Finsternis bleiben und nicht erkennen, wohin ihr Weg führt (12,35.36).

Unmittelbar nach diesen Worten entzieht sich Jesus der Volksmenge, so, als wollte er ihnen zeigen, was es bedeutet, wenn das „Licht" verlischt (V. 36). Damit schließt der Bericht über Jesu Wirken in der Öffentlichkeit. Nach einer kurzen, theologischen Zusammenfassung seines öffentlichen Wirkens (V. 37-50) wird gesagt, dass er von jetzt an nur noch seinen Jüngern dient (vgl. die Kapitel 13 bis 17 und 20 bis 21).

Der nächste Teil (V. 37-43) wurde schon im Zusammenhang mit dem theologischen Vokabular der Erzählung von der Hochzeit zu Kana (2,1-11) und dem Problem der Prädestination (9,39-41) erörtert. Deshalb muss darauf an dieser Stelle nicht im Einzelnen eingegangen werden. Es soll nur noch einmal daran erinnert werden, dass diese Texte eine Erklärung dafür geben, warum viele Men-

---

[1] Sich nur auf ausgewählte Bibeltexte stützen und daraus gewünschte Schlussfolgerungen ziehen.

schen trotz der unübersehbaren Zeichen und Wunder nicht an Jesus glaubten (V. 37). Einerseits erfüllten sich dadurch Vorhersagen der Heiligen Schrift (V. 38-41), andererseits hing der Unglaube aber auch damit zusammen, dass die Menschen nicht an Jesus glauben wollten (V. 42.43). Diejenigen aber, denen mehr an Gottes Zustimmung gelegen war als am Beifall der Menschen, fanden zum Glauben und waren bereit, Jesus zu folgen, was immer es auch kosten würde. Sie hatten begriffen, dass der Menschen Lob zwiespältig und unbeständig ist, Gottes Lob dagegen Ewigkeitswert besitzt.

Barclay bemerkt, dass eine heimliche Jüngerschaft ein Widerspruch in sich selbst ist: „Entweder stellt nämlich die Geheimhaltung die Nachfolge infrage, oder aber die Nachfolge macht eine Geheimhaltung unmöglich.“[1]

Johannes 12,44-50 nennt noch einmal die Schlüsselthemen der Botschaft Jesu. An Jesus zu glauben, heißt an Gott zu glauben, der ihn gesandt hat (V. 44). Jesus zu sehen, heißt den Vater zu sehen, der ihn gesandt hat (V. 45). Jesus wiederholt dann die Aussagen der Verse 35 und 36. Er ist in die Welt gekommen, um ihr das Licht zu bringen, damit alle, die an ihn glauben, nicht weiter in der Finsternis leben müssen (V. 46).

In den Versen 47 und 48 gibt Jesus eine Zusammenfassung seiner Theologie des Gerichts. Ganz gleich, ob nun das Gericht Vergangenheit, Gegenwart oder Zukunft ist, es hängt immer mit Jesus zusammen. Diese zwei Verse reflektieren die letzte Rede des Mose (5. Mose 18,18.19; 31,19.26; 32,45-47). Jesus ist nicht in die Welt gekommen, um zu richten (V. 47). Dennoch gibt es auch in der heutigen Welt ein Gericht, und es vollzieht sich durch die Worte, die Jesus spricht und durch die Reaktion der Menschen auf sein Wort (V. 48). Dieses Gericht, das damit beginnt, wie sich der Mensch Jesu Worten gegenüber verhält, wird in dem Gericht, das am Ende der Tage stattfindet, seine Vollendung finden (V. 48). Gegenwärtiges und zukünftiges Gericht werden hier, wo Jesus sein öffentliches Wirken beendet, nicht scharf voneinander getrennt.

---

[1] Barclay, „Johannesevangelium“, Bd. 2, 189

Die wesentlichen Gedanken

Repräsentative Charaktere

Im Johannesevangelium gibt es keine Gleichnisse im üblichen Sinn. Diesen „Mangel“ scheint der Verfasser dadurch ausgleichen zu wollen, dass er die Erlebnisse Jesu und derer, die mit ihm zu tun hatten, gleichnishaft benutzt. Manche der beschriebenen Charaktere stehen nicht nur für sich allein, sondern sie repräsentieren durch ihr Verhalten Jesus gegenüber ganz bestimmte Gruppen oder Menschentypen.

Maria, Martha und Lazarus stehen für unterschiedliche Typen von Christen. Maria beispielsweise gleicht den Gläubigen, die sensibel und leicht zu entmutigen sind, aber im Glauben an Christus ein erstaunliches Maß an Liebe und Hingabe entwickeln können. Martha dagegen symbolisiert mehr den praktisch denkenden, handfesten Christen, der schnell erkennt, was gerade „dran“ ist und sofort zupackt, sogar um den Preis der Selbstaufgabe. Lazarus steht für all diejenigen, die trotz Krankheit, Behinderung oder Leid ihre Hoffnung auf Christus und die Auferstehung setzen.

Im Allgemeinen sind die im Johannesevangelium erwähnten Frauen Vorbilder wahren Glaubens inmitten von Zweifel und Unsicherheit. Die Samariterin, Martha und Maria sowie die Mutter Jesu machen durchweg einen positiven Eindruck. Sie werden allesamt als Menschen von Fleisch und Blut, also mit Fehlern und Schwächen dargestellt, aber es zeigt sich immer wieder, dass sie an Jesus glaubten und ihn zu verstehen suchten.

Eine besonders interessante Persönlichkeit ist zweifellos die Maria aus Betanien. Vor allem, wenn sie identisch sein sollte mit Maria Magdalena und der beim Ehebruch ertappten Frau, wie einige Ausleger des Johannesevangeliums glauben. Der gemeinsame Nenner in all diesen Erzählungen über Maria ist, dass sie zu den Füßen Jesu sitzt. Die Maria von Betanien scheut keine Kosten, um Jesus durch die Salbung einen Liebesdienst zu erweisen (Johannes 12,3); sie fällt ihm zu Füßen (11,32) und sitzt zu seinen Füßen, um sich möglichst kein Wort entgehen zu lassen (Lukas 10,38-42).

Maria Magdalena steht von Kummer gebeugt unter dem Kreuz zu Jesu Füßen (Johannes 19,25-27). Als sie Jesus am Grab im Garten als den Auferstandenen erkennt, fällt sie vor ihm nieder und will seine Füße umfassen (Johannes 20,14-17; vgl. White, „Jesus von Nazareth“, 544f.). Und die nicht mit Namen genannte Ehebrecherin (Johannes 8,1-11) wird zu Jesu Füßen gezerrt, aber der verurteilt sie nicht, sondern gibt ihr eine neue Chance.

Die Gerichtsstruktur des Johannesevangeliums

Das einfache Lesen des Johannesevangeliums genügt, um zu erkennen, dass sich der Stil des ersten Teils dieser neutestamentlichen Schrift vom dem des zweiten Teils unterscheidet.

Der erste Teil befasst sich mit Jesu öffentlichem Wirken (Kapitel 1-12). Im zweiten Teil geht es im Wesentlichen um die Belehrung seiner Jünger (Kapitel 13-21). Der erste Teil hat kämpferischen Charakter, und das ist auch an der Art der Darstellung und der Wortwahl zu erkennen. Der zweite Teil des Evangeliums ist überwiegend besinnlich und erbaulich.

Der erste Teil (Kapitel 1-12) erinnert an ein Gerichtsverfahren. Zeugen werden aufgerufen, Beweise vorgelegt und der Leser wird aufgefordert, das erwartete Urteil zu fällen: Jesus ist der Messias, der vom Himmel gekommen ist, um der Welt zu offenbaren, wie Gott ist. Ganze Teile des Evangeliums atmen die Atmosphäre eines Gerichtssaals (5,16-47; 6,22-71; 7,1 bis 10,21). Es ist Jesus mit seinen Behauptungen über sich selbst, der im Johannesevangelium vor Gericht steht.

Ganz offensichtlich will Johannes den Leser zu dem Urteil führen: Jesus ist wahrhaftig der Messias, der Sohn Gottes! Nur durch ihn ist das verheißene ewige Leben zu erlangen (20,30.31). Für all das ist der Heilige Geist, der auf dieser Erde die Stelle Jesu einnimmt, der wichtigste Zeuge (15,26.27; 16,7-11).

🕮 ANWENDUNG

Johannes 12

1. *Wenn man dir ein Jahreseinkommen schenken oder ein Jahr Zeit geben würde, um Jesus zu ehren, wie würdest du das nutzen? Wie würden wohl die Menschen in deiner Umgebung darauf reagieren? Wie hoch ist der Teil deines Budgets, den du für Gottes Sache einsetzt? Würde der Prozentsatz anders aussehen, wenn du ein Millionär wärst? Wie kommt man zu einem ausgewogenen Verhältnis zwischen dem, was man für sich selbst und für andere aufwendet?*
2. *Gleicht dein gegenwärtiges Verhältnis zu Jesus dem der Menge in Johannes 12 – ein Auf und Ab, abhängig von den letzten Neuigkeiten? Kannst du dich an Zeiten erinnern, in denen du große Erfahrungen mit Jesus gemacht hast, aber ein paar neue Eindrücke dir den Wind aus den „Glaubenssegeln" genommen haben? Kannst du dir Strategien vorstellen, die dir helfen könnten, mehr Beständigkeit in dein Christenleben zu bringen?*
3. *Hast du dich schon einmal in einer Lage befunden wie die religiösen Führer, die an Jesus glaubten, aber es ablehnten, sich zu ihm zu bekennen, weil sie ihre „Kollegen" fürchteten (V. 42.43)? Was lässt dich am meisten zögern, deinen Glauben weiterzugeben?*
4. *Wie verhält sich deine Gemeinde zu Menschen wie Maria, die tief gefallen sind, aber einen Neubeginn wagen wollen? Besteht für dich ein Unterschied darin, ob jemand zum ersten Mal in eine Sünde gerät, oder ob er ein „Wiederholungstäter" ist? Begründe deine Meinung.*

🕮 VERTIEFUNG

1. *Suche anhand einer Konkordanz jeden Hinweis auf den Begriff „Menge" im Johannesevangelium heraus. Wie ist das Verhalten der Menge im Vergleich zu dem „der Juden"? Gibt es eine Veränderung im Verhalten der Menge gegenüber Jesus? Wie ist ihr Verhalten in Johannes 12 im Vergleich zu dem in 7,40-43 und 10,19-21?*
2. *Vergleiche Johannes 1,19 bis 2,11 mit den Kapiteln 12 bis 19. Welchen Beweis findest du dafür, dass jedes dieser Teile einen Zeitraum*

von etwa einer Woche umfasst? Siehst du irgendeine Beziehung zwischen diesen „Wochen", von denen das Evangelium berichtet, und der Schöpfungswoche in 1. Mose 1 und 2? Beschreibe in ein paar Sätzen, was es theologisch gesehen bedeutet, das Kreuz im Licht der Schöpfungswoche zu sehen?

🕮 FÜR DAS WEITERE STUDIUM

1. *Weitere Informationen zu Johannes 12 siehe F. D. Nichol, „SDA Bible Commentary", Bd. 5, 1018-1026.*
2. *Bezüglich des triumphalen Einzugs siehe J. B. Green und S. McKnight, eds., „Dictionary of Jesus and the Gospels", 854-859.*
3. *E. G. White erwähnt die johanneische Version des Opfers der Maria nebenbei in „Jesus von Nazareth", 408-416. Dasselbe trifft auch auf den triumphalen Einzug zu, der auf den Seiten 417-422 behandelt wird. Der Stoff auf den Seiten 455-459 behandelt direkt Johannes 12,20-41.*

Teil 4

Durch die Jünger entsteht eine neue Generation

Johannes 13-17

Kapitel 12

Die Jünger treten an die Stelle Jesu

Johannes 13 bis 17

Ab Kapitel 13 verändert sich der Stil des Johannesevangeliums. Anstatt öffentlich zu wirken, zu lehren und mit der Geistlichkeit zu diskutieren, zieht sich Jesus an einen nicht näher bezeichneten Ort zurück (13,1.2; vermutlich der in den anderen Evangelien erwähnte Saal – Matthäus 26,17-19; Markus 14,12-15; Lukas 22,7-12), um seine Jünger auf die letzten Ereignisse vorzubereiten.

In Johannes 13 bis 17 liegt bereits der Schatten des Kreuzes über der Gruppe, als Jesu Freunde zu begreifen beginnen, dass er sie wirklich verlassen wird. Wie schwer es den Jüngern fällt, das zu verstehen, zeigt sich daran, dass sich Jesus in diesem Abschnitt ständig wiederholt.

Das meiste, was in diesem Teil des Johannesevangeliums berichtet wird, fehlt in den Berichten der Synoptiker. Johannes hat offensichtlich wieder die „zweite Generation" der Christenheit vor Augen, die weder persönlichen Kontakt zu Christus noch zu den Aposteln hat. Jesus bereitet die Jünger in längeren Gesprächen darauf vor, dass sie bald ohne ihn auskommen und ihre Aufgaben meistern müssen, so, wie das von nun an für alle Christen gelten wird. Aber die zweite Generation sollte nicht benachteiligt sein.

Der Heilige Geist würde dafür sorgen, dass sie in demselben Maß Zugang zur Fülle des Lebens mit Jesus erhalten, wie es denen vergönnt war, die noch persönliche Gemeinschaft mit Christus hatten. Aber die Jünger erweisen sich als überaus begriffsstutzig. Deshalb ist es für die Jünger wichtig, dass nach Jesu Weggang der Heilige Geist kommt, der ihnen die Augen öffnet für die Bedeutung all der Geschehnisse, und der ihnen die Kraft vermitteln wird, Jesu Werk in Vollmacht weiterzuführen (14,12-17; 16,7).

Dieser Teil des Evangeliums beginnt mit dem Bericht von der Fußwaschung und der Identifizierung des Verräters (13,1-30). Der Weggang des Judas ermöglicht es Jesus, ein freies und offenes Gespräch mit seinen Jüngern über seine wie auch ihre Zukunft zu führen (13,31 bis 14,31). Nachdem das Mahl vorüber ist, verbleibt Jesus mit seinen Jüngern in dem oberen Saal (14,31; 18,1). Er führt ein längeres Gespräch, das sich mit denselben Themen beschäftigt, die schon im vorangegangenen Gespräch behandelt wurden (15,1 bis 16,33). Er wird dabei kaum von seinen Jüngern unterbrochen (16,17.18.29.30).

Dieser Teil schließt mit dem bekannten Gebet Jesu für seine Jünger und für die zweite Generation, die durch das geschriebene Wort der Apostel an ihn glauben wird (17,1-26).

Dieser Teil beginnt mit der Fußwaschung (13,1-2) und schließt damit, dass Jesus und seine Jünger den Saal verlassen und durchs Kidrontal zu dem Olivenhain gelangen, wo Judas den Gottessohn verraten wird (18,1-3).

Da Johannes 13 bis 17 als ein einheitliches Geschehen dargestellt wird, habe ich mich entschlossen, den Stoff nicht in einzelne Kapitel aufzuteilen, sondern ihn auch insgesamt zu behandeln, allerdings auf unterschiedliche Weise.

Die Hauptthemen dieses Abschnitts werden in vier Teile aufgegliedert (13,1-30; 13,31 bis 14,31; 15,1 bis 16,33 und 17,1-26). Wir werden uns in der Darstellung aber nicht auf Johannes 13 bis 17 beschränken, sondern Jesu Aussagen über die Aufgabe des Heiligen Geistes im Lichte all dessen untersuchen, was das Johannesevangelium insgesamt über den Heiligen Geist sagt.

EINSTIEG

Johannes 13,1-30

Lies Johannes 13,1-30 zweimal hintereinander und beantworte dann folgende Fragen:

1. *Führe alles das in diesem Abschnitt an, was Jesus wusste, die Jünger aber nicht.*
2. *Erkläre in ein paar Sätzen folgende „schwierige" Aussagen: Verse 8-10.14.27a.*
3. *Warum lehnte es Petrus ab, sich von Jesus die Füße waschen zu lassen?*
4. *Führe der Reihe nach in diesem Abschnitt alles an, was über Judas gesagt wird. Zeige, mithilfe einer Konkordanz, was über die Biographie des Judas aus den anderen Evangelien bekannt ist. Vergleiche deine gewonnenen Erkenntnisse mit einem Artikel über Judas in einem biblischen Nachschlagewerk.*

ERKLÄRUNG

Der Hintergrund

Damals war es Sitte, möglichst vor dem Besuch eines Festes ein Bad zu nehmen. Da die Menschen aber nur Sandalen trugen, die aus einer Sohle mit Bändern bestanden, wurden die Füße auf den unbefestigten Straßen wieder schmutzig. Deshalb befanden sich in den Häusern neben der Tür Becken mit Wasser, die es möglich machten, Gästen die Füße zu waschen.[1]

Der Abschnitt im Einzelnen

Bei dem Mahl am Abend vor dem Passahfest (Johannes 19,31-37; bei Matthäus, Markus und Lukas *ist* das Mahl in diesem Saal tatsächlich ein Passahmahl), bewegten sich Jesu Gedanken um den

[1] Barclay, „Johannesevangelium", Bd. 2, 194

Abschied von seinen Jüngern und die Auswirkungen, die sein Weggehen haben würde (V. 1). Angesichts des bevorstehenden Kreuzestodes ist das eine bemerkenswerte Feststellung. Eigentlich würde man erwarten, dass sich die Gedanken eines Menschen, der weiß, dass er am nächsten Tag hingerichtet wird, nur um sich selbst drehen. Nicht so bei Jesus. Selbst im Angesicht des Todes ist ihm das Schicksal der Seinen wichtiger als sein eigenes.

Johannes 13,1 fasst daher wie mit einer Klammer zusammen, worum es in den Kapiteln 13 bis 17 geht. Sie enthalten eine Abschiedsrede, in der Jesus seine Jünger auf die kommenden Ereignisse vorbereitet, denen sie sich ohne ihn würden stellen müssen. Für Johannes scheint diese Situation der zu gleichen, in der er sich beim Verfassen des Evangeliums befand. So wie damals die Jünger, hatte auch die zweite Generation ein Gefühl des Verlassenseins und der Hilflosigkeit beschlichen, als sie sahen, dass mit Johannes das letzte lebende Bindeglied zum historischen Jesus aussterben würde.

Die Fußwaschung ist keine gewöhnliche Handlung. Jesus weiß, wer er ist (V. 3), und er kennt den Charakter derer, denen er jetzt dient (V. 2). Es ist ein bewusster Akt der Gottheit im Dienst an einer sündigen, ja sogar verderbten Menschheit. Petrus reagiert darauf in schroffer Weise, die im griechischen Wortlaut noch auffälliger ist als in der Übersetzung.[1] Offenbar ist Petrus zutiefst entsetzt, dass der Meister sich für ihn und die anderen zum Sklavendienst erniedrigt. Das will er auf keinen Fall zulassen.

Jesu Antwort (V. 8) macht deutlich, dass sich Petrus in Wirklichkeit vor der Erkenntnis scheute, dass auch er des Dienstes Jesu an den Verlorenen bedarf (Markus 10,45). „Es ist keine Demut, das abzulehnen, was der Herr in gnädiger Herablassung für uns tut.“[2] Echte Demut beweisen wir dadurch, dass wir die sich hingebende Zuwendung Christi annehmen.

---

[1] In Vers 8 steht hier im Griechischen die doppelte Verneinung, die im Deutschen mit Wendungen wie „nie und nimmer“, „unter keinen Umständen“ oder umgangssprachlich „im ganzen Leben nicht“ wiedergegeben werden könnten.

[2] Jameison, Fausset und Brown, a. a. O., 1058

In Vers 10 zieht Jesus einen Vergleich mit dem Bad, um zwischen den beiden Formen geistlicher Reinigung zu unterscheiden. Die erste, mit einem Vollbad vergleichbar, ist die Anfangsrechtfertigung – jener Augenblick im Leben eines Menschen, an dem er die Reinigung seines gesamten Lebens durch Jesus annimmt und in eine neue Richtung aufbricht. Diese einmalige Reinigung am Beginn eines christlichen Lebens wird durch die Taufe symbolisiert.

Das Waschen der Füße ist dagegen ein Sinnbild dafür, dass auch der gerechtfertigte Mensch der täglichen Reinigung von Schuld bedarf. Die ermutigende Botschaft der Fußwaschung lautet: All die täglichen Verfehlungen, die das Leben in dieser Welt mit sich bringt, stellen unsere Rechtfertigung nicht in Frage, denn sie können auf dem Wege der Vergebung „abgewaschen" werden. Wer gebadet ist, muss sich nur noch die Füße waschen lassen! Für den, der durch den Glauben gerechtfertigt ist, heißt es also nicht: Solange er alles richtig macht, bewegt er sich innerhalb der Gnade Gottes, macht er aber etwas falsch, befindet er sich außerhalb der Gnade. Wer sich einmal verbindlich für Christus entschieden hat, lebt unter der Gnade, es sei denn, er wendet sich bewusst und willentlich von Christus ab (Johannes 10,27-29).

Durch die Fußwaschung sollten die Jünger verstehen lernen, dass auch der getaufte Christ nicht sündlos leben, wohl aber Vergebung seiner Sünden empfangen kann. Jede Fußwaschung ist deshalb auch ein Zeichen dafür, dass die Nachfolger Jesu einander all das vergeben wollen, was die Einheit in der Liebe bedroht, die Jesus seiner Gemeinde wünscht (V. 34.35).[1]

Offenbar war Judas im Sinne der generellen Rechtfertigung niemals rein gewesen (V. 10.11). Zwar gehörte er lange Zeit zum Jüngerkreis, aber sein Verhältnis zu Gott kann nicht in Ordnung gewesen sein. Deshalb brachte die Fußwaschung ihm auch keinen Nutzen. Die anderen Jünger jedoch, so schwach und fehlerhaft sie auch gewesen sein mögen, galten durch die Handlung Jesu als gerecht vor Gott.

---

[1] Talbert, „Reading John", 194

Obwohl Brot und Wein beim Abendmahlsgottesdienst im Johannesevangelium nicht ausdrücklich erwähnt werden, enthält der Vers 18 einen deutlichen Hinweis darauf, dass die Fußwaschung im Rahmen des Abendmahls stattfand. Alle, denen die Füße gewaschen worden waren, hatten Anteil an „Jesu Brot". Im Bericht des Paulus über das Herrenmahl werden Menschen erwähnt, die unwürdig am Abendmahl teilnahmen (1. Korinther 11,27-30). Vielleicht hatte er dabei das Verhalten des Judas vor Augen.

In Vers 18 führt Jesus Psalm 41,10 an. Das erinnert an den Verrat, den Ahitofel[1], ein vertrauter Freund und Berater Davids, begangen hatte (vgl. 2. Samuel 15,12.31-37). Das Brot einzutauchen und es dem anderen zu reichen, galt als eine besondere Geste der Freundschaft.[2]

Das lässt darauf schließen, dass Jesus bis zuletzt zu einer echten, freundschaftlichen Beziehung zu Judas bereit war und dessen Verrat als besonders schmerzhaft empfunden haben muss (V. 20).[3]

Merkwürdigerweise haben die Jünger Judas niemals misstraut. Im Gegenteil, sie müssen ihn für besonders vertrauenswürdig gehalten haben, denn sonst hätten sie ihm nicht die Verwaltung des Geldes anvertraut. Auch Jesus hat Judas niemals vor den anderen bloßgestellt, obwohl er wusste, wes Geistes Kind dieser Jünger war (V. 27-30). Er gestattete es ihm sogar, beim Festmahl im oberen Saal den Ehrenplatz einzunehmen, der eigentlich dem vertrautesten Freund vorbehalten war.[4]

Bis zu diesem Augenblick hätte Judas umkehren können, er war aber entschlossen, unter dem Einfluss Satans zu bleiben (V. 27). Wohin ihn sein Weg führen würde, drückt Johannes doppeldeutig mit den Worten aus „und es war Nacht" (V. 30).

---

1 Ahitofel könnte Batsebas Großvater gewesen sein, was der Situation einen interessanten Akzent verleiht; siehe Freedman, „The Anchor Bible Dictionary", Bd. 1, 193.

2 Vgl. Barclay, „Johannesevangelium", Bd. 2, 200

3 White, „Jesus von Nazareth", 480

4 Vgl. Barclay, a. a. O., 200

Die wesentlichen Gedanken

Glaube muss sichtbar werden

Aus der Fußwaschung lässt sich eine wichtige Lehre ableiten: Christlicher Glaube ist nicht nur ein Denkschema, sondern eine Gesinnung, die sich ganz praktisch im Miteinander der Menschen äußert.

Die Jünger bezeichnen Jesus als „den Lehrer" (V. 13). Hier steht dasselbe Wort, das Jesus für Nikodemus benutzt (3,10). Sie nennen ihn auch „Herr" (13,13.14) und geben damit zu erkennen, dass sie ihm die Herrschaft über ihr Leben eingeräumt haben. Nikodemus war ein Lehrer Israels, der sich damit zufrieden gab, theologische Wahrheiten weiterzugeben. Jesus dagegen war ein Lehrer, der von seinen Schülern nicht nur erwartete, dass sie glaubten, was er glaubte, sondern von ihnen forderte, dass sie auch seinem Vorbild gemäß lebten (13,14-16).

Wer seine Lehren gehört hat, ist aufgefordert, ihm nachzufolgen, indem er so dient, wie Jesus gedient hat (12,26). Jesus weiß jedoch, dass im Leben des Christen zwischen Wissen und Tun oft eine große Kluft klafft (V. 17). Wir alle besitzen mehr Erkenntnis der Wahrheit als wir praktizieren.

Auslegung der Prophetie

Obwohl Jesu Aussage in Johannes 13,19 hier kein zentrales Thema ist, hat sie doch weitreichende Auswirkungen. Er sagt, dass er Geschehnisse beschreibt – etwa den Verrat des Judas oder das Kommen des Heiligen Geistes (14,29) –, ehe sie eintreten, damit *dann, wenn* sie geschehen, die Jünger glauben.

Dieser Text bestätigt von neuem, was wir schon an anderer Stelle erkannt haben (7,39; 12,16). Vor Jesu Tod und Himmelfahrt glaubten die Jünger noch nicht so, wie man es eigentlich hätte erwarten können. Vieles von dem, was Jesus angekündigt hatte, erkannten sie erst, als es geschah.

Ich glaube, dass dieser Vers Auswirkungen auf das Verständnis der biblischen Prophetie hat. Obwohl Gott seine Pläne für die Zukunft in der Bibel skizziert, sind diese Umrisse niemals so klar und eindeutig, dass sie sein zukünftiges Handeln einschränken. Sie sind aber auch nicht so ausführlich, dass sein Wirken bis in die letzte Einzelheit im Voraus beschrieben werden könnte.

Die Prophetie will zweierlei: (1) Sie möchte uns dazu bewegen, unser Leben heute schon im Hinblick auf das Künftige zu gestalten, und (2) sie will dadurch, dass sie sich erfüllt, ein Zeichen für Gottes Handeln in der Geschichte sein. Wir sollten niemals erwarten, dass wir schon alles verstehen, bevor es geschehen ist.

Viele apokalyptisch orientierte Juden zur Zeit Jesu waren davon überzeugt, Gottes Plan für Israel genau zu kennen, als Gott dann aber in Christus seinen Plan ausführte, stellte sich heraus, dass sie so gut wie nichts von seinen Absichten verstanden.

🕮 EINSTIEG

Johannes 13,31 bis 14,31

Lies Johannes 13,31 bis 14,31 zweimal hintereinander und beantworte dann folgende Fragen:

1. *Warum wartete Jesus, bis Judas gegangen war, ehe er den Jüngern all das mitteilte, was in diesem Teil gesagt ist? Worauf stützt du dich bezüglich deiner Antwort?*
2. *Liste alle Beweise in Kapitel 14,9-14 auf, die Jesus dafür anführt, dass er mit dem Vater eins ist. Kannst du dich diesbezüglich an weitere Hinweise aus den Kapiteln eins bis zwölf erinnern? Benutze eine Konkordanz oder überprüfe die Kapitel 3, 5 und 6.*
3. *Was hat Jesus nach deiner Auffassung damit gemeint, als er sagte, dass seine Nachfolger noch größere Werke (14,12) vollbringen würden als er? Formuliere deine Antwort schriftlich.*
4. *Schreibe alles auf, was in diesem Abschnitt mit dem Wort „Liebe“ zusammenhängt.*

🕮 ERKLÄRUNG

Der Aufbau und der Hintergrund

Von Johannes 13,31 an wendet sich Jesus in einer Abschiedsrede zum letzten Mal an die Jünger. Er will seine Jünger darauf vorbereiten, dass sie in Zukunft ohne ihn weiterleben müssen. Er folgt damit dem Vorbild anderer bedeutender Persönlichkeiten aus der jüdischen Geschichte.

Einige der Glaubensväter Israels hielten kurz vor ihrem Tod ebenfalls Abschiedsreden. Zu ihnen gehören Jakob (1. Mose 47,29 bis 49,33), Mose (das ganze fünfte Buch Mose), Josua (Josua 22-24), David (1. Chronik 28,29) und Paulus (Apostelgeschichte 20,17-38; 2. Timotheus 3,1 bis 4,8). Ähnliche Reden finden sich auch in der Literatur aus der Zeit zwischen Altem und Neuem Testament, die wahrscheinlich von den alttestamentlichen Vorbildern beeinflusst sind (z. B. Tobias 14,3-11; 1. Buch Henoch 91 und 2. Buch Esra 14, 28-36). All diese Reden scheinen einem vorgegebenen Muster zu folgen, was darauf hindeutet, dass die Abschiedsrede in der antiken Welt ein feststehendes literarisches Genre war.[1]

Der Abschnitt im Einzelnen

Der Aufbruch des Judas scheint ein Wendepunkt in diesem Teil des Evangeliums zu sein (13,31). Die Wendung „Als Judas nun hinausgegangen war" lautet im Griechischen „da er nun ...". Die Entscheidung ist gefallen. Nun ist es Jesus zum ersten Mal möglich, frei und offen zu seinen Jüngern zu sprechen.[2]

In Johannes 13,31-35 führt er in seine Abschiedsrede ein ständig anklingendes Thema ein, das hier in die fünf Erwähnungen des Begriffs „verherrlichen" (V. 31.32) und die vier Erwähnungen des Begriffs „lieben" oder „Liebe" (V. 34.35) eingebettet ist. Er wird

---

[1] Brown, „The Gospel According to John", Bd. 2, 597-601; Talbert, „Reading John", 200-202

[2] Jameison, Fausset und Brown, a. a. O.,1059

seine Jünger bald verlassen und es wird ihnen nicht möglich sein, ihn zu finden (V. 33; vgl. 7,13-36; 8,21.22). Die Verherrlichung Jesu (13,31.32) ist sein Tod, seine Auferstehung und seine Himmelfahrt (12,27-32.38-40; 17,1-5). Jesu Aufgabe besteht darin, den Jüngern Gottes Liebe und Gottes Wesen zu offenbaren (1,14-18).

Der Auftrag der Jünger in dieser Welt wird nicht mit dem Begriff Verherrlichung umschrieben, sondern mit dem Begriff Liebe (13,34.35). So wie Jesus sie bei der Fußwaschung und durch seinen Tod am Kreuz geliebt hat, sollen sie sich auch untereinander lieben. Jünger Jesu werden daran zu erkennen sein, dass sie sich so verhalten wie ihr Meister. Die Liebe Jesu, von der hier die Rede ist, übersteigt alle irdische Liebe bei weitem. Menschen setzen sich für andere normalerweise nur solange ein, wie sie dadurch nicht selbst in Schwierigkeiten geraten; sie ziehen sich zurück, wenn sie Spott oder Anfeindungen ausgesetzt sind oder schlagen zurück, wenn man sie angreift. Bei Jüngern Jesu ist das anders – sollte es zumindest sein. Und wenn die Menschen solchen Nachfolgern Jesu begegnen, spüren sie, dass sich etwas Außergewöhnliches ereignet hat.

Jesus spricht von einem „neuen“ Gebot in dem Sinne, dass es seine Kraft vom Kreuzesgeschehen her erhält. Das Kreuz hat das alte Gebot nicht verändert, es verleiht ihm nur deutlichere Konturen (1. Johannes 2,7; Markus 12,28-33). Wie Jesu Nachfolgern durch das Kreuz klar wurde, dass Gott die Welt liebt, so sollen die Jünger nun durch ihre Liebe untereinander der Welt Gottes Liebe vor Augen führen.

In Kapitel 14,1-4 stellt Jesus die Aussage von seinem Weggang (13,33) in einen positiveren Zusammenhang. Er geht zurück in das „Haus“ seines Vaters, aber er kehrt zurück, und wird die Seinen nachholen. Das Erwähnen des Weggehens und Zurückkehrens scheint bewusst doppelsinnig angelegt zu sein. Es ist klar, dass Jesus in gewissem Sinne in der Person seines Stellvertreters, des Ratgebers oder des Heiligen Geistes zurückkehrt (14,16-18). Das ist aber „nur“ eine geistliche Rückkehr und keine leiblich-physische. Der eigentliche Sinn dieses Abschnitts ist zweifellos, dass Jesus hier von seiner physischen und persönlichen Rückkehr bei der Wiederkunft spricht. Dann wird er alle, die ihm nachgefolgt sind, buchstäblich in seines Vaters Haus zurückbringen, um sie für immer bei sich zu haben. Im Vers 4 gibt Jesus ein Rätsel auf, das dazu bestimmt ist, Fragen anzuregen, durch die das Verständnis der Jünger weiter vertieft werden kann.

Thomas springt sofort darauf an und bestreitet zu wissen, wohin Jesus geht (V. 5). Das gibt Jesus die Gelegenheit, eine der erhabensten Aussagen über seinen Dienst auf Erden zu machen (V. 6; vgl. „Die wesentlichen Gedanken"). Philippus hat kaum etwas begriffen und fordert eine sichtbare Manifestation des Vaters (V. 8). Jesus bekräftigt, was die Jünger hätten wissen müssen und was der Leser schon vom Prolog her weiß: Jesus zu sehen heißt zu erkennen, wie der Vater ist (V. 9). Der Sohn ist in allem das Ebenbild des Vaters. Sowohl in Worten wie auch in Werken teilt sich Gott durch Christus mit (V. 10.11).

Dann folgt eine höchst erstaunliche Aussage (V. 12). Wer an Jesus glaubt, wird nicht nur die Dinge tun, die Jesus getan hat, sondern noch weit Größeres! In welchem Sinn sollen die Jünger größere Dinge tun als Jesus? Der irdische Jesus war den Beschränkungen des Menschseins unterworfen. Als er zum Vater ging, ließ er diese Beschränkungen hinter sich. Als er mit seinen Jüngern sprach, konnte der Vater nur in der Person Jesu sichtbar werden. Wenn er aber zum Vater zurückgekehrt und den Geist gesandt haben wird, werden die Jünger zu Werkzeugen, durch die Gottes Wesen für alle Welt sichtbar wird.

Weil Jesus zum Vater gegangen ist (V. 12), werden Millionen von Jüngern (V. 11.12) in der Kraft des Heiligen Geistes (V. 15.17) und durch das Gebet (V. 13.14) das Werk Jesu in einem zuvor nicht für möglich gehaltenen Ausmaß über die Erde ausbreiten. Der Kern jenes großen Werks ist natürlich die Sammlung der zweiten Generation der Christen. Wiederum zeigt Jesus, wie wichtig ihm die zweite Generation ist. Sie soll in seines Vaters Haus im Mittelpunkt seiner Aufmerksamkeit stehen.

Die Jünger sollen sich nicht nur so verhalten, wie sich Jesus verhalten hat – durch ihre Liebe und überzeugenden Werke – sie sollen auch seinen Worten ständig gehorchen (V. 15.21). Das wird ihnen allerdings nur durch die Kraft des Heiligen Geistes möglich sein (V. 15.17). Jesus unterstreicht diesen Punkt: Ihn zu lieben heißt, seiner Lehre zu gehorchen. Solcher Gehorsam wird die tatsächliche Gegenwart des Vaters, der in den Jüngern wohnen wird, zur Folge haben (V. 23.24). Der Vater wird sich denen, die ihm gehorchen, offenbaren, und auf diese Weise werden die Jünger die Gegenwart des Vaters in alle Welt ausbreiten. Liebe ist mehr als nur schöne Worte. Sie zeigt sich in Hingabe und christlichem Verhalten.

Jesus schließt seine Abschiedsrede mit der Aufforderung, aufzustehen und den Saal zu verlassen (V. 31). Offenbar hatte es aber keiner der Jünger eilig, sich von dem durch die letzten Worte Jesu geweihten Ort zu trennen. Vielleicht deuten die Worte: „Steht auf und lasst uns von hier weggehen“ die Ungeduld Jesu an, in den letzten Kampf mit Satan einzutreten. Von da an sagen die Jünger nur noch wenig. Das Gespräch verwandelt sich in eine Predigt.

Die wesentlichen Gedanken

Liebt, wie ich geliebt habe

Das zentrale Thema von Johannes 13,31 bis 14,31 ist die Liebe, die Jesu Jünger während der Zeit seiner Abwesenheit beweisen sollen. Die Liebe der Jünger zueinander hat ihr Vorbild in der Liebe, die Jesus am Kreuz bewiesen hat (13,34). Sie werden durch den Heiligen Geist dazu befähigt (14,16.17.26), der ihnen geschenkt wird, wenn sie darum bitten (V. 13.14) und Gott gehorchen (V. 15.21-24). Durch die Jünger wird die Liebe des Vaters vor der ganzen Welt so sichtbar werden (13,35; 14,23), wie sie den Jüngern durch das Leben, den Tod, die Auferstehung und die Himmelfahrt Jesu selbst sichtbar geworden ist.

Geliebt zu werden, ist eine der stärksten und motivierendsten Erfahrungen. Nur wer selbst Liebe empfangen hat, kann wirklich Liebe weitergeben. Wenn wir nur „Liebe“ erfahren, die uns missbraucht, enttäuscht oder beherrscht, werden wir andere auch auf verkehrte, missbräuchliche und beherrschende Weise „lieben“. Wir lieben nämlich in der Regel so, wie wir geliebt worden sind. Die reine, zärtliche, nicht beherrschen wollende, bedingungslose Liebe Jesu zu Menschen, deren Schwächen und Fehler er genau kennt (13,1.18), schenkt uns die Möglichkeit und zugleich den Antrieb, mit verkehrten Verhaltensmustern zu brechen.

Wir können den andern nur in dem Maße wahrhaft lieben lernen, indem wir es ihm gestatten, uns zu lieben. Wer viel geliebt worden ist, kann viel lieben.

Die Erlösten im Millennium[1]

Johannes hat wahrscheinlich nicht an das Millennium gedacht, als er die Worte Jesu in Kapitel 14,1-3 überlieferte. Dessen ungeachtet ist diese Stelle die einzige präzise Aussage in der ganzen Bibel hinsichtlich des Ortes, an dem sich die Gläubigen während der „tausend Jahre" nach Jesu Wiederkunft befinden werden. Wenn Jesus wiederkommt, wird er mit den Erlösten nicht auf dieser Erde, sondern bei Gott im Himmel leben (V. 3). Er sagt nicht: „Ich werde kommen, um mit euch dort zu sein, *wo ihr seid*." Sondern: „Ich werde wiederkommen und euch zu mir nehmen, damit ihr seid, *wo ich bin*."

Diese klare Aussage entzieht allen theologischen Spekulationen, die mit einem tausendjährigen Friedensreich auf Erden rechnen, den Boden. Die Gläubigen werden während des Millenniums eben nicht gemeinsam mit Christus auf Erden regieren, sondern im Himmel (vgl. Offenbarung 20,4-6). Die Erde wird während dieser Zeit wüst und leer sein, denn bei Jesu Wiederkunft werden die Gläubigen in die himmlischen „Wohnungen" geholt. Alle anderen kommen um (Offenbarung 19,17-21). In Offenbarung 20 wird dieses Thema näher behandelt.

Der Weg, die Wahrheit und das Leben

Johannes 14,6 fasst die Botschaft des gesamten Evangeliums – speziell des Prologs – unnachahmlich in einem einzigen Satz zusam-

[1] Millennium [lat.], Jahrtausend; im theologischen Sinne das Jahrtausend zwischen Jesu Wiederkunft und dem Endgericht.

men: „Ich bin der Weg, die Wahrheit und das Leben." Jesus ist für alle, die ihm nachfolgen, der Weg zum Vater (V. 1-10; 1,12.16). Er ist in dem Sinne die Wahrheit, dass er auf diese Erde kam, um Gottes Wesen zu offenbaren und das Verständnis für die himmlische Dimension zu wecken (1,1-5.9-11.14-16). Er ist das Leben, das alle, die an ihn glauben, empfangen werden (17,3; 5,24; 1,4.5.12.13.16.17).

Der Anspruch auf Ausschließlichkeit, der in diesen Worten zum Ausdruck kommt, trifft gewiss in politischer und geographischer Hinsicht für unsere Tage und unsere Zeit nicht so zu wie damals. Der Weg, den Jesus anbietet, ist für den Menschen so einfach und so klar, dass jeder, der ihn gehen will, daraus Nutzen ziehen kann. Aber Gott ist sehr wohl imstande, das Verhalten derer zu beurteilen und zu richten, die – bedingt durch die Umstände oder das Verschulden anderer – niemals etwas von Jesus gehört haben.

🕮 EINSTIEG

Johannes 15,1 bis 16,33

Lies Johannes 15,1 bis 16,33 zweimal hintereinander und beantworte dann folgende Fragen:

1. *Wer wird in dem „Gleichnis" in Johannes 15,1-10 durch die Reben symbolisiert? Was ist mit der Frucht gemeint? Haben diese Begriffe mehr als nur eine Bedeutung? Begründe deine Antwort. Was meint Jesus mit dem „Bleiben" in ihm?*
2. *Führe alles in diesem Abschnitt an, was mit den Begriffen „lieben" und „hassen" im Zusammenhang steht? Wie spiegeln sich nach deiner Meinung diese Auffassungen in Jesu Gemüt wider? Welche Beziehung besteht in diesem Teil zwischen Liebe und Gehorsam?*
3. *Führe alle Stellen dieses Abschnitts an, in denen der Begriff „Welt" vorkommt. Was meint Jesus damit, wenn er diesen Begriff benutzt?*
4. *Welches Ereignis hat Jesus in Johannes 16,20-22 im Sinn? Begründe deine Antwort. In welchem Gegensatz steht die Freude der Welt zur Freude der Jünger?*

ERKLÄRUNG

Der Hintergrund

In den Kapiteln 15 und 16 setzt Jesus die Themen der bisherigen Diskussion fort, jetzt aber praktisch und ohne von den Jüngern unterbrochen zu werden (mit Ausnahme von 16,17.18 und 16,29.30). Es ist, als ob die Jünger vor dem Kommen des Heiligen Geistes so wenig aufnahmefähig sind, dass Jesus sogar die einfachsten Lehren mehrfach wiederholen muss.

Der Abschnitt im Einzelnen

Johannes 15,1-10 enthält die gleichnishafte Botschaft vom Weinstock und den Reben. Sie hat ihre Wurzeln im Alten Testament, wo Israel mehrfach mit einem Weinstock verglichen wird (Jesaja 5,1-7; Jeremia 2,21; Hesekiel 15,1-8). Die meisten Christen identifizieren sich mit den in diesem Abschnitt symbolisierten Reben und sehen in dem „Gleichnis" einen Hinweis darauf, wie wichtig es ist, eine persönliche Beziehung zu Jesus zu pflegen. Dieses Verständnis hat sich im Laufe der Jahrhunderte als sehr fruchtbar erwiesen.

Jesus benutzt dieses Sprachbild in dem Sinne, dass er sich als den Weinstock versteht, die Jünger den Reben gleichen und alle, die durch sie zum Glauben an Christus kommen – mit anderen Worten: die zweite Generation –, die Frucht sind.[1] Alle, die seit der Zeit jener ersten Generation zum Glauben gekommen sind, sind in der Frucht zusammengefasst, die an den Reben wächst, die mit dem Weinstock verbunden sind.

Gerade durch die Worte und das Wirken der Jünger ist die zweite Generation zum Glauben gekommen. Der Weinstock ist daher eine Analogie der gesamten Gemeinde Gottes, zu der alle Generationen gehören – bis Christus wiederkommt. Jesus zieht eine Reihe von Schlussfolgerungen aus dieser Analogie. Ein Weinstock hat nur zwei mögliche Verwendungszwecke – entweder er erzeugt Nahrung

[1] White, „Jesus von Nazareth", 488-491

und Trank oder er muss abgehauen und als Brennmaterial verwendet werden (Hesekiel 15,1-15; Jesaja 5,1-7; Jeremia 2,21). Positiv ist: Gott ist der Gärtner, der sich um alles kümmert, was in diesem Zusammenhang geschieht (Johannes 15,1). Die Beziehung zu Jesus unterscheidet sich nicht von der Beziehung zum Vater. Wenn die Beziehung zum Weinstock wie auch zum Gärtner aufrechterhalten wird, bleibt die Frucht nicht aus.

Negativ ist: die Jünger werden gewarnt, dass alle Reben, die keine Frucht bringen, abgeschnitten werden (V. 2). So wie die Worte Jesu die Grundlage für das Aufrechterhalten der Beziehung zum „Weinstock" darstellen (V. 7), trennen sie auch von ihm (V. 3). Durch sein Wort wurden die Jünger gestärkt, aber Judas wurde durch dasselbe Wort vom „Weinstock" abgeschnitten (13,18-30). Die physische Präsenz Jesu wird in der zweiten Generation durch Jesu Wort ersetzt, das durch die Schriften der Jünger seinen Dienst verrichtet.

Das Achthaben auf Jesu Worte wird die Einheit der Gemeinde zur Folge haben und zugleich alle herausschneiden, die nicht seine Anweisungen befolgen (15,3-6). Wenn die Jünger am Weinstock bleiben, wird die Gemeinde nach innen und außen wachsen (V. 7.8).

In Johannes 15,9-12 führt Jesus die Lehre vom Weinstock weiter aus, indem er zeigt, was es heißt, am Weinstock zu „bleiben". „Bleiben" am Weinstock heißt aufgrund zweier miteinander verbundener Prinzipien, in Jesus zu bleiben – nämlich aufgrund der Liebe und des Gehorsams. Die Liebe wird, wie Jesus schon früher dargelegt hat, die Jünger veranlassen, so zu leben und zu lieben, wie Jesus sie geliebt hat (V. 9.12.13; 13,34.35) sowie seinen Geboten zu gehorchen (15,10.14; 15,21-24).

Jesus hat beide Grundsätze in seiner Beziehung zum Vater verwirklicht (15,10). Die Jünger sollen daher daran zu erkennen sein, dass sie tun, was Jesus tat, wie auch daran, dass sie das befolgen, was Jesus gesagt hat. Ein solches Bleiben in Jesus trägt Frucht, weil die Gebete der Jünger natürlich mit dem Willen Gottes im Einklang sein werden (15,7.14-16; 14,12-14).

In Johannes 15,18-21 verweist Jesus auf die Konsequenzen der Beziehung zu ihm, die sich aus der Aussage anlässlich der Fußwaschung ergeben, dass „der Knecht nicht größer ist als sein Herr" (15,20; 13,16). Wer in einer innigen Beziehung mit Jesus steht, muss mit derselben Feindschaft seitens der „Welt" rechnen, die Jesus während seines irdischen Dienstes und am Kreuz erfuhr (15,18.20; vgl. Matthäus 10,34-36; Lukas 12,49-53). „Welt" ist für Jesus der Sammelbegriff für eine Menschheit, die ohne Gott lebt.[1]

Wie die Beziehung Jesu zu seinem Vater das Vorbild für die Gemeinschaft der Jünger mit Jesus sein soll (Johannes 15,10), so soll auch das Verhältnis Jesu zur Welt eine Parallele des Verhaltens der Gläubigen zu den Ungläubigen sein (V. 18). Weil die Welt Jesus hasst, hasst sie auch seine Jünger (V. 22-25). Solange Jesus in dieser Welt war, richtete sich der Hass vornehmlich gegen ihn. Nach seinem Weggang wird sich die Aufmerksamkeit der Welt denen zuwenden, die Jesus auf Erden repräsentieren. Der Grund für die Gegnerschaft liegt darin, dass Nachfolger Jesu anders sind als die Welt (V. 19). Was in der Welt Wert besitzt, ist oft gerade das Gegenteil von dem, was vor Gott Wert hat. Die Welt toleriert nicht ohne weiteres eine Bedrohung ihrer Herrschaft. In einer solchen Welt spüren die Jünger, dass sie oft außerhalb der Gesellschaft stehen.

Jesus setzt dieses Thema in Kapitel 16,1-4 fort. Die kurze Bemerkung über den Heiligen Geist (15,26.27) passt aufgrund des doppelsinnigen Gebrauchs des Wortes *zeugen, bezeugen* – das im Griechischen mit dem Wort *Märtyrer* in Zusammenhang steht – gut in diesen Abschnitt. Die Jünger werden der Welt nicht schutzlos ausgeliefert sein. Jesus steht ihnen in ihrem Zeugnis durch seinen Ratgeber bei, den er senden wird. Wenn die Zeit der Feindschaft kommt und die Menschen meinen, dass sie Gott einen Dienst erweisen, wenn sie die Jünger verfolgen (16,2), werden die Gläubigen durch die Worte Jesu gestärkt werden, an die sie der Heilige Geist erinnert (V. 1.4.14.26). Jesus weiß, dass die Jünger einem „doppelten Schock" erliegen würden, wenn seine Warnungen nicht erfolgt wä-

[1] Barclay, a. a. O., 237

ren, ehe das alles eintrifft. Sie würden nicht nur die persönliche Anwesenheit Jesu vermissen, sondern auch die Feindschaft der Welt in einem bisher nicht gekannten Ausmaß erfahren.

Für die Jünger war es schwer zu verstehen, dass Jesus sie verlassen wollte. Das würde sich erst ändern, wenn sie begriffen, dass die Gegenwart des Heiligen Geistes die Abwesenheit Jesu und die Feindschaft der Welt mehr als aufwiegt (16,7). Der Heilige Geist wird nicht nur am Gericht über die Welt mitwirken (V. 98-11), er wird auch den Jüngern Wahrheiten mitteilen, die Jesus ihnen wegen ihres „geistlosen" Zustands nicht vermitteln konnte (V. 12-15). Nach Jesu Ansicht wird sich das, bei Abwägung aller Umstände, trotz aller negativen Begleiterscheinungen zum Vorteil der Jünger auswirken.

In Johannes 16,16 gibt Jesus seinen Jüngern noch ein Rätsel auf. Das löst bei ihnen vier Fragen aus (V. 17-19). (1) Was meint Jesus, wenn er sagt, dass sie ihn in Kürze nicht mehr sehen werden, um dann (2) im gleichen Atemzug anzukündigen, dass sie ihn kurz danach doch wieder sehen würden? (3) Was meint er, wenn er sagt, er geht zum Vater? Und (4) was sollen sie sich unter „einer kleinen Weile" vorstellen? Dieses Rätsel hat eindeutig einen doppelten Sinn. Zunächst weist es auf Jesu Tod hin – die Jünger würden das Gefühl haben, Jesus nie mehr wiederzusehen – und auf seine Auferstehung, denn am dritten Tag würde er plötzlich wieder da sein. Darüber hinaus weist Jesus aber auch schon auf sein Scheiden bei der Himmelfahrt hin und auf die Freude der Jünger bei seiner Wiederkunft.

In Vers 20 werden zwei völlig entgegengesetzte Reaktionen auf Jesu „Weggehen" geschildert: Die Welt wird sich freuen, die Jünger werden trauern. Doch dann zeigt sich, dass sich ihre Traurigkeit in Freude verwandelt, während die Freude der Welt nur von kurzer Dauer sein wird. Aus den Versen 21 bis 24 ist zu erkennen, dass die Jünger bald dem Hass der Welt ausgesetzt sein werden, aber auch das Beschenktwerden mit dem Heiligen Geist erleben dürfen. Der Abschiedsschmerz wird gemildert durch die Zusage, dass die Jünger bald eine ganz neue Art von Beziehung zu Jesus und dem Vater erleben werden (V. 25-28).

Das Gespräch nach dem Abendmahl schließt geradezu humorvoll, indem die Jünger behaupten, nun hätten sie Jesus verstanden, obwohl sie offensichtlich überhaupt nicht wussten, wovon er redete (V. 29.30). Jesus geht darauf ein, indem er mit leichter Ironie sagt: „So, ihr glaubt mir? Wie kommt es dann, dass ihr euch in wenigen Stunden aus dem Staub machen und mich allein lassen werdet?" (V. 31.32) Jesus weiß, dass er sich in seiner schwersten Stunde nicht auf die Jünger verlassen kann, dennoch fühlt er sich nicht allein gelassen, denn es gibt einen, der ihn nicht im Stich lässt (V. 32).

In seinen letzten Stunden auf dieser Erde wird er gezwungen sein, ohne Verständnis und Mitgefühl von Seiten der Menschen auszukommen (vgl. Psalm 69,20). Unter dem Kreuz werden die Jünger eines Tages lernen, dass man allein durch die Beziehung zu Gott – wie sie Jesus vorgelebt hat – zum Frieden gelangt (V. 33; 14,27).

Die wesentlichen Gedanken

Das Thema der Liebe wird weiter entfaltet

Das Thema Liebe, das im Mittelpunkt des Tischgesprächs stand (13,3 bis 14,11), wird in Johannes 15,12-17 noch einmal aufgegriffen. Die Liebe der Jünger untereinander sollte sich am Vorbild Jesu orientieren (15,12). Jesus erweitert hier das Liebeskonzept dadurch, dass er es als eine sich selbst aufopfernde Freundschaft beschreibt (V. 13).

So wie Jesus sein Leben für die Seinen dahingeben wird, so würde auch ihre Liebe zueinander Opferbereitschaft von ihnen fordern. Jesus erwartet zwar von ihnen, dass sie sich an seine Weisungen halten, aber nicht als Knechte, sondern als Freunde, anders ausgedrückt: nicht gezwungenermaßen, sondern aufgrund innerer Einsicht (V. 15).

Dafür, dass diese Freundschaft auch weiterhin Bestand hat, wird das Gebet von zentraler Bedeutung sein. Jesus sagt ihnen zu, dass er jederzeit ein offenes Ohr für die Seinen haben wird (14,13.14), weil zwischen ihm und ihnen ein inniges Verhältnis besteht (15,7) und auch wegen der Frucht, die sie bringen werden (V. 16). Ein Aspekt, der wiederholt in der Abschiedsrede auftaucht, ist, dass die Jünger um alles bitten können und auch erhört werden (16,23-27), wenn ihre Gebete aus der Beziehung zu Christus erwachsen.

Der Hass der Welt

Der Schwerpunkt des Gesprächs nach dem Abendmahl (15,1 bis 16,33) liegt auf der zweifachen Erfahrung der Nachfolger Jesu in der Welt. Es wird ihnen derselbe Hass entgegenschlagen, den auch Jesus erleben musste, und man wird sie genauso verfolgen wie ihn. Der Grund dafür ist, dass sie wie Jesus sind und nicht wie die Welt (15,18-25; 16,1-4). Das alles wird aber durch die Segnungen aufgewogen, auf die sie Anspruch haben, weil Jesus zum Vater geht und ihnen den Geist sendet (15,26.27; 16,7-15).

Diese gegensätzlichen Erfahrungen veranschaulicht Jesus durch bildhafte Vergleiche: durch die Geburt eines Kindes, bei der die Mutter Schmerz und Freude gleichermaßen durchlebt (16,21.22), durch das Erleben von Angst und Frieden (V. 33) sowie durch die Erfahrung, erst nicht zu sehen und dann doch zu sehen (V. 16).

🕮 EINSTIEG

Johannes 17,1-26

Lies Johannes 17,1-26 zweimal nacheinander und beantworte dann folgende Fragen:

1. *Suche mithilfe einer Konkordanz alle Texte im Johannesevangelium, in denen das Wort „Herrlichkeit" vorkommt. Was tragen sie dazu bei, die Bedeutung des Begriffs „verherrlichen" zu erfassen? Worum bittet Jesus hier?*
2. *Verfahre auf die gleiche Weise mit dem Begriff „Wahrheit". Wie werden Menschen durch die Wahrheit geheiligt?*
3. *Stelle dir vor, Jesu Gebet wäre ein Bericht für seinen „Vorgesetzten" über seine Tätigkeit auf dieser Erde. Schreibe deine Version dieses Berichtes nieder und betone dabei alles, was Jesus unternommen hat, um den Anforderungen seines Auftraggebers gerecht zu werden. Welche Erfolge hat Jesus vorzuweisen?*

🕮 ERKLÄRUNG

Der Aufbau des Abschnittes

Der Abschied Jesu nähert sich mit dem dreiteiligen Fürbittegebet dem Ende. In den Versen 1 bis 5 bittet Jesus für sich selbst. In den Versen 6 bis 19 geht es um die Jünger, die bald ohne ihn auskommen müssen. In Vers 20 wendet Jesus sein Augenmerk der zweiten Generation zu, jenen, die durch das Wort der Jünger und nicht durch den unmittelbaren Dienst Jesu zum Glauben kommen werden. Er wünscht, dass sie alle zur Einheit in der Liebe und mit ihm gelangen (V. 21-26).

Der Abschnitt im Einzelnen

Jesus beginnt sein Gebet mit der Bitte um Hilfe bei seiner Aufgabe, den Vater zu verherrlichen. Einerseits geschieht das dadurch, dass er sein Werk auf dieser Erde vollendet, andererseits hat es damit zu tun, dass er wieder die himmlische Herrlichkeit, die er von Anbeginn hatte, zurückerhält (17,1-5; vgl. 1,1-5).

Jesus möchte verherrlicht werden, um seinerseits den Vater verherrlichen zu können (17,1). Die Verherrlichung Jesu ergibt sich daraus, dass er seine Aufgabe auf Erden makellos erfüllte – bis hin zu seinem Sühneopfer am Kreuz (V. 4; 12,23.24). Ausgerechnet am Kreuz stellt Jesus Gottes Wesen am anschaulichsten dar. Das Ergebnis dieser Verherrlichung heißt: Jeder, der an Christus glaubt, empfängt ewiges Leben (17,2,3).

Im weiteren Verlauf des „Hohenpriesterlichen Gebets" richtet sich Jesu Aufmerksamkeit auf die Jünger, die ja die Nutznießer all dessen sind, was er im Auftrag Gottes auf Erden offenbart und vollbracht hat (V. 6; vgl. 14,6-11). Die Jünger wissen jetzt, dass Jesus vom Vater gekommen ist, und dass niemand Gottes Wesen besser offenbaren kann als er (17,7.8). Jesus bittet hier nicht für die Welt, sondern für diejenigen, die Gott aus der Welt herausgerufen hat (V. 9). Der Hauptteil seines Gebets ist den Jüngern gewidmet, die ohne sein sichtbares Nahesein in der Welt zurückbleiben müssen, während er zum Vater zurückkehrt (V. 11).

Jesus bittet um Dreierlei. (1) Er möchte, dass seine Jünger trotz der Feindschaft der Welt und der Angriffe des Bösen in Gott bewahrt bleiben (V. 12.14.15). (2) Er bittet darum, dass den Jüngern trotz seines Weggangs die Freude an der Gemeinschaft mit Gott erhalten bleibt, ja, dass diese Freude noch wächst (V. 13). (3) Schließlich bittet er darum, dass die Seinen in der Wahrheit geheiligt werden (V. 17.19).

Das heißt: Wenn Gott die Jünger heiligt, dann macht er sie zu Menschen, die vor ihm rechtschaffen sind und von der Kraft der Wahrheit zum Dienst für Gott bewegt werden.[1] Durch die Heiligung sind sie nicht nur dazu berufen, als Boten Gottes in die Welt hineinzuwirken, sondern sie werden auch mit der entsprechenden Gesinnung und den nötigen Fähigkeiten ausgerüstet, um diese Aufgabe erfüllen zu können.[2]

In Vers 20 wendet sich Jesus den Gläubigen der zweiten Generation – d. h. der weltweiten Gemeinde aller Zeitalter – zu, die durch das Zeugnis der Jünger zum Glauben kommen werden. Dieser Teil des Gebets beschäftigt sich sowohl mit der Gefahr, in der sich die Gemeinde stets befinden wird, als auch mit ihren Chancen. Wenn die Liebe, um die Jesus betet, der Gemeinde die innere Einheit beschert, wird die Welt erkennen, dass Jesus wirklich Gottes Wesen dargestellt hat (V. 21.23; 13,34.35; vgl. 1,9.10).

Jesu Gebet erfüllt sich, wo immer eine Gemeinde durch die aus der Liebe gewachsene Einheit Menschen zum Glauben an Christus führt. Sie kann sich nicht erfüllen, wenn Gläubige oder ganze Gemeinden zerstritten und verfeindet sind. Die Jünger gelangten durch den Dienst Jesu auf Erden zur Erkenntnis des Vaters. Durch die Sendung des Geistes setzt Jesus sein Werk fort, den Vater unter den Gläubigen der zweiten Generation der Christenheit bekannt zu machen (V. 26).

[1] Schütz, „Das Johannesevangelium“, 124
[2] Barclay, a. a. O., 266

Abschluss

Im Abschiedsgespräch tröstet Jesus seine Jünger, dass sein Weggang nicht das Ende seiner Beziehung zu ihnen bedeutet. Es gibt zwei Stellvertreter für den Dienst Jesu.

Durch den Heiligen Geist wird Jesus fortfahren, sich selbst sowie den Vater vor ihnen zu offenbaren. Durch den Geist werden ihnen all die Segnungen, die Jesu Dienst auf Erden mit sich brachte, auch weiterhin zuteil werden. Das ist aber noch nicht alles. Als Reben, die durch den Heiligen Geist mit dem Weinstock verbunden sind, werden die Jünger selbst in einem realen Sinn an die Stelle Jesu treten. Durch ihr Wort und durch ihre Schriften werden sie einer neuen Generation zur Begegnung mit Jesus verhelfen. Wie der Geist ihnen gedient hat, so werden nun sie in die Welt gehen und Menschen in die Nachfolge Jesu rufen, an denen sich Jesu Worte genauso als wahr und wirksam erweisen, wie wenn Jesus sichtbar gegenwärtig wäre.

🕮 ANWENDUNG
Johannes 13 bis 17

1. *Kannst du dich an Menschen erinnern, die dir vorgelebt haben, was es heißt, in einer Beziehung „die Füße zu waschen“? Wie kannst du Jesu Lehre in dieser Woche in die Praxis umsetzen? Was bedeutet es, im Rahmen des Familienalltags die „Füße zu waschen“?*
2. *Anhand einer Skala mit den Zahlen Eins bis Zehn soll die Verwirklichung des Gebotes Jesu, so zu lieben, wie er geliebt hat, gewertet werden. An welcher Stelle würde sich deine Ortsgemeinde befinden? Was sind die Haupthindernisse für die Verwirklichung seines Gebots? Was kannst du unternehmen, dass sich hier etwas ändert?*
3. *Was würdest du erwidern, wenn jemand gegen den Ausschließlichkeitsanspruch von Johannes 14,6 Einwände erhebt? Passen hier Moslems, Buddhisten usw. irgendwie mit hinein? Haben Christen diesen Text in ihrer Beziehung zu anderen Menschen missbraucht? Wenn das zutrifft, in welcher Weise?*

4. *Jesus sagt den Jüngern, dass sie „größere Werke" tun werden, als er getan hat. Welches von all den Werken, die Jesus getan hat, würdest du am liebsten tun? Wenn du es tätest, würde das ein Segen für die Welt sein oder würdest du damit mehr Schaden als Nutzen anrichten?*
5. *In welcher Weise hast du den Hass der Welt um der Wahrheit Jesu willen erfahren? Bis zu welchem Grade richtete sich dieser Hass gegen Mängel in deiner Person oder in deinem Auftreten?*
6. *Wie kommst du mit Veränderungen in deinem Leben zurecht? Welche von den Dingen, die Jesus in diesem Abschnitt gesagt hat, um seine Jünger auf große Veränderungen vorzubereiten, würdest du für dich am hilfreichsten empfinden?*

🕮 VERTIEFUNG

1. *Überprüfe einige der großen Abschiedsreden in der Bibel außerhalb dieses Evangeliums (vgl. den Abschnitt „Der Hintergrund" von Kapitel 13,31 bis 14,11). Stelle eine Liste der gemeinsamen Elemente in diesen Abschiedsreden auf. Bis zu welchem Grade passt sich Jesus einem allgemeinen, literarischen Muster an? In welcher Weise weicht er von früheren Vorbildern ab? Was würdest du sagen, wenn du eine Abschiedsrede an deine Familie und deine Freunde nach dem biblischen Vorbild richten würdest?*
2. *Benutze eine Konkordanz, um alle Texte im Neuen Testament herauszufinden, die von Gottes Geboten im Zusammenhang mit der Liebe sprechen. Überprüfe diese Texte und richte dabei deine besondere Aufmerksamkeit auf die Beziehung zwischen der Liebe und dem Halten der Gebote. Was bedeutet es, die Gebote aus Liebe zu halten? Wie können Christen erkennen, ob sie die Gebote aus Liebe halten? Was geschieht, wenn wir Gottes Willen aus anderen Beweggründen heraus zu halten versuchen?*

🕮 FÜR DAS WEITERE STUDIUM

1. *Zum Begriff Liebe: siehe L. Morris, „Testaments of Love"; Haag, „Bibellexikon", 1050-1056; Rienecker, „Lexikon zur Bibel", Stichwort „Liebe".*
2. *Zum Hohenpriesterlichen Gebet Jesu: siehe W. Barclay, „Johannesevangelium", Bd. 2, 255-270; W. Lüthi, „Johannes, das vierte Evangelium", 253-289; J. B. Green und S. McKnight, eds., „Dictionary of Jesus and the Gospels", 617-623; Wuppertaler Studienbibel, „Das Evangelium des Johannes", Bd. 2, 154-177.*
3. *Zur Darstellung des Charakters des Judas siehe E. G. White, „Jesus von Nazareth", 505-509; weitere Einblicke in die Abschiedsrede, ebd., 484-491.*

Kapitel 13

Der Heilige Geist als Stellvertreter Jesu

Johannes 14 bis 16

Das Format dieses Kapitels fällt aus dem bisher üblichen Rahmen heraus. Das hängt mit dem zu behandelnden Stoff zusammen.

Die Natur des Heiligen Geistes und seine Aufgabe – wie sie im Johannesevangelium beschrieben werden –, lassen sich nicht gut abschnittsweise behandeln. Deshalb wird das Thema „Heiliger Geist" im Rahmen des gesamten Johannesevangeliums dargestellt. Allerdings unter besonderer Beachtung der Abschnitte in Johannes 14 und 15, die sich mit den Begriffen „Beistand" und „Tröster" befassen.

Aufbau

Es gibt elf Abschnitte im vierten Evangelium, die sich direkt oder indirekt mit dem Wesen und Wirken des Heiligen Geistes befassen. Fünf davon sind in den erzählenden Teilen der ersten Hälfte des Evangeliums eingebettet (1,32.33; 3,5-8.34; 4,23.24; 6,63; 7,37-39). Fünf weitere tauchen in der Abschiedsrede Jesu an seine Jünger auf (14,16.17; 14,26; 15,26; 16,7-11; 16,13-15). Die elfte Stelle beschränkt sich auf eine kurze Notiz in Johannes 20,22.

Es gibt noch drei andere Stellen, in denen das Wort *Geist* vorkommt (11,33; 13,21; 19,30), aber die beziehen sich offensichtlich nicht auf den Heiligen Geist.

In den erstgenannten fünf Stellen scheint der Heilige Geist nur beiläufig erwähnt zu werden. Sie werfen auch mehr Fragen auf, als sie beantworten. Es scheint, als wolle Johannes hier zunächst nur „Samenkörner“ für die Leser ausstreuen, die dann im fruchtbaren Boden der Abschiedsrede aufgehen sollen (Kapitel 13-17), in der sich Jesus ausführlicher mit dem Heiligen Geist befasst. Die Erwähnungen im ersten Teil des Evangeliums sollen helfen, den Leser auf die später folgenden tieferen Lehren vorzubereiten. Die letzte Erwähnung (20,22) weist auf die noch bevorstehende Erfüllung all dieser Lehren zu Pfingsten hin.

Hintergrund

Übertragung der Vollmacht

Bei mindestens drei Gelegenheiten an anderen Stellen der Bibel wird eine ähnliche Übertragung der Vollmacht beschrieben, wie sie zwischen Jesus und dem Heiligen Geist erfolgt. In jedem dieser Fälle stirbt die Hauptperson oder verlässt den Schauplatz des Geschehens, um für jemand anderen Platz zu machen, der das Werk fortsetzt oder die Botschaft interpretiert. Die Aufgaben beider Personen sind ähnlich, und beim Übertragen der Vollmacht wird jeweils der *Geist* erwähnt.

Als Mose beispielsweise Josua die Hände auflegte, wurde der mit dem „Geist der Weisheit“ (5. Mose 34,9) erfüllt. Daraufhin akzeptierten ihn die Israeliten als ihren Führer und Lehrer, so dass Josua vollenden konnte, wozu Mose nicht mehr imstande war – die Israeliten in das verheißene Land zu führen (5. Mose 32,48-52; 34,4; Josua 1-12). Die Vorstellung, dass Jesus der Nachfolger des Mose ist und zugleich der „neue Josua“[1], ist eine Besonderheit, die so nur im Johannesevangelium vorkommt (1,17; 3,14; 5,45-47; 6,30-35).

Bevor Elia in den Himmel aufgenommen wurde, übertrug er den Geist Gottes, der in ihm gewirkt hatte, auf seinen Nachfolger Elisa (2. Könige 2,15). Sowohl im Falle des Josua als auch bei Elisa

[1] Der Name *Jesus* ist die griechische Form des hebräischen Namens *Josua.*

fand die Weitergabe des Geistes Gottes am Jordan statt. Die Übertragung der Vollmacht von Mose auf Josua und von Elia auf Elisa scheint auch das Muster für die Taufe Jesu durch Johannes gewesen zu sein (Johannes 1,17; Lukas 1,17). Ebenfalls am Jordan legt Johannes der Täufer sozusagen den „Mantel des Propheten“ um Jesu Schultern und zieht sich dann mehr und mehr aus dem weiteren Geschehen zurück (Johannes 1,32.33; Matthäus 3,16).

Diese früher erfolgten Übertragungen der Vollmacht bilden den historischen Hintergrund für das Wirken des Heiligen Geistes im Johannesevangelium. Jesus muss erst zu Gott zurückkehren, ehe der Geist in vollem Maße auf die Jünger ausgegossen werden kann (Judas 9; Matthäus 17,3; 2. Könige 2,11; vgl. Johannes 16,7).

Wenn wir diese Analogie bis ins Letzte fortführen, kommt nicht nur der Heilige Geist als Nachfolger Jesu in Betracht, sondern es sind auch die Jünger, die durch Gottes Geist zum Dienst für Jesus bevollmächtigt werden. Jesu Stelle in dieser Welt nehmen also zwei Stellvertreter ein – der Geist und Jesu Jünger. Der Geist setzt Jesu Werk in den Jüngern fort, die wiederum führen das Werk des Geistes in der Welt aus (Johannes 14,26; 15,26.27; 16,8-11).

Vorgeschmack des Geistes

Sowohl im Alten Testament als auch im sonstigen jüdischen Schrifttum wird an vielen Stellen auf das zukünftige Wirken des Geistes Gottes hingewiesen. Dieser Geist befähigte die Propheten, der Menschheit die Worte Gottes zu verkünden (Jesaja 48,16; Hesekiel 2,2; 3,4-15; Daniel 4,8.9.18; 5,11-14; Micha 3,8). Die universale Gegenwart des Heiligen Geistes sollte daher ein Zeichen der letzten Tage sein (Jesaja 33,14.15; Joel 2,28-32). Mehrfach wurde der Geist mit dem Wasser (Hesekiel 36,25.26; Jesaja 44,3; vgl. Johannes 4,7-26; 7,37-39) als einem Mittel der Reinigung (Hesekiel 36,25) oder der Erquickung (Jesaja 44,3; 35) in Verbindung gebracht.

Insbesondere Jesaja verbindet die Erwartung des Geistes mit der Person des Messias. Der Geist der Weisheit und des Verstandes wird auf ihm ruhen (Jesaja 11,3). Der Geist wird es ihm ermöglichen, auf Erden Gerechtigkeit zu schaffen (Jesaja 42,1-4). Weil er mit dem Geist gesalbt ist, wird er das Volk Gottes befreien, dessen Feinde züchtigen und Zion in den Stand zurückversetzen, den es früher vor Gott eingenommen hatte (Jesaja 61,1-9). Das alles erfüllt sich nach johanneischem Verständnis dadurch, dass Jesus den Jüngern seinen Geist sendet.

Die Bedeutung des „Beistands oder Beraters“

Nach Aussage des Johannesevangeliums geht Jesus einen ungewöhnlichen Weg, um den Heiligen Geist zu charakterisieren. Er verwendet einen Begriff, der im Griechischen mit *„parakletos“* wiedergegeben wird (Johannes 14,16.26; 15,26; 16,7). Im Luthertext steht dort gewöhnlich „Tröster“, in der revidierten Elberfelder Übersetzung „Beistand“. Das Wort *„parakletos“* ist aus der Verbindung des griechischen Verbs „rufen“ (*kaleo*) mit der Präposition „neben, an die Seite“ (*para*) entstanden.

Ein *Paraklet* ist eine Person, die zur Hilfe herbeigerufen wird. Aufgrund dessen wird die Aufgabe des Heiligen Geistes von neueren Bibelauslegern gern mit der eines Verteidigers bei Gerichtsverfahren verglichen. Im juristischen Sinn verwendet sich jemand für einen anderen oder vertritt ihn. Tatsächlich hat der Begriff *Paraklet* im Sinne von „Beistand“, wie er im Johannesevangelium verwendet wird, vorwiegend juristisches Gepräge, was gut zu der Rolle des Geistes als eines Zeugen passt (15,26), der den Jüngern bei ihrem Zeugnis für Jesus beisteht.

Darüber hinaus begegnet uns in Jesu Abschiedsgesprächen aber auch die Vorstellung vom Heiligen Geist als dem „Tröster“ (gerufen, um zu trösten). Die Jünger würden sich wie Waisen vorkommen, wenn ihnen nach dem Weggang Jesu nicht der Geist gesandt würde (14,18). Gottes Geist wird kommen, um ihnen bei der Bewältigung der Trauer über das Weggehen Jesu beizustehen (16,6.7).

Jesus erwähnt in seinen Abschiedsworten den *Parakleten* oder *Beistand* vier Mal (14,16.26; 15,26; 16,7.8). Er wird in den Jüngern wohnen (14,16), sie erinnern und unterweisen (V. 26), Zeugnis von Christus ablegen (15,26) und sie überzeugen (16,7.8). Er ist Helfer, Beistand, Tröster und Freund.

🕮 EINSTIEG

Lies Johannes 1,29-36; 3,1-21.31-36; 4,7-29; 6,60-71; 7,37-39 und 20,19-23 zweimal hintereinander und beantworte dann folgende Fragen:

1. *Beschreibe mit wenigen Worten, was jede der oben angeführten Stellen über den Heiligen Geist aussagt. Erkennst du einen „roten Faden“, der sich durch alle Bibeltexte hindurchzieht?*
2. *Beschreibe kurz, in welchem Zusammenhang in jeder dieser Stellen der Heilige Geist erwähnt wird und schildere auch die jeweilige Hörerschaft. In welchem Zusammenhang wird der Geist am deutlichsten umrissen? Ist dir aufgefallen, dass Jesus die Wahrheit durch seine Worte nicht nur offenbart, sondern manchmal geradezu zu verbergen scheint? Welchen Einfluss hat deiner Meinung nach die Beschaffenheit der Zuhörerschaft auf die Art und Weise, wie Jesus den Heiligen Geist darstellt?*

🕮 ERKLÄRUNG

Der Geist, der vom Himmel herabkommt und sich auf Jesus niederlässt, öffnet dem Täufer die Augen dafür, dass Jesus derjenige ist, nach dem er Ausschau gehalten hat (Johannes 1,32). Gott hatte ihn schon vorher darüber informiert, woran er den Messias erkennen sollte (V. 33). Das Zeugnis des Heiligen Geistes beginnt also zu der Zeit, von der Johannes 1 berichtet (vgl. 15,26; 16,13.14). Jesus wird das Werkzeug sein, durch das der Geist sein Werk auf Erden vervielfacht (1,33; Joel 2,28-32; Apostelgeschichte 2).

In Johannes 3 benutzt Jesus für den Geist weder den Begriff *Paraklet,* noch das Adjektiv *heilig*, dennoch ist klar, wen er meint (V. 5-8). Die Taufe mit dem Geist ist eine wesentliche Voraussetzung für den Eintritt ins Reich Gottes (V. 5). Obwohl es schwer zu beschreiben ist, wie der Geist wirkt, sind dennoch die Auswirkungen im Leben der Menschen deutlich zu erkennen (V. 8).

Auf den Geist wird auch in der Erzählung von der Frau am Brunnen angespielt. Das lebendige Wasser, das aus dem Innern quillt und zum ewigen Leben führt, erinnert an Hinweise auf den Geist im griechischen Alten Testament (Johannes 4,10-15; Jesaja 44,3; Hesekiel 36,25.26). Menschen, die das lebendige Wasser von Jesus annehmen, werden nie wieder Durst haben, weil sie in Gestalt des Heiligen Geistes die lebendige Quelle in sich haben.

Die Aussagen in Johannes 4,23.24 bekräftigen das, was in Kapitel 4 vorher über den Geist Gottes gesagt worden ist, ohne dass der Heilige Geist dort konkret beim Namen genannt worden wäre. Im Zeitalter des Geistes wird die Anbetung weder an einen besonderen Ort noch an ein bestimmtes Volk gebunden sein. Anbetung im Geist ist von nun an universal. Anbetung bedeutet nicht, an einen bestimmten Ort zu gehen oder bestimmte Dinge zu tun, sie besteht vielmehr in einer engen Beziehung zu Gott. In Johannes 6,63 bestätigt Jesus, dass der Geist Leben bringt (vgl. 4,10-15) und dass die Worte, die Jesus gesprochen hat, sowohl Geist als auch Leben hervorbringen. Menschen können nicht aus sich heraus geistliches Leben schaffen. Das geschieht allein durch das Zusammenwirken Jesu mit dem Heiligen Geist.

In Johannes 7,37-39 erklärt der Verfasser des Evangeliums das Wesen und Wirken des Heiligen Geistes deutlicher. Obwohl Gottes Geist bereits mehrfach in Erscheinung getreten ist, wird erst im Zusammenhang mit Jesu „Verherrlichung" am Kreuz sein wahres Wesen offenbar werden. Erst im Schatten des Kreuzes (Johannes 13 bis 17) macht Jesus unmissverständlich klar, wie wichtig die Gegenwart des Geistes im Leben des Gläubigen ist. Johannes 7,37-39 ist daher ein Übergangstext, er fasst zusammen, was bisher über den Geist gesagt worden ist. Zugleich bereitet er den Boden für jene tiefergehende Unterweisung vor, die im Abschiedsgespräch stattfinden wird.

Unmittelbar vor dem Gespräch mit Thomas, am Ende von Kapitels 20, heißt es von Jesus, dass er die Jünger mit den Worten anhaucht:„Empfangt Heiligen Geist!" (V. 22).[1] Dieses Geschehen scheint bereits ein Hinweis auf die Ausgießung des Heiligen Geistes

[1] Das erinnert an die Erschaffung Adams und Evas in 1. Mose 2.

zu Pfingsten zu sein. Jetzt, da Jesus verherrlicht ist, hat die Erfüllung der Verheißung von Kapitel 7,39 begonnen.

🕮 EINSTIEG

Johannes 13 bis 16

Lies Johannes 13 bis 16 zweimal hintereinander und beachte dabei besonders 14,16.17; 14,26.27; 15,26.27; 16,7-11 und 16,13-15. Beantworte dann folgende Fragen:

1. *Notiere dir, was in den fünf angegebenen Stellen über den Heiligen Geist gesagt wird. Vermerke dir, welche Aussagen in mehr als einem dieser Texte vorkommen. Worin siehst du die Gemeinsamkeit, die alle Texte miteinander verbindet?*
2. *Stelle alle Bezeichnungen zusammen, die auf den Heiligen Geist angewendet werden (einschließlich derjenigen im vorigen Abschnitt). Halte in ein oder zwei Sätzen die Bedeutung jeder dieser Bezeichnungen fest, wie du sie aus dem Zusammenhang erkennen kannst.*
3. *Beschreibe in ein paar Sätzen, wie du das Wirken des Heiligen Geistes hinsichtlich der Sünde, der Gerechtigkeit und des Gerichtes siehst (16,7-11). Wie würdest du jeden dieser Begriffe erklären? Warum musste Jesus erst weggehen, ehe all das in Angriff genommen werden konnte?*

🕮 ERKLÄRUNG

Aufbau

In Jesu Abschiedsgespräch mit den Jüngern (Johannes 13-17) wird fünf Mal das Werk des Beistands, des Heiligen Geistes, erwähnt (14, 16.17; 14,26; 15,26; 16,7-11; 16,13-15). Interessant ist, dass das Abschiedsgespräch auch ohne diese Stellen einen zusammenhängenden Sinn ergibt. Die Stellen, in denen vom Beistand gesprochen wird, fügen sich jedoch gut in die Richtung des letzten Teils dieses Abschiedsgesprächs ein. Zugleich ist es wichtig, sie niemals unabhängig von ihrem Zusammenhang zu betrachten. Wir beginnen, indem wir uns zunächst die fünf Stellen ansehen, dann studieren wir ihren Beitrag sowohl in diesem Abschiedsgespräch als auch im gesamten Evangelium.

Die fünf Stellen im Einzelnen

Die erste Stelle, die den Tröster oder Beistand erwähnt, ist Johannes 14,16.17. Aus dem Kontext dieser Verse geht hervor, dass der Geist denen geschenkt wird, die sich an Jesu Weisungen halten (V. 15.21) und um den Geist bitten (V. 13.14).

Der Geist ist ein „anderer Beistand", was bedeutet, dass diese Bezeichnung nicht nur auf den Heiligen Geist angewendet wird (V. 16). Es ist Jesus, der ursprüngliche Beistand, der den Jüngern in dem „anderen" Beistand, dem Heiligen Geist, nahe sein wird (V. 18; vgl. 1. Johannes 2,1). Das Griechische hat zwei Worte für „anders", das eine weist auf die Ähnlichkeit hin, das andere auf den Unterschied. Das hier verwendete Wort (*allos*) meint die Ähnlichkeit. Der Heilige Geist ist also ein anderer Beistand, der Jesus *ähnelt* oder sogar *gleich* ist.

Entsprechend diesem Text geht es bei der Sendung des Geistes um zweierlei: (1) Der Beistand beschenkt die Jünger mit der ständigen Gegenwart Gottes. Wenn Jesus auch von ihnen scheiden muss, so wird doch der Beistand für immer bei ihnen sein (Johannes 14,16). Er wird sogar in ihnen wohnen (V. 17).

(2) Er übernimmt in der Zeit, da Jesus nicht bei seinen Jüngern sein kann, in gewisser Hinsicht dessen Aufgaben. Er ist wie Jesus der „andere" Beistand (V. 16). Er ist der Geist der Wahrheit, eine Bezeichnung, die Jesus direkt auf sich selbst anwendet (V. 17.6). Der Beistand wird von der Welt genauso abgelehnt, wie sie Jesus ablehnte. Aber er bleibt genauso bei den Jüngern (V. 17, „bleibt bei ihnen") und wohnt in ihnen, wie sie in Jesus bleiben sollen und er in ihnen wohnen sollte (V. 20; 15,4-10; 17,23.26). Jesus kommt durch den Heiligen Geist zu den Jüngern (14,18). Sie werden Jesus wiedersehen, wenn der Heilige Geist kommt (V. 19). Deshalb ersetzt der

Beistand, oft Tröster genannt, Jesu physische Präsenz durch seine geistliche Präsenz.

Die nächste Stelle, in der der Beistand erwähnt wird, ist Kapitel 14,26. Hier wird er ausdrücklich als „Heiliger Geist" bezeichnet. Er wird vom Vater in Jesu Namen gesandt. Seine Aufgabe ist es, zu kommen, um die Jünger in all dem zu unterweisen, was sie in der Abwesenheit Jesu wissen müssen, um mit ihm und seinem Wort verbunden zu bleiben (V. 25.26). Diese Verheißung ist ohne Zweifel von Johannes als eine besondere Bestätigung seines Evangeliums an die zweite Generation gerichtet. Die ständige Gegenwart des Geistes in den Jüngern verhindert es, dass die Erinnerung an Jesus allmählich verblasst.

Wenn Vers 27 zu den Aussagen über den Beistand oder Tröster gehört, kommt hier eine weitere Aufgabe des Geistes ins Blickfeld. Er kommt, um Frieden und Trost zu schenken, damit die Jünger sich nicht verlassen fühlen müssen (V. 18).

Erst in Kapitel 15,26 ist wieder vom Beistand oder Tröster die Rede, der hier erneut als „der Geist der Wahrheit" bezeichnet wird. Was der Geist über Jesus zu sagen hat, wird in juristischen Begriffen ausgedrückt. Der Beistand wird entgegen dem Hass der Welt Zeugnis für Christus und die Seinen ablegen (15,18-25; 16,1-4). Die verfolgten Jünger benötigen ein juristisch stichhaltiges Zeugnis für die Rechtmäßigkeit und Gültigkeit ihrer Erfahrung.

Wie es schon in Kapitel 14,27 der Fall war, ist es auch hier ungewiss, ob die Aussage in Johannes 15,27 als eine Erweiterung der Aussage des vorangegangenen Verses über den Beistand zu verstehen ist. Die Jünger sollen nicht Zeugnis geben, weil sie vom Geist unterwiesen worden sind, sondern weil sie mit Jesus vom Beginn seines Dienstes an zusammen waren. Das Zeugnis des Geistes wird sie in ihrem eigenen Zeugnis aber ermutigen und bestärken.

Die nächste Stelle, die vom Beistand oder Tröster handelt, ist Johannes 16,7-11. In Vers 7 macht Jesus eine klare Aussage über den Trost. Im Zusammenhang mit dem Hass der Welt (V. 1-4) ist es für die Jünger besser, wenn Jesus nicht mehr bei ihnen ist, obwohl sein Weggehen natürlich schmerzt (V. 5.6). Aber Jesus selbst sagt, dass es für sie besser ist, weil es dadurch dem Tröster möglich wird, bei ihnen zu sein (V. 7). Außerdem hat der Geist nun die Möglichkeit, so stark auf die Welt einzuwirken, dass sie erkennt, was Sünde, Gerechtigkeit und Gericht bedeuten (V. 8).[1]

Der Beistand wird vor allem in denen ein Gespür für die Sünde wecken, die glaubten, richtig gehandelt zu haben, als sie die Nachfolger Jesu verfolgten (V. 9.2.3). Sünde ist weit mehr, als nur Böses zu tun. Es ist die Sünde aller Sünden, nicht an Jesus zu glauben. Diese Sünde ist den meisten Menschen nicht bewusst, deshalb muss der Heilige Geist sie zu dieser Erkenntnis bringen. Ein untrügliches Zeichen für das Vorhandensein des Geistes im Leben eines Menschen ist daher ein wachsendes Gespür für die eigenen Fehler.

Es ist eine gute Nachricht, dass der Beistand auch ein Tröster ist. Allen, die sich schmerzlich ihrer Schuld bewusst werden, bringt er durch die Gerechtigkeit Christi die Gewissheit der Befreiung von Sünde (V. 10). Was hat aber die Gewissheit, gerecht geworden zu sein, mit dem letzten Teil von Vers 10 zu tun – „dass ich zum Vater gehe und ihr mich hinfort nicht mehr seht“?

Die Rückkehr Jesu zum Vater hat vor allem damit zu tun, dass er sich bei Gott für die Seinen einsetzen will. Seine Gerechtigkeit wird ihnen zugerechnet. Dafür, dass diese bei Gott erwirkte Rechtfertigung für die Gläubigen auf Erden zur unumstößlichen Gewissheit werden kann, sorgt der Geist. Weil die Jünger Jesus glaubten, war für sie die Tatsache, dass er von ihnen wegging, zugleich das Zeichen dafür, dass sie ihrer Rechtfertigung gewiss sein konnten.

Der Beistand wird auch vom Gericht überzeugen (V. 11), aber das ist ein anderes Gericht, als das in den Versen 9 und 10 erwähnte. Nun wird der überzeugende Beweis erbracht, dass Satans Macht am Kreuz zerbrochen ist, und dass sich alle, die das glauben, als Freie ansehen dürfen (12,31). Wer sich mit Jesu Tod identifiziert, ist von Satans Macht und Herrschaft frei geworden. Diejenigen, die für

[1] Froom ist der Auffassung, dass sich diese drei Begriffe auf die Vergangenheit, die Gegenwart und die Zukunft jedes Sünders beziehen, der zu Christus kommt; vgl. Froom, „The Coming of the Comforter“, 70).

Satan Partei ergreifen, wenn er Christus anklagt, und diejenigen, die Satans Willen tun, werden mit Satan gemeinsam gerichtet werden. Gläubige, die von irdischen Gerichten verurteilt wurden, können aufgrund der überzeugenden Argumente des Geistes wissen, dass sie eines Tages zusammen mit ihren Verfolgern vor einem höheren Gerichtshof stehen werden, der die Urteile, die auf Erden gefällt wurden, aufheben und Gottes Volk gerecht sprechen wird.

Die letzte Stelle, in der der Beistand erwähnt wird (16,13-15; hier wird der Begriff „Geist" gebraucht und nicht „Tröster" oder „Beistand"), ergänzt die anderen Aussagen über das Wirken des Geistes. Der „Geist der Wahrheit" wird die Jünger in alle Wahrheit leiten (V. 13; 14,17.26). Er wird sie, wie es zuvor Jesus getan hat, in dem unterweisen, was sie wissen müssen, er wird aber nicht kommen, um über sich selbst zu sprechen.

Was der Geist auch tut, immer hat er dabei Jesus im Auge (16,13-15; 14,26; 15,26; 16,9). Der Geist wird die Jünger über das, was Jesus tut, immer auf dem Laufenden halten. Er offenbart nicht nur, was Christus in der Gegenwart tut, sondern auch das, was er in Zukunft tun wird (16,13; vgl. 1,1.10).

Vielleicht ist jetzt der geeignete Moment, um innezuhalten und sich in einer Gesamtschau mit dem Wirken des Geistes zu beschäftigen, wie es im Johannesevangelium umrissen wird. Dabei findet man keine anderen Offenbarungen des Geistes, als solche, die Jesus betreffen. Sich allein auf den Heiligen Geist zu versteifen, kann in die Irre führen, wenn man dabei Jesus aus den Augen verliert. Jesus bedarf nicht des Heiligen Geistes, damit er als Person verherrlicht wird. Der Vater tat dies, als er Jesus nach seiner Himmelfahrt zu seiner Rechten erhöhte.

Es ist die Aufgabe des Geistes, Jesus vor den Menschen hier auf Erden zu erhöhen und zu verherrlichen. Der Geist ist Jesu Repräsentant und Botschafter auf dieser Erde. Wenn wir auf den Geist hören, hören wir auf Jesus selbst.

🕮 EINSTIEG

Bevor du den nachfolgenden Stoff liest, schreibe einen kurzen Aufsatz über die Rolle des Heiligen Geistes, wie sie im Johannesevangelium dargestellt wird. Versuche dabei, alle Informationen zu verwerten, die du bis jetzt gefunden hast. Wenn möglich, führe Texte an, die das unterstützen, was du in deinem Aufsatz über den Heiligen Geist schreibst.

🕮 ERKLÄRUNG

Das Wirken des Heiligen Geistes hat zwei Hauptmerkmale, die sich zueinander verhalten wie die beiden Seiten einer Medaille: (1) Die Beziehung zu denen, die an Christus glauben, und (2) die Beziehung zur Welt, das heißt zu denen, die nicht an ihn glauben.

Für die Jünger kommt der Heilige Geist, um die Stelle Jesu zu übernehmen und das zu tun, was Jesus tun würde, wenn er persönlich anwesend wäre. Daher ist das Wesen und Wirken des Heiligen Geistes dem Wesen und Wirken Christi, wie es im Johannesevangelium beschrieben wird, sehr ähnlich. Der Heilige Geist kommt wie Jesus zu den Jüngern als der „andere Tröster" (14,16) und als ein Beistand. Jesus ist für die Jünger Helfer, Tröster, Fürsprecher und Freund – er ist ihr erster Beistand, der Heilige Geist ihr zweiter.

Wegen der inhaltlichen Nähe zwischen dem Werk des Geistes und dem Wirken Jesu gibt es diesbezüglich viele Parallelen im Johannesevangelium. So teilt Johannes zum Beispiel mit, dass Jesus nicht nur voller Wahrheit ist (1,14), sondern auch, dass er die Wahrheit (14,6) und der wahre Quell aller Wahrheit (1,17) ist. Zugleich wird aber auch der Beistand oder Tröster als der „Geist der Wahrheit" bezeichnet (14,17). Die Welt lehnt daher nicht nur die Wahrheit ab, die durch Jesus kommt (1,10; 18,38), sie weigert sich auch, den Geist zu akzeptieren (14,17). Andererseits sollen die Jünger den Geist so kennen (V. 17), wie sie Jesus kennen (V. 7-9; 17,3).

Darüber hinaus gibt es im Johannesevangelium noch viele andere Übereinstimmungen zwischen dem, was Jesus tut, und dem was der Geist wirkt. In Kapitel 14,26 lehrt der Heilige Geist die Jünger alle Dinge und bringt Jesu Worte in Erinnerung. Der Geist übernimmt praktisch das Lehramt Jesu (6,39; 7,14.17; 8,20). So wie der Heilige Geist vom Vater gesandt wird (14,16.26; 15,26), war auch Jesus vom Vater gesandt worden (3,17.34; 5,23.24.30.36-38). Der Geist zeugt von Jesus (15,26), und in Johannes 14 bis 16 legt Jesus wiederum vom Geist Zeugnis ab!

Der Geist sagt nur das, was er gehört hat (16,13). Jesus hat dasselbe während seines gesamten Wirkens getan (5,30; 8,28; 14,24). Der Geist nimmt von Jesus und macht es seinen Jüngern bekannt (16,15), auch Jesus nahm vom Vater und tat es seinen Jüngern kund (8,28). Der Geist „bleibt" und wohnt in ihnen genauso (14,17), wie sie in Jesus und er in ihnen bleiben sollte (14,20; 15,4-10; 17,23.26). Sowohl Jesus als auch der Geist werden im Johannesevangelium mit „dem Wort" gleichgesetzt (1,14; 16,63).

Es ist interessant festzustellen, dass es eine Anzahl von Parallelen in den erzählenden Teilen des Evangeliums zu den Belehrungen über den Tröster in Jesu Abschiedsrede gibt. In Kapitel 15,26.27 legt der Geist gegenüber der Welt dasselbe Zeugnis ab, das Johannes der Täufer in Kapitel 1,32 abgelegt hat. Man wird in Johannes 14,27 an Jesu Gespräch mit Nikodemus erinnert. Der Geist, den die Welt nicht sehen kann (3,8), der aber in den Jüngern vorhanden ist, bewirkt die dem Nikodemus verheißene Neugeburt (V. 3-8). Wie der Atem Gottes den Menschen bei der irdischen Geburt eingehaucht wird, so empfängt der Gläubige bei der geistlichen Neugeburt ebenfalls den „Atem" (Geist) Gottes. In Johannes 4,22-24 und 14,17 sowie 15,26 und 16,13 werden Geist und Wahrheit einander gleichgesetzt. Die Worte in Johannes 7,39 sind ein Widerhall von 16,7, wo der Weggang Jesu als eine Voraussetzung für das Kommen des Geistes gesehen wird.

Diese Zusammenhänge sind für unser Hauptthema in diesem Buch von Bedeutung. Die zweite Generation wird im Vergleich zur ersten nicht benachteiligt. Jede Generation besitzt denselben Geist, wie ihn die ersten Nachfolger Jesu hatten. Der Geist, den Johannes der Täufer auf Jesus „niederfahren" sah, und den Jesus auch dem

Nikodemus und der Frau am Brunnen angeboten hat, steht auch all denen zur Verfügung, die Jesu geschriebenes Wort – wie es zum Beispiel im Johannesevangelium vorliegt – annehmen.

Wenn die „zweite Generation“ in seinen Worten bleibt (15,7; 16,13), wird ihre Beziehung zu Jesus derjenigen der Augenzeugen nicht nachstehen. Durch den Geist wird es ihr sogar möglich sein, noch größere Segnungen zu empfangen, als sie erhalten würde, wenn Jesus noch leiblich anwesend wäre (14,12; 16,7).

Aus all dem scheint deutlich hervorzugehen, dass die Hauptaufgabe des Heiligen Geistes aus Sicht des Johannesevangeliums darin besteht, Nachfolger und Stellvertreter Jesu im Dienst für seine Jünger (Gemeinde) zu sein. Er tut für den Gläubigen genau das, was Jesus zur selben Zeit und am selben Ort tun würde, wenn er noch auf dieser Erde wäre. Der Geist verstärkt also den Dienst Jesu und weitet ihn auf alle aus, die Jesus nachfolgen.

Außerdem muss die Welt erkennen, dass ihr die Gerechtigkeit, die allein vor Gott Bestand hat, durch den Dienst, den Jesus verrichtet hat, zuteil wird (V. 10). Die Welt ihrerseits propagiert auch eine Fülle von Wegen zum Heil, aber letztlich enden sie alle in einer Sackgasse. Johannes will eins ganz deutlich machen: Es gibt nur einen Weg, der aus den Sackgassen dieser Welt herausführt, und das ist der Weg über den, der für uns am Kreuz starb (12,31.32; 14,6). Weil die Welt sich weigert, Christus nachzufolgen, wird das Kreuz tatsächlich zum Gericht über die ganze Welt (12,31). Jesus ist das Licht der Welt (1,4.5; 8,12; 9,5), er überführt sie ihrer Sünde und schenkt denen, die ihm folgen, die Zusicherung der Gerechtigkeit (1,9-11; 3,18-21; 9,13-35).

Zusammenfassend kann also gesagt werden, dass das Wirken des Heiligen Geistes, wie es im Johannesevangelium dargestellt ist, eine Verstärkung des Wirkens Jesu ist. Der Geist ist sowohl für die Jünger als auch für die Welt der Nachfolger und Repräsentant Christi.

Durch den Geist ist daher Jesus immer dort anwesend, wo man an ihn glaubt. Das ist wirklich Frohe Botschaft für die „zweite Generation“. Und weil der Geist das Werk Jesu auf Erden weiterführt, wird Christus auch weiterhin verherrlicht.

So wie Jesus für diejenigen, die sein Licht nicht annahmen, zum Gericht wurde, weil er sie ihrer Schuld überführte, wird auch der Dienst des Heiligen Geistes für diese Welt darin bestehen, dass er sie der Sünde überführt, ihr die Gerechtigkeit anbietet und sie vor dem kommenden Gericht warnt.

Die Welt verwarf damals Jesus und tut das auch heute noch. Aber trotz dieser Ablehnung hört Gottes Geist nicht auf, die Menschen ihrer Sünde zu überführen. Auf diese Weise hören bis zur Wiederkunft Christi noch unzählige Menschen durch das Wirken des Heiligen Geistes die Stimme Jesu.

🕮 ANWENDUNG

Johannes 14 bis 16

1. *Was spürst du in deinem Leben vom Wirken des Heiligen Geistes? Welche Veränderungen könnte die im Johannesevangelium übermittelte Botschaft im Leben der Menschen von heute bewirken, wenn sie ernst genommen würde? Hast du manchmal das Empfinden, dass dir die enge Verbindung mit Gott verloren gegangen ist?*
2. *Ist schon einmal jemand, der einen entscheidenden geistlichen Einfluss auf dich hatte, gestorben oder weggegangen? Wie hat sich das ausgewirkt? Wie war es dir möglich, diesen Verlust einer geistlichen Kraftquelle auszugleichen? Wie sollte man sich auf den Verlust von Menschen vorbereiten, die einen starken geistlichen Einfluss ausüben?*
3. *Welche Methoden hat der Heilige Geist in deinem Leben angewandt, um dir die Mängel und Fehler deines Charakters bewusst zu machen? Oder um dir zu helfen, Lehren aus der Vergangenheit zu ziehen? Um dir zum Verständnis der Schrift zu verhelfen?*

🕮 VERTIEFUNG

1. *Suche mithilfe einer Konkordanz alle Hinweise der Bibel auf den Begriff „Geist“ – im Sinne von „Geist Gottes“ oder „Heiliger Geist“ – heraus. Wenn du so viele eindeutige Hinweise auf die dritte Person der Gottheit zusammengestellt hast, wie du konntest, lies die Erläute-*

rungen zu diesen Schlüsseltexten und Schlüsselbegriffen in einem Bibelkommentar oder Bibellexikon nach (z. B. „SDA Bible Commentary"; Rienecker, „Lexikon zur Bibel"; „Jerusalemer Bibellexikon" oder Haag, „Bibellexikon").

2. *Versuche aufgrund dieses Studiums folgende Fragen zu beantworten: Wie würdest du aus der Schrift beweisen, dass der Heilige Geist tatsächlich eine Person ist und nicht bloß eine undefinierbare Kraft? Wie würdest du beweisen, dass der Heilige Geist im vollen Sinn wahrhaftiger Gott ist? Wie verhält sich dazu die Tatsache der Kreuzigung, der Auferstehung und der Ausgießung des Geistes zu Pfingsten? In welchem Sinne unterscheidet sich davon die Wirkungsweise des Heiligen Geistes im neutestamentlichen Zeitalter? Welchen besonderen Beitrag liefert das Johannesevangelium für einen biblischen Beweis? Welche gemeinsamen Gedanken finden sich sowohl im Johannesevangelium als auch in den Aussagen des Paulus in Römer 12, in 1. Korinther 12 bis 14 und in Epheser 4,1-16?*

🕮 FÜR DAS WEITERE STUDIUM

1. *Vertiefendes Studium zur Bedeutung des Heiligen Geistes im Johannesevangelium siehe R. E. Brown, „The Gospel According to John", Bd. 2, 1135-1144 und R. Schnackenburg, „The Gospel According to St. John", Bd. 3, 138-154.*
2. *Hinsichtlich einer allgemeinen, adventistischen Studie über das Werk des Heiligen Geistes siehe L. E. Froom, „The Coming of the Comforter"; J. Mager, „Auf den Spuren des Heiligen Geistes".*
3. *Weitere Ausführungen zum Abschiedsgespräch Jesu bei E. G. White, „Jesus von Nazareth", 484-491; zur Aufgabe und zum Wirken des Heiligen Geistes siehe E. G. White, „Das Wirken der Apostel", 49-58.*

Teil 5

Jesus gibt sein Leben

Johannes 18,1-20,31

Kapitel 14

Von der Festnahme bis zur Hinrichtung

Johannes 18 und 19

Der Bericht vom Leidensweg Jesu beginnt im Johannesevangelium in einem Garten und endet in einem Garten (18,1; 19,41).[1] Er gliedert sich in drei Teile: (1) Im ersten Teil, werden der Verrat, die Gefangennahme und die Verurteilung Jesu besprochen (18,1-27). (2) Das Verhör vor Pilatus nimmt verhältnismäßig breiten Raum ein und erstreckt sich von Kapitel 18,28 bis 19,16a. (3) Die Kreuzigung selbst, gefolgt von der Grablegung, wird in Kapitel 19,16b-42 berichtet. Wobei sich der Bericht von der Kreuzigung gleichfalls in drei Teile gliedert.

Bei den Kapiteln 18 und 19 fällt auf, dass diese Berichte die meisten Gemeinsamkeiten mit denen von Matthäus, Markus und Lukas haben. Deshalb sollen hier vor allem die Unterschiede zwischen dem Johannesevangelium und den drei anderen Evangelien herausgearbeitet werden. Das wird dem Leser helfen, die theologischen Gesichtspunkte besser zu erkennen, die Johannes mit seinem Bericht über die Kreuzigung und alle damit zusammenhängenden Geschehnisse darstellen wollte.

Der Bericht von der Kreuzigung verweist auf die Ironie, die in den Gegensätzen zwischen Petrus und Pilatus einerseits und Jesus andererseits begründet ist. Obwohl sich Petrus und Pilatus hinsicht-

[1] Talbert, „Reading John", 232

lich ihres Glaubensbekenntnisses, ihrer Bildung und ihres Berufs völlig unterschieden, hatten sie doch eines gemeinsam: Beide wollten augenblicklichen Ungelegenheiten und Schwierigkeiten aus dem Weg gehen und nahmen dafür schwerwiegende Folgen in Kauf. Bei Jesus war es genau umgekehrt. Er entschied sich für den kurzen Abschnitt unsäglichen Leidens, um dadurch die Grundlage für das ewige Gottesreich zu legen.

🕮 EINSTIEG

Johannes 18,1-27

Lies Johannes 18,1-27 zweimal hintereinander und beantworte dann folgende Fragen:

1. *Lies die Parallelberichte bei Matthäus (26,36-27,10), Markus (14, 32-72) und Lukas (22,39-71). Stelle alles zusammen, was nur im Johannesevangelium vorkommt. Liste darüber hinaus auf, was Johannes in seinem Bericht weggelassen hat. Gibt es in Johannes 18,1-27 besondere theologische Themen, die an Ereignisse oder Situationen erinnern, die bereits vorher im Johannesevangelium behandelt worden sind?*
2. *Unterteile Johannes 18,1-27 in Sinnabschnitte und überprüfe, was jeweils im Mittelpunkt steht. Begründe, was du herausgefunden hast.*
3. *Beschreibe in wenigen Sätzen die innere Beschaffenheit der Hauptakteure dieses Abschnitts (z. B. Jesus, Petrus, die anderen Jünger und den Hohenpriester). Wie wirkte sich ihre Gemütsverfassung auf ihr Handeln aus?*

🕮 ERKLÄRUNG

Aufbau und Hintergrund

Johannes 18,1-27 gliedert sich vom Inhalt her in zwei Teile. Der erste Teil behandelt die Gefangennahme Jesu in einem Garten auf der anderen Seite des Kidrontals bei Jerusalem (V. 1-11). Der Festnahme folgt das erste Verhör vor Hannas, dem Schwiegervater des amtierenden Hohenpriesters Kaiphas (V. 12.14). Dieser Bericht wird von der ersten Verleugnung Jesu durch Petrus unterbrochen (V. 15-18). Die Aufmerksamkeit wird zum einen auf den Raum im Palast des Hohenpriesters gelenkt, in dem das Verhör stattfindet (V. 19-24), zum anderen auf den außerhalb gelegenen Hof, in dem Petrus den Herrn insgesamt dreimal verleugnet (V. 25-27).

Die Befragung durch Hannas gehört zum Sondergut des Johannesevangeliums. Hannas wird ansonsten nur einmal bei Lukas erwähnt, aber in einem anderen Zusammenhang (Lukas 3,2; vgl. Apostelgeschichte 4,6). Andererseits wird das Verhör vor Kaiphas, das bei Matthäus (26,57.58), Markus (14,53-65) und Lukas (22,63-71) eine Hauptrolle spielt, im Johannesevangelium zwar erwähnt, aber nicht im Einzelnen geschildert (18,24.28).

Der Abschnitt im Einzelnen

Nach dem Abschiedsgespräch verlässt Jesus Jerusalem und geht mit seinen Jüngern zu einem Olivenhain außerhalb der Stadt (im Grundtext ist von einem „Garten“ die Rede). Dort begegnen sie Judas, der mit einer Schar bewaffneter Soldaten und Beamten des Hohen Rates (V. 4-6) erscheint. Jesus geht dem Kommando mutig entgegen und gibt sich zur Verwunderung aller sofort als der zu erkennen, den sie suchen (V. 7-9). Als Petrus zum Schwert greift, um seinen Herrn zu verteidigen, wird er von Jesus zurechtgewiesen (V. 10.11).

Ein Vergleich dieses Abschnittes (V. 1-11) mit Matthäus, Markus und Lukas fördert einige faszinierende Erkenntnisse zutage. Nur Johannes erwähnt, dass dieser Ort ein Garten ist (V. 1; hier steht das griechische Wort *kepos*). Die Synoptiker sprechen von einem „Garten genannt Gethsemane“ (hier steht im Griechischen das Wort *chorion*, was eigentlich Landgut bedeutet). Johannes erwähnt, dass Jesus diesen Garten häufig mit seinen Jüngern besucht hatte. Judas kannte den Platz also (V. 2). Zum Sondergut des Johannes gehört auch die Feststellung, dass zu dem Verhaftungskommando eine Abteilung Soldaten und mehrere Pharisäer gehörten (V. 3). An dieser Stelle fällt auf, dass Johannes Jesu Todeskampf in Gethsemane übergeht, obwohl er davon zweifellos gewusst hat (vgl. Johannes 12,27).

Wer genau hinschaut, dem fallen auch noch andere Besonderheiten auf. Jesus geht den Schergen entgegen, anstatt auf sie zu warten (V. 4). Er fragt: „Wen sucht ihr?“ Als er sich mit den Worten „Ich bin's“ zu erkennen gibt (V. 4-6, vgl. 8,58), werfen sich die bewaffneten Männer angstgeschüttelt vor dem wehrlosen Mann aus Nazareth nieder. Johannes verschweigt den verräterischen Judaskuss. Dagegen werden Petrus und Malchus mit Namen genannt (V. 10). Jesus fordert die Häscher auf, seine Jünger unbehelligt zu lassen.

Der Bericht setzt voraus, dass Jesus mit dieser Bitte Erfolg hatte, denn im Johannesevangelium ist nicht die Rede davon, dass die Jünger fliehen (vgl. Matthäus 26,56 und Markus 14,50). Einige von ihnen folgen ihm sogar bis an den Ort nach, an dem das Verhör vor den Priestern stattfindet (Johannes 18,15.16).

In diesem Abschnitt scheint Johannes das Hauptaugenmerk darauf zu legen, dass sich erfüllt, was Jesus in Kapitel 10,18 vorausgesagt hat: „Niemand nimmt [mein Leben] von mir, sondern ich lasse es von mir selbst.“ (EB) In den synoptischen Evangelien ist es Judas, der Jesu Tod durch den verräterischen Kuss heraufbeschwört. Sie sehen Jesus auch mehr in der Rolle des Opfers (Matthäus 26,45-56; Markus 14,41-52; Lukas 22,47-54), während er im Johannesevangelium selbst in dieser aussichtslosen Situation noch Herr der Lage ist.

Johannes verweist darauf, dass Judas „den Ort wusste“ (18,2) an dem sich Jesus aufhielt. Wenn sich Jesus der Festnahme hätte entziehen wollen, wäre er ganz sicher nicht an diesen Ort gegangen. Stattdessen führte er seine Jünger im vollen Bewusstsein dessen, was dort geschehen würde, gerade in diesen Garten (V. 4).

Das alles deutet nicht auf einen verzagten, resignierenden Jesus hin, sondern auf einen Mann, der selbst in einer solchen Ausnahmesituation genau wusste, was er tat. Er wartet nicht auf den Verräter, sondern geht ihm entgegen und weicht der Menge nicht aus, sondern beweist eine Autorität, die man in diesem Augenblick nicht vermutet hätte (V. 4-6). Er nimmt das Leid und den Tod nicht gezwungenermaßen hin, sondern hat sich freiwillig dazu entschlossen. Niemand hätte die Hand an ihn legen können, wenn er es nicht zugelassen hätte.

Jesus ist in gleichem Maße auch Herr über das Schicksal seiner Jünger (V. 7-9). Petrus dagegen sieht die Dinge außer Kontrolle geraten und zieht das Schwert, um Christus zu verteidigen. Jesus rügt ihn deswegen und weist ihn in die Schranken. Selbstverständlich hatte Petrus in der besten Absicht gehandelt, aber wieder einmal steht er in Gefahr, das Geschehen eigenmächtig in eine Richtung zu drängen, die nicht dem Willen Gottes entspricht (V. 11).

Jesus wusste, dass er ans Kreuz gehen musste, wenn der Erlösungsplan gelingen sollte. Petrus wusste das nicht, deshalb hätte sein Versuch, die Situation unter Kontrolle zu bringen, geradewegs dazu geführt, dass sie völlig außer Kontrolle geraten wäre. So wie überall im Johannesevangelium tut Jesus genau das, was er nach seines Vaters Wunsch hätte tun sollen (vgl. 15,10).

Nach seiner Festnahme wird er zu einem inoffiziellen Vorverhör zu Hannas gebracht. Wie schon erwähnt, hat Hannas nur im Johannesevangelium etwas mit dem Prozess gegen Jesus zu tun (18,12-14.19-24). Hannas war der Schwiegervater des amtierenden Hohenpriesters Kaiphas (11,49.51) und dessen Vorgänger im Amt. Es ist interessant, dass Hannas hier als „der Hohepriester" bezeichnet wird, obwohl er nicht mehr im Amt war (18,19.22). So ergibt sich die merkwürdige Situation, dass der eine Hohepriester Jesus zum anderen Hohenpriester schickt (V. 24).

Laut Altem Testament sollte ein Hoherpriester sein Amt lebenslang bekleiden. Ohne Zweifel sahen zumindest konservative Juden in Hannas den wahren Hohenpriester und erkannten ihm diesen Titel auch noch zu.[1] Auf diese Weise drückten sie demonstrativ ihren Unwillen über das Verhalten der Römer aus, die sich das Recht anmaßten, die jüdischen Hohenpriester nach Belieben ein- und abzusetzen. Die letzte Entscheidungsbefugnis besaß allerdings

[1] Brown, „The Gospel According to John", Bd. 2, 820

Kaiphas, ob es dem Volk nun gefiel oder nicht. Trotz seines hohen Ansehens hatte Hannas nur eine beratende Funktion.

Dieser Teil des Evangeliums spielt sich auf „zwei Schauplätzen" ab. Während Hannas Jesus verhört, wird Petrus von der Dienerschaft des Hohenpriesters im Hof in ein Gespräch verwickelt (V. 15-18.25-27). Petrus und der „andere Jünger", vermutlich Johannes, folgten Jesus und denen, die ihn festgenommen hatten, in die Residenz des Hohenpriesters (V. 15).

Der andere Jünger ist offenbar mit dem Hohenpriester bekannt und erreicht es, dass zumindest ihm und Petrus der Zugang zum Innenhof gestattet wird (V. 15). Vermutlich wusste das Mädchen am Tor, dass Johannes ein Jünger Jesu war, erhob aber keine Einwände gegen ihn, weil er das Vorrecht des ungehinderten Zutritts besaß, während Petrus sich nicht in dieser glücklichen Lage befand (V. 17.25-27).

Viele Einzelheiten in dem Bericht über das Verhalten des Petrus im Hof berichtet nur das Johannesevangelium. Zu ihnen gehören die Informationen über den „anderen Jünger", der mit Jesus eintritt, weil er dem Hohenpriester bekannt ist (V. 15.16), ferner die Tatsache, dass die Magd, die von Petrus Auskunft fordert, die Türsteherin ist, die ihn hereingelassen hat (V. 17; vgl. Matthäus 26,69; Markus 14,66.67; Lukas 22,56) und der Grund für das Feuer im Hof (18,18.25).

Mehrfach wird betont, dass Petrus von den Umherstehenden immer wieder mit bohrenden oder spöttischen Fragen belästigt wird (V. 17.25.26). Aus all diesen Einzelheiten lässt sich erkennen, dass es nicht nur Petrus allein gewesen sein kann, der während des Verhöres in Jesu Nähe blieb. Der beiläufige Hinweis auf die kalte Witterung deutet sehr stark darauf hin, dass hier ein Augenzeuge berichtet. Und er lässt vermuten, dass dadurch die Leiden Jesu am nächsten Tag noch verstärkt wurden.

Außerdem ist es bemerkenswert, auf welche Weise Petrus erkannt wird (V. 25-27). In den synoptischen Evangelien ist sein Dialekt das verräterische Element: „Deine [galiläische] Sprache verrät dich" (Matthäus 26,73; siehe auch Markus 14,70; Lukas 22,59). Bei

Johannes aber wird er durch einen Verwandten des Mannes erkannt, dem er ein Ohr abgeschlagen hatte (V. 26). Das macht es auch verständlich, dass nur Petrus ins „Kreuzverhör" genommen wurde, während „der andere Jünger", offensichtlich Johannes, völlig ungeschoren davonkam. Bei Jesu Festnahme stand Petrus mutig in vorderster Reihe. Ähnliches hätte man nun auch im Hof des Hohenpriesters erwartet, aber hier versagte er kläglich. Armer, impulsiver Petrus! Das eine Mal zu draufgängerisch, das andere Mal zu feige!

Weil Petrus seinen Standort nicht verändert hatte, als Jesus von Hannas zu Kaiphas gebracht wurde (V. 24-27), können wir annehmen, dass die beiden Hohenpriester in zwei unterschiedlichen Flügeln desselben Palastes wohnten, die beide demselben Hof zugewandt waren. Das Verhör vor Kaiphas wird im Johannesevangelium nicht beschrieben.

Die Schilderung des Verhörs durch Hannas beginnt damit, dass der Hohepriester Auskunft verlangt. Er befragt Jesus „über seine Jünger und seine Lehre" (V. 19). Jesus antwortet ähnlich wie in den Berichten des Matthäus (26,55), Markus (14,49) und Lukas (22,53), aber die Zielrichtung dessen, was er sagt, ist im Johannesevangelium anders als bei den Synoptikern. In den anderen drei Evangelien prangert er die Heimlichkeit bei seiner Festnahme an. Bei Johannes muss Jesus aufgrund der Befragung annehmen, dass man ihn der Gründung einer Geheimsekte verdächtigt. Das bestreitet Jesus nachdrücklich, indem er erklärt, er habe frei und öffentlich in der Synagoge oder im Tempel gelehrt, so dass sich jeder hätte überzeugen können, was er predigte und tat. Nichts sei im Geheimen geschehen, und ein umstürzlerisches Geheimprogramm gebe es schon gar nicht (V. 20).[1]

Hinter diesem kurzen Gespräch verbirgt sich vielleicht noch mehr, als es auf den ersten Blick scheint. Barclay weist darauf hin, dass der Versuch des Hannas, Jesus durch bestimmte Fragen zu einem Schuldgeständnis zu drängen (V. 19), die jüdischen Vorschrif-

[1] Jameison, Fausset und Brown, a. a. O., 1068

ten für das Führen eines Prozesses grob verletzte.[1] Jesus besteht in seiner Antwort darauf, dass das Verfahren gegen ihn in angemessener und den Gesetzen entsprechenden Weise durchgeführt wird (V. 20.21), und zwar mit Zeugen, die gemäß den Vorschriften geladen worden sind. Hannas und seine Helfer nahmen es mit den Vorschriften nicht so genau (V. 22.23)! An der Art und Weise des Verhörs wird deutlich klar, dass die religiösen Führer nicht an einem fairen Prozess interessiert waren.

Es ist typisch für das Johannesevangelium, dass Jesus selbstbewusst und als einer auftritt, der seine Rechte kennt und auch einfordert (V. 21-23). Er folgt hier zweifellos keiner extremen Interpretation seiner eigenen Aussage im Matthäusevangelium, dass man dem Widersacher auch noch die andere Wange hinhalten soll, wenn man geschlagen wird (V. 23; vgl. Matthäus 5,39). Jesus protestiert gegen den Machtmissbrauch seiner Gegner. Christen sollten sich nie als „Fußmatten" verstehen, auf denen sich jeder nach Belieben die Füße abtreten kann. Sie haben durchaus das Recht, in ihren Beziehungen zu anderen Menschen ganz klar die Grenzen aufzuzeigen.[2] Wenn sich jemand alles gefallen lässt, nützt das in der Regel niemandem. Manchmal sind die Grenzen zwischen christlicher Demut und frommer Dummheit fließend.

🕮 EINSTIEG

Johannes 18,29 bis 19,16a

Lies Johannes 18,28-19,16a zweimal hintereinander und beantworte dann folgende Fragen:

1. *Lies die Parallelberichte bei Matthäus (27,11-31), Markus (25,1-20) und Lukas (23,1-25). Stelle alle Angaben zusammen, die nur im Johannesevangelium vorkommen. Notiere auch alles, was im Johannesevangelium ausgelassen worden ist. Beschreibe mit ein paar Sätzen die*

[1] Barclay, „Johannesevangelium", Bd. 2, 275f.
[2] Cannon, „Never Good Enough", 179-190

besondere Art, in der das Johannesevangelium diese Dinge behandelt. Gibt es in Kapitel 18,28-16a theologische Themen, die dich an Gedanken erinnern, die schon früher angeklungen sind?

2. *Schreibe in wenigen Sätzen etwas darüber, wie Pilatus das Problem, mit dem er konfrontiert war, zu lösen versuchte. Tue dasselbe auch im Hinblick auf die religiösen Führer. Inwieweit ähneln sich die Reaktionen? Inwiefern unterscheiden sie sich?*
3. *Beachte, wie oft sich Pilatus auf unterschiedliche Weise an Jesus wendet. Versuche zu begründen, warum Jesus bei manchen Gelegenheiten reagiert und antwortet, dann aber wieder schweigt.*

🕮 ERKLÄRUNG

Aufbau und Hintergrund

Aufgrund des Inhalts gliedert sich der Bericht vom Verhör Jesu durch Pilatus in zwei Teile. Im ersten Teil (18,28-40) steht Pilatus vor dem Problem, einen Weg zu finden, wie er Jesus frei lassen kann, ohne politisch in Schwierigkeiten zu geraten. Im zweiten Teil (19,1-16a) wird zunehmend deutlich, dass sich diese Absicht nicht verwirklichen lässt. Es ist also nur noch eine Frage der Zeit, dass er sich gezwungen sieht, Jesus zu verurteilen.

Im Johannesevangelium stehen die Person und das Verhalten des Pilatus sehr viel stärker im Mittelpunkt des Interesses als bei Matthäus, Markus oder Lukas. Für Johannes ist Pilatus, wie Nikodemus, Thomas und andere (12,42.43), ein Repräsentant derer, die sich zwar von Jesus und seiner Botschaft angezogen fühlen, denen es aber schwer fällt, zu echtem Glauben hindurchzudringen. Während Nikodemus am Ende eine klare Entscheidung für Christus getroffen hat, schreckt Pilatus davor zurück und verbindet sich letztlich mit denen, die Jesus beseitigen wollen.

Zur Zeit des Verhörs befand sich Pilatus in einer ziemlich schwachen Position gegenüber den religiösen Führern. Er hatte bei der Behandlung der Juden grobe Fehler gemacht, indem er leichtfertig deren religiöse Gefühle verletzte. Das hatte den Zorn der jüdischen

Führer geweckt, die sich daraufhin beim Kaiser in Rom beschwerten. Der wiederum fragte sich, ob Pilatus unter diesen Umständen noch der richtige Mann für den Statthalterposten in Judäa war.[1] Noch ein grober Fehltritt und er würde seines Amtes enthoben werden und möglicherweise sein Leben verlieren. All das machte ihn für den Hohen Rat leicht erpressbar.

Der Abschnitt im Einzelnen

Am frühen Morgen wird Jesus aus dem Haus des Hohenpriesters in den Palast des römischen Statthalters geführt. Die Führer Israels bleiben draußen, weil sie sich vor dem Passahfest nicht durch den Kontakt mit Heiden verunreinigen wollen (18,28).

Die Verse 28b bis 32 sind Sondergut des Johannesevangeliums. Pilatus stellt die vor Gericht entscheidende Frage: „Was für eine Klage bringt ihr gegen diesen Menschen vor?" (V. 29). Falls es für Pilatus keine Routinehandlung war, unter die Entscheidungen des Hohen Rates der Juden sein „Genehmigt" zu setzen – und das war offensichtlich nicht der Fall –, klingt die Antwort der Ankläger respektlos und anmaßend (V. 30).

Pilatus lässt sich dadurch nicht beirren, sondern besteht auf einer korrekten Prozessführung, indem er sinngemäß sagt: „Wenn ihr euch nicht an die römische Prozessordnung halten wollt, dann bleibt euch nichts anderes übrig, als diesen Mann nach euren Gesetzen zu verurteilen!" (V. 31) Davon hielten die Juden freilich nichts, denn laut römischem Recht stand es ihnen nicht zu, Todesurteile zu verhängen, aber gerade das war ihr Ziel.

Es scheint so, als ob es dem Verfasser des Johannesevangeliums darauf ankam, deutlich zu machen, dass die peinlich genaue Befolgung der juristischen Vorschriften dazu beitrug, dass sich erfüllte, was Jesus bezüglich seines Todes vorausgesagt hatte (V. 31.32; vgl. 12,32.33).

[1] Barclay, „Johannesevangelium", Bd. 2, 286f.

In Johannes 18,28-32 fällt auf, dass den Verfasser zwei Dinge besonders interessieren: (1) Er verweist darauf, dass das Passahmahl bevorsteht (V. 28), was bedeutet, dass Jesus zur selben Zeit starb, als in ganz Jerusalem die Passahlämmer geschlachtet wurden. Offensichtlich sieht er darin die letztgültige Erfüllung all dessen, was durch das Schlachten des Passahlamms symbolisch ausgedrückt werden sollte (19,35.36). (2) Offensichtlich kannte sich der Verfasser gut in juristischen Fragen aus, zumindest an den Stellen, wo sie sich auf die Beziehungen zwischen Römern und Juden auswirkten. Zwar gab es eine jüdische Gerichtsbarkeit, aber in Fällen, wo es um die Todesstrafe ging, behielt sich Rom die letzte Entscheidung vor.

Der Schriftabschnitt von Kapitel 18,33-38a zeigt, dass Pilatus fünf Gespräche mit Jesus führte. Alles, was hier berichtet wird – mit Ausnahme der Frage: „Bist du der König der Juden?“ –, ist Sondergut des Johannesevangeliums. Zwar werden die Beschuldigungen der Ankläger nicht genannt, aber die Frage des Pilatus lässt deutlich erkennen, dass die Priester ihre Anklage politisch akzentuiert hatten, als seien Jesu Lehren und Aktivitäten darauf gerichtet, die Herrschaft Roms abzuschütteln.

In seiner Erwiderung (V. 34) scheint Jesus erreichen zu wollen, dass sich Pilatus darüber im Klaren ist, aus welchen Beweggründen er ihn letztlich verurteilt.[1] Pilatus entgegnet, dass ihn, den Vertreter römischer Gerichtsbarkeit, die religiösen Querelen der Juden herzlich wenig interessieren. Ihm gehe es nur darum, ob im Falle Jesu ein strafwürdiges Verbrechen im Sinne des römischen Rechts vorliegt oder nicht (V. 35).

Daraufhin geht Jesus direkt auf die von Pilatus gestellte Frage ein (V. 36) und erklärt, dass sein „Königtum“ nicht im irdisch-politischen Sinne missverstanden werden dürfe, wie man es Pilatus einzureden versuche. Das Reich, in dem Jesus herrscht, „ist nicht von dieser Welt“ – mit anderen Worten, es untersteht nicht der Gerichtsbarkeit des Pilatus. Den überzeugenden Beweis dafür liefert das Verhalten seiner Jünger bei Jesu Verhaftung. Wäre er tatsächlich

[1] Jameison, Fausset und Brown, a. a. O., 1070

ein politischer Verschwörer, hätten seine Anhänger ihn bis zum letzten Blutstropfen verteidigt. Möglicherweise zeigt diese Bemerkung, warum Jesus den Petrus so scharf zurechtwies, als der zum Schwert griff (V. 11).

Jesu Argumente scheinen für Pilatus überzeugend zu sein, aber vorsichtshalber fragt er noch einmal nach, um ganz sicher zu sein, dass sich der Konflikt zwischen Jesus und den Juden auf religiöser und nicht auf politischer Ebene bewegt (V. 37a). Jesus bestätigt noch einmal, dass sein Königtum von geistlicher Art ist. Ihm geht es um die Wahrheit und nicht um politische, ökonomische oder militärische Macht (V. 17b). Jesu Worte besitzen für all jene, die aufrichtig nach Wahrheit suchen, eine Kraft, die durch sich selbst überzeugt. Aber Pilatus ist es nicht an einer Diskussion über geistliche Inhalte gelegen. Indem er fragt „Was ist Wahrheit?“, macht er deutlich, wie gering sein persönliches Interesse an Jesus ist.

Pilatus war ein Kind seiner Zeit. Damals behaupteten so viele, dass sie die Wahrheit zu verkündigen hätten, und dabei widersprach einer dem anderen, so dass sich die großen Denker nicht festlegen wollten, was denn nun wirklich Wahrheit sei.[1] In gewissem Sinne gleicht das dem Pluralismus in unserer Zeit. Für Pilatus machte dieser Sachverhalt die ganze Angelegenheit komplizierter, als er es erwartet hatte. Er wollte sich juristisch korrekt verhalten, hatte aber nicht die Absicht, seine Zeit mit der Diskussion über religiöse Fragen zu verschwenden.

Überzeugt, die Angelegenheit fest im Griff zu haben, schickt sich Pilatus an, sein Urteil zu verkünden. Zunächst unterbreitet er der jüdischen Führung einen Kompromissvorschlag, der es ihnen ermöglichen soll, das Gesicht zu wahren (V. 38.39). Bei den Synoptikern heißt die Alternative: Jesus oder Barabbas – wobei Pilatus in Verkennung der Situation mit der Freilassung Jesu gerechnet haben dürfte. Von dieser Lösung ist im Johannesevangelium nicht die Rede, jedenfalls nicht direkt. Vielmehr schlägt Pilatus den Juden

[1] Koester, „Intruduction to the New Testament“, Bd.1, 141-280; White, „Jesus von Nazareth“, 21f.

vor, Jesus im Hinblick auf das Passahfest freizulassen. Sie könnten dann immerhin sagen, Pilatus habe den Angeklagten zwar nicht freigesprochen, wohl aber im Vorfeld des Passahfests Gnade vor Recht ergehen lassen und Jesus eine Chance gegeben. Doch gerade das wollten die Obersten mit allen Mitteln verhindern. Sie wollten weder ihr Gesicht noch das des Pilatus wahren, sondern sie wollten unter allen Umständen ein Todesurteil (V. 40).

Das machte die Sache für die Juden und für Pilatus gleichermaßen schwierig. Die jüdische Führung erkannte, dass sie mit juristischen Mitteln nicht zum Ziel gelangen würde. Pilatus hatte begriffen, dass Jesus unschuldig war. Wollte er den „Prozess" ordnungsgemäß zu Ende bringen, musste er die Ankläger dazu bewegen, dass sie der Freilassung Jesu zustimmten, oder den Angeklagten auch gegen ihren Willen freilassen. Als er sah, dass er sie nicht überzeugen konnte, versuchte er wenigstens ihr Mitleid zu wecken (19,1-5), denn seine eigenen Interessen ließen es ihm nicht geraten erscheinen, Jesus gegen den lautstarken Protest seiner Feinde freizulassen. Offensichtlich fehlten ihm die Rechtschaffenheit und der Mut, das zu tun, was er für das Richtige hielt (18,38; 19,6).[1]

So ließ er Jesus auspeitschen (nach Markus 15,15 eine hilflose Geste, um die Volksmenge zufrieden zu stellen) und schaute weg, als seine Soldaten Jesus mit Dornen krönten, ihn in königliche Gewänder kleideten, ihn verhöhnten und auf ihn einschlugen (19,1-3). Obgleich Pilatus genau wusste, dass Jesu Behauptung, ein König zu sein, für Rom keinerlei Bedrohung darstellte, war er in einem mit seinen Soldaten eines Sinnes: Er hatte für einen, der behauptete, ein König zu sein, sei er auch noch so harmlos, nur Hohn und Spott übrig.

Was jetzt folgt, schildert nur Johannes (V. 4-7). Pilatus hofft wohl immer noch, dass der misshandelte Jesus die Führer zum Einlenken bewegt. Dabei macht er eine unvergessliche Aussage: „Seht, welch ein Mensch!" Für ihn selbst mag das nur eine aus der Situation heraus geborene Floskel gewesen sein, aber für den Verfasser des

[1] Gruenler, „The Trinity in the Gospel of John", 133

Johannesevangeliums haben die Worte eine überragende Bedeutung, erinnern sie doch an den Ausruf Johannes des Täufers zu Beginn des öffentlichen Wirkens Jesu: „Siehe, das ist Gottes Lamm!" (V. 5; vgl. 1,29.36).

Als die jüdischen Führer nicht so reagieren wie Pilatus es sich gewünscht hätte, versucht er, sich selbst zu entlasten, indem er ihnen die ganze Verantwortung aufbürdet (19,6). Während sich Pilatus nicht in der Lage sieht, Jesus ohne ihre Zustimmung freizulassen, sind sie nicht gewillt, den Fall ohne einen Urteilsspruch durch Pilatus abzuschließen. Da der normale Rechtsweg nicht zum Ziel führt, ändern sie die Taktik. Sie behaupten, Jesus habe sich durch seine Behauptung, er sei der Gottessohn der Gotteslästerung schuldig gemacht (5,16-18; 10,33). Pilatus sei von Amts wegen verpflichtet, ihn zu verurteilen, denn es sei seine Sache, die Schändung ihrer Religion mit einem Todesurteil zu ahnden.

Das traf Pilatus an einer sehr verwundbaren Stelle. Wie bereits erwähnt, hatte sich Pilatus in den Augen der Juden in der Vergangenheit mehrfach gotteslästerlich verhalten. Zumindest bei einem dieser Vorkommnisse war der Kaiser gezwungen gewesen, um der Juden willen gegen den Prokurator einzuschreiten. Deshalb konnte es sich Pilatus politisch nicht leisten, Verhaltensweisen zu dulden, die von den Juden als Angriff auf ihre Religion gewertet wurden. Genau an dieser Stelle setzen die Oberen den Hebel an. Sie drohen Pilatus damit, dass er einen hohen Preis zahlen müsse, wenn er entgegen ihren Forderungen Jesus nicht zum Tode verurteilen würde. Was hier geschieht, ist schlichtweg Nötigung oder politische Erpressung. Die Verse 8 bis 16, die zum Sondergut des vierten Evangeliums gehören, zeigen das Dilemma, in dem sich Pilatus befand, und lassen immerhin verstehen, warum er den für ihn günstigsten Weg wählte, um sich aus der Affäre zu ziehen, auch wenn das einem Unschuldigen das Leben kostete.

Nachdem alle Bemühungen am Widerstand der jüdischen Oberen gescheitert sind, wendet sich Pilatus wieder Jesus zu, um vielleicht doch noch eine Möglichkeit zu finden, nicht klein beigeben zu müssen und ihn dabei retten zu können (V. 9). Jesus weiß, dass

Pilatus persönlich nichts gegen ihn hat, und spricht ihn aufgrund der gegebenen Umstände bis zu einem gewissen Grad von Schuld frei (V. 10.11). Pilatus, der wahrscheinlich spürt, dass ihn und Jesus etwas Gemeinsames verbindet, verdoppelt seine Bemühungen, um Jesus zu retten (V. 12). Eigentlich hätte er die Macht gehabt, Jesus freizusprechen (V. 10), aber das konnte er sich nicht leisten, da er sich politisch auf zu dünnem Eis bewegte.

Die religiösen Führer triumphieren und nutzen ihren Vorteil gnadenlos aus. Sie halten Pilatus vor, dass der Kaiser in Rom sich ganz gewiss auf ihre Seite stellen würde, wenn er erführe, dass sein Statthalter in Judäa einen Rebellen, der sich zum Gegenkönig machen wolle, geschützt habe (V. 12). Nun weiß Pilatus, dass er nur einen retten kann – sich oder Jesus. Und in dieser Situation ist er sich selbst der Nächste. Nachdem der Entschluss feststeht, bringt er die Angelegenheit schnell wieder unter Kontrolle. Er wird die Forderung der Juden erfüllen, aber nicht, ohne sie dafür bezahlen zu lassen, indem er sie der Lächerlichkeit preisgibt: „Seht, das ist euer König!“ Wiederum ist Pilatus ohne es zu wissen das Echo Johannes des Täufers (V. 14; vgl. 19,5; 1,29.36).

Jesu Ankläger wissen noch nicht, dass die Entscheidung gefallen ist und sie bereits gewonnen haben. Aus Angst, Pilatus könne doch noch ein Schlupfloch finden und ihren Plan zunichte machen, wiegeln sie das Volk auf und schreien: „Weg, weg mit dem! Kreuzige ihn!“ (V. 15). Nun geht es nicht mehr darum, ob Jesus getötet wird oder nicht, sondern nur noch um die Frage, wie das geschehen soll: „Soll ich euren König kreuzigen?“ Die Hohenpriester schreien: „Wir haben keinen König als den Kaiser.“ Ohne zu wollen, haben sie damit eine öffentliche Loyalitätserklärung gegenüber Rom abgegeben.

Nicht lange zuvor hatte Kaiphas argumentiert, es sei besser, einen Menschen zu opfern, als das ganze Volk ins Verderben laufen zu lassen (11,48-52). Jetzt ist er bereit, die Nation zu opfern, um einen Menschen vernichten zu können.[1] Die Feindschaft war so

[1] White, „Das Leben Jesu“, 738

groß, dass die Oberen sich eher mit dem verhassten Kaiser in Rom abzufinden bereit waren, als Jesus am Leben zu lassen. Pilatus würde es sich nicht nehmen lassen, die Führer Israels später an ihren „Eid" auf den Kaiser in Rom zu erinnern. Es scheint so, als hätten die Hohenpriester von nun an die Macht über Pilatus verloren. Jedenfalls schildert ihn das Johannesevangelium von hier an als nicht mehr erpressbar (vgl. V. 21).

🕮 EINSTIEG

Johannes 19,16b-42

Lies Johannes 19,16b-42 zweimal hintereinander und beantworte dann folgende Fragen:

1. *Lies die parallelen Berichte bei Matthäus (27,32-66), Markus (15,21-47) und Lukas (23,26-56). Stelle alles zusammen, was zum Sondergut des Johannes gehört. Führe auch alles an, was Johannes nicht erwähnt hat. Setze dich in einer kurzen Betrachtung mit der Art und Weise auseinander, in der Johannes an die Passion herangeht. Tauchen in Johannes 19,16b-42 theologische Gedanken auf, die dich an Vorstellungen erinnern, die schon zuvor in diesem Evangelium zur Sprache gekommen sind?*
2. *Was ist nach deiner Meinung im Lichte der beschriebenen Ereignisse der „amtliche" bzw. „offizielle" Grund für die Kreuzigung Jesu? Begründe deine Antwort.*
3. *Vergleiche mithilfe der Querverweise in deiner Bibel den Zusammenhang, aus dem die angeführten alttestamentlichen Zitate entnommen sind. Entspricht die Art und Weise, in der Johannes diese Textstellen benutzt, dem, was im Original damit gemeint war? Warum betont Johannes hier so sehr die Erfüllung der Schrift? Begründe, warum dieses Erfüllungsmotiv, ob zur Zeit des Johannes oder heute, eine Hilfe beim Zeugnis für Christus sein könnte.*

ERKLÄRUNG

Aufbau und Hintergrund

Johannes 19,16b-42 gliedert sich in vier Hauptteile: Die Kreuzigung Jesu (V. 16b-27), der Tod Jesu (V. 28-30), der Lanzenstich in seine Seite (V. 31-37) und die Grablegung Jesu (V. 38-42).

Vieles in dieser Kreuzigungsszene berichtet nur Johannes. Das trifft besonders auf die Verse 31 bis 42 zu, für deren Angaben es bei Matthäus, Markus und Lukas keine Parallelen gibt.

Die Kreuzigung war zur Zeit Roms eine besonders grausame Hinrichtungsart. Der Übeltäter musste sein Kreuz zur Abschreckung selbst zur Hinrichtungsstätte tragen. Manche Verurteilte wurden mit Nägeln ans Kreuz geschlagen, andere wurden mit Stricken ans Holz gebunden. Um atmen zu können, mussten die Gekreuzigten immer wieder versuchen, den Körper aufzurichten. Gelang ihnen das wegen zunehmender Entkräftung nicht mehr, erstickten sie. Am Kreuz zu sterben, war ein langsamer und qualvoller Tod.[1] Wenn das Hinrichtungskommando es eilig hatte, brach es dem Delinquenten die Beine, denn das beschleunigte das Sterben.

Zu den körperlichen Qualen kam die Schande, vor den Augen von Freund und Feind nackt am Fluchholz zu hängen, ganz zu schweigen, dass der Gekreuzigte schutzlos der Witterung ausgesetzt war.

Der Abschnitt im Einzelnen

In den Versen 19 bis 22 schlägt ein „neuer" Pilatus noch einmal richtig zu. Alle Evangelien erwähnen die Tafel, die am Kreuze Jesu angebracht worden war, aber nur Johannes berichtet von der Auseinandersetzung der Juden mit Pilatus wegen der Inschrift.

Von Johannes erfahren wir, dass Pilatus selbst die Inschrift in den drei wichtigsten Sprachen des Imperiums hatte anbringen lassen: in Aramäisch (der im Osten, einschließlich Palästinas, am weitesten verbreiteten Sprache), in Griechisch (der besonders im Wes-

[1] Barton, „Life Application Bible", Bd. 3,1923

ten gängigen Sprache) und in Lateinisch (der römischen Amtssprache, in der Verordnungen und Gesetze erlassen wurden).

Der von Pilatus selbst entworfene Wortlaut sowie die mit dieser Art von Hinrichtung verbundene Demütigung, machten die Kreuzigung Jesu zu einem Symbol der Herrschaft Roms über Palästina und das Judentum. Pilatus nutzte die Gelegenheit, um aus der Hinrichtung ein öffentliches Spektakel zu machen, das dem Ansehen der Juden und ihrer religiösen Führer schaden sollte. Die Hohenpriester hatten das sehr gut verstanden und protestierten scharf. Aber jetzt erwies sich Pilatus als unerbittlich.

Die Verse 23 und 24 lenken das Augenmerk auf die Tatsache, dass das ganze Kreuzesgeschehen erfüllte Prophetie ist. Obwohl Pilatus so handelt, als ob er die Dinge wieder fest im Griff hätte, wird doch der Leser daran erinnert, dass in Wirklichkeit alle Macht in Gottes Händen liegt. Johannes ist nicht an der Schilderung bestimmter Einzelheiten interessiert, wie etwa dem Hereinbrechen der Finsternis (Matthäus 27,45; Markus 15,13; Lukas 23,44) oder der Verhöhnung Jesu am Kreuz (Matthäus 27,39-44.47-49; Markus 15,29-32.33.35.36; Lukas 23,35-37.39).

Er will nicht wiederholen, was andere schon geschrieben haben, sondern auf Gesichtspunkte hinweisen, die bislang unerwähnt geblieben sind. Zum Beispiel ist es ihm wichtig, dass die Leser den Tod Jesu als etwas begreifen, was genau so eintreffen musste. Johannes sieht im Verhalten der römischen Soldaten prophetisches Wort erfüllt, auch wenn die sich dessen natürlich nicht bewusst waren, und das wahrscheinlich entrüstet in Abrede gestellt hätten (19,36.37).

Die Verse 25 bis 37 erfüllen zwei Aufgaben im vierten Evangelium. (1) Sie zeigen, dass der Verfasser Augenzeuge der Kreuzigung gewesen ist (V. 26; vgl. 21,20-24). Johannes ist der Jünger, der das innigste Verhältnis zu Jesus hatte (13,23: „den Jesus lieb hatte“; vgl. 1,18). Er ist der einzige, der die Herrlichkeit Jesu erkannte, als er am Kreuz hing (vgl. 12,23-25). Deshalb wird er für die zweite Generation der Christen zum wichtigsten Zeugen für Jesus. Johannes ist es auch, der weiß (19,35), dass sein Evangelium ihre geistlichen Bedürfnisse zur Genüge befriedigt.

(2) Der Abschnitt zeigt, wie Jesus über der Sorge um seine Mutter die eigene Qual vergisst. Zweimal erscheint hier das Wort „Siehe“ (V. 26.27; vgl. V. 5.14). Jesu Mutter tritt nur zweimal in diesem Evangelium in Erscheinung, hier und bei der Hochzeit zu Kana (2,1-5.12). Bei beiden Gelegenheiten spricht er sie mit der Anrede „Frau“ an. In beiden Fällen steht das Kreuz im Blickfeld. In dieser besonderen Szene überlässt Jesus sowohl seine Mutter wie auch die zweite Generation der Christen der besonderen Obhut des geliebten Jüngers, des einzigen, der seine Herrlichkeit gesehen und in ihrer Bedeutung voll erfasst hat.

Zu den nur in Johannes 19,28-30 mitgeteilten Einzelheiten gehört der Ausruf: „Es ist vollbracht!“ Durch ihn wird deutlich, dass Jesus die Bedeutung seines Leidens und Sterbens in vollem Maße kennt und sich dessen bewusst ist, dass er damit die heiligen Schriften erfüllt.

Was wurde am Kreuz beendet – oder genauer gesagt: erfüllt, zu Ende gebracht? Zweifellos wurde das Gesetz voll erfüllt. Gott stand nie treuer zu seinem Bund als in jener Stunde, da er seinem Sohn – stellvertretend für die Menschheit – die Strafe für die Sünde aufbürdete (Römer 6,23). Für Johannes, wie auch für Paulus, war Jesus gehorsam bis zum Tod, sogar bis zum Tod am Kreuz (15,10 18,11; vgl. Philipper 2,8). Wenn das Gesetz Gottes hätte geändert werden können, wäre die Menschheit ohne das Kreuz errettet worden, aber gerade am Kreuz bewies Gott seine Bundestreue.[1]

Was wurde am Kreuz erfüllt? Für Johannes ist klar, dass sich die Weissagung über den Messias erfüllt hat. Das traf sogar für solche Einzelheiten zu, wie zum Beispiel welche Teile der Bekleidung aufgeteilt und um welche Stücke gelost werden (19,23.24) oder wie mit dem Leib Jesu verfahren werden sollte (V. 35-37).

Die Verse 32 und 33 zeigen, dass die Tatsache des Todes Jesu von neutralen Personen festgestellt wurde, die sich in der Beurteilung solcher Sachverhalte auskannten. Der Lanzenstich und sein Ergebnis (V. 34) unterstreicht anschaulich, dass Jesus wirklich tot

[1] Jameison, Fausset und Brown, a. a.O., 1074

war. Solche Informationen finden sich nur im Johannesevangelium. Sie mögen auf den ersten Blick nicht bedeutsam sein, aber das täuscht. In Wirklichkeit sind sie überaus wichtig, weil sie allen Theorien den Boden entziehen, die behaupten, Jesus sei gar nicht wirklich gestorben, sondern nur in einen todesähnlichen Zustand gefallen, aus dem ihn seine Jünger später befreit hätten, um dann zu behaupten, er sei wieder auferstanden. Man mag das leere Grab deuten, wie man will, eines steht außer Frage – Jesus war an diesem Freitagnachmittag tatsächlich tot. Und wie alles, was sonst im Zusammenhang mit diesem Geschehen steht, erfüllte sich jede Einzelheit genau so, wie die Heilige Schrift es vorausgesagt hat (V. 35-37; vgl. 2. Mose 12,46; 4. Mose 9,12; Sacharja 12,10).

In allen vier Evangelien ist davon die Rede, dass sich Joseph von Arimathäa mit der Bitte an Pilatus wandte, den Leichnam Jesu bestatten zu dürfen. Im Johannesevangelium werden aber zusätzlich noch einige Einzelheiten erwähnt, die sich bei den Synoptikern nicht finden. Sowohl Joseph von Arimathäa als auch Nikodemus werden als „heimliche" Jünger Jesu bezeichnet (19,38.39). Sie ähneln in vielem Pilatus. Bei ihrer Entscheidung für Jesus stehen ihre Berufe, ihre Stellung und ihr Ansehen auf dem Spiel. Durch die Kreuzigung fassen sie, ähnlich wie Pilatus, wieder Mut. „Ein augenscheinlich toter Christus hat in ihnen ein Mitgefühl erweckt, das der lebendige Jesus in ihnen nicht zu entfachen vermochte. Das Heldentum des Glaubens wird in ihnen gewöhnlich erst durch verzweifelte Umstände geweckt und zeigt sich nicht selten bei denen, die zuvor am zaghaftesten oder kaum bekannt waren."[1]

Diese Szene hat daher im Rahmen des Johannesevangeliums einen symbolischen Beiklang. Es ist gerade das Kreuz, das Menschen zu Jesus zieht (12,32). Es ist das Kreuz, an dem sich wahre Nachfolger Jesu von Namenschristen unterscheiden. Wenn das Licht des Kreuzes aufleuchtet, flüchten sich Leute wie Judas und Pilatus in die Finsternis, wogegen Menschen wie Joseph von Arimathäa und Nikodemus die Finsternis verlassen und ins Licht treten (vgl. 3,18-21).

---

[1] Jameison, Fausset und Brown, a. a. O., 1075

Die wesentlichen Gedanken

In all dem Schrecklichen, was hier geschieht, liegt auch eine gewisse Ironie. Sowohl Pilatus als auch die Hohenpriester glaubten, mit der Kreuzigung sei Jesu Einfluss ein für allemal ausgeschaltet. Das Johannesevangelium dagegen macht deutlich, dass das Kreuz in Wirklichkeit Jesu „Verherrlichung“ war (12,23.24) und dass Jesus durch seinen Tod für alle, die an ihn glauben, zum Urheber des Lebens geworden ist (1,9-13). Ausgerechnet durch seinen Tod hat er eine Herrschaft errichtet, die niemals mehr vergeht. Johannes stimmt Paulus darin zu, dass Jesus am Kreuz triumphiert und die Weisheit der Welt für immer in Torheit verwandelt hat (vgl. 1. Korinther 1,18-25).

Talbert[1] verweist darauf, dass das Kreuz im vierten Evangelium eine Vielzahl von Bedeutungen hat. Es ist die Vollendung des Gehorsams Jesu gegenüber dem Vater und die Vollendung des Werkes Gottes (12,27.28; 19,28.34-37.40). Es ist der Ort, an dem Jesus und der Vater verherrlicht werden (7,39; 12.16.23; 17,1.5). Es ist ein Teilstück bei der Ausführung des Planes Gottes (19,24.28.36.37). Das Kreuz besiegt die Herrscher dieser Welt (12,31). Das Kreuz zieht alle Dinge und auch die Menschen zu Jesus (12,32; 10,16; 11,32). Es ist für die Menschheit von unermesslichem Wert, es ist *für* uns, nicht *gegen* uns (6,51; 10,11; 11,50; 12,24). Und eben darin zeigt sich die Doppeldeutigkeit dieses Geschehens: Leben kommt durch den Tod, der Sieg kommt durch die Niederlage, die Annahme kommt durch die Ablehnung, Freude kommt durch Sorge und Leid.

🕮 ANWENDUNG
Johannes 19 und 20

1. *Kannst du dich an Zeiten erinnern, in denen du versucht hast, die Dinge selbst in den Griff zu bekommen (siehe Johannes 18,10.11)? Wie hat sich das auf lange Sicht ausgewirkt? Welche Strategien könnten dir helfen, Gott in deinem Leben beständiger zu vertrauen?*

[1] Talbert, „Reading John“, 247

Was sagst du anderen, wenn ihr Leben aus den Fugen gerät? Wie reagiert man auf deine Ratschläge? Welche Langzeitfolgen hätte es für die Welt gehabt, wenn es Petrus gelungen wäre, Jesus vor dem Kreuz zu bewahren?

2. *Beschreibe eine Zeit in deinem Leben, in der du wie Pilatus zwischen Ansehen und Erfolg und dem, was du für richtig hieltst, zu wählen hattest. Welche Entscheidung hast du getroffen? Was waren die Folgen? Würdest du dich heute wieder so entscheiden?*
3. *Gibt es irgendwelche Orte oder Umstände, angesichts deren du dich genötigt fühlst, ein „heimlicher Jünger" zu sein? Gibt es Menschen, vor denen es dir schwer fällt, dich offen zu deinem Glauben zu bekennen? Warum hast du manchmal das Gefühl, du müsstest deinen Glauben verbergen? Was macht dir Mut, deinen Glauben zu bekennen? Gibt es derzeit eine Situation, in der du mutig voranschreiten und die anderen wissen lassen müsstest, auf welcher Seite du stehst? Was würde dich veranlassen, für Jesus „an die Öffentlichkeit" zu gehen?*
4. *Sowohl Jesus als auch Pilatus hatten es mit religiösen Führern zu tun, die von vornherein gegen sie eingenommen waren. Beschreibe eine Situation, in der du ebenfalls mit solchen Menschen zu tun hattest. Wie hast du dich verhalten? Würdest du dich heute anders verhalten? Wie sollte sich ein Christ verhalten, wenn es um Glaubensfragen geht?*

🕮 VERTIEFUNG

1. *Beschreibe die Gefangennahme und das Verhör Jesu aus Sicht der vier Evangelien. Versuche, diese Geschehnisse in chronologischer Reihenfolge darzustellen. Finde dann mithilfe eines Bibelkommentars oder Bibellexikons alles heraus, was du über römische und jüdische Gerichtsverfahren zur Zeit Jesu erfahren kannst. Welches Verfahren wurde in Johannes 18 und 19 angewandt? Welche Verfahrensvorschriften wurden ignoriert oder verletzt?*
2. *Suche anhand einer Konkordanz alle Informationen des Neuen Testaments über den „Hohen Rat" heraus. Fasse deine Erkenntnisse zu-*

sammen. Benutze dann ein Bibellexikon oder einen Bibelkommentar, um Informationen über die Zusammensetzung des Sanhedrins und dessen Arbeitsweise herauszufinden.

3. *Versuche, anhand eines Bibellexikons oder eines Bibelkommentars möglichst viele Informationen über die Kreuzigung zu gewinnen. Vergleiche das mit den Berichten über Jesu Kreuzigung in den Evangelien, speziell mit denen des Johannesevangeliums. Welche Erkenntnisse bezüglich der Kreuzigung Jesu hast du aus den Evangelien gewonnen? Inwiefern ist dein Wissen durch außerbiblische Quellen erweitert worden? Als Nächstes untersuche mithilfe einer Konkordanz, wie die Kreuzigung Jesu im übrigen Neuen Testament theologisch betrachtet wurde. Inwiefern hat dein Studium der Kreuzigung aufgrund außerbiblischer Quellen zu einem besseren Verständnis der theologischen Konsequenzen der Kreuzigung Jesu beigetragen?*

🕮 FÜR DAS WEITERE STUDIUM

1. *Zur Bedeutung des Kreuzes im Johannesevangelium siehe R. Schnackenburg, 2:398-410; C. H. Talbert, „Reading John", 246. 247.*
2. *Als hilfreichen Überblick über den Prozess Jesu siehe J. B. Green und S. McKnight, eds., „Dictionary of Jesus and the Gospels", 841-854.*
3. *Mehr über Pilatus siehe W. Barclay, „Johannesevangelium", Bd. 2, 273-302.*
4. *E. G. White beschreibt die Geschehnisse von Johannes 18 und 19 aus der Sicht aller vier Evangelien. Siehe dazu: „Jesus von Nazareth", 492-504. 510-527.*

Kapitel 15

Auferstehung und Wiedersehen

Johannes 20

Mit Johannes 20 ist der Gipfelpunkt des Johannesevangeliums erreicht. In den Kapiteln 13 bis 17 wurde Jesu letztes Beisammensein mit den Jüngern geschildert und die Kapitel 18 und 19 beschrieben, wie Jesus verhört und schließlich ans Kreuz geschlagen wurde.

Zweifellos ergäbe es einen Sinn, wenn Johannes sein Evangelium mit der Kreuzigung und dem Wort Jesu „Es ist vollbracht!“ (19,30) beendet hätte. Das geschieht jedoch nicht, und auch das hat seinen Sinn. Offenbar sollen die Leser wissen: Die Geschichte ist noch nicht zu Ende! Es gäbe nämlich keine Gemeinde Christi auf Erden, wenn Jesus im Grabe geblieben wäre. Erst seine Auferstehung gab den Jüngern die Gewissheit, dass das Evangelium eine Gute Botschaft ist.

Von diesem überaus wichtigen Ereignis der Auferstehung Jesu und seinem Erscheinen im Jüngerkreis berichtet das 20. Kapitel.

🕮 EINSTIEG

Johannes 20

Lies Johannes 20 zweimal hintereinander und beantworte dann folgende Fragen:

1. *In wie viele Teile würdest du dieses Kapitel aufgliedern? Verweise auf die verschiedenen Hinweise im Text, die zeigen, dass der Leser sich jetzt in einen neuen Teil begibt.*
2. *War es eigentlich nötig, den Stein wegzuschieben, damit Jesus aus dem Grab heraus konnte? Was sollte deiner Meinung nach mit dem Wegrollen des Steins verdeutlicht werden? Halte deine Antwort schriftlich fest.*
3. *Welche Bezeichnung benutzte Jesus für seine Jünger, als er mit Maria sprach? Lies noch einmal Johannes 13 bis 20. Führe alle Bezeichnungen an, die Jesus für seine Jünger verwendete, als er sich an sie wandte. Stellst du einen Fortschritt in der Vertrautheit fest? Gibt es einen Wendepunkt, an dem Jesus veranlasst wird, seine Jünger in einem völlig anderen Licht zu sehen? Zeige in ein paar Sätzen, inwiefern die Beziehung zwischen Jesus und seinen Jüngern nun anders ist.*
4. *Mit welcher Grußformel begrüßt Jesus seine Jünger mehrfach, als er in den „oberen Saal" zurückkehrt? Überlege, warum sich Jesus gerade dieser Formel bedient haben könnte.*
5. *Führe alle Worte und Gedanken an, die sowohl in der Thomasgeschichte (V. 24-29) als auch in der Aussage über die Absicht dieses Evangeliums benutzt werden (V. 30.31).*

🕮 ERKLÄRUNG

Der Aufbau des Abschnittes

Das zwanzigste Kapitel befasst sich zunächst mit Ereignissen, die im Zusammenhang stehen mit der Auferstehung Jesu. Dann folgt eine Erklärung, mit der normalerweise ein Evangelium abgeschlossen wurde. Zunächst informiert Maria Magdalena Petrus und den „anderen Jünger" über das leere Grab (V. 1-9).

Nachdem sie den Schauplatz verlassen haben, tritt Maria erneut auf, sieht zwei Engel und begegnet dann Jesus selbst (V. 10-18). Das dritte Vorkommnis findet am Abend statt. Jesus erscheint den Seinen, die hinter verschlossenen Türen versammelt waren (V. 19-23), vermutlich an demselben Ort, an dem er seine „Abschiedsrede" gehalten hatte (Kapitel 13-17). Schließlich erscheint Jesus dem Thomas, der bei den vorherigen Begegnungen nicht anwesend war, und überzeugt ihn ebenfalls, an seine Auferstehung zu glauben (V. 24-29).

Diese Szenen bestätigen sowohl die Realität der Auferstehung Jesu als auch die Schwierigkeit für manche, daran zu glauben, ohne zu sehen.

Der Hintergrund

Nach einer Zusammenstellung in der *Life Application Bible* (1929) gibt es im Neuen Testament insgesamt elf Zeugnisse für ein Erscheinen Jesu nach seiner Auferstehung. Er erschien Maria Magdalena allein (Markus 16,9-11; Johannes 20,10-12) und wahrscheinlich bei einer anderen Gelegenheit, wo sie mit anderen Frauen zusammen war (Matthäus 28,8-10). Er erschien dem Petrus allein in Jerusalem (Lukas 24,34; 1. Korinther 15,5), außerdem zwei Wanderern auf dem Wege nach Emmaus (Lukas 24,13-35; Markus 16,12.13).

Den zehn Jüngern begegnete er in einem verschlossenen Raum (Markus 16,14; Lukas 24,36-43; Johannes 20,24-29; 1. Korinther 15,5). Sieben Jünger sahen Jesus, während sie in Galiläa beim Fischfang waren (Johannes 21,1-23), und elf Jünger auf einem Berg (Matthäus 28,16-20). Schließlich war er mit denen zusammen, die bei seiner Himmelfahrt zugegen waren (Lukas 24,44-49; Apostelgeschichte 1,3-11). Darüber hinaus berichtet Paulus, dass Jesus auch seinem leiblichen Bruder Jakobus erschienen ist (1. Korinther 15,7) sowie einer Gruppe von mehr als fünfhundert Christen (V. 6), von denen zu jener Zeit die meisten noch lebten.

Diese vielen Augenzeugen, die den Auferstandenen gesehen haben, widersprechen der These, eine Hand voll enttäuschter Jünger habe die Auferstehungsgeschichte erfunden, um ihr Gesicht zu wahren. Solange noch Augenzeugen lebten, konnten die Auferstehungsberichte verglichen und überprüft werden (Lukas 1,1-4). Der Evangelist Johannes war wohl der letzte der noch lebenden Zeugen der Auferstehung Jesu.

Einer der wichtigsten Beweise für die Auferstehung Jesu, vor allem für die zweite Generation, ist die Tatsache des leeren Grabes. Sie machte es den Gegnern Jesu schwer, die Auferstehung rundweg als Märchen hinzustellen. Wenn sie den toten Jesus aus politischen oder taktischen Gründen beiseite geschafft hätten, müsste man annehmen, dass sie angesichts der Auferstehungsbotschaft sehr schnell den Leichnam präsentiert hätten, um solche Gerüchte zu unterbinden. Aber das geschah nicht. Die Hohenpriester behaupteten vielmehr, die Jünger hätten sich des Leichnams bemächtigt, um ihren Mythos von der Auferstehung Jesu in die Welt setzen zu können (Matthäus 28,11-15).

Doch aus den zeitgenössischen Berichten ist zu entnehmen, dass die Jünger weder die Möglichkeit noch die Absicht hatten, Jesu Leichnam zu stehlen. Als sie bei Jesu Verhaftung auch um ihre eigene Sicherheit fürchten mussten, verließen ihn fast alle Getreuen (Matthäus 26,56; Markus 14,50; Johannes 18,17.25-27). Wieso sollten sie dann nach seinem Tod mutiger gewesen sein? Die Jünger waren vom Tod Jesu viel zu überrascht – obwohl der Herr ihnen wiederholt gesagt hatte, was ihm bevorstand –, als dass sie zu solchen Intrigen fähig gewesen wären (Markus 8,31-33; 9,30-32; 10,32-34). Selbst als der Auferstandene ihnen erschien, konnten sie es zuerst nicht glauben, dass es tatsächlich Jesus war (Johannes 20,1-9.24-29). Der Bericht der römischen Wachposten am Grab über das Erscheinen eines überirdischen Wesens, das den Stein vom Grab gerollt und Jesus auferweckt hatte, spricht für sich. Ebenso der Versuch der Hohenpriester, das ganze Geschehen durch Bestechung zu vertuschen (Matthäus 27,62-64; 28,11-15).

Wenn die Auferstehung Jesu nur ein von den Jüngern erfundenes Märchen gewesen wäre, ließe sich deren späteres Verhalten kaum erklären. Wer würde seine Ehre, sein Glück und seine Familie aufs Spiel setzen, um einen solchen Schwindel in der ganzen Welt zu verbreiten? Wer würde Hohn und Spott, Leiden und Tod für ein Ereignis auf sich nehmen, das niemals stattgefunden hat?

Da weder die Jünger noch Jesu Feinde den Leichnam gestohlen hatten, kann das leere Grab als ein starker Beweis dafür angesehen werden, dass Christus wirklich auferstanden ist. Wenn Jesus aber von den Toten auferstanden ist, dann sind die Auswirkungen für die Gegenwart gewaltig. Denn wenn es diese Auferstehung tatsächlich gegeben hat, dann ist auch jedes andere Wunder möglich. Diese Gewissheit ist vor allem für die zweite Generation der Nachfolger Jesu wichtig. Sie kann sich nämlich darauf verlassen, was Christus ihr zugesagt hat: „Was ihr mich bitten werdet in meinem Namen, das will ich tun." (Johannes 14,14)

Aber das ist nicht alles: Jesu Auferstehung ist die Garantie für unsere eigene Auferstehung. Und das in doppelter Hinsicht. Einmal die Auferstehung aus dem Tod bei Jesu Wiederkunft, aber auch im übertragenen Sinne. Denn dieselbe göttliche Kraft, die Jesus aus dem Tod zurückholte, kann in die hoffnungslosesten Situationen Leben und Heil bringen.

Der Abschnitt im Einzelnen

Vor Anbruch des ersten Tages der Woche kam Maria Magdalena zum Grab und sah, dass der Stein vom Eingang der Höhle zurückgeschoben worden war (Johannes 20,1). Eigentlich wäre das nicht zwingend nötig gewesen, denn der Auferstandene hätte auch einfach durch den Stein hindurchgehen können, wie er das später tat, als er trotz der verschlossenen Tür in den Raum trat, in dem die Jünger beisammen waren (V. 19.20).

Aber er musste weggerollt werden, damit die Jünger hineingehen und sich überzeugen konnten, dass Jesus nicht mehr da war.[1] Ohne sich erst selbst zu überzeugen, lief Maria zu Petrus und dem Jünger, „den Jesus lieb hatte" (13,23), vermutlich Johannes (20,2). Sie dachte gewiss nicht an eine Auferstehung, sondern fürchtete wohl, dass die Hohenpriester ein übles Spiel mit dem toten Jesus spielten.

Petrus und der „andere Jünger" liefen sofort zum Grab. Obwohl Johannes die Grabstätte zuerst erreichte, ging er nicht hinein, son-

[1] „Life Application Bible", 1925

dern wartete auf Petrus, der sofort in die Grabkammer eintrat, um sich zu überzeugen, ob sie tatsächlich leer war (V. 3-8). Auch hier zeigt sich wieder, dass Petrus einer war, der sich nicht fürchtete und spontan handeln konnte. Johannes erwies sich dagegen als überlegener Denker. Er war der Erste im Jüngerkreis, der an die Auferstehung Jesu glaubte. Und das nicht etwa, weil er sie erwartet hätte, sondern weil ihn die Fakten überzeugt hatten (V. 8.9).[1]

Die Jünger hielten sich nicht lange am Grab auf, aber Maria blieb noch eine Weile dort und weinte (V. 10.11). Als sie sich in die Grabkammer lehnte, um einen Blick hineinzuwerfen, sah sie dort, wo der Leib Jesu gelegen hatte, zwei Engel sitzen (V. 11.12). Die fragten sie, warum sie weine, und sie sagte, sie glaube, dass der Leichnam Jesu von Unbekannten gestohlen worden sei. Also auch hier wieder kein Gedanke an eine Auferstehung Jesu (V. 13). Plötzliche spürte sie, dass jemand hinter ihr stand. Sie wandte sich um und sah jemanden, den sie für den Gärtner hielt, der sich um das Grab kümmern wollte (V. 14.15). Es klingt fast wie Ironie, dass Jesus sie mit denselben Worten anredete, wie es auch die Engel getan hatten: „Frau, was weinest du?"

Doch dann konnte er sich nicht mehr zurückhalten. Maria sollte aus seinem Munde erfahren, was hier wirklich geschehen war. Er sagte einfach: „Maria!" und sie erkannte sofort, dass er es war (V. 16). Die Botschaft dieser Szene ist für die Christen der zweiten Generation von großer Bedeutung. Obwohl Maria Jesus zum Greifen nahe ist, sind ihre Augen durch Trauer und Tränen so getrübt, dass sie ihn nicht erkennt. Jesu Gegenwart hat ihr nichts genützt, solange sie nicht auf seine Worte gehört hat. Auch für die zweite Generation wird die Verbindung zu Jesus durch die Worte des Evangeliums hergestellt. Durch diese Worte wird der Glaube zum Schauen und die Tränen der Trauer und Ratlosigkeit verwandeln sich in Tränen der Freude und des Verstehens. Vers 17 unterstreicht diesen Gedanken: „Halte mich nicht fest, denn ich bin noch nicht zum Vater hinaufgegangen." (EB).

---

[1] Jameison, Fausset und Brown, a. a. O., 1076; White, „Jesus von Nazareth", 543f.

Sinn des Christseins ist es nicht, sich rückwärts gewandt an die physische Gegenwart Jesu zu klammern, sondern es geht darum, den Blick nach vorn zu richten, auf eine neue Beziehung zu Christus. Die wird dadurch möglich, dass Jesus in die Gegenwart Gottes zurückkehrt und seinen Geist als Tröster und Beistand zu den Seinen schickt.

Der Heilige Geist vermittelt den Menschen durch das Evangelium Zugang zum lebendigen Wort, das durch den menschgewordenen Jesus in die Welt gekommen ist. Als Maria das begriffen hatte, eilte sie zu den anderen Jüngern, um ihnen diese Botschaft zu überbringen (V. 18).

In Vers 17 benutzt Jesus eine Bezeichnung für seine Jünger, die von hoher Wertschätzung zeugt. Er sagt zu Maria: „Geh aber zu meinen *Brüdern* und sage ihnen: Ich fahre auf zu meinem Vater und zu eurem Vater, zu meinem Gott und zu eurem Gott". Dies ist das erste und das einzige Mal im vierten Evangelium, dass sich Jesus in so vertrauter Weise an die Jünger wendet. Früher hatte er sie als seine „Knechte" bezeichnet (13,16), dann als „Jünger" (13,35), später als „Freunde" (15.15). Aber jetzt, trotz ihres Versagens in kritischer Situation[1], bezeichnet er sie als seine „Brüder", das heißt: als (geistliche) Geschwister und Kinder seines Vaters.[2]

An diesem Abend versammeln sich die Jünger aus Furcht vor den Führern der Juden hinter verschlossenen Türen. Möglicherweise glaubten sie trotz der Botschaft, die ihnen Johannes und Maria Magdalena überbracht hatten, nicht so recht an Jesu Auferstehung. Wie dem auch sei, jedenfalls erscheint Jesus ihnen und begrüßt sie zweimal mit: „Friede sei mit euch" (V. 19.21). Dabei haucht er sie an, was an die Erschaffung des ersten Menschen erinnert (1. Mose 2,7), hier aber als symbolische Übermittlung des Heiligen Geistes zu verstehen ist. Sozusagen als Vorgeschmack auf das Pfingstgeschehen, das sie fünfzig Tage später erleben würden (Johannes 20,22).

---

[1] Diese Tatsache spielt Johannes übrigens im Vergleich zu den Verfassern der anderen Evangelien etwas herunter.

[2] Jameison, Fausset und Brown, a. a. O., 1078

Die Furcht der Jünger zeigt noch einmal deutlich, dass die leibliche Gegenwart Jesu nicht unbedingt vor Zweifel und Unsicherheit bewahrt. Aber „jetzt bei ihrer Begegnung mit dem Auferstandenen haben die Jünger selber den Erlass ihrer unendlichen Schuld erfahren. Nun dürfen sie hinausgehen und diese Gabe weiterreichen.

Ihre Sendung besteht nicht nur im ‚Predigen'. Damit wäre denen noch nicht geholfen, die unter der Last der Sünde gefangen liegen. Die Jünger haben zu handeln." (V. 23)[1] Das heißt nicht, dass ihnen die Vollmacht verliehen wird, nach Lust und Laune Vergebung zu gewähren oder zu verweigern, sondern durch ihre Verkündigung des Evangeliums würden sie den Menschen sowohl Licht als auch Finsternis, Leben wie auch Tod, Vergebung, aber auch das Gericht bringen (vgl. 3,16-21; 2. Korinther 2,15.16).

Am Abend des Auferstehungstages, als Jesus den Jüngern erschien, ist Thomas aus unbekannten Gründen nicht dabei (V. 24). Er hört natürlich von dieser Christuserscheinung, lehnt es aber strikt ab, Jesu Auferstehung nur aufgrund des Zeugnisses der Jünger zu akzeptieren. In dem vorliegenden Text weist die Verbindung des „Wenn ich nicht ... sehe" mit der verstärkten, doppelten Verneinung (im Griechischen) „werde ich es auf keinen Fall glauben" auf starkes Misstrauen hin (V. 25).

Eine Woche später, die Umstände wiederholen sich, ist Thomas anwesend. Wiederum tritt Jesus durch verschlossene Türen in den Jüngerkreis und verkündet: „Friede sei mit euch!" (V. 26). Dann wendet er sich Thomas zu und wiederholt beinahe wörtlich, was Thomas in Vers 25 gesagt hat. Danach fordert er ihn auf, seine Zweifel durch den eigenen Augenschein zu überwinden (V. 27).

Dabei stellt sich heraus, dass Thomas mit seinen Misstrauensäußerungen offensichtlich übertrieben hat. Er legt nicht einmal die Finger in die Nägelmale und betastet auch die Wunde in der Seite nicht, sondern lässt sich durch die bloße Gegenwart Jesu überzeugen. Er glaubt nicht nur, sondern legt ein bemerkenswertes Bekenntnis zur Gottheit Jesu ab: „Mein Herr und mein Gott!" (V. 26)

[1] De Boor, „Das Evangelium des Johannes", Bd. 2, 239f.

Diese Worte sind das angemessene Gegenstück zum Prolog des Johannesevangeliums, wo Christus als das „Wort" dargestellt wird, das von Ewigkeit her bei Gott war, dann aber Mensch – und damit einer von uns – wurde (1,1.2.14).

In den Worten des Thomas (20,28) erreicht die Christologie des Johannesevangeliums ihren Höhepunkt. Jesus lobt ihn für dieses Bekenntnis, preist aber zugleich die selig, die zu der gleichen Schlussfolgerung wie Thomas kommen, ohne die leibliche Gegenwart Jesu erleben zu können (V. 29).

Der „skeptische Thomas" steht im Johannesevangelium für diejenigen, deren Glaube auf sinnlich wahrnehmbaren Zeichen und außergewöhnlichen Erlebnissen beruht. Weit größere Erfahrungen sind jedoch denen verheißen, die durch das Zeugnis anderer zum Glauben an das „Wort" kommen. Und eben dazu will Johannes durch sein Evangelium beitragen.

Vers 30 beginnt im griechischen Grundtext mit einem *daher* oder *zwar*. Das eigentliche Anliegen des Johannesevangeliums begreift man am besten von der Thomasgeschichte her. Von Johannes selbst wissen wir, dass Jesus sehr viel mehr „Zeichen" getan hat, als im vierten Evangelium aufgeführt sind (V. 30). Dennoch gibt es im Johannesevangelium „genügend Proben"[1] dafür, dass ein Glaube, wie ihn Thomas gewonnen hat – letztlich ohne von dem Angebot Gebrauch zu machen, Jesu Auferstehungsleib zu untersuchen – auch bei denen möglich ist, die solch eine Gelegenheit nicht haben.

In Vers 31 spricht Johannes ganz klar aus, was er mit seinem Evangelium erreichen will: Die Leser sollen erkennen, dass Jesus von Nazareth nicht nur ein bedeutender Mensch war, sondern der Sohn Gottes (im Griechischen: der Christus) ist (V. 31). Die zweite Generation kennt keine Schranken der Herkunft, des Geschlechts, der Kultur oder der geographischen Lage. Wer das Wort Christi, wie es in diesem Evangelium überliefert ist, annimmt, empfängt das Leben, das Christus anbietet.

[1] Jameison, Fausset und Brown, a. a. O., 1077

Die wesentlichen Gedanken

Es fällt den Jüngern schwer, zu glauben

Offenbar wollte Johannes in diesem Kapitel zeigen, wie schwer es den Jüngern trotz aller eindeutigen Erfahrungen fiel, an die Auferstehung zu glauben. Zuerst sahen er und Petrus das leere Grab als Hinweis auf Jesu Auferstehung. Das Ergebnis: Johannes glaubte, während Petrus offenbar skeptisch blieb (V. 1-9). Auch Maria Magdalena brauchte erst eine persönliche Begegnung mit dem Auferstandenen, ehe sie begriff, dass Jesus wirklich lebte (V. 10-18). Und die anderen Jünger verriegelten aus Angst vor den Hohenpriestern Tor und Tür, obwohl sie von Johannes und Maria erfahren hatten, dass Jesus auferstanden war (V. 24-29).

Es scheint fast so, als habe Johannes das ganze Kapitel als ein einziges großes Lob für die zweite Generation angelegt. Vermutlich hatte Johannes erlebt, wie sehr sich die „zweite Generation“ den Augenzeugen unterlegen fühlte. Dabei gab es dafür überhaupt keinen Grund, denn gerade sie hatte getan, was nur dem „geliebten Jünger“ in der ersten Generation möglich zu sein schien – ohne den persönlichen Kontakt zum Auferstandenen zu echtem Glauben an Christus zu gelangen. Außer Johannes, tat sich die erste Generation schwer damit, die Botschaft von der Auferstehung Jesu aufgrund des Zeugnisses anderer anzunehmen. Die zweite Generation war schon wesentlich weiter, denn nach dem Tod des letzten Augenzeugen hielt sie trotzdem am Glauben fest. Damit übertraf sie den Glauben der Jünger, und es muss nicht verwundern, dass ihr ein besonderer Segen zugesprochen wird (V. 29)!

Noch ein Wort zu Thomas. Eigentlich ist es falsch, ihn den „ungläubigen Thomas“ zu nennen, wie es unter Christen üblich ist. Bei mindestens zwei Gelegenheiten bewies er außergewöhnlichen Glauben und Mut (11,7-16). Fast alle anderen Jünger waren nämlich hinsichtlich der Auferstehung Jesu nicht gläubiger als er. Der Unterschied bestand nur darin, dass die anderen den Auferstandenen bei der ersten Begegnung hinter verschlossenen Türen gesehen hatten, Thomas dagegen nicht. Der Jünger, der sogar dann noch zweifelte, als Jesus zugegen war, hieß Philippus (6,5-7; 14,8-11), aber davon macht Johannes kein Aufhebens. Auf jeden Fall wird am Beispiel des Thomas deutlich, dass Jesus keinen ablehnt, der Zweifel hegt, jedenfalls nicht, solange die Zweifel nicht vorgeschoben sind, und sich der Mensch mit seiner Skepsis nicht selbst alle Wege verbaut, über die Jesus ihn erreichen könnte.

Zweifel kann durchaus positive Seiten haben, vor allem, wenn er aus vermeintlicher Sicherheit aufschreckt und dazu führt, dass jemand einen Sachverhalt neu durchdenkt. Wahrscheinlich ist es hilfreicher, aufkommenden Zweifel laut zu äußern, wie Thomas es tat, als in einen schweigenden Unglauben abzugleiten.[1] „Der englische Dichter Lord Tennyson (1809-92) hat einmal gesagt, aus aufrichtigem Zweifel spreche oft ein größerer Glaube als aus dem eifrigen Nachplappern des Glaubensbekenntnisses. Wem daran liegt, wirkliche Gewissheit zu erlangen, der ist oft gläubiger als Menschen, die eilfertig etwas nachsprechen, was sie selbst nicht durchschauen und in Wirklichkeit auch gar nicht glauben."[2]

Für jeden, der säkulare Menschen mit der Botschaft Christi erreichen möchte, ist Johannes 20 Pflichtlektüre. Wenn jemand zum ersten Mal etwas von der Auferstehung Jesu hört, wird das für ihn nicht plausibler sein als damals für Maria Magdalena, Petrus, Thomas, Philippus und viele andere. Er wird Zeit brauchen und Erfahrungen machen müssen, ehe er von verständlicher Skepsis über Erfahrungen zum Glauben gelangt.[3] Zunächst werden solche Leute nämlich nach anderen Begründungen für das leere Grab suchen, wie es Maria tat (V. 2.13-15). Dann werden sie die Fakten überprüfen, aber trotzdem nicht überzeugt sein, wie es teilweise bei Petrus der Fall war (V. 6.7). Erst wenn ein Mensch persönliche Erfahrungen mit Jesus macht und ihm sein Leben anvertraut, wird er mehr und mehr begreifen, wie wichtig diese unglaubliche Auferstehung Jesu tatsächlich ist (V. 16-18.26-28).

---

1 Barton, „Life Application Bible", Bd. 3, 1927
2 Barclay, „Johannesevangelium", Bd. 2, 321
3 Barton, a. a. O., 1925

Die Erfüllung der Abschiedsrede

Die Berichte von den Erscheinungen des Auferstandenen sollen höchstwahrscheinlich zeigen, dass sich viele Dinge, die Jesus während seiner Abschiedsgespräche (Kapitel 13-17) vorausgesagt hatte, bereits in den Tagen seines Todes und seiner Auferstehung erfüllt haben.[1]

Jesus kehrt zu seinen Jüngern zurück, so wie er es verheißen hatte (20,19; vgl. 14,18; 16,22). Er bringt ihnen seinen Frieden (20,21; vgl.14,27). Er bringt Freude in ihre Herzen (20,20; vgl.16,22). Er vermittelt den Geist, den er verheißen hatte (20,22; vgl. 16,7). Die Zeit der gegenseitigen Vergebung ist gekommen (20,22.23; vgl. 13,14.15). Die Jünger sind in die Zeit der Erfüllung eingetreten, als ihnen Jesus wieder begegnet.

🕮 ANWENDUNG
Johannes 20

1. *Kannst du dich an Zeiten erinnern, in denen dir das Glauben schwer fiel? Wie hast du diese Schwierigkeit gelöst? Wie sah deine „Begegnung" mit Jesus aus? Welche Schlussfolgerungen hast du aus deiner Erfahrung gezogen, die dir und anderen helfen könnten, trotz vorhandener Zweifel am Glauben festzuhalten?*
2. *Was bedeutet das Wort „Bruder" für dich? Was versuchte Jesus seinen Jüngern zu vermitteln, als er diese Bezeichnung benutzte? Wie wirkt sich deine Beziehung zu deinen Geschwistern auf die Gestaltung deiner Beziehung zu Jesus aus?*
3. *Wo könntest du den Frieden Jesu gerade jetzt gebrauchen? Gibt es Ängste in deinem Innern, die dein Vertrauen zu Gott untergraben könnten? Gibt es Menschen, die dir das Leben schwer machen? Gibt es Situationen auf deiner Arbeitsstelle, in der Schule oder zu Hause, die dir Not bereiten? Wie kann sich der Friede Jesu für dich inmitten von Hindernissen auswirken? Inwiefern würde sich dein Leben verändern, wenn du mehr vom Frieden Jesu annehmen würdest?*

[1] Talbert, „Reading John", 253-255

4. *Was tust du konkret, um Jesus mehr Einfluss in deinem Leben einzuräumen? Wie kannst du heute seine Hände und seine Seite „berühren“?*

🕮 VERTIEFUNG

1. *Vergleiche Johannes 20 mit Matthäus 28, Markus 16, Lukas 24, Johannes 21, Apostelgeschichte 1 und 1. Korinther 15. Führe alle Erscheinungen Jesu nach seiner Auferstehung an, die im Neuen Testament erwähnt werden. Worin stimmen die Berichte von Johannes 20 und die in den anderen Büchern des Neuen Testaments überein? Inwiefern unterscheiden sie sich?*
2. *Suche mithilfe einer Konkordanz alle Hinweise auf den Begriff „Auferstehung“ im Neuen Testament außerhalb der Evangelien. Stelle eine Liste aller Hinweise zusammen, die sich auf Christi Auferstehung beziehen. Tue dasselbe mit den Texten, die sich auf die Auferstehung der Gläubigen bei Jesu Wiederkunft beziehen. Gehe noch einmal deine Aufstellungen durch und betrachte jeden Text in seinem Kontext. Danach beantworte folgende Fragen: Welche theologische Bedeutung misst das Neue Testament der Auferstehung Jesu bei? Welche Beziehung besteht zwischen Jesu Auferstehung und der Auferstehung der Gläubigen bei seiner Wiederkunft? Formuliere schriftlich, welche Bedeutung die Auferstehung Jesu für dich persönlich hat.*

🕮 FÜR DAS WEITERE STUDIUM

1. *Hinsichtlich der Geschichtlichkeit der Auferstehung Jesu siehe E. Auer, „Die Urkunde der Auferstehung Jesu“, Heft 5 in der Reihe „Biblische Studien und Zeitfragen“; zur Bedeutung und Deutung der Auferstehung Jesu siehe W. Barclay, „Johannesevangelium“, Bd. 2, 310-322; „Jerusalemer Bibellexikon“, 89; F. Rienecker, „Lexikon zur Bibel“, 138-143; W. Schlenker, „Glaubwürdig Christ sein“, 64-71; „Was Adventisten glauben“, Stichwort „Jesu Auferstehung“.*
2. *E. G. Whites Kommentare zu Johannes 20 in „Jesus von Nazareth“, 540-546.*

Teil 6

Epilog

Johannes 21

Kapitel 16

Die Jünger geben ihr Leben

Johannes 21

Johannes 21 wird oft als Epilog des Johannesevangeliums bezeichnet, weil es sich an die Verse 30 und 31 des zwanzigsten Kapitels anschließt, die wie Schlussworte klingen.

Es ist nicht klar, ob der Stoff dieses Kapitels schon Teil der Originalausgabe des Evangeliums war. Manche Bibelausleger sind davon überzeugt, andere halten es für möglich, dass der Verfasser diese Ausführungen erst in einer zweiten Ausgabe hinzugefügt hat. Eine weitere Theorie besagt, dieser Text stamme aus dem Nachlass des Johannes und sei erst nach dessen Tod an das zwanzigste Kapitel angehängt worden.

Wie dem auch sei, dieser Text ist ein kostbares Kleinod, denn er lässt uns Einblick nehmen in den Dienst Jesu und dessen Wirkung auf die Jünger.

Weil dieses Kapitel den Abschluss des Johannesevangeliums bildet, habe ich mich entschlossen, es in zwei Teile aufzugliedern. Der erste Teil wird sich mit der Erzählung, die den Hauptteil des Kapitels ausmacht (V. 1-23), beschäftigen. Im zweiten Teil werden kurz die Verse 24 und 25 behandelt, denen eine abschließende Wertung des gesamten Buches folgt.

🕮 EINSTIEG

Johannes 21

Lies Johannes 21 zweimal hintereinander und beantworte dann folgende Fragen:

1. *Wie viele Erscheinungen des Auferstandenen werden im Johannesevangelium erwähnt? Wie viele Menschen sahen Jesus? Beschreibe, worin nach deiner Auffassung der Hauptzweck dieser Erscheinungen bestand.*
2. *Dreimal wendet sich Jesus mit einer Frage an Petrus. Nimm ein Blatt Papier und teile es in drei Spalten auf. In die erste schreibe den genauen Wortlaut der drei Jesusfragen. In der zweiten notiere die Antworten des Petrus und in die dritte schreibe die Antworten Jesu. Beachte die Ähnlichkeiten und Unterschiede zwischen den drei Frage- und Antwortkomplexen. Welche Bedeutung misst du der Begegnung Jesu mit Petrus bei? Warum erkundigt sich Petrus sofort nach Johannes?*
3. *Johannes 21,20-23 weist darauf hin, dass sich Christen schon sehr früh bemühten, einen annähernden Zeitpunkt für das zweite Kommen Christi festzulegen. Schreibe auf, was du von dem Versuch einiger „Brüder" hältst, dieses Gerücht zu verbreiten. Was wären nach deiner Meinung die Folgen gewesen, wenn Johannes dieses Gerücht nicht im Keim erstickt hätte?*

🕮 ERKLÄRUNG

Struktur und Hintergrund

Johannes 21 berichtet von der Begegnung der Jünger mit dem Auferstandenen in Galiläa. Nachdem sie eine ganze Nacht lang vergeblich gearbeitet hatten, gibt Jesus ihnen vom Ufer aus Hinweise, die ihnen zu einem erfolgreichen Fischzug verhelfen (V. 1-6). Als sie den Fang ans Ufer ziehen, sehen sie, dass Jesus bereits das Frühmahl für sie zubereitet hat (V. 7-14). Nach dem Frühstück führt Jesus mit Petrus am Ufer ein Gespräch unter vier Augen (V. 20), dabei versichert er ihm, dass er auch weiterhin sein Jünger sei (V. 15-19). Zugleich klärt er das Verhältnis zwischen Petrus und Johannes, dem Verfasser des vierten Evangeliums (V. 20-23).

Die Evangelien – speziell das Johannesevangelium – erwecken den Eindruck, dass Jesus den Seinen nach der Auferstehung nur gelegentlich erschienen ist, und zwar immer unerwartet. Maria Magdalena, die Elf, Thomas und jetzt auch die sieben Jünger sind erschrocken über Jesu plötzliches Erscheinen. Eigentlich hatte der Dienst Jesu für seine Jünger im oberen Saal seinen Abschluss gefunden (Kapitel 13-17).

Bei allen Berichten über das Erscheinen des Auferstandenen fällt auf, dass Jesus nur sehr wenig mit den Jüngern spricht. Offenbar sollten diese Begegnungen die Jünger vor allem davon überzeugen, dass er wirklich von den Toten auferstanden war.

Der Abschnitt im Einzelnen

Sieben Jünger Jesu, zu denen auch Petrus, Jakobus und Johannes gehörten, waren zum Fischfang auf dem See Tiberias gefahren.[1]

Die Jünger waren während der ganzen Nacht (V. 3) draußen, ohne etwas gefangen zu haben. Warum fuhren sie nachts zum Fischfang auf den See? Damals gab es zwei Fangmethoden: Das Fischen mit dem Netz und das Angeln mit einem Köder. Tagsüber bewährte sich das Angeln, während das Fischen mit Netzen in der Regel nachts bessere Ergebnisse brachte. Bei dem klaren Wasser des Sees hätten die Netze die Fische nur verscheucht.

Doch diesmal nützte es nichts, dass die Jünger ihre Netze in der Nacht auswarfen. Die Jünger haben sich die ganze Nacht hindurch vergeblich abgemüht. Bis zum Morgen hatten sie nicht einen Fisch gefangen. So blieb ihnen nur noch eine vage Möglichkeit, sie konnten das Netz noch einmal auf der im Schatten des Bootes liegenden

[1] Eine andere Bezeichnung für den See Genezareth, der auch „Galiläisches Meer" genannt wurde.

Seite auswerfen, um vielleicht doch noch ein paar Fische zu fangen. In dieser Situation erschien Jesus am Ufer, ohne dass ihn die Fischer erkannt hätten (V. 4). Er rief ihnen zu, sie sollten das Netz auf der anderen Seite des Bootes auswerfen (V. 5.6). Vermutlich haben die Jünger gedacht: „Wer immer dieser Mann auch sein mag, vom Fischfang versteht er nichts!“ Aber das Wunder geschieht: Die Fische im See Genezareth gehorchen an diesem Morgen Jesus und schwimmen direkt in das Netz der Jünger.

Das war der Beweis, den Johannes brauchte, um wieder einmal als erster zu begreifen, was hier vorging (21,7; 20,8). Auch Petrus fiel es wie Schuppen von den Augen, und impulsiv, wie er nun einmal war, sprang er ins Wasser, um noch vor den anderen Jüngern bei Jesus zu sein, die im Boot blieben und den überreichen Fang an Land zogen (V. 7.8).

Am Ufer angekommen, sahen sie, dass Jesus schon selbst Fische gefangen hatte und dabei war, für sie eine Mahlzeit zuzubereiten (V. 9). Johannes erwähnt ausdrücklich, dass der Fang aus genau 153 Fischen bestand, ohne dass das Netz zerrissen war. Außerdem teilt er mit, dass Jesus den Jüngern befahl, noch einige Fische für die gemeinsame Mahlzeit beizusteuern (V. 10.11).

Das Mahl wurde schweigend eingenommen (V. 12.13). Der Leser fragt sich: Warum schwiegen die Jünger? Waren sie sich nicht ganz sicher, ob dieser Mann wirklich Jesus war? Überlegten sie, ob diese Erscheinungen etwas mit dem zu tun haben, was Jesus ihnen in seinem Abschiedsgespräch vor der Kreuzigung gesagt hat? Wir wissen es nicht. Es ist interessant, dass dieses Mahl mit denselben Worten geschildert wird (V. 13), die beim Herrenmahl und der Speisung der Fünftausend in Johannes 6,11 benutzt werden: „Jesus aber nahm die Brote ... und gab sie ihnen.“ Das erinnert stark an die Berichte vom Abendmahl in Matthäus 26,26, Markus 14,22 und Lukas 22,19 (vgl. 1. Korinther 11,23).

Obwohl das Johannesevangelium keinen Abendmahlbericht enthält, spiegelt diese gemeinsame Mahlzeit sowie das, was in Kapitel 6 berichtet wird, etwas von der Atmosphäre eines Abendmahls wider.

Nach dem gemeinsamen Mahl klärt Jesus sein Verhältnis zu Petrus, indem er dreimal nach dessen Liebe zu ihm fragt (V. 15-17). Offensichtlich hat diese dreimal gestellte Frage mit der dreimaligen Verleugnung des Petrus zu tun, von der in Kapitel 18,15-18.25-27 die Rede ist. Dieser Abschnitt ist so aufgebaut, dass Jesus dreimal fragt: „Simon, Sohn des Johannes, hast du mich lieb?" Jedes Mal antwortet Petrus: „Du weißt, dass ich dich lieb habe." Und jedes Mal reagiert Jesus auf die Antwort mit dem Auftrag: „Kümmere dich um meine Schafe und gib ihnen Nahrung."

Das erste Mal weicht die Frage geringfügig von den beiden anderen ab, indem Jesus wissen will: „Simon, Sohn des Johannes, hast du mich *lieber,* als mich diese haben?" (V. 15). Ist die Liebe des Petrus zu Jesus größer als die der anderen Jünger? Offensichtlich geschah diese Aufforderung zur Gewissensforschung in seelsorgerlicher Absicht. Früher hätte der begeisterungsfähige, aber ungestüme, rasche und selbstsichere Eiferer wohl geantwortet: „Aber ja, Herr, das solltest du doch wissen!" (vgl. Matthäus 26,33). Nun fällt seine Antwort sehr viel bescheidener aus: „Ja, Herr, du weißt, dass ich dich lieb habe." Jesus gibt sich damit zufrieden, obwohl Petrus die Frage nicht in dem Sinne beantwortet hatte, wie sie gestellt worden war. Es scheint so, als habe Petrus angefangen zu begreifen, wie töricht es ist, Vergleiche auf geistlichem Gebiet zu ziehen. Was zählt, ist die Tiefe der eigenen Beziehung zu Jesus und nicht der Vergleich mit der Verbindung, die andere zu Christus haben.

Im Laufe der Jahrhunderte haben Bibelausleger und Prediger viel Wert gelegt auf die Tatsache, dass in diesem Abschnitt zwei unterschiedliche griechische Worte für den Begriff „lieben" benutzt werden und dass es geringfügige Nuancen im Verhalten Jesu gegenüber Petrus gibt. Neuere sprachliche Untersuchungen zeigen aber, dass Johannes häufig Synonyme[1] benutzt, ohne dass dabei die Absicht zu erkennen ist, dass er den Leser dadurch veranlassen will, diesen Varianten besondere sprachliche oder theologische Bedeu-

[1] Synonym (griech.) = Wort, das mit einem anderen Wort derselben Sprache (fast) bedeutungsgleich ist.

tung beizumessen. Die beiden hier benutzten griechischen Worte für „lieben“ (*agape* und *phileo*) werden im Johannesevangelium ansonsten gleichbedeutend verwendet. Jedes kann sowohl die Liebe Gottes zur Menschheit (1,16; 16,27) als auch die Liebe der Menschen zu Christus ausdrücken (8,42; 16,27). Johannes selbst scheint diese beiden Begriffe nicht ebenso präzise auseinander zu halten, wie es die Ausleger seines Evangeliums tun.[1]

In den Versen 15 bis 17 geht es eigentlich nur um eine dreifache Wiederholung von Frage und Antwort und der sich daraus ergebenden Reaktion Jesu. Das ist ungewöhnlich und lässt Jesu Verhalten schroff und schonungslos erscheinen. Offensichtlich wollte Jesus den Jünger, der ihn dreimal verleugnet hatte, bis in die Tiefe der Seele ausloten, selbst auf die Gefahr hin, ihn dadurch bis ins Innerste zu treffen (V. 17).[2] Diese Befragung erschüttert die Selbstsicherheit des Petrus so gründlich, dass am Ende nur noch die Gewissheit übrig bleibt, dass Jesus sein Herz kennt und ein faires Urteil über ihn fällen wird.

Wir alle kennen das Sprichwort: „Ohne Schweiß, kein Preis.“ Diese Erkenntnis scheint auch auf geistlichem Gebiet zuzutreffen. Es lässt sich nämlich häufig beobachten, dass gerade geistlich reife Menschen durch große Not und bitteres Leid gegangen sind. Jesus begnügt sich nicht mit schnellen, oberflächlichen Antworten. Jeder, der sich zu ihm bekennt, soll erkennen, aus welchen Beweggründen heraus er zu Jesus gehört. Diese Erkenntnis hat mitunter einen hohen Preis.

Zunächst scheint es so, als habe Jesu Dialog mit Petrus in Gegenwart der anderen Jünger stattgefunden. Doch der Vers 20 lässt vermuten, dass dieses Gespräch unter vier Augen stattgefunden hat.[3] Nachdem sich Petrus klar zu ihm bekannt hat, lässt Jesus ihn wissen, dass er wieder zu dem Kreis derer gehört, die Jesus bis zum Tod treu sind (V. 18.19). „Sollen wir, wie viele es tun, sagen, dass

---

[1] Brown, a. a. O., Bd. 2, 1102f.
[2] Vgl. Beasley-Murray, „John“, 405
[3] Vgl. dazu White, „Das Leben Jesu“, 813. 816.

Petrus hier wieder in sein Amt eingesetzt worden ist? Das trifft nicht ganz zu, weil er tatsächlich nie seines Amtes enthoben wurde. Doch nach seinem fragwürdigen Verhalten im Hof des Hohenpriesters – wo er das Vertrauen Jesu missbraucht und sich selbst in Verruf gebracht hatte – war es angesichts der großen Aufgaben, die vor ihm lagen, notwendig, von neuem in seiner Berufung bestätigt zu werden."[1]

Für Petrus und die anderen Jünger würde das „Folge mir nach!" hinfort bedeuten, die Lücke zu schließen, die durch Jesu Weggang entstehen würde. Sie sollten tun, was er getan hatte, und weiterführen, was er auf Erden begonnen hatte. In gewissem Sinne ist deshalb die Aufgabe des Petrus und der anderen Jünger mit dem Wirken des Heiligen Geistes vergleichbar, wie es im Abschiedsgespräch umrissen wurde. Unter der Leitung des Geistes Gottes und durch ihr Wort sowie durch ihre Schriften würden sie die Christusbotschaft in die ganze Welt tragen.

Wie schwer der Prozess des Umdenkens gerade für Petrus war, zeigt sich bei der folgenden Szene. Das Nachfolgen und „Verleugnen des eigenen alten Wesens lernt sich nicht im Augenblick. Selbst jetzt, wo Petrus so ernst und ausdrücklich aufgefordert ist, Jesus zu folgen und den Blick nur auf seinen Herrn zu richten, sieht er sich nach den andern um."[2] Jesu Reaktion ist nach dem Grundtext eindeutig: „*Du* musst mir nachfolgen!" (V. 22). Das, was Johannes widerfahren wird, ist nicht Sache des Petrus.

Es mag sein, dass Petrus die Aufforderung Jesu „Weide meine Schafe" als einen Hinweis darauf verstand, dass er das Haupt der Gemeinde und seiner Mitjünger sein sollte. Wenn das so wäre, würde man von ihm erwarten, dass er sich um das Schicksal des Johannes genauso zu kümmern habe, wie um das jedes anderen Gemeindeglieds der Gemeinde. Doch Jesus untersagt es ihm unmissverständlich, solch eine Ausnahmestellung einzunehmen oder auch nur anzustreben. Auch heute ist die Gemeinde Jesu gut bera-

[1] Jameison, Fausset und Brown, a. a. O., 1078
[2] De Boor, „Das Evangelium des Johannes", Bd. 2., 265

ten, wenn sie sich nicht von einer einzigen Führerpersönlichkeit abhängig macht. Wenn Einzelne die Gemeinde beherrschen, führt das früher oder später zum geistlichen Ruin.

Manche fragen sich, warum es im Neuen Testament vier Evangelien geben muss. Hätte nicht eins genügt? Eben nicht! Das ist doch gerade die Stärke des Neuen Testaments, dass es uns im Hinblick auf Jesus und sein Wirken vor Einseitigkeit bewahrt. Nicht zuletzt auch vor dem Irrglauben, Jesus lasse sich auf ein ganz bestimmtes Bild oder Schema festlegen, an das sich alle zu halten hätten, welcher Rasse sie auch angehören mögen, in welchem Kulturkreis sie aufgewachsen und welche Art von Persönlichkeit sie sind. Gott, der die Welt mit einer unermesslichen Vielfalt ausgestattet hat, will, dass es solch eine Vielfalt auch innerhalb der Gemeinde gibt – sowohl in Bezug auf die Glieder als auch auf die Leitung.

Wie bereits in der Einleitung zu diesem Buch erwähnt, war Johannes daran gelegen, das Gerücht, er werde am Leben bleiben, bis Jesus wiederkommt, im Keime zu ersticken. Die Schlussfolgerung, die man aus dem hohen Alter des Johannes zog, war, dass Jesus in den neunziger Jahren des ersten Jahrhunderts wiederkommen würde. Wie alle Versuche, Jesu Wiederkunft auf ein genaues Datum oder einen bestimmten Zeitraum festzulegen, war auch dieses „urchristliche" Gerücht gefährlich.[1] Der Tod des Johannes würde sich für eine Gemeinde, die fest daran glaubte, dass Jesu Wiederkunft noch zu Lebzeiten des Johannes eintreten werde, verheerende Folgen haben. Deshalb stellt das Johannesevangelium eindeutig fest, dass Jesu Wort zu Petrus von manchen Christen völlig falsch verstanden worden sei. Jesus hatte nämlich zur Zukunft des Johannes nicht mehr und nicht weniger gesagt als das: „Dich, Petrus, geht die Zukunft des Johannes überhaupt nichts an! Lass das nur meine Sorge sein!"

Der Vorgang der Fehlinterpretation in der ersten Christengemeinde zeigt, dass selbst die Aussagen inspirierter Menschen – in

[1] Paulien, „What the Bible Says About the End-Time", zeigt in einer ausführlichen Untersuchung die Problematik von Weltendberechnungen jeder Art auf.

diesem Falle war es sogar Jesus selbst – nicht davor sicher sind, eigenwillig oder falsch gedeutet, nicht selten sogar missbraucht zu werden. Das sollte uns demütig machen, denn wie oft haben auch wir Anschauungen unbesehen hingenommen und weitergegeben, die nichts weiter waren als falsche Interpretationen bestimmter biblischer Aussagen oder gar nur zufälliger Bemerkungen. Wir sollten niemals vergessen, dass unsere Gotteserkenntnis und erst recht unsere Menschenkenntnis höchst verschwommen und lückenhaft ist, ehe wir uns darüber auslassen (Jeremia 17,9).

Die wesentlichen Gedanken

Der Fischfang und die Gemeinde

Die Erzählung vom großen Fischfang scheint für den Verfasser des Johannesevangeliums von symbolischer Bedeutung gewesen zu sein. Im Lichte der Kapitel 17 und 28 und der Wundergeschichten des Evangeliums haben wir etwas von der Sorge des Evangelisten um die zweite Generation der Christen gespürt.

Die Erzählung von Johannes 21 sollte als Gleichnis für die Gemeinde zur Zeit des Johannes dienen. Die Jünger sind die erste Generation der Christen, also diejenigen, die mit Jesus von Angesicht zu Angesicht gelebt hatten. Durch ihr persönliches Zeugnis und ihre Schriften sollte die zweite Generation der Christen, symbolisiert durch die Fische, zu Jesus kommen. Diese Erzählung enthält eine Anzahl von Hinweisen, die für die zweite Generation sehr wichtig sind.

Sie macht z. B. deutlich, dass Jesus selbst die Leitung bei der Bekehrung der zweiten Generation in die Hand nimmt. Auf sich gestellt würden die Jünger mit „leeren Netzen" heimkommen. Nur wenn Jesus sie anleitet, sind sie imstande, einen „Fang" an Land zu bringen. Obwohl er nicht mehr sichtbar bei ihnen ist, wird er sich um die zweite Generation genauso kümmern und sorgen, als ob er leibhaftig am Ufer ihres Lebens stünde.

Die Menge und die Größe der Fische weisen darauf hin, dass der Dienst der Jünger sehr erfolgreich sein wird. Das Netz, das nicht zerreißt, symbolisiert die Einheit der Gemeinde, obwohl sie aus unterschiedlichen Generationen besteht und die Gläubigen aus völlig verschiedenen Kulturkreisen kommen.

Vielleicht hat es auch eine Bedeutung, dass Jesus schon einige Fische gefangen hatte, ehe seine Jünger mit dem großen Fang an Land kamen. Es könnte ein Hinweis darauf sein, dass es in jeder Generation Menschen gibt, die ihren Ruf ganz persönlich von Christus empfangen. Nicht jeder Jünger Jesu wird unmittelbar von der Gemeinde berufen (vgl. Markus 9,38-40).[1]

Wie bereits aus dem Prolog ersichtlich, ist eine der wichtigsten Bezeichnungen im Johannesevangelium für die Gemeinde der Begriff „Kinder Gottes“ (1,12). Ein Bibelausleger hat darauf hingewiesen, dass im Aramäischen – der Sprache Jesu und seiner Jünger – der Zahlenwert der Buchstaben für den Begriff „Kinder Gottes“ 153 beträgt, was genau der Anzahl der Fische entspricht, von denen in Kapitel 21 die Rede ist (V. 11).[2] Das mag reiner Zufall sein, vielleicht aber auch nicht. Ganz gleich, ob diese Zahl von den ursprünglichen Lesern erkannt worden ist oder nicht, auf jeden Fall scheint diese Erzählung großen Einfluss auf die zweite Generation der Gemeinde gehabt zu haben.

Jesus nachfolgen

Zweimal sagt Jesus zu Petrus: „Folge mir nach!“ (V. 19.22). Da er der einzige Jünger ist, der in Johannes 21 auf diese Weise angesprochen wurde, ist Petrus hier der Repräsentant für die anderen Jünger. Jesus zeigt in den Versen 18 und 19, dass Nachfolge ein lebenslanger Prozess ist, zu dem auch Leiden oder der Tod gehören können.

Es ist bemerkenswert, dass das Ende des Petrus mit Worten geschildert wird, die an den Tod Jesu am Kreuz erinnern. Genauso wie Jesus durch seinen Tod Gott verherrlicht hat (7,39; 12,23; 17,4.5), würde auch durch den Tod des Petrus und den Tod der Jünger Gott verherrlicht werden (V. 19).

---

[1] Jameison, Fausset und Brown, a. a. O.,1078

[2] Vgl. Romeo, „Gematria and John 21,11 – The Children of God“, 263. 1264

Die Tatsache, dass der Tod Jesu der neuen Generation das Leben bringt, ist eins der Hauptthemen des Johannesevangeliums. Christus gab sein Leben, damit alle, die ihm nachfolgen, das Leben haben können (siehe vgl. 10,11-18). Jetzt fordert er Petrus – im weiteren Sinne auch die anderen Jünger – auf, ihr Leben für die „Schafe" hinzugeben, wenn es sein muss unter Einsatz des eigenen Lebens. Sie sollten die Unterhirten des Guten Hirten sein (im Grundtext lautet 21,16: „Hüte als Hirte [*boskeo*] meine Schafe").

Das Leben, der Tod, die Worte und die Schriften der Jünger Jesu bildeten die Brücke, über die die zweite Generation mit Jesus in Verbindung kam. Sie sind auch die Brücke für jeden von uns, der zu Christus gekommen ist. Der Heilige Geist befähigte die Jünger, obwohl sie schwache und mit Fehlern behaftete Zeugen waren, ein Werk zu vollbringen, das die kühnsten Erwartungen weit übertraf. Sie gaben das Wort Jesu in Vollmacht weiter. Wie Jesus, so haben auch sie ihr Leben nicht vergeblich geopfert.

Der Abschluss des Johannesevangeliums

In der Schlussbemerkung betont Johannes noch einmal, dass sein Zeugnis wahr[1] und zuverlässig ist (V. 24). Sie klingt fast wehmütig, denn beim Überblick über sein Werk fällt dem Autor auf, dass er nur einen Bruchteil von dem weitergeben kann, was Jesus sonst noch gesagt und getan hat. (V. 25).

Johannes musste zwangsläufig eine Auswahl treffen, und er hat das unter ganz bestimmten Gesichtspunkten getan, denn er hatte immer die zweite oder auch neue Generation von Gläubigen im Auge. Zu der gehören auch wir, und wir müssen uns fragen, ob wir der Botschaft, die uns Johannes durch sein Evangelium vermittelt,

---

[1] Das griechische Wort für „wahr" hat vier Bedeutungsebenen: a) wahr = „wahrhaftig", „persönlich aufrichtig", b) wahr = „zuverlässig", „sachlich richtig", c) wahr = „wirklich", „real", d) wahr = „dem Willen Gottes entsprechend". Alle vier kommen in Johannes 21,24 zusammen. Das „Zeugnis" des Johannes ist persönlich aufrichtig, sachlich zuverlässig, der Wirklichkeit und dem Willen Gottes entsprechend. (Edition C, Bd. 4, 367)

den gebührenden Platz in unserem Leben einräumen. Glauben wir, dass Jesu Wort genauso viel ausrichtet wie sein sichtbares Nahesein zur Zeit der ersten Generation? Haben wir die Fülle des Lebens in seinem Namen erfahren oder lebt unser Christsein nur vom Hörensagen? Könnten wir mit den Erfahrungen, die wir mit Jesus gemacht haben, ein eigenes Evangelium schreiben? Die Geschichten des Johannesevangeliums und die Erzählungen dieses Buches sind nun abgeschlossen. Die Wirkung, die diese Botschaften durch den Heiligen Geist auf unser Leben ausüben wird, beginnt erst.

🕮 ANWENDUNG

Johannes 21

1. *Gab es Zeiten in deinem Leben, in denen dir Gott weit entfernt schien, so dass du am liebsten wie die Jünger am See Genezareth wieder in dein altes Leben zurückgegangen wärst? Wie hat Gott dich in seine Gegenwart zurückgeholt? Wie könntest du dich für solche Begegnungen in der Zukunft mehr öffnen?*
2. *Was würdest du antworten, wenn Jesus dir dieselbe Frage stellen würde wie dem Petrus? Was hast du empfunden, als du versagt hast? Auf welche Weise hat Gott dich „wieder eingesetzt"?*
3. *Wie oft vergleichst du dich mit anderen? Fragst du dich manchmal, warum das Leben anderer Menschen so ganz anders verläuft als deins? Macht dich das froh oder unzufrieden? Warum? Warum vergleichen wir uns überhaupt mit anderen?*
4. *Sind Äußerungen von dir schon einmal aus dem Zusammenhang gerissen oder völlig falsch verstanden worden? Mache dir noch einmal die Gründe dafür klar. Findest du es tröstlich oder beängstigend, dass sogar aufrichtige Christen Gottes Wort missverstehen können? Was lehrt dich Johannes 21,20-23 über den Wert von Informationen aus zweiter und dritter Hand? Warum sollte das Johannesevangelium anders behandelt werden als sonstige Informationen aus zweiter Hand?*
5. *Bist du schon Menschen begegnet, die versucht haben, einen Zeitpunkt für das Ende festzulegen? Wie hast du auf ihre Denkweise reagiert?*

Wie haben diese Leute reagiert, als die Zeit verstrich ohne dass sich ihre Erwartungen erfüllt hätten? Was würde Johannes zu solchen Berechnungen sagen?

🕮 VERTIEFUNG

1. *Vergleiche Lukas 5,1-11 mit Johannes 21,1-14. Achte dabei auf alle Worte, die sich gleichen, und auch auf die, die sich deutlich unterscheiden. Vergleiche den Kontext jeder Erzählung. Entwirf mithilfe eines Bibelkommentars eine Betrachtung oder einen Aufsatz, in denen du die zwei Erzählungen vergleichst, die Unterschiede aufzeigst und dann versuchst, aus jeder dieser Erzählungen die entsprechenden Lehren zu ziehen. Welche anderen Berichte über das Fangen von Fischen findest du in den Evangelien? Welches Licht werfen sie auf Lukas 5 und Johannes 21?*
2. *Suche alle Stellen auf, in denen im Neuen Testament von Vergebung die Rede ist. Studiere sie und stelle dir dann folgende Fragen: Wäre Petrus verloren gegangen, wenn er in dem Zeitraum zwischen seiner Verleugnung und der Bestätigung als Jünger gestorben wäre?*

🕮 FÜR DAS WEITERE STUDIUM

1. *Zur Bedeutung des Fangens von Fischen für die zweite Generation der Christen siehe P. S. Minear, „The Audience of the Fourth Evangelist" und T. A. Romeo, „Gematria and John 21,11".*
2. *Zu weiteren Informationen über Jesu Gespräch mit Petrus siehe G. R. Beasley-Murray, „John", 404-409; R. E. Brown, „The Gospel According to John", Bd. 2, 1102-1117; W. de Boor, „Das Evangelium des Johannes", Wuppertaler Studienbibel, Bd. 2, 259-267*
3. *Weitere Erläuterungen zu Johannes 21 siehe E. G. White, „Jesus von Nazareth", 556-561.*

Anhang

Literaturverzeichnis

Englischsprachige Werke (allgemein)

Beasley-Murray, George R., „Gospel of Life: Theology in the Fourth Gospel", Peabody, Mass., Hedrickson Publishers, 1991.

______, „John", Word Biblical Commentary. Bd. 36, Waco, Texas, 1987.

Brown, Raymond E., „Second Edition", 2 Bände, The Anchor Bible, Bände 29a und 29b, Garden City, N.Y., Doubleday, 1981.

Büchsel, Friedrich, „Elegcho - Theological Dictionary of the New Testament", hgg. von Gerhard Kittel/Gerhard Friedrich, übers. und hgg. von Geoffrey Bromley, Grand Rapids, Mich., Eerdmans, 1964-1976.

Bultmann, Rudolf, „The Gospel of John", A Commentary, übersetzt von G. R. Beasley-Murray, Oxford, Basil Blackwell, 1971.

Carson, D. A., Douglas J. Moo, Leon Morris, „An Introduction to the New Testament", Grand Rapids, Mich., Zondervan Publ. House, 1992.

Culpepper, R. Alan, „Anatomy of the Fourth Gospel", Philadelphia, Fortress Press, 1983.

_____, „The Pivot of John's Prologue". New Testament Studies 27 (1980-1981), 1-31.

Dodd, C. H., „According the Scriptures", London, Nisbet, 1982.

Duke, Paul, „Irony in the Fourth Gospel", Atlanta, John Knox Press, 1985.

Green, Joel B. und Scot McKnight, eds., „Dictionary of Jesus and the Gospels", Downer's Grove, Ill., InterVarsity Press, 1990.

Guthrie, Donald, „New Testament Introduction", Überarbeitete Ausgabe, Downer's Grove, Ill., InterVarsity Press, 1990

Jameison, Robert, A. R. Fausset, David Brown, „Commentary Practical and Explanatory on the Whole Bible", rev. Ausgabe, Grand Rapids, Mich., Zondervan Publishing House, 1961.

Jeremias, Joachim, „Jerusalem in the Time of Jesus“, Philadelphia, Fortress Press, 1969.

Ladd, George Eldon, „A Theology of the New Testament“, Grand Rapids, Mich., Eerdmans, 1974.

Minear, Paul S., „The Audience of the Fourth Evangelist“, In „Interpreting the Gospels“, herausgegeben von James Luther Mays, Philadelphia, Fortress Press, 1981.

Morris, Leon, „New Testament Theology“, Grand Rapids, Mich., Zondervan Publishing House, 1986.

_____, „Testament of Love. A Study of Love in the Bible“, Grand Rapids, Mich., Eerdmans, 1981.

O'Brien, James, Randall, „The Progression of the Mosaic Motif to the Johannine Concept of Messiah“, Ph. D. Dissertation, New Orleans Baptist Theological Seminary, 1983.

Romeo, J. A., „Gematria and John 21,11 – The Children of God“, Journal of Biblical Literature 97, 1978, 263. 1264.

Schnackenburg, Rudolf, „The Gospel According to St. John“, 3 Bände, übers. von Kevin Smythe, New York, Crossroad Publ. Company, 1982.

Talbert, Charles, H., „The Gospels and the Gospel“, In „Interpreting the Gospels“, herausgegeben von James Luther Mays, Philadelphia, Fortress Press, 1981.

______, „Reading John“, New York, Crossroad Publ. Company, 1992.

Englischsprachige Werke (adventistisch)

Bacchiocci, Samuele, „Wine in the Bible: A Biblical Study on the Use of Alcoholic Beverages“, Berrien Springs, Mich., Bibl. Perspectives, 1989.

Cannon, Carol, „Never Good Enough“, Boise, Idaho, Pacific Press Publ. Assn., 1993.

Doh, Hyunsok, „The Johannine Paroimia“, Ph. D. Dissertation, Andrews University, 1992.

Evans, Roger S., „A Biblical Theology of Drinking“, Ministry (Juli 1993).

Froom, LeRoy, „The Coming of the Comforter“, rev. Ausg., Washington, D.C. Review and Herald Publ. Assn., 1949.

Horn, Siegfried H., „Seventh-day Bible Dictionary“, Washington D. C., Review and Herald Publ. Assn., 1960; rev. Ausg., 1979.

Nichol, F. D., (Hg.) „Seventh-day Adventist Bible Commentary“, Bd. 5, Washington, D. C., Review and Herald Publ. Assn., 1953-1957.

Paulien, Jon, „What the Bible Says About the End-time“, Hagerstown, Md., Review and Herald Publ. Assn., 1994.

White, Ellen G., „The Acts of the Apostles“, Boise, Idaho, Pacific Press Publ. Assn., 1911.

______, „The Desire of Ages“, Boise, Idaho, Pacific Press Publ. Assn., 1898.

______, „Evangelism“, Hagerstown, Md., Review and Herald Publ. Assn., 1946.

______, „The Great Controversy Between Christ and Satan“, Boise, Idaho, Pacific Press Publ. Assn., 1911.

______, „Life Sketches of Ellen G. White“, Boise, Idaho, Pacific Press Publ. Assn., 1915.

______, „Patriarchs and Prophets”, Boise, Idaho, Pacific Press Publ. Assn., 1958.

______, „Selected Messages“, Bd. 1, Hagerstown, Md., Review and Herald Publ. Assn., 1958.

______, „Spirit of Prophecy“, Bd. 4, Boise, Idaho, Pacific Press, 1884.

______, „The Story of Prophets and Kings“, Boise, Idaho, Pacific Press Publ. Assn., 1917.

______, „Testimonies for the Church“, 9 Bände, Boise, Idaho, Pacific Press Publ. Assn., 1948

Deutschssprachige Werke (allgemein)

Auer, E., „Die Urkunde der Auferstehung Jesu“, Heft 5 i. d. Reihe „Biblische Studien und Zeitfragen“, R. Brockhaus Verlag, Wuppertal, 1959.

Barclay, William, „Johannesevangelium“, 2 Bände, Aussaat Verlag, Wuppertal, 1970.

De Boor, Werner, „Das Evangelium des Johannes“, 2 Bände, Kommentarreihe „Wuppertaler Studienbibel“, R. Brockhaus Verlag, Wuppertal, 1983.

Haag, Herbert, „Bibellexikon“, St. Benno-Verlag, Leipzig, 1969.

Heading, John, „Johannes“ (Reihe „Was die Bibel lehrt“, Bd. 4), CVG, Dillenburg, 1994.

Hennig, Kurt, „Jerusalemer Bibellexikon“, Herausgeber, Hänssler-Verlag, Neuhausen-Stuttgart, 1990.
Lüthi, Walter, „Johannes“, Verlag Friedrich Reinhardt AG, Basel, 1958.
Maier, Gerhard, „Edition-C Bibelkommentare“ Hänssler-Verlag, Holzgerlingen, 1996.
Rienecker, Fritz., Herausgeber, „Lexikon zur Bibel“, R. Brockhaus Verlag, Wuppertal, 1964.
Schlenker, W. „Glaubwürdig Christ sein“, Wilhelm Heyne Verlag, München, 1981.
Schütz, Wilhelm, „Das Johannesevangelium“, Evangelische Verlagsanstalt, Berlin, 1951.
Schwank, Benedikt, „Evangelium nach Johannes“, EOS-Verlag, St. Ottilien, 1998.
Strathmann, Hermann, „Das Evangelium nach Johannes“, NTD, Vandenhoeck & Ruprecht, Göttingen.
Thompson, J. A., „Hirten, Händler und Propheten“, Saatkorn-Verlag, Hamburg, 1992.
Walvoord, „Bibelkommentar“, Hänssler-Verlag, Holzgerlingen, 1991.

Deutschsprachige Werke (adventistisch)

Mager, Johannes, „Auf den Spuren des Heiligen Geistes“, Advent-Verlag, Lüneburg, 1999.
Paulien, Jon, „Weltlich von Gott reden?“, Advent-Verlag, Lüneburg, 1997.
„Was Adventisten glauben“, Advent-Verlag, Lüneburg, 1996.
White, Ellen Gould, „Der große Kampf“, Advent-Verlag, Hamburg, 1994.
______, „Jesus von Nazareth“, Advent-Verlag, Lüneburg, 1995.
______, „Das Wirken der Apostel“, Advent-Verlag, Hamburg, 1976.
______, „Für die Gemeinde geschrieben“, 2 Bände, Advent-Verlag, Hamburg, 1992.